Rudolf Welzmüller (Hrsg.)
Marktaufteilung und Standortpoker in Europa

Europahandbuch für Arbeitnehmer · Band 2
Herausgegeben von Wolfgang Däubler, Wolfgang Lecher
und Rudolf Welzmüller

Rudolf Welzmüller (Hrsg.)

Marktaufteilung und Standortpoker in Europa

Veränderungen der Wirtschaftsstrukturen in der Weltmarktregion Europa

Bund-Verlag

CIP-Titelaufnahme der Deutschen Bibliothek

Marktaufteilung und Standortpoker in Europa: Veränderungen der Wirtschaftsstrukturen in der Weltmarktregion Europa/
Rudolf Welzmüller (Hrsg.). –
Köln: Bund-Verl., 1990
(Europahandbuch für Arbeitnehmer; Bd. 2)
ISBN 3-7663-2189-7
NE: Welzmüller, Rudolf [Hrsg.]; GT

Lektorat: Dr. Heribert Kohl, Paul H. Brand
Herstellung: Heinz Biermann
Satz: Satzbetrieb Schäper GmbH, Bonn
Druck: Wagner, Nördlingen
Printed in Germany 1990
ISBN 3-7663-2189-7

Inhaltsübersicht

Teil 2
»Grenzenlose« Ressourcenausbeutung?

Teil 3
Europäische Wirtschaftspolitik und Ressourcenverteilung

Teil 4
Osteuropa und EG

Inhaltsverzeichnis

Teil 2
»Grenzenlose« Ressourcenausbeutung?

Teil 3
Europäische Wirtschaftspolitik und Ressourcenverteilung

Teil 4
Osteuropa und EG

Anhang

Abkürzungsverzeichnis

BIP	Bruttoinlandsprodukt
DIHT	Deutscher Industrie- und Handelstag
DIW	Deutsches Institut für Wirtschaftsforschung, Berlin
EAGFL	Europäischer Ausrichtungs- und Garantiefonds
ECU	European Currency Unit (Europäische Währungseinheit)
EEA	Einheitliche Europäische Akte
EFTA	European Free Trade Association (Europäische Freihandelszone)
EFRE	Europäischer Regionalfonds
EGKS	Europäische Gemeinschaft für Kohle und Stahl
EIB	Europäische Investitionsbank
ESF	Europäischer Sozialfonds
EUREKA	European Research Coordination Agency
EWS	Europäisches Währungssystem
EZBS	Europäisches Zentralbanksystem
FAZ	Frankfurter Allgemeine Zeitung
FR	Frankfurter Rundschau
FuE	Forschung und Entwicklung
GfaV	Großfeuerungsanlagenverordnung
GFS	Gemeinsame Forschungsstelle
GRW	Gemeinschaftsaufgabe zur Verbesserung der regionalen Wirtschaftsstruktur
GWB	Gesetz gegen Wettbewerbsbeschränkungen
HB	Handelsblatt

IBC	Integriertes Breitbandkommunikationsnetz
IdW	Institut der Wirtschaftsprüfer in Deutschland
IEM	Integrierte Entwicklungsmaßnahmen
Ifo	Institut für Wirtschaftsforschung, München
IMP	Integrierte Mittelmeerprogramme
IPA	Institut für Produktionstechnik und Automatisierung, Stuttgart
ISDN	Integriertes Service-Daten-Netz
IW	Institut der Deutschen Wirtschaft, Köln
LAN	Local Area Network
MBO	Management Buyout (Unternehmensübernahme durch Management)
RGW	Rat für gegenseitige Wirtschaftshilfe. Auch unter COMECON bekannt (Council for Mutual Economic Assistance).
RKW	Rationalisierungskuratorium der deutschen Wirtschaft
RW	Rheinisch-Westfälisches Institut für Wirtschaftsforschung, Essen
UVP	Umweltverträglichkeitsprüfung
VWD(-Elektro)	Vereinigte Wirtschaftsdienste
WWU	Wirtschafts- und Währungsunion
ZIN	Zukunftsinitiative Nordrhein-Westfalen

Einleitung

Europa – ein Wirtschaftsraum wird neu organisiert

Rudolf Welzmüller

Veränderte Ausgangsmotive

Wo liegen die Hintergründe für die derzeitige Euphorie in Sachen europäische Integration?

Erinnern wir uns: Kernbereich der in den fünfziger Jahren begonnenen europäischen Wirtschaftsintegration waren zunächst *Kohle und Stahl* (»Montanbereich«). Der Hintergrund dafür waren nicht so sehr die hochfliegenden Europa-Ideen als vielmehr recht handfeste Sicherheitsinteressen Frankreichs: Westdeutschland sollte diese kriegswichtigen Bereiche nicht unkontrolliert entwickeln können. Allerdings wurde diese Montanunion so konstruiert, daß nicht nur supranationale Kontrollbehörden errichtet wurden, sondern daß die Idee des gemeinsamen Marktes für Kohle und Stahl Wirklichkeit werden konnte. Neben diesen speziellen französischen Interessen spielte ein zweiter Faktor für die forcierte Entwicklung europäischer Strukturen, die allgemeine europäische Sicherheitspolitik, eine große Rolle. Die Blockbildung europäischer Länder gegen die »kommunistische Gefahr« war eine wichtige Triebfeder. Doch auch diesbezüglich hat sich die historische Situation mittlerweile völlig verändert. Der weitere Schritt der Integration, den Westeuropa – genauer die EG – nun geht, fällt in eine Zeit spektakulärer politischer Veränderungen in Osteuropa.

Zwei Faktoren stehen heute im Mittelpunkt verstärkter und von einer breiten Mehrheit getragenen europäischen Integration: Zum einen wurden mit den weltwirtschaftlichen Entwicklungen der späten siebziger und der beginnenden achtziger Jahre neue Weltmarktstrukturen geschaffen. Die Europäer mußten erkennen, daß sich die wirtschaftlichen Machtverhältnisse in multipolarer Weise neu verteilten. Der weltwirtschaftliche Wettbewerb spielt sich zwischen den kapitalistischen Wirtschaftsmächten des atlantischen, pazifischen und ostasiatischen Raumes ab. Diese weltwirtschaftlichen Gewichtsverlagerungen führten aber auch zu der Einsicht, daß nur ein koordiniertes bzw. integriertes Europa Bedeutung haben könnte. Die zunächst – Anfang bis Mitte der achtziger Jahre – deutlich geringeren Wachstumsraten Europas gegenüber den USA und Japan förderten die politische Bereitschaft auf europäischer Ebene gemeinsame Anstrengungen zu unternehmen, um die wirtschaftliche Entwicklung erneut zu forcieren. Dies verknüpfte sich mit einer zweiten, fast schon traumatischen Erfahrung, die man mit dem Wort *Japanschock* umschreiben kann. Der Verlust einiger traditioneller Produktmärkte, insbesondere im Bereich von Elektronik, Optik, Uhren, teils auch bei Autos etc. und die teilweise technologische Überlegenheit der Japaner – insbesondere bei der Halbleiterproduktion – forderten zu einer Neuformulierung einer europäischen Wirtschaftspolitik heraus. Es scheint, daß dies die aktuellen Elemente einer eigentlich recht überraschenden Europa-Euphorie sind.

»Binnenmarkt« – ein Wort mit Symbolkraft

Mitte Juni 1985 legte die EG-Kommission das *Weißbuch* »Vollendung des Binnenmarktes« vor. Durch das Inkrafttreten der *Einheitlichen Europäischen Akte (EEA)* am 1. 7. 1987 wurde schließlich die Verwirklichung des einheitlichen Binnenmarktes bis zum 31. 12. 1992 in den EWG-Vertrag aufgenommen. Das Wort vom »Binnenmarkt Europa« hat sich in der politischen Debatte verselbständigt und wurde zu einem Schlagwort mit verblüffender Suggestivkraft. Mit diesem Begriff wird einem Vorgang zur Publizität verholfen, der bei nüchterner Beschreibung und unter anderen historischen Umständen fast unbemerkt geblieben wäre. Es ist schon so, wie ein Beamter der EG auf einer Tagung wirtschaftswissenschaftlicher Forschungsinstitute launig anmerkte, daß hier ein Suppenhuhn zum Pfau ausstaffiert wurde und das verblüffte Publikum fasziniert die bunten Federn bestaunt. Denn die europäischen Länder haben schon seit langer Zeit ein hochdifferenziertes System des gegenseitigen Handels und der internationalen Produktion aufgebaut. Die BRD exportiert beispielsweise 55 Prozent ihrer Gesamtausfuhr in die EG-Länder; sie bezieht 51 Prozent der Einfuhr aus dieser Wirtschaftsregion. Das Binnenmarktprogramm beschleunigt im Grunde Entwicklungen, die schon seit langem im Gange sind. (Zu den unternehmensbezogenen Anpassungsstrategien vgl. die Beiträge von *Junne; Müller; Volkmann; Welzmüller.*) Bemerkenswert ist natürlich, daß nun auch bisher relativ geschützte und national ausgerichtete Bereiche, wie der Verkehrs- und Transportsektor, der Telekommunikationsbereich und die Banken und Versicherungen einbegriffen werden (vgl. dazu die Beiträge von *Dziobek* und *Wilke*). Europa erlebt einen neuen Integrationsschub in Richtung auf einen einheitlichen Wirtschaftsraum. Die in Gang gesetzten Veränderungen firmieren zwar unter dem Namen »Binnenmarkt«, doch sie greifen inhaltlich weit über das bloße Binnenmarktprogramm hinaus.

Wirtschafts- und Währungsunion

Es geht mittlerweile um mehr als die Schaffung des einheitlichen Binnenmarktes, also den freien Verkehr für Waren, Dienstleistungen, Kapital und Arbeitskräfte – es geht nun um die Formierung einer *Wirtschafts- und Währungsunion*. Dem Wort Binnenmarkt wuchs mittlerweile Symbolkraft zu; gemeint wird damit die umfassende Neuordnung des europäischen Wirtschaftsraumes.

1985, in dem schon erwähnten Weißbuch der Kommission, war von Wirtschafts- und Währungsunion noch nichts zu lesen. Der im Jahre 1989 vorgelegte *Delors-Bericht* beschreibt die Wirtschaftsunion als einen von Beschränkungen freien gemeinsamen Markt mit einer Reihe von Regeln, die für das reibungslose Funktionieren unerläßlich sind. Das meint insbesondere: erstens eine gemeinsame Wettbewerbspolitik und Maßnahmen zur Stärkung des Marktmechanismus; zweitens gemeinsame Politiken zur Strukturanpassung und Regionalentwicklung und drittens eine Koordinierung der gesamtwirtschaftlichen Politiken einschließlich der Festlegung verbindlicher Regeln für die Haushaltspolitik. Darüber hinaus wird mit der Währungsunion eine noch engere Verflechtung des europäischen Wirtschaftsraumes angestrebt. Ein völlig liberalisierter Kapitalverkehr und unveränderliche Wechselkurse sollen das Kennzeichen der Währungsunion sein, eventuell mit einer zukünftig einheitlichen Währung. Die ersten Schritte sind vollzogen; denn mit dem 1. Juli 1990 fielen die noch bestehenden Kapitalverkehrskontrollen. Übrigens sieht der derzeit geltende EG-Vertrag für die Geld- und Währungspolitik noch keine Gemeinschaftskompetenzen vor. Deshalb wird der weitere Weg in Richtung Währungsunion auch noch Vertragsänderungen erforderlich machen.

Derzeit existiert noch ein recht unterschiedlicher Integrationsgrad in der europäischen Gemeinschaft: Im *Europäischen Währungssystem (EWS)* sind Großbritannien, Portugal und Griechenland nicht beteiligt. Das Konzept eines europäischen Währungssystems war auch nicht in den Römischen Verträgen von 1957 angelegt, sondern entstand vor dem Hintergrund des völlig unberechenbar gewordenen Dollars und der Weltwährungsturbulenzen der siebziger Jahre. 1979 trat das EWS in Kraft und löste damit den seit 1972 bestehenden europäischen Wechselkursverbund – sogenannte »Währungsschlange« – ab. In der Zwischenzeit sieht der Artikel 102 a des EWG-Vertrages vor, bei der Weiterentwicklung der Zusammenarbeit der Gemeinschaft auch die Erfahrungen mit dem EWS zu berücksichtigen. Die Gewerkschaften tun gut daran, sich in die aktuell anstehenden Verhandlungen über die konkrete Ausgestaltung der Wirtschafts- und Währungsunion einzumischen (vgl. den Beitrag von *Hickel*).

Ungleiche Verteilung der Integrationsvorteile

»Die Geschichte der Wirtschaftsintegration deutet darauf hin, daß die Gesamtgewinne an Wohlfahrt, die sich aus der Öffnung der Märkte ergeben, sehr groß sind, daß jedoch eine gleichmäßige Verteilung dieser Gewinne nicht gewährleistet ist.« (Padoa-Schioppa, S. 19)

Die wachsende wirtschaftliche Integration wird Vorteile bringen, deren Verteilung allerdings – so keine korrigierenden Maßnahmen ergriffen werden – ungleich sein wird. Um die jeweiligen Wirkungen klarer beschreiben zu können, muß man die Gründe für die Entstehung von wirtschaftlichen Vor- und Nachteilen genauer besehen. Hier sind zwei auch in ihrer Wirkung sehr unterschiedliche Konsequenzen des Zusammenschlusses bisher getrennter Wirtschaftsregionen zu einem Wirtschaftsraum zu unterscheiden:

Erstens die mit der Erweiterung des Marktraums entstehenden Kostenvorteile, die sich aus den nun möglichen größeren Produktionseinheiten ergeben. Man spricht hier auch von steigenden Skalenerträgen und meint damit die Stückkostenvorteile, die bei höheren Produktionskapazitäten eintreten. Hier liegt im Grunde das Kernargument für die behaupteten positiven Wachstumsimpulse des Binnenmarktes. Steigende Produktionsgrößen bringen sinkende Stückkosten mit sich; sie verringern die Zahl der Anbieter und verstärken den Wettbewerb, wodurch die bestehenden nationalen Preisdifferenzen beseitigt würden – so die Annahme. Sie berücksichtigt allerdings kaum, daß oligopolistische Unternehmensstrukturen (wenige Anbieter, die zudem marktstrategisch handeln) nicht gerade Garanten für Preissenkungen sind. Es ist sehr zu bezweifeln, daß es tatsächlich zur Weitergabe der Kosteneffekte kommt. Doch bezogen auf die Wirkungen für die Ausgestaltung der Wirtschaftsstrukturen läßt sich ableiten, daß insbesondere ein weiterer Prozeß der *Produktdifferenzierung* eintreten wird. Es ist das Charakteristikum international verflochtener und arbeitsteiliger Volkswirtschaften mit annähernd gleichem Entwicklungsstand, daß Vorteile sich auf der Grundlage von Produktdifferenzierungen einstellen. Im Grunde war dies auch der vorwiegende Effekt der Integration der sechs Gründerstaaten der Europäischen Gemeinschaft. Der Handelsaustausch spielte sich gewissermaßen in einem innerindustriellen Produktentausch ab. Damit soll gesagt werden: Die Integration der Wirtschaftsräume führte dazu, daß es beispielsweise im Automobilsektor nicht zu einer Verdrängung der jeweiligen nationalen Produktion kam, sondern daß sich die jeweiligen nationalen Hersteller durch Produktdifferenzierung ihren Markt auch im anderen Wirtschaftsraum sicherten. VW lieferte etwa den Golf nach Italien, FIAT lieferte aber den Uno auch in die Bundesrepublik. Olivetti-Büromaschinen wurden in der Bundesrepublik abgesetzt, gleichzeitig kauften aber Italiener auch Olympia-Schreibmaschinen. Der Handel entwickelt sich folglich innerhalb derselben Branche, lediglich differenziert hinsichtlich der Produkttypen. Ein solcher Handel – man nennt ihn intraindustriell – beläßt den einzelnen Ländern ihre jeweiligen Branchen, zwingt nur zur ständigen Anpassung der Produktpalette. Die entscheidende wettbewerbspolitische Strategie ist bei einer solchen Handelsbeziehung die Produktdifferenzierung.

Anders ist es, wenn die verschärfte Konkurrenz zum Wegfall ganzer Branchen führt. Dies ist der zweite Aspekt der Kosten- und Verteilungswirkung der Integration unterschiedlicher Wirtschaftsregionen, der durch die Süderweiterung der EG an Bedeutung gewann. Bestehen starke Differenzen im Produktions- und Produktivitätsniveau, dann wird es zu einer Art des internationalen Handels kommen, der in dem schwächeren Wirtschaftsgebiet zur *Vernichtung von bestimmten Branchen* führt. Statt eines innerindustriellen Austausches kommt es zu einem zwischenindustriellen Handel, d. h. beispielsweise, daß eben Portugal die Schuhe liefert, während die Bundesrepublik die Maschinen exportiert. In der Konsequenz würde folglich die Schuhindustrie in der Bundesrepublik abgebaut, gleichzeitig aber die noch bestehende Maschinenbauindustrie Portugals gefährdet und eventuell vernichtet. Die umstandslose Zusammenführung von bisher getrennten Wirtschaftsräumen mit unterschiedlicher Wirtschaftskraft führt zu ernsthaften Störungen der jeweiligen Regionen bzw. der jeweiligen nationalen Entwicklungschancen. Hier liegt die besondere Gefahr der ungeschützt weiterschreitenden Integration von Ländern mit stark differierendem Entwicklungsstand.

Regionale Unterschiede verschärfen sich

Für die jeweiligen Regionen der EG führt die Erweiterung der Gemeinschaft zu veränderten Bedingungen und neuen Herausforderungen. Man kann mit Padoa-Schioppa sagen: »Sicherlich bringt die Öffnung neuer Märkte im Endeffekt einen wirtschaftlichen Gewinn, doch wird die räumliche Verteilung dieses Gewinnes weniger sicher und aller Voraussicht nach ungleich sein.« (S. 1)

Bezogen auf die Vollendung des Binnenmarktes werden sich gegenläufige Entwicklungen feststellen lassen. So kann es im Zuge der Verbesserung der verkehrs- und fernmeldetechnischen Ausstattung randständiger Regionen durchaus zu einem Anwachsen von deren Wettbewerbsfähigkeit kommen. Gleichzeitig werden auch z. B. mit der Liberalisierung der Finanzdienste die Vorteile der zentralen Finanzplätze weiter gestärkt, aber eben auf Kosten anderer Finanzplätze. Bezogen auf die von den neuen industriellen Technologien ausgehenden Herausforderungen kann gesagt werden, daß die Entfaltung der Spitzentechnologie die Probleme der rückständigen und der randständigen Regionen, aber auch vor allem die Probleme der im Niedergang befindlichen altindustriellen Regionen eher verstärken wird. So siedeln sich Industrien der Spitzentechnologien, wie etwa Elektronik und Informatik, meistens in verkehrsmäßig bestens bedienten Gebieten, die sich durch ein reichliches Angebot an hochqualifizierten Arbeitskräften und Nähe zu Hochschulen und Forschungsinstituten bzw. Finanzplätzen ausweisen, an. »Die Industrie- und Technologiepolitik der Gemeinschaft ist eindeutig auf eine Verbesserung der Wettbewerbsfähigkeit der Gemeinschaft in diesen Branchen zugeschnitten. Ein Erfolg dieser Politik könnte einen strategischen Wirtschaftsvorteil für die Gemeinschaft bedeuten, gleichzeitig aber auch das Problem des Regionalgefälles verschärfen, sofern nichts getan wird, um die Standortnachteile der heute am wenigsten begünstigten Regionen zu verringern.« (Ebenda, S. 93) In dem von der Kommission beauftragten Bericht zu den Wirkungen des EG-Marktes wird u. a. der Investitionsaufwand geschätzt, der erforderlich wäre, um die am wenigsten entwickelten Regionen innerhalb von zehn Jahren auf ein Niveau von 80 % des gegenwärtigen EG-

Durchschnitts zu bringen. Es wurde ein Betrag von 153,2 Mrd. ECU (derzeit gut 300 Mrd. DM) ermittelt.

Es gibt Stimmen, die geradezu die Hinnahme dieser mit der fortschreitenden wirtschaftlichen Vereinheitlichung einhergehenden regionalen Ungleichentwicklungen fordern, weil nur auf deren Grundlage angeblich die gewünschten Wachstumseffekte entstehen können. »Wenn die Politik nicht bereit ist, regionale oder sektorale Nachteile der Schaffung des Binnenmarktes zu akzeptieren, ... besteht die Gefahr, daß die nationalen Regierungen mit neuen Beihilfen auf den Plan treten. Sollte dies der Fall sein, so lassen sich kaum noch Vorteile aus der Vollendung des Binnenmarktes erzielen, da ein wesentlicher Motor des Wachstums, die Intensivierung des Wettbewerbs, abgeschaltet wird.« (So das RWI, zitiert nach Mayer u. a. 1989, S. 9)*. Mit solchen Empfehlungen wird natürlich die Problematik des Standortwettbewerbs geradezu provoziert. Denn falls keine Ausgleichsmaßnahmen erfolgen, wird der Wettbewerb um Industrieansiedlungen zu einem Wettrennen der kommunalen, regionalen und nationalen Entscheidungsträger führen. »Die Hauptgefahr ... liegt in einem industriepolitischen Krieg der verschiedenen Länder, in dem jeder versucht, seinen Anteil an hochlukrativen Sektoren zu vergrößern. Es stellt sich die Frage nach den Spielregeln, die verhindern, daß staatliche Beschaffungspolitik, Subventionspolitik und andere Politik zu diesem Zweck eingesetzt werden.« (Krugman, S. 138)

Dabei ist die Gefahr besonders groß, daß die Ökologie unter die Räder eines hart pokernden Standortwettbewerbs kommt (vgl. dazu den Beitrag von *Christian Hey*). Eine auf hohem Standard koordinierte Umweltpolitik ist dringend erforderlich. Mittlerweile scheint sich bei manchen aufgeklärten Kapitalvertretern herumgesprochen zu haben, daß frühzeitige umweltpolitische Anstrengungen auch Marktvorteile bringen, wie der Direktor des von der bundesdeutschen Industrie finanzierten Instituts der deutschen Wirtschaft erkannte.

»Die Vorreiterrolle der Bundesrepublik beim Umweltschutz wird sich in Zukunft zunehmend auszahlen. Der grenzüberschreitende Aspekt der Umweltproblematik und das weltweit wachsende Umweltbewußtsein führen zu einer verstärkten Nachfrage nach Umweltschutztechnologi-

* Die zitierte Literatur ist in den *Literaturhinweisen* an jedem Kapitelende jeweils ausführlich dokumentiert.

en, von der die deutsche Wirtschaft überproportional profitieren kann.« (manager magazin 12/1989, S. 185)

Insgesamt gesehen wird es darum gehen, über eine Regional-, Umwelt- und allgemeine Wirtschaftspolitik die ungleiche Verteilung von Produktion, Einkommen und Beschäftigung in den EG-Regionen zu vermeiden bzw. zu lindern (vgl. dazu den Beitrag von *Hans Gabriel*). Notwendig sind insbesondere

- erstens die Förderung der regionalen Entwicklung und von regionalen und sektoralen Umstellungsprogrammen
- zweitens die Mittelbereitstellung für die Technologie und Forschung (vgl. dazu auch *Schneider/Welsch* in diesem Beitrag). Dies erfordert aber eine Reform des gegenwärtigen Gemeinschaftshaushalts der EG. Die aktuelle Ausgangssituation ist durch die »vordringliche Notwendigkeit gekennzeichnet, eine ernsthafte Reform des Gemeinschaftshaushaltes durchzuführen«. (Padoa-Schioppa, S. 57)

Europäische Beschäftigungspolitik

So wenig sichergestellt ist, daß sich die wirtschaftlichen Vorteile in einer regional und sektoral akzeptablen Weise verteilen, so wenig ist selbstverständlich, daß die eintretenden Kostenvorteile der fortschreitenden Integration tatsächlich auch zu gesamtwirtschaftlich positiven Effekten führen. »Das wahrscheinlichste Risiko besteht darin«, daß die durch die Binnenmarkterweiterung wachsende gegenseitige wirtschaftliche Abhängigkeit »zu einer übertriebenen Anti-Inflationspolitik und damit zur Verschärfung der Beschäftigungsprobleme führen könnte«. (Padoa-Schioppa, S. 16) Der Grund für eine solche Gefahr liegt darin, daß verstärkte Integration auch verstärkte gesamtwirtschaftliche Verflechtung bedeutet. Dies ist natürlich für sich gesehen nicht nachteilig; doch das Problem liegt darin, daß die verstärkte Verflechtung noch nicht durch eine gleichzeitig verbesserte Koordination der jeweiligen nationalen und regionalen Entscheidungsträger flankiert ist. Ohne eine solche Koordinierung der jeweiligen nationalen Interessen könnten die auf der Unternehmens- und Branchenebene zu registrierenden Integrationsvorteile leicht gesamtwirtschaftlich zunichte gemacht werden (vgl. Krugmann, S. 130). Deshalb ist sowohl eine kooperative Wachstumsstrategie erforderlich als auch ein Gegengewicht in Gestalt einer Politik der Stabilisierung von gesamtwirtschaftlicher Nachfrage, Beschäftigung und Verteilung (vgl. dazu den Beitrag von *Hickel*).

Wirtschaftsintegration über die EG hinaus

Wir befinden uns gegenwärtig am Anfang eines tiefgreifenden historischen Prozesses der politischen und wirtschaftlichen Veränderungen im gesamten geografischen Raum Europa. Allein auf dem engeren Gebiet der europäischen Wirtschaftsgemeinschaften – EFTA, EG und RGW (der allerdings auch außereuropäische sozialistische Staaten umfaßt) – deuten sich Umbrüche an. Zwischen EG und EFTA gibt es bereits Gespräche zur Schaffung eines europäischen Wirtschaftsraums (vgl. Neue Züricher Zeitung, 1./2. 4. 90). Von einigen RGW-Ländern ist bekannt, daß sie radikale Reformen verlangen. In der Tschechoslowakei wurden Stimmen laut, die den Austritt aus dem RGW forderten. Die künftige Entwicklung ist offen. *Losoncz*, ein ungarischer Ökonom, hat den Mut, Szenarien zu den möglichen weiteren Perspektiven der Entwicklung von EG und RGW zu entwerfen.

Demokratiedefizit

Die wirtschaftliche Vereinigung Europas leidet an einem bedrohlichen Mangel: dem Fehlen demokratischer Entscheidungs- und Kontrollstrukturen. Dieses Demokratiedefizit bezieht sich auf die politische und juristische Ebene und in einem noch stärkeren Maße auf die wirtschaftlichen und sozialen Belange.

Vor dem Hintergrund der osteuropäischen Entwicklung und der davon ausgelösten unkritischen Marktgläubigkeit gewinnen neuerdings wieder Positionen an Bedeutung, die im Markt an sich schon ein hinreichendes demokratisches Element sehen. Edzard Reuter (Daimler Benz) hat eine intelligente Variante dieser Ideologie zur Diskussion gestellt: Im zeitlichen Zusammenhang mit der spektakulären Allianz von Daimler Benz und Mitsubishi formulierte er die Idee eines weltweit integrierten Marktes, der mittels strategischer Unternehmensallianzen und technologischer Zweckbündnisse ein neues internationales Netz der Friedenssicherung knüpfen könnte. »Die Überlegungen müßten dahin gehen, solche Allianzen unter marktwirtschaftlich einwandfreien Bedingungen zu ermutigen und dabei im Rahmen der Triade (das sind die Wirtschaftsmächte Europa, USA, Japan – ostasiatischer Raum, R. W.) ein Netzwerk zu schaffen, aus dem auch der leichtsinnigste Außenpolitiker nicht mehr aussteigen könnte.« (Die Zeit vom 16. 3. 1990, S. 41) Demokratie und militärische Stabilitätspolitik werden hier auf das *marktrationale* Handeln des Unternehmensmanagements im internationalen Partnerschaftsverbund reduziert. Marktrationales Handeln wird kurzerhand gleichgesetzt mit vernünftigem und gesellschaftlich verantwortungsvollem Handeln. Die für die Öffentlichkeit unzugänglichen und schwer durchschaubaren Managementaktivitäten auf vermachteten Märkten werden als Garant für friedliche und freiheitliche Entwicklung angepriesen. Dies offenbart ein elitäres Verständnis von demokratischer Willensbildung, Entscheidung und Kontrolle.

Die Lebens- und Arbeitsinteressen der Menschen müssen aber vielmehr in einem lebendigen und vielfältigen Prozeß der demokratischen Beteiligung, Entscheidung und Verantwortung zur Geltung gebracht werden. Es ist an der Zeit, für politische und wirtschaftliche Strukturen in dem schon weit fortgeschrittenen Wirtschaftsraum Europa zu kämpfen, die dies garantieren. Eine solchermaßen demokratisch durchdrungene europäische Gesellschaft könnte auch die notwendige Reife entwickeln, um den Mahnungen jener gerecht zu werden, die derzeit aus dem Blickwinkel der Europäer verdrängt sind: »An dieser Schwelle angelangt, träumt ihr von Europa ... In einem Land mit soviel Wissen, schwimmen sie jahrhundertelang in einem Meer von unglaublicher Unwissenheit über andere. Ich, Afrikaner, warne Euch, sagt Euren Völkern auch, die Stunde hat geschlagen, die anderen verlangen ihr tägliches Brot, die Milliarden Menschen, die wir sind. Wir wollen keinen Hungertod mehr sterben. Lieber geht die Welt in die Luft, als daß wir unseren ungeborenen Kindern schon die Gräber ausheben. Wir wollen eine Welt des Friedens, nicht des begrenzten Friedens in Europa ...« (Kum'a Ndumbe III)

Literaturhinweise:

Biedenkopf, Kurt, Recht schafft Frieden. Eine Antwort auf Edzard Reuters kolossal wirtschaftliches Konzept, Die Zeit, Nr. 13 vom 23. 3. 1990

Buch, Hans Ch. (Hrsg.), Sonderband: Ein Traum von Europa, Rowohlt Literaturmagazin Nr. 22, Reinbek 1988

Deppe, Frank; Huffschmidt, Jörg; Weiner, Klaus-Peter (Hrsg.), 1992 – Projekt Europa. Politik und Ökonomie in der Europäischen Gemeinschaft, Köln 1989

Fels, Gerhard, Manager Magazin 12/1989

Kennedy, Paul, Aufstieg und Fall der großen Mächte. Ökonomischer Wandel und militärischer Konflikt von 1500 bis 2000, Frankfurt 1989

Kreisky, Bruno, 20 Millionen suchen Arbeit. Bericht der Kreisky-Kommission. Ein Programm für die 90er Jahre. Wien 1989

Krugmann, Paul R., Konzepte der wirtschaftlichen Integration in Europa, in: Padoa-Schioppa, T., 1988

Kum'a Ndumbe III, Damit der Traum von Europa kein Alptraum für die Welt wird, in: Buch, H. C. (Hrsg.), 1988

Mayer, Otto G.; Scharrer, Hans-Eckart; Schmahl, Hans-Jürgen, Der Europäische Binnenmarkt. Perspektiven und Probleme, Hamburg 1989

Padoa-Schioppa, Tommaso u. a., Effizienz, Stabilität und Verteilungsgerechtigkeit. Eine Entwicklungsstrategie für das Wirtschaftssystem der Europäischen Gemeinschaft, Wiesbaden 1988

Reuter, Edzard, Ein neues Netz für den Frieden, Die Zeit, Nr. 12 vom 16. 3. 1990

Späth, Lothar, 1992. Der Traum von Europa, Stuttgart 1989

Teil 1

Branchen und Märkte

Kriterien unternehmerischer Standortpolitik im EG-Binnenmarkt

Gert Volkmann

1. Standortdebatte – ein Schattenboxen?

Über den Industriestandort Bundesrepublik Deutschland wird – nicht zum ersten Mal – in einer Art und Weise öffentlich debattiert, daß die Zeitschrift »Capital« sich veranlaßt sieht, polemisch von der »modernen Inszenierung einer klassischen Komödie ... unter dem Titel: ›Der Produktionsstandort Bundesrepublik ist bedroht ...‹« zu reden (*Hübner* 1988). In der Vergangenheit waren oft Wechselkursänderungen der Anlaß (oder wurden zum Anlaß genommen), um von einer Gefährdung des Industriestandorts Bundesrepublik zu sprechen. Die jüngste, noch anhaltende Standortdiskussion wurde durch den bevorstehenden EG-Binnenmarkt ausgelöst: Immer dann, wenn sich eine Gefährdung des Standorts Bundesrepublik zur Zeit nicht hinreichend belegen läßt, wird mit in Zukunft (nach dem 31. 12. 1992) drohenden Gefahren für die Wettbewerbsfähigkeit dieses Standorts argumentiert.

Inhalt und Ziele dieser zum Teil recht emotional, oberflächlich und holzschnittartig geführten Debatte lassen sich wie folgt beschreiben:

(1) Als Belege für die Bedrohungen werden sehr unterschiedliche »Standortschwächen« vorgetragen. Faktoren, die verschiedenen Ebenen (z. B. kausale Faktoren, Ergebnis*indikatoren*) angehören, werden ohne Gewichtung nebeneinandergestellt.

(2) Gleiche Faktoren werden zu unterschiedlichen Zeiten unterschiedlich beurteilt, ohne daß sich die Ausgangsbedingungen gravierend geändert haben.

(3) Auswahl und Gewichtung der Faktoren sind mehr oder weniger willkürlich, einseitig und/oder von bestimmten Interessen geleitet. Die Diskussion beschränkt sich auf (zu) wenige Faktoren und vernachlässigt die Beziehungen der Faktoren (z. B. »Standortschwächen« und »Standortstärken«) untereinander.

(4) Mit der Debatte werden auch psychologische Zielsetzungen, z. B. Mobilisierung»träger« Unternehmen, verfolgt.

Bei aller Vielfalt der in die breite öffentliche Debatte geworfenen Faktoren werden dem Standort Bundesrepublik folgende »Schwächen« besonders häufig bescheinigt:

Argument	Herkunft
– zu hohes Niveau der Unternehmensbesteuerung	IW, DIHT, CDU-Wirtschaftsrat, IdW, Verarbeitendes Gewerbe, deutsche Metallindustrie, Expertenteam Wirtschaftswoche; lt. R. Berger häufig genannt; RKW, bedingt: RWI
– zu hohes Personalkostenniveau bzw. zu hohe Lohnquote, Lohnzusatz-/Lohnnebenkosten, Lohnstückkosten	IW, DIHT, Verarbeitendes Gewerbe, deutsche Metallindustrie; lt. R. Berger häufig genannt; RKW
– zu kurze Arbeitszeiten, Arbeitszeitlücke und/oder zu kurze Betriebsnutzungszeiten	IW, DIHT, deutsche Metallindustrie; lt. R. Berger häufig genannt; RKW
– zu scharfe Umweltschutzauflagen	lt. R. Berger häufig genannt; RKW
– zu hohe Energiekosten	lt. R. Berger häufig genannt; RKW
– einengende behördliche Vorschriften	Verarbeitendes Gewerbe, deutsche Metallindustrie, RKW
– Entwicklung der deutschen Direktinvestitionen im Ausland	lt. Macharzina häufig genannt; IW

Die in der Wissenschaft geführte Standortdebatte ist demgegenüber wesentlich differenzierter (vgl. unten). Wie sind die Argumente der Standortskeptiker zu bewerten?

Wir setzen uns zum Ziel, der Leserin/dem Leser in dem Dschungel der Argumente und Gegenargumente eine *Orientierungshilfe* an die Hand zu geben und zu einer Versachlichung der Diskussion beizutragen. Dazu ist es zunächst erforderlich, die Begriffe *Standort* und *Standortfaktor* zu definieren. Anschließend werden aus der Sicht des im Wettbewerb stehenden (deutschen) Unternehmens Kriterien für unternehmungspolitisch relevante Standortfaktoren entwickelt. Dies heißt: Es muß nach den Feldern, auf denen Wettbewerb stattfindet, gefragt werden. Dann müssen Standortfaktoren erarbeitet, nach unternehmungspolitischen Aktionsfeldern systematisiert und ihre »Messung« und Gewichtung diskutiert werden. Unsere Aussagen sind auf Industrieunternehmen beschränkt.

2. Standort und Standortfaktoren – was bedeutet das?

Unter *Standort* ist die geographische Region (der geographische Ort) der Produktion und/oder der Unternehmensleitung bzw. der Zentralabteilungen eines Unternehmens oder eines Unternehmensteils (Produktionsstätten, Verkaufsniederlassungen, Läger) zu verstehen.

Als *Standortfaktoren* sind die für die Entscheidung über die Standortwahl maßgeblichen Bedingungen anzusehen (*Bea* 1987, S. 1742f.). Der Begriff ist so außerordentlich vielschichtig, daß die knappe Definition zunächst wenig aussagt. Das folgende Schaubild versucht, diese Vielschichtigkeit zu verdeutlichen:

In der Standortdebatte werden diese unterschiedlichen Begriffsebenen miteinander vermischt und damit die Bewertung der Faktoren erschwert. Auf die Kennzeichnung »prioritäre« und »nachrangige« Standortfaktoren im Schaubild wurde angesichts der Messungs-/Gewichtungsprobleme bewußt verzichtet. Auswahl, Systematik, »Messung« und Gewichtung und damit die Frage der Entscheidungsrelevanz von Faktoren werden noch (siehe: 4.) ausführlich behandelt.

Generell läßt sich feststellen, daß die Aussagefähigkeit eines Standorturteils mit der Anzahl der in das Urteil einbezogenen Faktoren, mit dem Versuch ihrer relativen Gewichtung und der Berücksichtigung ihres Wirkungszusammenhangs (z. B. Besteuerungsniveaus und Infrastrukturniveau) steigt.

3. Standort: nur einer von vielen Wettbewerbsfaktoren

Die meisten der in der Standortdebatte von den Standortskeptikern behaupteten Standortschwächen werden einem zu hohen Kostenniveau (z. B. Unternehmensbesteuerung, Personalkosten, Energiekosten, Kosten des Umweltschutzes) angelastet. Nach dieser Auffassung wirken diese Kosten als wesentliche Bestandteile des Angebotspreises preiserhöhend und damit im Preiswettbewerb nachteilig. Die gegenwärtige Standortdebatte ist sozusagen kostenlastig. Die Argumente der Standortskeptiker gehen von drei (fragwürdigen) Voraussetzungen aus:

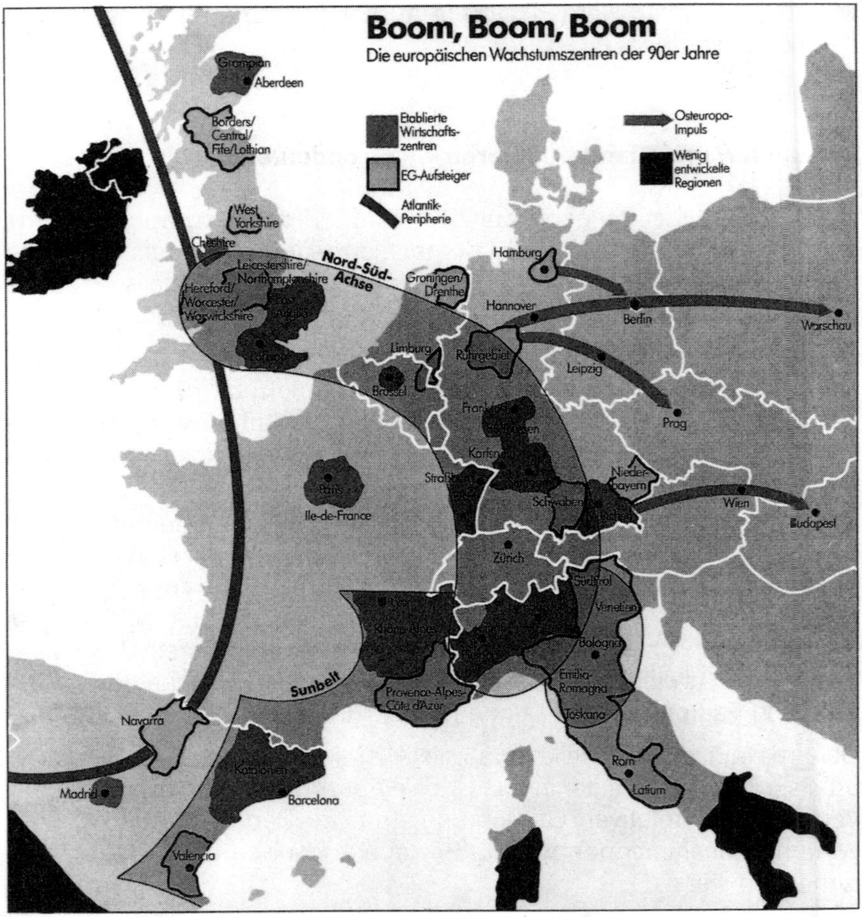

Quelle: manager magazin 3/1990.

Faktoren für die Ansiedlung:

- der Unternehmensleitung/ von Zentralabteilungen
- von Produktionsstätten
- von Verkaufsniederlassungen/ Lägern

- generelle (für alle Unternehmen relevant)
- spezielle (für bestimmte Regionen, Branchen/Unternehmen relevant)

Standortfaktoren

Ergebnisindikatoren (z. B. Direktinvestitionen)

kausale Faktoren (z. B. Ausbildungsniveau)

- quantifizierbare (z. B. in der Kosten- und Erlösrechnung der Unternehmen)
- qualitative (z. B. Infrastruktur)

(1) der Preiswettbewerb funktioniert auf den meisten Teilmärkten;

(2) der Preiswettbewerb ist tatsächlich das dominierende Feld des Wettbewerbs zwischen Unternehmen;

(3) die als standortnegativ dargestellten Kostenarten haben im Gesamtbetrag der kalkulierten Kosten tatsächlich ein solches Gewicht, daß sie die Wettbewerbsfähigkeit der Unternehmen gefährden können (Stichhaltigkeit der Einzelargumente).

Zu (1)

Der Preiswettbewerb ist auf einer Reihe von Teilmärkten bekanntlich durch abgestimmtes Verhalten, durch Ausübung von Marktmacht und durch einen in jüngster Zeit stark fortschreitenden Konzentrationsprozeß eingeschränkt. An dieser Stelle kann nicht im einzelnen auf Art, Umfang und Entwicklungstendenzen von Wettbewerbsbeschränkungen eingegangen werden. Die Wettbewerbsbeschränkungen werden sich mit großer Wahrscheinlichkeit auch im europäischen Binnenmarkt auf höherer Ebene (Marktvolumen) wiederholen. Dazu liefern einige Beiträge des vorliegenden Bandes reichlich Hinweise.

Zu (2)

Zwischen Unternehmen findet nicht nur Preiswettbewerb statt. Über den Preis hinaus kann Wettbewerb auch auf folgenden Feldern stattfinden:

- Produkt-/Leistungssortiment
- Produkt-/Leistungsqualität
- Produkt-/Leistungsinnovationen
- Flexibilität in der Anpassung an Kundenwünsche
- Lieferfähigkeit, Einhaltung von Lieferfristen
- Service und Fachbetreuung
- Werbung
- Konditionen

} Nicht-Preis-Wettbewerb

Welchen Stellenwert diese Aktionsfelder für die Wettbewerbsfähigkeit eines Unternehmens haben, hängt von der Art der Produkte (Leistungen, Programm) und des Produktionsprozesses sowie ggf. von der Marktmacht des Unternehmens ab. Was gemeint ist, läßt sich beispielhaft an der Gegenüberstellung der folgenden beiden Produkttypen verdeutlichen:

- Standardspülmaschinen
- komplette Fabrikanlagen.

Bei dem marktgängigen Produkt Spülmaschine (Großserienfertigung) spielt der Preiswettbewerb eine erheblich größere Rolle als bei der Lieferung einer kompletten Fabrikanlage (Einzelfertigung), bei der angesichts der Komplexität und Singularität der eingeholten Angebote ein Preisvergleich kaum noch möglich ist, bei der aber solche Wettbewerbsfelder wie Technologie, Lieferfristen, Montage und technische Betreuung sowie Finanzierung eine überragende Rolle spielen. Nun ist die Struktur des Exports der Bundesrepublik Deutschland gerade stark vom Maschinenbau (Platz 2 hinter dem Fahrzeugbau und vor der Elektrotechnik) geprägt. Aber selbst bei dem Großserienprodukt Automobil muß der Preis nicht der ausschlaggebende Wettbewerbsfaktor sein. Die Wettbewerbsfelder technische Ausstattung, Image und Service haben im Fahrzeugbau ein zunehmendes Gewicht.

Der Export der Bundesrepublik Deutschland wie auch die im Inland abgesetzte Produktion tendieren zu hochwertigen, know-how-intensiven Produkten, die den individuellen Kundenwünschen angepaßt sind. Massenproduktion wird zunehmend eine Domäne der Schwellenländer und Entwicklungsländer. Für die »intelligenten« Produkte gewinnt der Nicht-Preis-Wettbewerb an Gewicht, ohne daß allerdings der Preis-Wettbewerb völlig vernachlässigt werden darf. Preiswettbewerb und Nicht-Preiswettbewerb sind von gesamtwirtschaftlichen und -gesellschaftlichen, ggf. von supranationalen Rahmenbedingungen flankiert.

Zu (3)

Die kritische Auseinandersetzung mit den in der Standortdebatte als standortnegativ gewerteten Kosten findet unter Punkt 4 statt.

Wie dargestellt, geht eine einseitig von Preis- und Kostenwettbewerb ausgehende Standortdiskussion an der Sache vorbei. Diese Tatsache muß für die Auswahl und Gewichtung der zu untersuchenden Standortfaktoren Konsequenzen haben.

4. Standortfaktoren

4.1 Zur Auswahl und Systematik von Standortfaktoren

Die Auswahl sollte aus der Sicht des im Wettbewerb stehenden Unternehmens erfolgen. Wir wollen im Prinzip der Systematik der betriebswirtschaftlichen Standorttheorie von Behrens (*Bea* 1987, S. 1742f.), die an die betrieblichen Funktionsbereiche *Beschaffung, Produktion* und *Absatz* anknüpft, folgen. Funktions- und unternehmensübergreifende sowie nationale Standortfaktoren des politischen, sozialen und ökonomischen Umfelds überlagern die Faktoren der betrieblichen Funktionsbereiche als Rahmenfaktoren. Wir ordnen sie daher nicht den einzelnen Funktionsbereichen zu, sondern betrachten sie als gesonderte Querschnittsbereiche. Diese Einteilung ist, wie noch gezeigt wird, für die Beurteilung des Gewichts der Faktoren von Bedeutung.

Unternehmensübergreifende und Rahmenfaktoren umfassen viele qualitative und generelle Faktoren und auch die Ergebnisindikatoren, während sich die quantifizierbaren und speziellen Faktoren den einzelnen Unternehmensfunktionen zuordnen lassen (vgl. oben Schaubild auf Seite 33).

In der Praxis wird man oft eine Mischung von Faktoren aus verschiedenen Funktions- und Rahmenbereichen vorfinden, die dann nach dem Schwerpunktprinzip zusammengefaßt werden. Tritt z. B. eine Häufung von wichtigen Standortfaktoren im Funktionsbereich Produktion auf, so muß von einer Produktionsorientierung eines Unternehmens bei der

Standortwahl gesprochen werden. Es ist aber auch durchaus eine überwiegende Orientierung nur an Rahmenstandortfaktoren denkbar.

Standortfaktoren

● Funktionsbereiche:

Beschaffung

Einsatzstoffe (Verfügbarkeit, Kosten, Qualität) Energie (Verfügbarkeit, Kosten) Transportwege, Transportkosten	betriebliche Einsatzfaktoren

Produktion

Arbeitskräfte (Verfügbarkeit, Qualifizierung, Kosten) Arbeitszeiten, Betriebsnutzungszeiten	betriebliche Einsatzfaktoren
technisches Niveau der Produkte Produktinnovationen Prozeßinnovationen Patentanmeldungen Produktqualität	betriebliche Ergebnisfaktoren Standortsicherungs-faktoren

Absatz

Absatzmärkte Transportwege, Transportkosten Lieferfähigkeit, Einhaltung von Lieferfristen Breite und Differenzierung des Angebots Fähigkeit zu Service und Kundenbetreuung	Standortsicherungs-faktoren

● Funktionsübergreifende/unternehmensübergreifende/ kommunale, regionale Faktoren

Finanzierungsmöglichkeiten (Kreditinstitute, öffentliche Hand)

Mieten

Grundstücke

kommunale Förderung, kommunale Steuern

kommunale Infrastruktur

Kooperation mit Hochschulen und Forschungseinrichtungen

kulturelle Faktoren, Attraktivität der Kommune

- **nationale Rahmenfaktoren (Umfeldfaktoren)**

politisches Umfeld

politische Stabilität

ökonomisches/ökologisches Umfeld

Wirtschaftsordnung

Steuerbelastungsniveau

Subventionen

Kosten des Umweltschutzes

Infrastruktur (Verkehrswesen, Kommunikationssystem, Gesundheitswesen, Sozialversicherung, Ausbildungssystem, Schulen, Universitäten)

Technik, Forschung und Entwicklung

Ergebnisindikatoren (Exportüberschüsse, Direktinvestitionen, Patentbilanz, Anteil an High-tech-Exportprodukten, Wachstum, Länderbonität (Rang)

soziales Umfeld, kulturelles Umfeld

Arbeitszeitregelung

sozialer Frieden (z. B. Streikhäufigkeit, Konfliktregelung)

Lebensqualität

geographische Lage

Dieser umfangreiche Katalog erhebt keinen Anspruch auf Vollständigkeit. Er enthält im Sinne der oben gegebenen Definition ganz unterschiedliche Ebenen von Faktoren, was aus der Gliederung deutlich wird. Er soll die Vielzahl von denkbaren Kriterien für eine Standortentscheidung oder eine Standortbeibehaltungsentscheidung und damit deren Komplexität zeigen, wobei der Katalog die komplizierende Frage der »Messung« oder relativen Gewichtung des Faktoreneinflusses und deren Beziehungen untereinander zunächst noch ausklammert.

Das der gegenwärtigen öffentlichen Standortdiskussion zugrunde liegende Minimalraster »entscheidungsrelevanter« Faktoren erscheint gegenüber der Komplexität der Wirklichkeit fast wie eine Karikatur. Möglicherweise läßt sich eine Debatte in einer breiten Öffentlichkeit aber nur so führen. Eine im Bundeswirtschaftsministerium erarbeitete Studie zur Standortqualität der Bundesrepublik Deutschland (*BMFT* 1989, S. 10f.) stellt denn auch zutreffend fest,

- daß Aussagen zur Standortqualität (bzw. zur internationalen Wettbewerbsfähigkeit) in hohem Grad von den jeweils verwendeten Indikatoren zur Messung der Standortqualität und deren Gewichtungen abhängen;
- daß eine Analyse auf der Basis von nur 4 Indikatoren zu anderen Ergebnissen gelangen kann als eine rd. 20 Indikatoren umfassende Analyse.

4.2 Zur Messung und Gewichtung von Standortfaktoren

Ist eine »Messung« oder wenigstens eine Gewichtung der Qualität eines Standorts oder einzelner Standortfaktoren überhaupt möglich? Was soll »gemessen« oder wenigstens gewichtet werden?

Wenden wir uns zuerst der zweiten Frage zu. In einem kapitalistischen Unternehmen wird hier das Interesse darauf gerichtet sein, den Beitrag, den ein Standortfaktor zum Unternehmensergebnis (Unternehmensgewinn/Unternehmensverlust) leistet, zu »messen« oder wenigstens zu gewichten.

Eine Messung des Beitrags von Standortfaktoren zum Unternehmensergebnis ist nicht möglich. Das Unternehmensergebnis, wie auch immer es je nach Rechnungslegung definiert sein mag, ist eine zu komplexe Größe. Sie resultiert aus einer Fülle dauernd wechselnder quantitativer und qualitativer Einflußfaktoren, die nicht zu isolieren sind. Sie sind auch dann nicht isolierbar, wenn ein Standortfaktor zwar eine im Rechenwerk kalkulierbare Größe ist (z. B. Personalkosten), es aber nicht möglich ist, die mit diesen Kosten in Verbindung stehenden Erlöse – z. B. hohe Verkaufserlöse für herausragende Produkte als Folge des Qualifikationsniveaus der Beschäftigten – zu ermitteln und gegenüberzustellen.

Weil eine Messung der Standortqualität insgesamt oder einzelner

Standortfaktoren nicht möglich ist, bietet sich eine relativ grobe Gewichtung als Ersatzverfahren an. Unter Gewichtung soll die Bestimmung des vermutlichen Einflusses eines Standortfaktors auf das Unternehmensergebnis (als Leitgröße für Standortentscheidungen) verstanden werden. Das Gewicht einzelner Standortfaktoren im Vergleich zu anderen Faktoren oder im Rahmen der gesamten Standortqualität ist niemals allgemeingültig bestimmbar. Es variiert vielmehr mit:

- der Branche (z. B. Textilindustrie/Nachrichtentechnik)
- der Art des Produkts/der Zusammensetzung des Produktionsprogramms (z. B. Großserienprodukte/Einzelfertigung; technisches Niveau der Produkte)
- dem Produktionsprozeß (z. B. arbeitsintensiv/kapitalintensiv)
- der vorzufindenden Marktstruktur und der Marktmacht eines Unternehmens (z. B. oligopolistisch/breite Konkurrenz)
- der Betriebsgröße (z. B. Verfügbarkeit von Arbeitskräften).

Außerdem verändert sich das relative Gewicht vieler Standortfaktoren im Zeitablauf. Darüber hinaus ergeben sich Verschiebungen durch die Beziehungen einzelner Faktoren untereinander.

Hieraus folgt, daß auch Verfahren der Gewichtung im Sinne von »Gewichtsklassen« außerordentlich angreifbar sind. Die meisten seriösen Standortstudien kommen daher zu sehr vorsichtigen und differenzierten Urteilen (*BMFT* 1989, S. 10f.).

Dennoch sollte auf eine Gewichtung bzw. Wertung einer Reihe von Standortfaktoren nicht verzichtet werden. Dies kann durch kritische Auseinandersetzungen mit den hauptsächlich diskutierten Standortargumenten (»Schwächen«, »Stärken«) geschehen, wobei die bisher gewonnenen Erkenntnisse als Meßlatte für eine Neueinschätzung und Relativierung dienen.

Sofern das Gewicht bestimmter Standortfaktoren für Standortverlagerungsentscheidungen beurteilt werden soll, müssen die erheblichen Kosten einer Standortverlagerung, besonders einer Verlagerung des Gesamtunternehmens, als entscheidungshemmend ins Kalkül gezogen werden. Dieses Argument ist in der Standortdiskussion eher unterbelichtet.

Wir wenden uns zuerst zwei häufig genannten Standortfaktoren aus dem *betrieblichen Funktionsbereich Produktion* zu, nämlich den

- Personalkosten bzw. der Lohnquote, den Lohnzusatzkosten und den Lohnstückkosten sowie

– den Arbeitszeiten/Betriebsnutzungszeiten.

Die *Personalkosten* werden sehr unterschiedlich bewertet. Viele Personalkostenkritiker (*Vogel* 1988, S. 30f.; *Stihl* 1988, S. 450f.) stellen auf die zu hohen reinen Löhne und Gehälter ab und beklagen darüber hinaus die Spitzenposition der Bundesrepublik Deutschland bei den Personalzusatzkosten. Bei einer Gegenüberstellung der Löhne und Gehälter je Beschäftigten nimmt die Bundesrepublik in der EG zur Zeit tatsächlich eine Spitzenstellung ein. Mosley und Auer (1989, S. 3ff.) kommen zu dem Ergebnis, daß die Bruttoeinkommen aus unselbständiger Arbeit je Beschäftigten in der Bundesrepublik 1987 mit 22956 ECU hinter den Niederlanden (23903 ECU) und vor Frankreich (22246 ECU) an zweiter Stelle lagen. Vor allem die Personalzusatzkosten/Personalnebenkosten nehmen in der Standortdiskussion einen breiten Raum ein. Personalzusatzkosten umfassen gesetzliche (Sozialversicherungsbeiträge der Arbeitgeber, bezahlte Feiertage und sonstige Ausfallzeiten, Entgeltfortzahlung im Krankheitsfall und sonstige) und tarifliche/betriebliche (Urlaub einschließlich Urlaubsgeld, Sonderzahlungen, Vermögensbildung und sonstige) Bestandteile. Das IW ermittelt hier bei der Bundesrepublik für 1987 einen internationalen Spitzenplatz (*Vogel* 1988, Schaubild 2, S. 32). Diesen Argumenten ist methodisch und inhaltlich folgendes entgegenzuhalten:

– Internationale Personalzusatzkostenvergleiche sind wegen der unterschiedlichen Finanzierungsweise (Arbeitgeberbeiträge/Steuern), aufgrund von Wechselkursverzerrungen, wegen unterschiedlicher Definitionen und zum Teil inhaltlicher Willkür nicht aussagefähig. Aus der Sicht der unternehmerischen Kostenrechnung sind nur die gesamten Arbeitskosten und nicht etwa einzelne Bestandteile der Arbeitkosten maßgeblich (*Welzmüller* 1987, S. 15f.; *Langkau/Neumann* 1989, S. 8).

– Selbst wenn sich das Vergleichsproblem lösen ließe, würde der Vergleich absoluter Zahlen bei Personal- und Personalzusatzkosten zu unsinnigen Ergebnissen führen, weil bei dieser Vorgehensweise die nationalen Produktivitätsunterschiede nicht berücksichtigt sind. Den Arbeits- und Arbeitsnebenkosten muß die hohe Produktivität in der Bundesrepublik gegenübergestellt werden. Dieses Verhältnis bilden die Lohnstückkosten ab. Nach Berechnungen von Mosley/Auer, der Westdeutschen Landesbank und von Macharzina nimmt die Bundesrepublik Deutschland bei den Lohnstückkosten innerhalb der 12 EG-Länder eine mittlere Position ein (*Mosley, Auer* 1989, S. 4; Westdeutsche Landesbank, 1988, S. 100; *Macharzina* 1989, S. 485).

- Nach Ermittlungen der Abteilung Wirtschaftspolitik beim DGB-Bundesvorstand (vgl. DGB-Informationen zur Wirtschafts- und Umweltpolitik, 14/1989, S. 11) sind die Lohnstückkosten in der Bundesrepublik im Vergleich mit einigen wichtigen Konkurrenzländern (Frankreich, Großbritannien, Italien, Japan, USA) im Gesamtzeitraum von 1970 bis 1988 (nominal/Jahresdurchschnitt) am geringsten gestiegen. Selbst in dem Teilzeitraum 1980 bis 1988 lag der Anstieg nur knapp über dem von Japan. Zu einem ähnlichen Ergebnis kommt Macharzina (1989, S. 485).
- Lohnkostenunterschiede zwischen Ländern unterschiedlicher Entwicklungsstufe sind eine zwangsläufige Folge der weltwirtschaftlichen Arbeitsteilung (*Langkau/Neumann* 1989, S. 9).

Aus diesen kritischen Gegenargumenten ergibt sich bereits eine erhebliche Relativierung der Aussagen der Arbeitskostenkritiker. Hinzu kommt aber noch die Fragwürdigkeit eines gravierenden Einflusses der Arbeitskosten auf eine unternehmerische Standortentscheidung (Errichtung oder Beibehaltung). Arbeitskosten als überragendes Entscheidungsmotiv sind wohl eher die Ausnahme. Sie spielen naturgemäß in arbeitsintensiven Produktionsprozessen eine größere Rolle als in kapitalintensiven. Ein niedriges allgemeines Arbeitskostenniveau wird für ein Unternehmen mit einem Programm »intelligenter« Produkte, deren Erzeugung Know-how und einen (gutbezahlten) hohen Ausbildungsstand der Arbeitnehmer erfordert, niemals ein entscheidendes Standortkriterium sein. Dagegen spielen absatzorientierte Standortfaktoren für das künftige Produktspektrum der Bundesrepublik eine zunehmende Rolle.

Die *Arbeitszeiten und die Betriebsnutzungszeiten* in der Bundesrepublik Deutschland werden von der Arbeitgeberseite als standortnegativ angesehen (*Ruppert* 1989, S. 22).

Die Arbeitgeber stellen meistens die tariflichen Soll-Arbeitszeiten in den Mittelpunkt ihrer Vergleichsrechnungen. Bosch (1989, S. 632 ff.) setzt sich kritisch mit dieser Argumentation auseinander. Er macht darauf aufmerksam, daß internationale Vergleiche der Dauer der jährlichen Arbeitszeit zu stark abweichenden Ergebnissen kommen, je nachdem, welche Arbeitszeiten miteinander verglichen werden. Er unterscheidet zwischen der *gesetzlichen oder tariflichen Soll-Arbeitszeit* und der *effektiven Arbeitszeit* pro Beschäftigten. Unter Soll-Arbeitszeit versteht er die Jahresarbeitszeit abzüglich Jahresurlaub und andere garantierte Freizeiten (Feiertage, Samstage, Sonntage, eventuelle sonstige Freistellungen). Die effektiv geleistete Arbeitszeit je Vollzeitbeschäftigten sei die Summe der Soll-Arbeitszeit mit den Fehlzeiten (Krankheit, Schlechtwetter, Kurzarbeit, Streik usw.) und der geleisteten Mehrarbeit. Eine wachsende Teilzeitquote könne die durchschnittlich geleistete Arbeitszeit pro Beschäftigten erheblich vermindern. Daher sei die zunehmende Teilzeitbeschäftigung zu berücksichtigen. Bosch verweist darauf, daß man zu ganz verschiedenen Arbeitszeitländerlisten je nach Wahl des Vergleichsmaßstabs kommen könne. Die tarifliche Jahres-Sollarbeitszeit in der Bundesrepublik (Stand 1987) gehöre zu den kürzesten der Welt. Bei der effektiven Arbeitszeit sehe das Bild ganz anders aus. Bei den effektiven Arbeitszeiten je Beschäftigten (einschließlich Teilzeitarbeit) nehme die Bundesrepublik infolge ihrer relativ niedrigen Teilzeitquote einen Platz im europäischen Mittelfeld ein. Deutlich höher lägen 1987 übrigens die effektiven Arbeitszeiten pro Beschäftigten in Japan, etwas höher in den USA.

Über die kritische Auseinandersetzung mit internationalen Arbeitszeitvergleichsrechnungen der Arbeitgeber in der Bundesrepublik hinaus wären noch die Fragen

- der Arbeitsintensität und
- der Wettbewerbsrelevanz der Arbeitszeit

zu beantworten. Über die Arbeitsintensität in den Vergleichsländern kann man allenfalls spekulieren. Schließlich ist die Wettbewerbsrelevanz der Arbeitszeit schwer zu beweisen.

Langkau und Neumann (1989, S. 9) sehen die Dauer der Arbeitszeit als nicht unmittelbar wettbewerbsrelevant an. Sie sei als Kostenfaktor nur über die Entwicklung der Lohn- und Kapitalstückkosten angemessen zu erfassen. Sie halten die *Betriebsmittelnutzungszeiten* für die bedeutsamere Variable. Sie verweisen auf Daten zur Schichtarbeit als Indikator für Betriebsnutzungszeiten, die auf *eher über dem Durchschnitt liegende Maschinenlaufzeiten* in der Bundesrepublik hindeuteten. Ferner betonen sie, daß Maßnahmen zur Feinstrukturierung der Arbeits- und Betriebszeit unterhalb der Schichtarbeitsschwelle (z. B. Pausendurchlauf, versetzte Arbeitszeiten und Gleitsysteme) in der Bundesrepublik weiter als in anderen europäischen Staaten verbreitet seien.

Zu ganz anderen Ergebnissen gelangt die EG-Kommission in einem internationalen Vergleich der Betriebsnutzungszeiten (durchschnittliche Nutzungsdauer der Anlagen) in der Industrie aufgrund einer Adhoc-Umfrage im Jahre 1989 (Kommission der Europäischen Gemeinschaft 1989, S. 4 ff.). Der Gemeinschaftsdurchschnitt liegt bei 66 Stunden in der Woche. Die Bundesrepublik liegt mit 53 Stunden am unteren Ende. Belgien und Großbritannien liegen mit 77 bzw. 76 Stunden am oberen Ende der Skala. Die EG-Kommission führt die unterschiedlichen Betriebszeiten in der Gemeinschaft vor allem auf die divergierende Betriebsstruktur zurück. In den letzten 5 Jahren sind die Betriebsnutzungszeiten in der Gemeinschaft per Saldo zurückgegangen.

Bei den Umfrageergebnissen ist Vorsicht geboten. Die Messung von Betriebsnutzungszeiten ist problematisch. Vogler-Ludwig (1990, S. 3) nennt für die Bundesrepublik Deutschland folgende Schwierigkeiten, die für die übrigen EG-Länder erst recht gelten dürften:

- Unterschiedlichkeit der Schichtsysteme in den Betrieben,
- differierende Laufzeiten auch zwischen einzelnen Anlagen oder Maschinen eines einzelnen Betriebes,
- Fehlen von Statistiken, aus denen sich die durchschnittlichen Betriebszeiten der Produktionsanlagen unmittelbar ergeben.

Der Einfluß der Betriebsnutzungszeiten auf Standortentscheidungen ist nicht meßbar. Die zunehmend starke Position der Bundesrepublik in der EG und ihre neuerlichen Exportrekorde scheinen diesen Einfluß eher zu relativieren.

Schließlich darf bei einem internationalen Arbeitszeitvergleich/Betriebsmittelnutzungszeitvergleich die Tatsache nicht unerwähnt bleiben, daß die Bundesrepublik Deutschland im Zeitraum 1970 bis 1987 von allen EG-Staaten den geringsten Arbeitsausfall durch Arbeitskämpfe hatte (Wirtschafts-Woche, Handbuch 1990, S. 37).

Ergebnisindikatoren aus dem betrieblichen Funktionsbereich Produktion wie z. B. Produktqualität, technisches Niveau der Produkte werden auch von den Arbeitgebern für die Bundesrepublik überwiegend positiv beurteilt. Diese betrieblichen Ergebnisfaktoren hängen eng mit nationalen Rahmenfaktoren aus dem ökonomischen Umfeld wie Technik, Forschung und Entwicklung, nationale Patentbilanz, Exportüberschüsse zusammen. Auf einige dieser Größen wird später noch näher eingegangen.

Unter den *nationalen Rahmenfaktoren* wird das Niveau der *Unternehmenssteuerbelastung* in der Bundesrepublik im Vergleich zu den übrigen EG-Staaten stark diskutiert. Die Kritik kommt vor allem von Arbeitgeberseite aber auch von der Bundesregierung, vom Institut der Wirtschaftsprüfer in Deutschland (IdW) und – in abgeschwächter Form – vom Sachverständigenrat (*Stihl* 1989, S. 453; *Vogel* 1988, S. 43; *IdW*

1989; *Wuppert* 1989, S. 22ff.). Die Kritiker stellen auf die Ertragsteuerbelastung bei einbehaltenen Gewinnen ab. Zusätzlich wird die Existenz ertragsunabhängiger Steuern (Vermögensteuer und Gewerbekapitalsteuer) kritisiert. Das IdW hält einen Steuersatz von 50% oder mehr – unabhängig von der konkreten Bemessungsgrundlage – für »psychologisch leistungshemmend«. Diese Argumentation ist wenig überzeugend.

Tatsächlich schneidet die Bundesrepublik im EG-Vergleich der Ertragsteuerbelastung auf einbehaltene Gewinne nach Ermittlung der Westdeutschen Landesbank (66,2%, Basis 1990) am schlechtesten ab (Westdeutsche Landesbank 1988, S. 100). Doch das Ertragsteuerbelastungsniveau bei einbehaltenen Gewinnen ist als formale, d. h. aus den Gesetzen abgeleitete Größe nicht aussagefähig. Aussagefähig wären faktische internationale Steuervergleiche. Faktische Steuervergleiche berücksichtigen die Möglichkeit zur Reduzierung der Bemessungsgrundlage durch eine Vielfalt von Sonderregelungen, sind jedoch methodisch problematisch. Napp und Rahmann sowie Scheibe-Lange und Tofaute haben sich kritisch mit dem Problem eines internationalen Vergleichs der steuerlichen Belastung von Unternehmen auseinandergesetzt (*Napp/Rahmann* 1989, S. 303f.; *Scheibe-Lange/Tofaute* 1990). Scheibe-Lange und Tofaute beziehen auch zu den in der Presse stark diskutierten Berechnungen Stellung.

Folgende methodischen Probleme erscheinen uns besonders wichtig:

- Die Vorschriften zur Ermittlung der Steuerbemessungsgrundlage weichen in den EG-Ländern stark voneinander ab.
- Für die steuerliche Bewertung von Anlage- und Umlaufvermögen sowie von Verbindlichkeiten existieren unterschiedliche Bewertungsmöglichkeiten (z. B. Abschreibungen, Rückstellungen).
- Steuervergünstigungen bleiben unberücksichtigt.
- Darüber hinaus ist auf eine unterschiedliche steuerliche Betriebsprüfungspraxis und auf Unterschiede bei den effektiv gezahlten Steuern zu verweisen.
- In den Vergleichsrechnungen ist immer nur die Belastung einbehaltener Gewinne ausgewiesen. Die einmalig günstige Vollanrechnung der gezahlten Körperschaftsteuer (nur in der Bundesrepublik) bleibt dabei unberücksichtigt.

Napp und Rahmann wie auch Scheibe-Lange und Tofaute machen für die faktische Steuerbelastung der deutschen Unternehmen im internationalen Vergleich einen mittleren Rang aus (*Scheibe-Lange/Tofaute* 1990, S. 14).

Auch die Bundesbank (1989) hebt die Unterschiede zwischen der tariflichen und effektiven Steuerlast hervor. Sie schätzt die Gewinnsteuerquote in der Bundesrepublik wesentlich niedriger als die von Arbeitgeberverbänden vorgerechneten 70 % ein – also wesentlich niedriger, als es in reinen Tarifvergleichen zum Ausdruck kommt. Denn bei Tarifvergleichen bleiben die steuerlichen Gestaltungs- und Abzugsmöglichkeiten für die Unternehmen außer Betracht, außerdem wird eine volle Thesaurierung der Körperschaftsteuergewinne unterstellt. Der Bundesbank ist zuzustimmen, wenn sie das Ertragsteuerbelastungsniveau als einen unter mehreren gewichtigen Faktoren für die internationale Wettbewerbsfähigkeit und die Standortwahl bezeichnet. Keinesfalls fällt eine Standortentscheidung allein oder überwiegend unter Aspekten der Unternehmenssteuerbelastung. Und keinesfalls darf die Steuerbelastung isoliert von der ihr gegenüberstehenden infrastrukturellen Gegenleistung (vgl. Ziffer 4.3) gesehen werden.

Ein *weiterer*, stark diskutierter *nationaler Rahmenfaktor,* bei dem die internationale Position der Bundesrepublik überwiegend positiv eingeschätzt wird, ist die *technologische Wettbewerbsfähigkeit*. Dieser komplexe Faktor stellt sich in kausalen Faktoren (Forschungs- und Entwicklungsaufwand, Forschungsförderung etc.) und in Ergebnisindikatoren (Patentbilanz, Anteil an High-tech-Exportprodukten usw.) dar. Technologische Wettbewerbsfähigkeit hat auch eine betriebliche Dimension (technologisches Niveau der Produkte, Produkt- und Prozeßinnovation, Patentanmeldungen). Auch hier gilt: Jeder internationale Vergleich der technologischen Wettbewerbsfähigkeit ist so (un)-zuverlässig wie die Vergleichbarkeit der verwendeten Einzelfaktoren und ihrer Definition und hängt von der Meßbarkeit der ausgewählten Ergebnisindikatoren ab.

Im Bereich der technologischen Wettbewerbsfähigkeit kann die Bundesrepublik zunächst mit eindrucksvollen Zahlen aufwarten: Bei den Forschungs- und Entwicklungsausgaben, bezogen auf das Sozialprodukt (1985/86) und den Patentanmeldungen je Tausend Einwohner (1985), nimmt sie innerhalb der EG-Länder vor Frankreich und Dänemark mit Abstand den Spitzenplatz ein (Westdeutsche Landesbank, 1988, S. 100). Ländervergleichende Patentanalysen sind allerdings wegen unterschiedlicher nationaler Patenterteilungspraxis nur eingeschränkt aussagefähig. Forschungs- und Entwicklungsaufwendungen als solche garantieren noch keinen Erfolg. Für die Unternehmen kommt es vielmehr darauf an, diese in Investitionen, marktfähige Produkte, Absatz und Gewinne zu verwandeln. Langkau/Neumann (1989, S. 14f.) stellen zu Recht fest, daß Patente sich erst dann auszahlen, wenn sie am Weltmarkt vermarktet werden können. Den japanischen Unternehmen bescheinigen sie eine besonders hoch entwickelte Fähigkeit zur Vermarktung auch ausländischer Innovationen.

Das Ergebnis internationaler technologischer Wettbewerbsfähigkeit läßt sich an Außenhandelserfolgen mit forschungsintensiven Erzeugnissen ablesen. Nach Ermittlungen des Bundesministeriums für Forschung und Technologie (1989, S. 7) konnte die Bundesrepublik bei forschungsintensiven Waren ihre Welthandelsanteile von 19 % im Jahre 1982 auf fast 21 % 1987 erhöhen. Sie lag bei den Welthandelsanteilen an Spitzentechnologien 1987 mit 15 % hinter den USA (27,5 %), aber noch vor Japan (14,1 %) und weit vor den EG-Konkurrenten Großbritannien (10,2 %) und Frankreich (9,0 %) an zweiter Stelle. Bei den hochwertigen Technologien nahm die Bundesrepublik mit einem Welthandelsanteil von 22,6 % 1987 sogar den Spitzenplatz ein (vgl. *Tabellen 1* und 2).

Tabelle 1

Welthandelsanteile der Bundesrepublik Deutschland bei forschungsintensiven Waren (in %)

	1982	1984	1985	1986	1987
Forschungsintensive Waren	19,4	17,4	17,8	19,8	20,6
darunter:					
– Spitzentechnologie	15,3	14,0	13,8	14,6	15,0
– hochwertige Technologie	20,8	18,7	19,3	21,7	22,6
nachrichtlich:					
verarbeitete Industriewaren insgesamt	16,5	15,2	15,7	17,8	18,3

Quelle: ISI/NIW

* Unter *forschungsintensiven* Waren versteht das Bundesministerium für Forschung und Technologie *Spitzentechnologien* und *hochwertige Technologien.* Spitzentechnologien sind solche Gütergruppen, bei denen der FuE-Aufwand wenigstens 8 % des Umsatzes ausmacht; hochwertige Technologien sind solche, bei denen der FuE-Aufwand über dem Durchschnitt des produzierenden Gewerbes liegt (derzeit rd. 3 %).

Tabelle 2

Ausfuhr in % der Einfuhr bei forschungsintensiven Waren
– Handel der Bundesrepublik Deutschland mit USA und Japan –

	1982	1983	1984	1985	1986	1987
gegenüber USA						
Spitzentechnologie	36,0	39,2	46,9	45,8	54,8	57,7
hochwertige Technologie	264,5	277,2	340,5	368,0	467,5	438,0
Insgesamt	141,6	150,8	185,4	194,4	238,6	234,0
gegenüber Japan						
Spitzentechnologie	55,4	40,0	32,4	29,6	32,9	37,1
hochwertige Technologie	35,3	33,1	31,2	34,4	32,7	38,2
Insgesamt	38,4	34,3	31,5	33,5	32,8	37,9

Quelle: ISI/NIW

Diese bisher sehr günstige Position könnte sich in Zukunft verschlechtern. Die Erfindungsaktivität (Erfindungen mit Patentanmeldungen in zwei oder mehr Ländern) (*Gerstenberger* 1988, S. 12ff.), die als Indikator für die zukünftige Entwicklung der technologischen Wettbewerbsfähigkeit brauchbar ist, ist in der Bundesrepublik im Durchschnitt der Jahre 1983 bis 1985 rückläufig, auf allerdings sehr hohem Niveau. Dies gilt – in geringerem Umfang – auch für die EG-Konkurrenten Frankreich und Großbritannien, während in Japan im gleichen Zeitraum eine starke Zunahme der Erfindungen mit Patentanmeldung zu beobachten war. Bei Aufschlüsselung der Erfindungsaktivitäten nach den Wachstumsfeldern »Informations- und Kommunikationstechnik«, »Fabrikautomatisierung« und »Ernährung und Gesundheit« ergibt sich im Weltmaßstab eine relativ starke Position der Bundesrepublik in den Feldern »Fabrikautomatisierung« und »Ernährung und Gesundheit«. Im an Bedeutung zunehmenden Wachstumsfeld »Informations- und Kommunikationstechnik« sieht es für sie weniger günstig aus. Deutsche Erfindungen im Bereich EDV- und Bürotechnik sind nach wie vor unterdurchschnittlich.

Gerstenberger (ebenda) vom Ifo-Institut schätzt nach einer Analyse der Neuerungs- und Umstrukturierungsmaßnahmen die technologische Wettbewerbsfähigkeit der Bundesrepublik insgesamt positiv ein. Zu einem ähnlichen Urteil kommt auch das Bundesministerium für Forschung und Technologie (1989, S. 7ff.).

Für die Bundesrepublik als ein Land mit verhältnismäßig hohen Löhnen und relativ wenig Rohstoffen ist die technologische Wettbewerbsfähigkeit ein Schlüsselfaktor. Für Standortentscheidungen in hochentwickelten Ländern hat dieser Faktor ein höheres Gewicht als die Arbeitskosten oder die Unternehmensbesteuerung.

Der *Infrastrukturfaktor Ausbildungssystem/Schulen/Universitäten* (nationale Rahmenfaktoren) sowie der *betriebliche Ergebnisfaktor Qualifizierung der Arbeitskräfte* im Unternehmen sind Bedingung für die technologische Wettbewerbsfähigkeit. Bereits jetzt ist die Bundesrepublik in starkem Maße auf technologie- und qualifikationsintensive Güter spezialisiert. Dies wird sich in Zukunft noch verstärken. Damit gewinnt die Qualifikation in Forschung und Entwicklung, Konstruktion und Produktion, Betriebswirtschaft und Absatzwirtschaft an Bedeutung. Eine Isolierung des Beitrags dieser »Humankapital«-Faktoren zur Standortqualität im Sinne einer »Messung« ist nicht möglich.

In der Standortdiskussion wird vor allem das duale Ausbildungssystem in der Bundesrepublik positiv beurteilt. Das andere Standbein, das Fachhochschul-/Hochschulsystem, wird dagegen zum Teil kritisch eingeschätzt. Langkau/Neumann (S. 11 ff.) sind der Auffassung, daß die Bundesrepublik bei der Bildungsreform in den siebziger Jahren mit wichtigen Konkurrenzländern (Japan, Großbritannien, Belgien, Niederlande) nicht Schritt halten konnte. Dem stünden jedoch die Vorteile einer vielseitigen und ausgewogenen Bildungsstruktur und des hohen Anteils an Studenten in naturwissenschaftlich-technischen Fächern gegenüber. In einer breitangelegten Umfrage anläßlich des Weltwirtschaftsforums in Davos über die Wettbewerbsfähigkeit einzelner Industrienationen bescheinigten die befragten Manager aus einer Reihe von Nationen dem deutschen Facharbeiter »Weltmeister«-Qualität. Deutsche Manager schnitten weniger gut ab (Wirtschaftswoche Handbuch 1990, S. 37).

Der Standortfaktor Ausbildung auf allen Ebenen sowie Qualifikation hat für die Sicherung der Wettbewerbsfähigkeit des Standorts Bundesrepublik zentrale Bedeutung, vor allem vor dem Hintergrund der technischen Entwicklung.

Die Unternehmerverbände haben bei ihren Klagen über eine in der Bundesrepublik zu hohe »Regelungsdichte« besonders die *Umweltschutzauflagen* (nationale Rahmenfaktoren) im Visier (*Stihl* 1989, S. 454; *Vogel* 1988, S. 25 ff.). Dabei wird leicht vergessen, daß Umweltschutzauflagen, wie viele andere Schutzbestimmungen auch, durch bestimmte unternehmerische Verhaltensweisen erzwungen wurden. Umweltschutz ist Rahmenbedingung zivilisierten Wirtschaftens und wird zunehmend zur Überlebensfrage. Er ist in jedem EG-Mitgliedsland auf das jeweils höchste Einzelstaat-Niveau anzuheben. Er begünstigt im übrigen die Entwicklung der Umwelttechnik, bei der deutsche Unternehmen bereits jetzt eine starke internationale Stellung haben (*Volkmann* 1989, S. 545). Schließlich spielt die Qualität von Umwelt und Lebensumfeld für Standortentscheidungen eine immer wichtigere Rolle (vgl. auch den Beitrag von *Hey* in diesem Band).

Last but not least seien unter den *nationalen Rahmenfaktoren* noch die Standortfaktoren *politische Stabilität* und *sozialer Frieden* in der Bundesrepublik hervorgehoben. Hier besteht zwar weitgehend Konsens in der positiven Wertung. Dieser Konsens besteht jedoch nicht, was das Gewicht dieser Faktoren anbetrifft. Beiläufig sei erwähnt, daß nach Ermittlung der Zeitschrift »Wirtschaftswoche« der Ausfall an Tagen durch Arbeitskämpfe nur noch in der Schweiz und in Österreich ähnlich gering ist wie in der Bundesrepublik (Wirtschaftswoche Handbuch 1990, S. 36 ff.).

4.3 Erst in ihrem wechselseitigen Zusammenhang erhalten Standortfaktoren Aussagekraft

Die Diskussion um den Standort Bundesrepublik Deutschland wird insofern einseitig geführt, als meist nur wenige Faktoren aus einer Vielzahl von Einflußgrößen auf unternehmerische Standortentscheidungen herausgegriffen und nach Interessenlage gewichtet werden. Auf Standortentscheidungen wirkt aber ein ganzes Bündel von Faktoren ein, zwischen denen eine Vielzahl von wechselseitigen Abhängigkeiten bestehen. So wird häufig nicht beachtet, daß jenen Faktoren, die als Kosten erfaßt wurden, auch Leistungen bzw. Erlöse gegenüberstehen. Auch der umgekehrte Zusammenhang ist möglich. Ferner können relativ hohe Kosten in der Gegenwart zu einem späteren Zeitpunkt kräftige Erlöse erbringen. Den Standortschwächen sind als Gegenstück immer auch Standortstärken zuzuordnen.

In hochentwickelten Industriestaaten gewinnen zudem qualitative Faktoren aus dem Bereich des nichtpreislichen Wettbewerbs an Gewicht, während die Diskussion noch auf den Kostenwettbewerb fixiert ist.

Einige Beispiele sollen diese wechselseitige Beziehung und Abhängigkeit einzelner Faktoren verdeutlichen.

Arbeitskosten

Hohe Arbeitskosten sind der Preis für eine im internationalen Vergleich hochqualifizierte, gut ausgebildete Arbeitnehmerschaft mit überdurchschnittlicher Motivation, die Leistungsbereitschaft, Einhaltung bestimmter Qualitätsstandards und Termineinhaltung gewährleistet sowie das nötige Know-how zur Entwicklung und Produktion auch forschungsintensiver Erzeugnisse mitbringt. Diese Leistung ist konstant ohne nennenswerte Unterbrechung durch Arbeitskämpfe in einem stabilen System industrieller Beziehungen auf kooperativer Basis und in einem stabilen politischen Rahmen abrufbar. Damit ist für anstehende Unternehmensentscheidungen eine hohe Planungssicherheit gegeben.

Unternehmensbesteuerung

Eine angemessene Unternehmensbesteuerung trägt dazu bei, eine leistungsfähige Infrastruktur zu finanzieren. Diese Infrastruktur ist unerläßliche Produktionsvoraussetzung, z. B. mit dem Angebot an Verkehrsleistungen, dem Kommunikationssystem und nicht zuletzt mit dem angebotenen Ausbildungssystem. Das Ausbildungssystem sichert die für die Modernisierung der Produktion und damit für die Sicherung der Wettbewerbsfähigkeit erforderliche Qualifikation der Beschäftigten. Die Forderung nach Senkung der Unternehmenssteuern würde entweder eine Verschlechterung der Infrastruktur mit dem Risiko einer geringeren Wettbewerbsfähigkeit oder – bei Beibehaltung oder gar Verbesserung des Infrastrukturangebots und ohne zusätzliche Staatsverschuldung – eine Umverteilung der Steuerlasten auf Arbeitnehmer und Verbraucher bedeuten.

Umweltschutzauflagen

Relativ hohe Umweltschutzauflagen in der Bundesrepublik sind erforderlich, um die bestehende oder eine noch wachsende Industriedichte verkraften zu können. Jetzt aus kurzsichtigen Motiven unterlassener Umweltschutz würde bedeuten, daß zu einem späteren Zeitpunkt ungleich höhere Kosten zur Wiederherstellung einer lebenswerten Umwelt (ein Standortfaktor) aufgewendet werden müßten, sofern es überhaupt noch etwas zu reparieren gäbe. Die Alternativen wären Verhältnisse, wie sie in einigen Bezirken der DDR inzwischen zu beklagen sind, nämlich Umweltbedingungen, die ganze Industrieregionen als Standorte gefährden.

Eine fundierte unternehmerische Standortanalyse muß sich auf eine breite Auswahl von Standortfaktoren aus den betrieblichen Funktionsbereichen Beschaffung, Produktion, Absatz, auf funktions-/unternehmensübergreifende Faktoren und auf nationale Rahmenfaktoren stützen und dabei Faktoreninterdependenzen einbeziehen (integrierte Betrachtung).

Die Faktorengewichtung ist eine Frage der Branche, des Produktionsprogramms, des Produktionsprozesses, der Marktstellung und der Betriebsgröße. Die von uns diskutierten Faktoren werden bei vielen Standortentscheidungen eine wesentliche Rolle spielen, ohne daß sie die schlechthin ausschlaggebenden Faktoren sein müssen.

5. Der Standort Bundesrepublik Deutschland in der EG: Resümee

Unsere zusammenfassende Würdigung des Standorts Bundesrepublik Deutschland aufgrund des Gewichtes verschiedener wesentlicher Einflußfaktoren der betrieblichen, überbetrieblichen und politisch-ökonomisch-sozialen Sphäre (Rahmenbedingungen) ergibt, daß die deutsche Industrie, insbesondere die bereits weltweit tätigen deutschen Konzerne, für den EG-Binnenmarkt insgesamt ausgezeichnete Voraussetzungen mitbringen. Damit ist der Standort Bundesrepublik gut abgesichert. Im EG-Binnenmarkt dürfte die deutsche Industrie dominierend sein. Dafür sind gegenüber allen anderen EG-Ländern steigende Handelsbilanzüberschüsse und die Länderbonität aus der Sicht der Banken (1989 weltweit Rang zwei zusammen mit der Schweiz, hinter Japan als Spitzenreiter, vor den USA und deutlich vor den EG-Konkurrenten) ein deutlicher Beleg (Wirtschaftswoche Handbuch, 1990, S. 36 ff.). Ein breites Exportsegment ist die Stärke der Bundesrepublik. Es schützt vor Krisen in einzelnen Sektoren. Wer in einem so breiten Segment stark ist, kann nicht auf *jedem* Spezialgebiet »Weltmeister« sein. Unzweifelhaft wird die Zukunft des Standorts Bundesrepublik nicht mehr bei wenig forschungsintensiven Massenerzeugnissen, sondern bei *intelligenten, forschungsintensiven*, auf die Kundenbedürfnisse *individuell zugeschnittenen Produkten* liegen. Standortfaktoren wie das Niveau von Forschung, Entwicklung und Ausbildung, Produktqualität, technisches und betriebswirtschaftlich bzw. absatzwirtschaftliches Know-how und nicht zuletzt stabile Rahmenbedingungen werden den Ausschlag geben. Die Kostendiskussion erscheint uns überholt. Sie ist ein Stück *Ideologie im Verteilungskampf.*

Die Entwicklung in Osteuropa und der DDR ist zur Zeit noch nicht völlig überschaubar. Aufgrund der Stärken im Investitionsgütersektor und eines bereits entwickelten Osteuropa-Marketings scheinen sich die Chancen des Standorts (Bundesrepublik) Deutschland eher noch zu verbessern. Die internationale Presse und die Kursentwicklung deutscher Aktien scheinen diese Auffassung zu stützen.

Literaturhinweise:

Bea, F. X., Stichwort »Standortfaktoren« in Dichtl, E./Issing, O. (Hrsg.), Vahlens Großes Wirtschaftslexikon, München 1987, S. 1741 f.

Berger, R., Standort Bundesrepublik Deutschland, in: BFuP 5/89, S. 460 ff.

Bosch, G., Arbeitszeiten in Europa, in: WSI-Mitteilungen 10/1989, S. 631 ff.

Bundesministerium für Forschung und Technologie (BMFT), Zur technologischen Wettbewerbsfähigkeit der deutschen Industrie, Manuskript, Bonn 7. 12. 1989.

Bundesministerium für Wirtschaft (BMWi), Studie zur Standortqualität, Manuskript, Bonn 4. 1. 1990.

Deutsche Bundesbank, Belastung der Unternehmen »wesentlich niedriger als 70 Prozent«, in: Handelsblatt vom 6. 12. 1989.

DGB-Informationen zur Wirtschafts- und Umweltpolitik 14/1989, 23. 11. 1989.

Gerstenberger, W., Entwicklung der Wettbewerbsfähigkeit der deutschen Wirtschaft, in: Ifo-Schnelldienst 7/88, S. 3 ff.

Hübner, R., Schieflage – die Wahrheit über den Standort Bundesrepublik, in: Capital Nr. 11/1988, S. 130 ff.

Institut der deutschen Wirtschaft (IW), in: Handelsblatt vom 3. 5. 1989.

Institut der Wirtschaftsprüfer in Deutschland e. V. (IdW), Die Unternehmenssteuern müssen dringend gesenkt werden, in: Blick durch die Wirtschaft vom 23. 11. 1989.

Kommission der Europäischen Gemeinschaften, Ergebnisse der Umfrage bei den Unternehmen und Verbrauchern, in: Europäische Wirtschaft, Beiheft B, Nr. 11/1989, S. 4 ff.

Langkau, J./Neumann, H., Kurzfassung ausgewählter Ergebnisse zum Projekt »Industriestandort Bundesrepublik Deutschland« des Forschungsinstituts der Friedrich-Ebert-Stiftung, Bonn 1989.

Macharzina, K., Die Wettbewerbsfähigkeit der Bundesrepublik Deutschland im internationalen Vergleich, in: BFuP 5/89, S. 472 ff.

Mosley, H./Auer, P. (Wissenschaftszentrum Berlin), Die soziale Dimension des europäischen Binnenmarktes, in: Internationale Chronik zur Arbeitsmarktpolitik 37-7/1989, S. 3 ff.

Napp, H.-G./Rahmann, B., Probleme eines internationalen Vergleichs der steuerlichen Belastung von Unternehmen, in: WSI-Mitteilungen 6/1989, S. 303 ff.

RKW-Kurzbericht Betriebswirtschaft 2/89, S. 7.

Ruppert, W., Standort Bundesrepublik im Urteil des Verarbeitenden Gewerbes, in: Ifo-Schnelldienst 4/89, S. 22 ff.

Ders., Standort Bundesrepublik im Urteil der deutschen Metallunternehmen, in: Ifo-Schnelldienst 30/88, S. 3 ff.

Scheibe-Lange, I./Tofaute, H., Steuerlast oder Steuerlust, WSI-Arbeitsmaterialien Nr. 23/1990.

Stihl, H. P., Der Standort Bundesrepublik Deutschland im gemeinsamen Europäischen Markt – Perspektiven für das Jahr 1993, in: BFuP 5/89, S. 449 ff.

Vogel, D., Die Bundesrepublik im internationalen Standortwettbewerb, in: EG-Binnenmarkt '92, Chancen und Risiken für Betriebe, Freiburg 1988, S. 25 ff.

Vogler-Ludwig, K., Betriebszeit der Produktionsanlagen, in: Ifo-Schnelldienst, 1-2/90, S. 3 ff.

Volkmann, G., EG-Binnenmarkt 1992, Standortdiskussion, Europastrategien der Unternehmen und Arbeitnehmerinteressen, in: WSI-Mitteilungen 10/1989, S. 543 ff.

Welzmüller, R., Personalzusatzkosten – Gefahr für die Wettbewerbsfähigkeit oder Nebenschauplatz im Verteilungskonflikt?, WSI-Arbeitsmaterialien Nr. 17/1987, S. 15 f.

Westdeutsche Landesbank Girozentrale, Europa '92, Perspektiven für die deutsche Wirtschaft, Düsseldorf 1988.

Wirtschaftswoche Handbuch 1990, Internationale Vergleiche, S. 36 ff.

Kommission der Europäischen Gemeinschaften, Ergebnisse der Umfrage bei den Unternehmen und Verbrauchern, in: Europäische Wirtschaft, Beiheft B, Nr. 11/1989, S. 4 ff.

Unternehmenskonzentration in Europa

Hans-Erich Müller

1. Einleitung

Eine Welle von Unternehmensbeteiligungen und Kooperationsprojekten der Unternehmen quer durch Europa gilt als augenfälligstes Ergebnis einer Aufbruchstimmung, die allein durch die Perspektive eines einheitlichen europäischen Binnenmarktes und neuer Anlagefelder in Osteuropa ausgelöst wurde.

Ist die Periode wirtschaftlicher Instabilität seit Mitte der siebziger Jahre überwunden, zu deren Merkmalen neben der Massenarbeitslosigkeit hektische Konzentrationsprozesse – Fusionsfieber, Konkursrekorde und zweifelhafte Existenzgründungen – gehörten?

Die gegenwärtige europäische Wirtschaftsentwicklung ist nur zu verstehen vor dem Hintergrund der Globalisierung des Wettbewerbs, der Internationalisierung der Produktion und der Herausbildung des Märkte- und Machtdreiecks (»Triade«) Westeuropa/Nordamerika/Asien mit ihren dominierenden Kernen Bundesrepublik Deutschland, USA und Japan. Die Rivalität innerhalb dieser Triade prägt bereits heute die Wirtschaftsreformen in Osteuropa.

Europaweite Übernahmen und Kooperationen werden begrüßt, weil sie die Wettbewerbsfähigkeit der Industrie, Wachstumsbedingungen und Lebensstandard in der Gemeinschaft verbessern – allerdings ist zu gewährleisten, daß wirksamer Wettbewerb dadurch nicht beeinträchtigt wird: So wird die neugeschaffene EG-Verordnung zur Kontrolle von Unternehmenszusammenschlüssen begründet. Ist aber Konzentrationskontrolle allein unter Wettbewerbsaspekten zu betreiben? Nein, denn Standortkonkurrenz, Sozialdumping und die Erosion der Mitbestimmung zeigen, daß auch die sozialen Folgen von grenzüberschreitenden Fusionen zu kontrollieren sind. Außerdem sind Konzentrationsprozesse Faktoren der gesamtwirtschaftlichen Entwicklung. Dies wird jetzt wieder im Zusammenhang mit der europäischen Marktintegration hervorgehoben. Aber je nachdem, ob im Vertrauen auf die Marktkräfte oder aber in demokratischer, regulierender Wirtschafts- und Sozialpolitik die entscheidende Stabilitätsvoraussetzung gesehen wird, fällt der Handlungsbedarf unterschiedlich aus. Auch im europäischen Maßstab läuft die Kontrolle wirtschaftlicher Macht letztlich wieder auf die Frage hinaus, wie die wirtschaftlichen Bedingungen und die Unternehmen zu organisieren sind, um Effizienz, Stabilität und soziale Gerechtigkeit gleichermaßen zu garantieren.

Zur allgemeinen Bewertung der westeuropäischen Wirtschaftsintegration trifft man derzeit auf eine Vielzahl von Einschätzungen, auch aus gewerkschaftlicher Sicht. Die Unternehmenskonzentration wird jedoch bisher dem engen Feld der Wettbewerbs- oder Monopolspezialisten überlassen. Im Unterschied dazu wird hier die Unternehmenskonzentration in einen Zusammenhang mit den sich verändernden wirtschaftlichen Bedingungen und unternehmenspolitischen Strategien gestellt.

Ausgangspunkt der Befassung mit »Marktintegration und Unternehmenskonzentration« sind einige grundsätzliche Überlegungen, die zu der möglicherweise überraschenden These führen, daß mit Marktintegration, Wirtschaftswachstum und Unternehmenskonzentration auch die Konkurrenz in Europa entwickelt wird. Weiterhin werden in diesem Beitrag Diversifikation und Kooperation als neuere Trends der Unternehmenskonzentration dargestellt. Mit der europäischen Integration werden auch die Standortbedingungen dieses globalen Sprungbretts verändert.

Von gewerkschaftlicher Bedeutung ist dabei, daß die faktischen Entscheidungs- und Organisationsstrukturen sich der nur von einem Land ausgehenden Beeinflussung sowohl wegen ihrer Verlagerung auf europäische bzw. weltmarktbezogene Zentralen entziehen; sie werden aber auch weniger greifbar, weil rechtlicher Konzernaufbau und tatsächliche Kontrollstruktur voneinander abweichen und »geräuschlose« Bündnisse und Netzwerke zunehmen.

Eine weitere Herausforderung kann sich für die Gewerkschaften durch die Zunahme des ungeschützten Sektors – vorwiegend bei Scheinselbständigen und Kleinbetrieben – ergeben. Renaissance des Mittelstandes? Oder überleben nur große Unternehmen? Diese Fragestellungen erwarten eine Antwort.

Im Schlußkapitel »Kontrolle wirtschaftlicher Macht« werden neuere Entwicklungen wie etwa die Europäische Fusionskontrolle dargestellt und daraufhin überprüft, inwieweit dabei auch soziale Aspekte wahrgenommen werden. Gilt hier die Leitidee vom »Europa der zwei Geschwindigkeiten«? Gewiß ist, daß Aufholbedarf für europäische Gewerkschaftskompetenz besteht.

2. Marktintegration und Unternehmenskonzentration

2.1 Umbruch in Europa

Die politische und kulturelle Annäherung in Europa wird durch die wirtschaftliche Integration vorangebracht. Die EG der 12 Länder ist heute mit 324 Mio. Verbrauchern und einer Kaufkraft von 2,8 Brd. $ vor den USA (244 Mio./3,1 Brd. $) und Japan (122 Mio./1,5 Brd. $) der größte und vielfältigste, aber zersplittertste Markt des Westens. Der Abbau von Mobilitätshemmnissen auf den europäischen Märkten für Arbeitskräfte, Güter, Dienstleistungen und Kapital ist das erklärte Ziel des Projekts Binnenmarkt '92.

Durch den Abbau von Grenzkontrollen, technischen Schranken, unterschiedlichen Steuersätzen, von Mobilitätsschranken beim öffentlichen Auftragswesen und bei den Finanzdienstleistungen soll direkt und indirekt ein Wachstums- und Beschäftigungsschub in Gang gesetzt werden (*Cecchini* 1988). Folgt man der EG-Kommission, werden Marktintegration und Wirtschaftswachtum Hand in Hand gehen und Konzentrations- und Umstrukturierungsprozesse auf europäischer Ebene keineswegs als störend betrachtet. Sie sind vielmehr Vorbedingung für eine europäische Wirtschaft, die im globalen Wettbewerb bestehen will.

Die Unternehmen in der Bundesrepublik werden bei relativer Wettbewerbsstärke positiv an der Marktintegration teilhaben. Schmerzhafte Anpassungsprozesse sind allerdings in einzelnen Wirtschaftszweigen und Unternehmen zu erwarten. Je mehr ein Unternehmen in einer bisher »geschützten« Branche engagiert ist, desto größer sind die Risiken[1]. Für die deutschen Schlüsselbranchen Maschinenbau, Kraftfahrzeuge, Chemie und Elektrotechnik, die bereits bisher europäisch oder

1 »Die Liberalisierungsmaßnahmen werden vor allem jene Branchen spüren, die bisher vom internationalen Wettbewerb aufgrund nichttarifärer Handelshemmnisse, staatlicher Regulierungen und Marktzutrittsbarrieren abgeschirmt und durch Subventionen und Zulassungsbedingungen geschützt waren, nämlich: Bereiche der verarbeitenden Industrie, der Energiesektor, Teile des Verkehrsgewerbes, der Telekommunikationssektor, die Finanzdienste und einige unternehmensbezogene Dienstleistungen.« (*Hermann u. a.* 1990).

weltweit orientiert sind, werden quer durch die Unternehmensgrößenklassen positive Impulse erwartet.

Auch der gesellschaftliche Umbruch in Osteuropa kann aus dieser Sicht als Abbau von Zutrittsschranken und Mobilitätsbarrieren interpretiert werden – wenngleich von grundsätzlicher Art. Mit der Verbreitung marktwirtschaftlicher Ordnungspolitik wird auch – bei aller Unsicherheit in der Voraussage und bei aller Unterschiedlichkeit in den Ländern – das Spektrum der Betriebs- und Unternehmensgrößen differenzierter. Bisherige staatliche Monopole werden nur übergangsweise durch Unternehmensmonopole und marktbeherrschende Stellungen abgelöst, häufig als Joint Ventures mit westlichen Unternehmen. So hat z. B. die Allianz-Versicherung einen 49 %-Anteil an der DDR-Versicherung zum 1. Mai 1990 übernommen. Mittelfristig wird eine der Bundesrepublik vergleichbare Marktstruktur erwartet. Quer durch alle Wirtschaftszweige wird es zur Gründung neuer, kleiner und mittlerer Unternehmen kommen.

Ist der Abbau von Mobilitätshemmnissen, d. h. die freie Konkurrenz der Schlüssel für Effizienz, Stabilität und Verteilungsgerechtigkeit? Ist diese mit steigender Konzentration vereinbar? Ist die Annahme realistisch, daß nicht nur wenige große Betriebe und Konzerne, sondern ein Spektrum unterschiedlicher Größenordnungen übrigbleibt? Dazu einige grundsätzliche Anmerkungen.

2.2 Konzentration: Wettbewerb, Wachstum und Verteilung

Die Volkswirtschaftslehre beschäftigt sich mit der Konzentration im Rahmen einer Nebendisziplin nahezu ausschließlich aus wettbewerbspolitischer Sicht. Dementsprechend dreht sich alles um Marktanteile und -prozesse großer *oder* kleiner Unternehmen und die Frage möglicher Wettbewerbsbeschränkungen. Lediglich in pragmatisch orientierten Studien, wie im vielzitierten Cecchini-Bericht, werden etwa Größenvorteile als Wachstumsfaktoren bewertet. Noch für Schumpeter war die heute gern angeführte These vom Großunternehmen als Motor des Wachstums und des technischen Fortschritts Kernelement einer pessimistischen Gesellschaftstheorie. Mit der »bürokratisierten industriellen Rieseneinheit« wird die kleine und mittlere Firma verdrängt, verliert die Bourgeoisie neben ihrem Einkommen ihre Funktion: »Die wahren Schrittmacher des Sozialismus waren nicht die Intellektuellen oder Agitatoren, die ihn predigten, sondern die Vanderbilts, Carnegies und Rockefellers.« (*Schumpeter* 1950, S. 218) Langfristig bleiben nur wenige Riesenbetriebe übrig; diese heben die Konkurrenz auf. Daraufhin bricht das System zusammen – diese Beschreibung einer Entwicklungstendenz trifft offenkundig nicht zu. Sie wird gewöhnlich zu Unrecht auch Marx untergeschoben, findet sich aber auch bei deutschen Wirtschaftsliberalen wie etwa Eucken (vgl. Müller 1985).

Dazu *erstens*: Tatsache ist, daß Größe und Marktanteil der führenden, inzwischen Multinationalen Unternehmensgruppen seit der Jahrhundertwende zunehmen. Großkonzerne, mit weit mehr als hunderttausend weltweit kontrollierten Beschäftigten, sind erst ein spätes geschichtliches Produkt. Diese Gruppen bestehen aus einer Vielzahl beherrschter Unternehmen oder sind durch Kooperation (Gemeinschaftsunternehmen, Abkommen) sowie personelle Verflechtungen verbunden und kontrollieren ein ganzes Heer von Zulieferern (vgl. *Abb. 1*) Diese Machtkonzentration in wenigen Händen führt jedoch nicht dazu, daß die Masse der kleinen und mittleren Betriebe und Unternehmen verschwindet. In den entwickelten Industrieländern wächst langfristig der Anteil der Beschäftigten in Großbetrieben und -Unternehmen, aber zu jedem Zeitpunkt gibt es ein Spektrum unterschiedlicher Größen. Insbesondere bei hochspezialisierten und neugeschaffenen Produkten und Dienstleistungen einerseits (Stichwort: Silicon Valley), in regional begrenzten Märkten, sozial ungeschützten, tradierten Bereichen (Stichwort: Sweat Shops, freie Trucker) andererseits bilden sich Nischen für kleinere und mittlere Unternehmen beständig wieder neu. »Zwang zur Größe« oder »innovative kleine und mittlere Unternehmen«: Bei diesem Streit wird häufig übersehen, daß sie beide Momente gesamtwirtschaftlicher Dynamik sind.

Zweitens: Wie beim technischen Fortschritt sind auch bei Konzentrationsprozessen soziale Folgen zwiespältig, daher zu kontrollieren. Die Tatsache, daß die Wachstumsschwäche und wirtschaftliche Instabilität der siebziger und achtziger Jahre mit hektischen Konzentrationsprozessen zusammenfielen – Schlagworte: Fusionsfieber und Konkursrekorde – verweist darauf, daß die Konzentrationsdynamik durch die Konjunktur beeinflußt wird, daher auch wirtschaftlichspolitisch von Bedeutung ist.

Drittens: Die Behauptung, die »unsichtbare Hand« des Marktes, also die Konkurrenz, werde durch die »sichtbare Hand« des Managers in den Großunternehmen verdrängt (*Chandler* 1977), trifft nicht die Entwicklungstendenz. Tatsächlich bestehen Wechselwirkungen zwischen der industriellen Produktionsweise (und der sie begleitenden Konzentration) und der Konkurrenz: zwischen Konzentration und Zersplitterung, zwischen Plan und Markt, zwischen Größenvorteilen der Produk-

Abbildung 1

Koordination im Markt, in Unternehmenszusammenschlüssen und in Unternehmen

Institution der Koordination	**Markt**		**Unternehmens-zusammenschluß**		**Unter-nehmen**
Art der Koordination	ungebundene Transaktion	gebundene Transaktion	Teilintegration = Kooperation	Vollintegration = einheitliche Leitung	Organisation
Instrumente der Koordination	- kurzfristige (Kauf-, Werk-, Dienst-) Verträge	- lang-fristige Liefer-verträge	- Minderheits-beteiligungen - Joint Ventures - Vertragsfreie Verhaltensab-stimmung - Lizenzab-kommen		- Pläne - Programme - Weisungen

Quelle: Bea, F.X., Diversifikation durch Kooperation, in: Der Betrieb, H. 50, S. 2521 ff.

tion und gleichzeitiger Spezialisierung. Um diesen dynamischen Zusammenhang von Konzentration und Konkurrenz zu erläutern, muß an dieser Stelle etwas zum Begriff des Wettbewerbs gesagt werden.

Lokale oder zeitliche Wettbewerbsbeschränkungen als Folge wirtschaftlicher Macht, die den Staatseingriff hervorrufen, werden nicht bestritten, sind aber nur *ein* Problemkreis. Nicht geteilt wird hier die Auffassung, daß mit der Entwicklung der Konzentration die Marktbeherrschung allgemein wird und die Konkurrenz einschläft. Entscheidend sind vielmehr die Möglichkeiten des Marktzutritts und des funktionalen Austauschs durch die Marktgegenseite (relevanter Markt), der Marktzutritt durch neue Produkte und Produktionsverfahren und veränderte Wirtschaftsräume. Der Wettbewerb ist um so unbeschränkter, je höher die Mobilität des Kapitals ist. Diese aber hängt wiederum von den geschichtlich entwickelten Produktionsvoraussetzungen und gesellschaftlichen Schranken ab: Zum einen steigt die Mobilität mit dem Entwicklungsgrad des Produktionsprozesses, der vor allem durch den technischen Fortschritt geprägt wird; zum anderen hängt die Mobilität des Kapitals von gesellschaftlichen Schranken ab, wie etwa der politischen Zutrittssperre, die bei regulierten Bereichen und bei nationalem Protektionismus anzutreffen ist.

Schließlich erweitert sich die Chance der Mobilität durch die Entwicklung des Kredit- und Finanzierungssystems.

Die Erfordernisse der Kapitalmobilität werden in der realen Welt der modernen Kapitalgesellschaft viel enger angenähert als in den Modellen der volkswirtschaftlichen Theorie.

Wir kommen damit zu der Einschätzung, daß mit dem Projekt Binnenmarkt '92 historische Schranken der Kapitalmobilität abgebaut werden und insofern sowohl die Konkurrenz als auch die Konzentration zunehmen wird. Mit europäischer Wettbewerbspolitik allein ist Konzentrationskontrolle nicht zu erreichen. Auch in der Nachkriegsgeschichte der Bundesrepublik hat das Gesetz gegen Wettbewerbsbeschränkungen nicht so gewirkt, wie erwartet worden war, nämlich als »Grundgesetz der Wirtschaft«. Selbst Wirtschaftsliberale glauben nicht, daß allein mit diesem Instrument schon wirtschaftliche Stabilität und soziale Gerechtigkeit garantiert sind: Die Liberalisierung ist kein Selbstläufer. Inzwischen ist die Herausforderung wirtschaftlich-, sozial- und gesellschaftspolitischer Gestaltung anerkannt:

- Die Öffnung bisher geschützter Märkte muß ergänzt werden durch koordinierte Anstrengungen zur Förderung der gesamtwirtschaftlichen Stabilität und regionalen Entwicklung.

- Nur ein soziales Europa kann Grundlage von Standortqualität und wirtschaftlicher Stabilität sein. Die Annäherung der verschiedenen sozialen Sicherungs- und Gestaltungssysteme ist als »Vereinheitlichung bei gleichzeitigem Fortschritt« (EWG-Vertrag) zu denken. Demokratisierung und Parlamentarisierung nationaler und europäischer Entscheidungsstrukturen sind erforderlich.
- Die Wettbewerbspolitik im engeren Sinn muß europäisiert werden.

Betrachten wir in den folgenden Kapiteln einige Aspekte des Konzentrationsprozesses konkreter.

2.3 *Unternehmenszusammenschlüsse und Marktkonzentration*

Will man sich einen Überblick über die Unternehmenskonzentration in Europa verschaffen, findet man zur Wettbewerbspolitik regelmäßige Berichte (vgl. Kommission 1989). Für Informationen zur europäischen Standortpolitik und Produktionsverflechtung multinationaler Unternehmen ist man auf mühsame Einzelfallrecherche angewiesen (vgl. hierzu auch die Beiträge von *Dziobek, Junne, Welzmüller* in diesem Band). Vorreiter der *Produktion im internationalen Verbund* (global sourcing) sind die Unternehmen der Automobilindustrie. Ford-Europa steuert faktisch ein europaweites Beschaffungs-, Produktions- und Distributionsnetz an – tritt aber als Konzern Ford-Europa nicht in Erscheinung (*Bochum/Meißner* 1989).

Auf der *Marktebene* sind die Konzentrationserscheinungen gleichfalls augenscheinlich. Die 40 größten europäischen Unternehmensgruppen sind 1986 mit 23 % am Gesamtumsatz des verarbeitenden Gewerbes beteiligt (Japan 24 %, USA 35 %), während ihre Anzahl im Verhältnis zur Gesamtzahl der Industrieunternehmen in Europa außerordentlich gering ist – weniger als 0,5 % (*Jaquemin* 1989). Auch im EG-Maßstab ist der Anteil in bestimmten Branchen, wie etwa beim Kraftfahrzeugbau oder bei EDV-Büromaschinen, bereits heute hoch, in anderen Branchen deutlich geringer als dies bei nationaler Betrachtung der Fall wäre (vgl. *Abb. 2*).

Die Tendenz der *Unternehmenszusammenschlüsse* in der Gemeinschaft ist steigend und wird durch die EG-Marktintegration weiter verstärkt. Rekorde werden auch bei den Übernahmeaktivitäten von außen, etwa der US-Unternehmen in Großbritannien vermeldet. Die Unternehmen spezialisieren sich auf die leistungsfähigen Bereiche und

Abbildung 2

Horizontale Unternehmenskonzentration in der EG

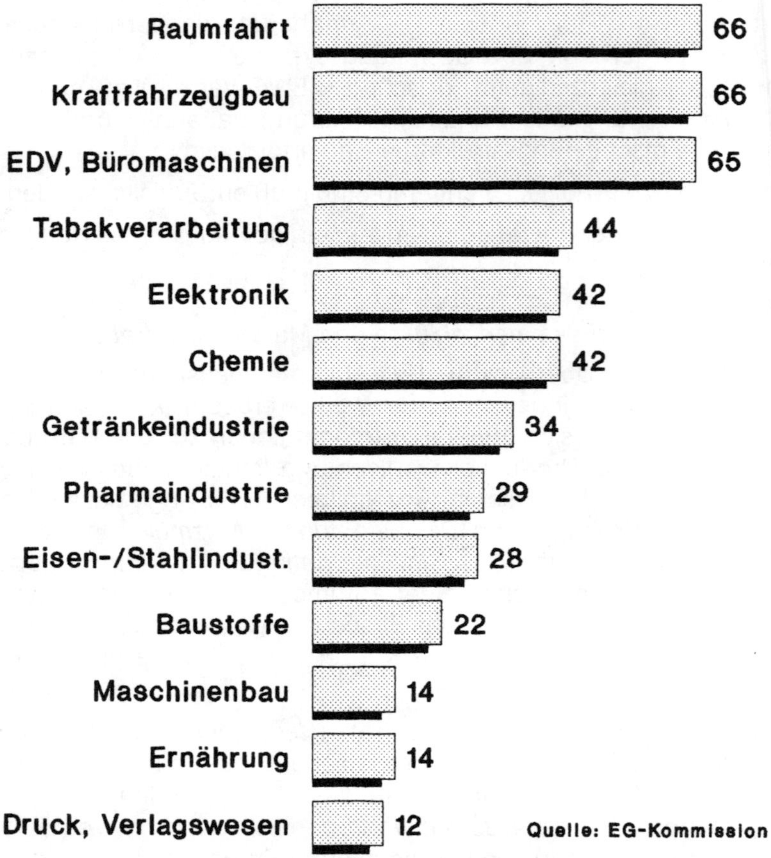

Anteil der fünf größten Unternehmen der EG an der Produktion der jeweiligen Branche in % (1986)

geben Randgebiete ab. Bisher überwiegen die Zusammenschlüsse auf nationaler Ebene. Rationalisierung und Umstrukturierung ist mit Abstand das wichtigste Motiv, neben Expansion, Diversifizierung u. a. m. – soziale Folgen z. B. durch Betriebsänderungen sind also zu erwarten. Aus der Tatsache, daß viele Unternehmenshochzeiten scheitern – die Erfolgsaussichten sind um so geringer, je größer das erworbene Unternehmen und je höher der Diversifikationsgrad ist – wird der Schluß gezogen, daß eine allgemeine Vermutung, derartige Operationen seien nützlich, nicht gerechtfertigt ist. Die Unternehmenskonzentration ist kein bloßes Instrument, um maximale Effizienz in Produktion und Verteilung zu erreichen (vgl. Abb. 3).

2.4 Fusionsfieber, Konkursrekorde: Finanzboom ohne Arbeitsplätze?

»Flucht in die Finanzinvestionen«, »Finanzboom ohne Arbeitsplätze« – Schlagworte der Periode wirtschaftlicher Instabilität seit Mitte der siebziger Jahre. Diese gesamtwirtschaftliche Entwicklung war prägend für die Konzentrationsdynamik in Nordamerika und Europa: Konkursrekorde, Gründerwelle, Jahrhundertfusionen – Sturmvögel der Krise, eines »Big Crashs«, wie damals spekuliert wurde. Dieser ist nicht eingetreten. Inzwischen hat man sich an die Superlative gewöhnt. Der realwirtschaftliche Aufschwung im Wirtschaftsdreieck Europa-Nordamerika-Asien bei gleichzeitiger Wirtschaftszerrüttung in den Entwicklungs- und RGW-Ländern läßt Zweiflern keinen Spielraum. Was bleibt?

Übernahmefieber

In der größten Fusionswelle der amerikanischen Geschichte wurde die Jagd auf Großunternehmen zum beherrschenden Thema des Jahrzehnts: »Das Ergebnis der fieberhaften Übernahmen, der Auskäufe auf Kredit (Leveraged Buyouts) und der finanziellen Neustrukturierungen führten zur weitreichenden Umgestaltung der amerikanischen Firmenlandschaft. Ganze Branchen formierten sich neu, zahlreiche Konzerne machten ihre Diversifizierung der sechziger und siebziger Jahre wieder rückgängig und nach Jahrzehnten des Antitrust-Ringens waren Großkonzerne und Oligopole unversehens wieder in.« (*J. Eckhardt* in Handelsblatt v. 21. 12. 89).

Von den 20 größten Übernahmen in der US-Geschichte fand keine vor 1981 statt und keine lag unter einem Wert von fünf Milliarden Dollar. Aber nicht nur der Umfang der Deals war neu. Vor Übernahmespekulanten, die mit kreditfinanzierten Übernahmen (durch Junk-Bonds; Marktumfang 220 Mrd. $) mit häufig anschließender Zerschlagung der

Abbildung 3

Die größten Industrie-Unternehmen im EG-Binnenmarkt

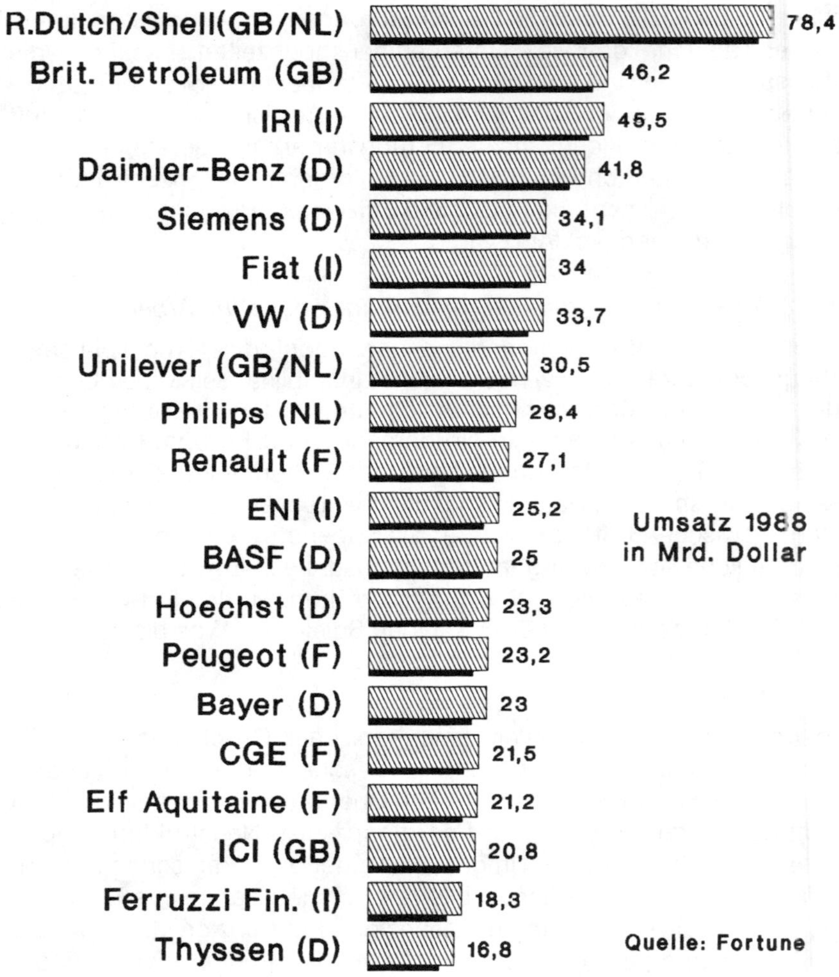

Unternehmen profitierten, fühlen sich selbst Konzerne wie ITT und IBM nicht mehr sicher. Wallstreet-Kapitalismus: Spekulation statt Investition.

Befürworter des Übernahmekarussells argumentieren, daß dadurch bürokratische Managementstrukturen durchlüftet und überschuldete Unternehmen »schlank und sparsam« werden, um zu überleben. Im Klartext: Personal entlassen und Betriebsteile verkaufen, um die Schuldenlast zu verringern. Tatsächlich ist nach einem Jahrzehnt der Übernahmen die Wettbewerbsfähigkeit der amerikanischen Wirtschaft indessen nicht gerade furchterregend. An die Stelle langfristiger Forschung und Entwicklung und breiter Qualifizierung ist die von Wall-Street diktierte kurzfristige Gewinnmaximierung für die Aktionäre getreten. Die amerikanischen Banken sind neben dem Dritte-Welt-Kreditgeschäft im Unternehmensmarkt engagiert. Die Verschuldung und damit die Labilität im Hinblick auf eine wirtschaftliche Rezession nimmt zu. Trotz jüngster Turbulenzen im Bankenbereich wird nicht mit einem Ende der spekulativen Übernahmen gerechnet – allerdings mit einer gewissen Beruhigung nach den »wilden achtziger Jahren« (Financial Times v. 20. 9. 89 und 1. 3. 1990). Unternehmensübernahmen durch das Management (MBO's) scheitern häufig wegen der nicht ausreichenden Finanzkraft oder der nur kurzfristigen Orientierung des Managements. Hintergründe für die Übernahmewelle sind:

- *Wirtschaftskrise*: Die Kehrseite der Überakkumulation im realwirtschaftlichen Bereich ist die Zunahme des spekulativen Geschäfts – Casinokapitalismus. Überkapazitäten führen zu Verdrängungskonkurrenz; Verlagerung vom internen zum externen Wachstum; feindliche Übernahmen.
- *Neokonservative Wende*: Bereichert Euch! Reichtum durch Armut! (Gilder) – Klima des Rückzugs des Staates aus der Wirtschaft, auch aus der Kartellaufsicht. Zugleich aber »deficit spending«, schmutziger Keynesianismus.
- *Historische Unterschiede*: Die besondere Struktur des amerikanischen Kapitalmarktes begünstigt kreditfinanzierte Übernahmen. Kurzfristige, aktionärsorientierte Management- und Rechtskultur.

Mit einer Ausbreitung der Welle feindlicher Übernahmen auf dem Kontinent wird bisher nicht gerechnet. Fachleute gehen zwar von einer Verdoppelung des Unternehmensmarktes in der Bundesrepublik im Unterschied zu der Vervierfachung in den Vereinigten Staaten in den vergangenen fünf Jahren aus. Aber »Übernahmeangebote sind nur da ein Thema, wo Unternehmen ihr Kapital in hohem Maße über die Börse beschaffen. Das ist in Amerika der Fall, in Europa nur in Großbritannien. (Die erste feindliche Übernahme der englischen Firma Plessey durch Siemens bestätigt nur die Regel. D. Verf.) Wo wenige Anteilseigner ihrer Gesellschaft Kapital in Gestalt von Darlehen oder Anleihen über die Hausbanken beschaffen, ist für öffentliche Übernahmen kein Raum, allenfalls für den stillen und einvernehmlichen Pakethandel« (FAZ v. 19. 12. 89). Die Kehrseite der Medaille ist die starke Stellung der Universalbanken in der deutschen Wirtschaft.

Sanfte Allianzen und harte Widerstände

Bisher wird der Weg bevorzugt, den Einfluß durch strategische Allianzen auszuweiten: »Frieden statt Krieg, heißt die Devise von Europas Machtelite«, so kommentiert die Wirtschaftspresse die andere Konzentrationskultur in Europa. Die Bestrebung der EG-Kommission, die Übernahmeofferten europaweit zu reglementieren, »erscheint zumindest für die drei Kernländer überflüssig. In der Bundesrepublik Deutschland, in Frankreich und Italien läßt eine selbstzufriedene Machtelite wenig Spielraum für ausländische Finanzakrobaten. Der hiesige Industrieclub unter Führung der Deutschen Bank, die Familien- und Vetternwirtschaft der norditalienischen Industrie- und Finanzaristokratie sowie die politisch-wirtschaftliche Staatsallianz Frankreichs sind weitgehend immun gegen die Angriffe der Firmenjäger. Nur Großbritannien, das Mutterland des Kapitalismus, scheint nunmehr ohne die Schutzmacht der Networks (der sanften oder geräuschlosen Allianzen persönlicher Beziehungen, d. Verf.) dazustehen.« (Die Wirtschaftswoche 1989, Nr. 45)

Hinzu kommen Schranken durch das Gesellschafts-, Handels- und Steuerrecht (Priorität für Gläubiger- und langfristige Aktionärsinteressen) und das Arbeitsrecht. Der bei amerikanischen Firmen kaufpreisrelevante Tatbestand »union free« scheitert hierzulande. Das Unterlaufen von Arbeitnehmerrechten bei Betriebsübergang (§ 613 a) und Betriebsänderung und Sozialplan (§§ 111/112 BetrVG) ist zwar möglich; dem kann jedoch durch eine aktive Interessenvertretung entgegengewirkt werden. Andererseits ergeben sich neue Risiken durch die Liberalisierung des Kapitalmarktes, durch die mögliche Erosion der Sozialstandards im Europa der Zukunft.

3. Globaler Wettbewerb – neue Unternehmensstrategien

Man kann generell von einer Umorientierung der Unternehmensstrategien vor dem Hintergrund tiefgreifender Umwälzungen im System-Umfeld ausgehen. Dazu gehören:

- *Instabiles Wirtschaftswachstum*: schwaches und instabiles gesamtwirtschaftliches Wachstum ab Mitte der siebziger Jahre. Zunahme von Verdrängungskonkurrenz und Protektionismus. Wachstumsbeschleunigung seit Ende der achtziger Jahre mit erheblichen Ungleichgewichten am Arbeits- und Finanzmarkt sowie zwischen Industrie- und Entwicklungsländern. Wirtschaftlich-politischer Umbruch in den RGW-Staaten.
- *Dienstleistungs- und Informationsgesellschaft*: zunehmendes Gewicht dieses Sektors quer durch die Unternehmen und Wirtschaftssektoren. Hier haben innovative und traditionelle kleine und mittlere Unternehmen eine erhebliche Bedeutung.[2]
- *Globalisierung oder die Welt als Dorf*: Wachsende Integration der Wirtschaftsräume, insbesondere in der Triade Japan/USA/Europa, unterstützt durch die Binnenmarktinitiative. Von 1950 bis 1980 wurde das internationale Bruttosozialprodukt verdreifacht, der Welthandel hingegen versiebenfacht. Neben lokalen oder länderspezifisch ausgerichteten Wirtschaftszweigen wie Einzelhandel oder Baustoffindustrie entstanden globale Branchen wie die Automobil- oder Halbleiterindustrie. In diesen Branchen haben die Hersteller nur dann Überlebenschancen, wenn sie weltweit die entsprechenden Stückzahlen absetzen und länderspezifisch differenzieren können.

Mit den fortgeschrittenen Technologien in der Telekommunikation und im Transportwesen ist die technische Basis für einen neuen Schub der Erweiterung der Konkurrenz entwickelt. Konsumgewohnheiten, Denk- und Verhaltensweisen in den Metropolen gleichen sich an. Gleichzeitig differenzieren sich mit steigendem Einkommen die Bedürfnisse und Arbeitsarten. Das Management- und Produzentenwissen verbreitet sich

2 Der Anteil der Beschäftigten im Dienstleistungssektor der OECD-Länder war 1970 um ein Drittel höher als in der Industrie, heute beträgt er das Doppelte. Beschäftigungswachstum wird in Zukunft ausschließlich im Dienstleistungsbereich und in den informationsverarbeitenden Wirtschaftssektoren stattfinden (vgl. für viele Kommission 1988). Andererseits entwickeln sich insbesondere die rasch wachsenden produktionsnahen, wissensintensiven Dienstleistungen wie Rechts- und Unternehmensberatung, Ingenieurbüros, Werbung und Ausstellungswesen nur im Austausch mit den warenproduzierenden Betrieben (vgl. WZB-Mitteilungen 47/1990).

durch Kommunikationstechniken, aber auch durch die höhere Mobilität der Arbeitskräfte schneller.

Auf der anderen Seite sind – nach einer Studie von Berger & Partner – die nationalen Systeme der Innovation zwischen Japan, USA und Europa verschieden, die Technologie und Wirtschaftskultur eines Wirtschaftsraumes ohne weiteres nicht in einen anderen transferierbar. Bei Forschungs- und Entwicklungserfolgen dominieren Europa und die USA; Japan ist Technologieführer und bei der Produktvermarktung vorn, während bei der Systemintegration die Europäer vorn liegen (Handelsblatt v. 21. 12. 89).

3.1 Die Network – oder Transnationale Unternehmung

Als Reaktion auf das veränderte Umfeld entstanden neue Managementkonzepte und Strategien der Internationalisierung.

Neue Managementkonzepte sind Ergebnis der Internationalisierung der Märkte, der Notwendigkeit differenzierter Integration, aber auch Antwort auf den Widerspruch zwischen der wegen der wachsenden Komplexität verlängerten Reaktionszeit und der wegen der zunehmenden Dynamik erforderten raschen Entscheidungsfähigkeit. Dieses Problem begünstigt auch neue Führungskonzepte (*Bleicher* 1989). Der Hauptfaktor für bedeutende und vor allem schnelle Innovationen als treibender Kraft des Wandels wird heute vor allem im Management der »Human-Resources« gesehen (*Staehle* 1989). Kulturelle und prozeßorientierte Formen der Koordination gewinnen an Bedeutung.

Neue Strategien der Internationalisierung (vgl. *Henzler* 1989): Gewissermaßen als Verallgemeinerung der oben beschriebenen Tendenz zur Diversifikation und Kooperation hält *Carlo de Benedetti*, Geschäftsführer und Anteilseigner von Olivetti, die »network corporation« für die angemessene Antwort der neunziger Jahre auf die Globalisierung. Das typische Referenzmodell der Vergangenheit war das multinationale Unternehmen. Die Auslandsniederlassungen sind hier von der Zentrale abhängig. Mit wachsender Größe wird die bürokratische Schwerfälligkeit der Unternehmen zum Hemmnis. Auf der Suche nach neuen internationalen Dimensionen und überlegenem technischem Know-how gehen die Unternehmensgruppen dazu über, mit anderen Unternehmungen Abkommen zu schließen, Allianzen und Integrationen einzugehen.

Dieses neue strategische Vorgehen bringt ein dichtes Geflecht verschiedener Formen der Zusammenarbeit in der Wertschöpfungskette hervor. Diese Bündnisstrategie verändert die Verhaltensweisen der Unternehmen von Grund auf. Es treffen nicht mehr einzelne Unternehmen aufeinander, sondern Netze mit eigener Struktur, eigener interner und externer Dynamik. Danach sind drei Phasen zu unterscheiden. Erste Phase fünfziger und sechziger Jahre: Integration der Märkte. Zweite Phase ab Ende der sechziger Jahre: Integration der Produktion. Ein Produkt (z. B. ein Automobil), wird innerhalb eines multinationalen Konzerns in änderunterschiedlichen Standorten hergestellt. »Die strategischen Partnerschaften von heute leiten eine dritte Phase der wirtschaftlichen Integration ein: Mit der Schaffung übernationaler Produktionsstrukturen werden nicht nur einige Fertigungsstufen integriert, sondern auch die Entwicklungsstrategien der in das Netz eingebundenen Unternehmen. Das heißt, diese Unternehmen ›denken‹ und organisieren sich im Weltmaßstab; sie verstärken damit die Integration der Märkte und der Wirtschaftsstrukturen.« (Ebenda, S. 171 f.)

Eine *vernetzte Organisationsstruktur* verbindet danach die Vorteile der Dezentralisierung mit denen der zentralen Kontrolle. Für kleinere und mittlere Unternehmen ergeben sich neue Entwicklungschancen, wenn sie als spezialisierte Zulieferer (von der Entwicklung vom Vertrieb) im Netz effizienter, kreativer und flexibler auf der jeweiligen Wertschöpfungsstufe sind und sich zugleich als Bestandteil eines globalen Unternehmens betrachten können.

Kritisch ist zunächst anzumerken, daß das Umfeld eines bestimmten Zweiges, der Informationstechnologie, nicht unzulässig verallgemeinert werden darf. Dies macht *Bartlett* deutlich, der von einer Tendenz zur Transnationalen Unternehmung spricht (vgl. *Porter* 1989). In einer globalen Branche wird die Wettbewerbsposition, die ein Unternehmen in einem bestimmten Land innehat, ganz erheblich von seiner Stellung in anderen Ländern beeinflußt und umgekehrt. Unternehmen in diesen Branchen entwickeln eine Globalstrategie. Dazu können zweifellos auch zukünftig nicht alle Branchen und Unternehmen gerechnet werden. Für eine Firma, die in der Zementindustrie tätig ist, erscheint es z. B. wenig sinnvoll, Fertigungsstätten von globalem Zuschnitt zu errichten. Hingegen ist der Zwang zur globalen Koordination und Integration in der Unterhaltungselektronik hoch. Bei Markenprodukten wie Nahrungsmitteln, Seife, Zigaretten ist hingegen der Zwang zur länderspezifischen Anpassung und Differenzierung bei Absatz und Vertrieb hoch.

Man kann nach diesem Schema auch die verschiedene strategische Position etwa von Automobilfirmen zuordnen. So entwickelte Toyota einen straff koordinierten und zentral geleiteten operativen Verbund und konzentrierte sich auf den weltweiten Export relativ einheitlicher Modelle, die in Toyota City (Japan) produziert wurden. Nennen wir dies die globale Strategie. Fiat wählte das andere Extrem. Die Firma richtete ihre Auslandsniederlassungen durch Joint Ventures und Lizenzvereinbarungen vorzugsweise in Ländern ein, deren nationale Automobilindustrie noch im Aufbau begriffen war (Spanien, Türkei, UdSSR, Polen und Jugoslawien); eine multinationale Strategie. Heute stärken die oben beschriebenen Kräfte eine Mischung aus beiden Strategien: die transnationale Unternehmung.

3.2 Diversifikation und Kooperation

Seit Mitte der siebziger Jahre sind bei führenden Unternehmen typische *Veränderungen der Konzentrationspolitik* festzustellen (vgl. *Bea* 1988):

- *Diversifikation als Strategie*: Stärkung der Kerngeschäfte durch Rationalisierung und Abspaltung von Unternehmensbereichen sowie die Erweiterung des Leistungsprogramms durch Diversifikation in verwandte Bereiche, insbesondere Hochtechnologie (vgl. auch *Abb. 3*).
- *Kooperation als Struktur*: veränderte organisatorische Umsetzung der neuen strategischen Ausrichtung von Unternehmenszusammenschlüssen durch lockere Unternehmensverbindungen. Kooperationsbegriffe: Allianzen, Networks, Koalitionen. Rechtliche Ausprägungsformen: Arbeitsgemeinschaften, Konsortien, Joint Ventures bis hin zu den Instrumentarien Minderheitsbeteiligungen, langfristige (Lizenz-, Franchising-)Verträge, vertragsfreie Vereinbarungen und Verhaltensabstimmungen (vgl. auch *Abb. 1*).

Maßgeblich für Diversifikations- und Kooperationsstrategien ist ein verändertes Wettbewerbsumfeld:

- *Fortgeschrittene Informationstechnologie*: Sie begünstigt die Auslagerung bisher in der Unternehmung integrierter Aktivitäten durch Reduktion der Wertschöpfungstiefe (subcontracting, just in time), die regionale Dezentralisierung und damit auch die stärkere Internationalisierung geschäftlicher Aktivitäten. Beispiel: Dieseleinspritzanlagen von Bosch werden im weltweiten Verbund zwischen der Bundesrepublik, Frankreich, den USA, Brasilien, Indien und der Türkei hergestellt.
- *Spezialisierte Prozeßtechnologie*: Computergestützte Fertigungssysteme verbessern die Anpassungsfähigkeit an den Differenzierungs-

Abbildung 4

Entwicklungsphasen eines globalen Konzerns

– am Beispiel des Pharmaunternehmens Boehringer Ingelheim –

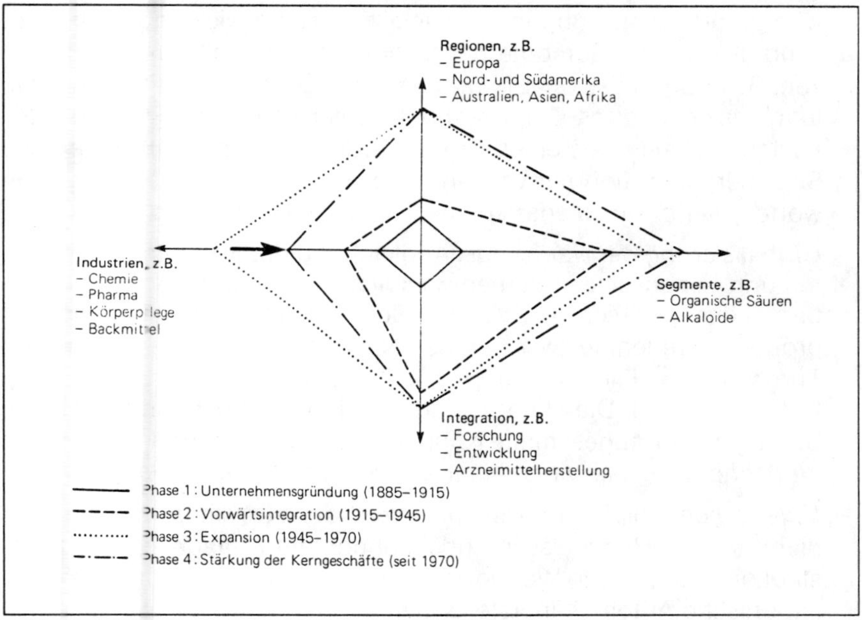

Quelle: Liebrecht, H., Systematische Erschließung von Auslandsmärkten in: Henzler, H. A. (Hrsg.) Handbuch Strategische Führung, Wiesbaden 1988

trend der Nachfrage und schaffen die Voraussetzung für eine (technologiebezogene) Diversifikation. Hoher Kapitaleinsatz und damit hohes Risiko begünstigen Joint Ventures.

- *Systemorientierte Produkttechnologie*: Mit der aufgrund steigender Masseneinkommen differenzierteren Nachfrage verschwimmt das branchentypische technologische Kompetenzprofil. Beispiele: Elektronik im Automobilbau; Revision der Marktabgrenzung zwischen Banken, Bausparkassen und Versicherungen (Nutzen von Synergie). Weil sich der notwendige Technologietransfer über den Markt nicht notwendig effizient gestalten läßt, wird eine Tendenz zur Diversifikation, sei es als Kooperation oder als Unternehmenskauf, gefördert.
- *Kürzere Entwicklungs- und Vermarktungszyklen – höhere Entwicklungskosten*: Entwicklungskosten und -risiken nehmen sprunghaft

zu. Gleichzeitig verkürzen sich die Lebenszyklen der Produkte. Die Kosten- und Risikoteilung durch Kooperation in verschiedenen Phasen der Wertschöpfungskette von der Forschung bis zum Marketing wird geradezu erzwungen. Beispiele: Für die Entwicklung einer Flugzeugturbine oder Computergeneration sind jeweils 2 Mrd. $ anzusetzen. Beim Bündnis von IBM und Siemens gegen Japan zur Entwicklung des 64-Megabit-Chips rechnet Siemens allein mit Entwicklungskosten von mehr als einer Mrd. DM. Alle drei Jahre wird eine neue Speichergeneration mit vervierfachter Kapazität auf den Markt geworfen; wer dann zu spät kommt, verliert nur noch Geld.

- *Globalisierung der Nachfrage*: Angleichung der Konsumgewohnheiten und Lebensstile in den entwickelten Regionen USA, Europa, Japan – der Unterschied zwischen den Generationen ist inzwischen größer als derjenige zwischen den Nationen. Bestimmte Marken von Turnschuhen, Filmen, Parfüms, PC werden weltweit nachgefragt und angeboten. Die Unternehmen sind im Rahmen einer globalen Strategie über abgestimmte Kooperationen präsent und verteilen die Wertschöpfungsaktivitäten im Rahmen des global sourcing.
- *Unterlaufen politischer Hemmnisse*: Protektionismus in Form von nichttarifären Hemmnissen und local-content-Auflagen sowie die institutionell orientierte Wettbewerbs- und Arbeitsverfassung. Beispiel: Japanische Automobilhersteller dehnten die Automobilproduktion – z. T. als Joint Ventures – erheblich aus. In Entwicklungsländern und in Osteuropa sind Kooperationen oft die einzig zugelassene Bindungsform.

Die vorherrschende Diversifikationsstrategie begünstigt Kooperationen zwischen den Unternehmen. Gegenüber der Integration durch Unternehmenskauf bestehen die Vorteile für den Unternehmer darin, daß sich die Diversifizierung gezielter, flexibler, geräuschloser, schneller und risikoärmer durchsetzen läßt. Gezielter, weil sich die Vereinbarung mit dem Kooperationspartner ausschließlich auf den Gegenstand der Strategie, etwa die Forschung, die Fertigung, den Markt ausrichten läßt. Geräuschloser, weil das Management sich die schwierigen Diskussionen über strategische Ausrichtung und organisatorische Eingliederung erspart. Flexibler und risikoärmer, weil lediglich eine langfristige Partnerschaft, aber keine Ehe mit Scheidungsproblemen entsteht. Schließlich geht man auch wettbewerbsrechtlichen und arbeitsrechtlichen Problemen, etwa durch Entscheidungsvorbehalt oder Angleichung des Sozialsystems aus dem Wege. Als Beispiel werden die geräuschlosen selektiven Allianzen von BMW im Unterschied zu Daimler-

Benz angeführt. Letztere hatten mit den Großeinkäufen von AEG, MTU und MBB erhebliche öffentliche Probleme.

Ob nun Transnationale oder Network-Corporation – die sozialen Folgen sind erheblich und im Kern bekannt. *Benedetti* hebt selbst hervor, daß der Olivetti-Konzern unter seiner Leitung die Zahl der Beschäftigten von 1970 bis 1983 halbiert hat. Neu ist eine Konsequenz aus den beschriebenen Strategien: Die bisher auf nationale und institutionelle Gegebenheiten abzielende Kontrolle der Konzentration wird ausgehebelt. Das gilt für die Fusionskontrolle ebenso wie für das System der Arbeitsbeziehungen. Den prozeßhaften, flexiblen und geräuschlosen Formen der strategischen Bündnisse kann mit notwendig schwerfälligen hierarchischen und institutionellen Lösungen staatlicher oder gewerkschaftlicher Organisation allein nicht begegnet werden. Um der »neuen Unübersichtlichkeit« der Unternehmensstrukturen Rechnung zu tragen, müssen die politischen Kontrollorganisationen nicht nur internationaler, sondern auch durch das Netz betrieblicher Vertretungen unterbaut werden und zusätzlich prozeß- und teamorientierte Handlungsstrukturen aufbauen.

4. Führen globale Unternehmensstrategien zur Renaissance des Mittelstandes?

Von den im Rahmen der *Cecchini*-Studie befragten 2140 Unternehmen rechnen insbesondere mittlere Betriebe mit 50 bis 500 Beschäftigten mit überproportionalen Umsatzsteigerungen. Dies scheint logisch, schafft doch der Binnenmarkt Voraussetzungen für die bessere Integration gerade dieser Unternehmen in die Arbeitsteilung. *Marktchancen für mittelständische Unternehmen* können sich ergeben aus folgenden Tendenzen:

- Der Wohlstandszuwachs in den europäischen Ländern verstärkt den Trend zum individualisierten Bedarf. Der Übergang von der Industrie- zur Dienstleistungsgesellschaft wird beschleunigt; dies eröffnet Chancen für Newcomer und kleinere Betriebseinheiten.
- Die Verringerung der Fertigungstiefe in der Industrie und Auslagerung von Aktivitäten von der Entwicklung bis zum Vertrieb sowie die gemeinschaftsweite Tendenz zur verstärkten Spezialisierung und Serienfertigung entwickelt neue Marktnischen für Zulieferer von Großunternehmen im Rahmen strategischer Allianzen oder Netzwerke.

– Neue Möglichkeiten der grenzüberschreitenden Kooperation; Verringerung der Eintrittsbarrieren für internationale Strategien durch verringerte Handelshemmnisse.

Die Entwicklung dürfte aber differenziert verlaufen. Mittelständische Unternehmen etwa des Maschinenbaus, die bereits heute einen hohen Spezialisierungsgrad aufweisen, werden durch größere Serien kostenmäßig entlastet, während Zuliefererindustrien beim höheren Wettbewerbsdruck auf die heimischen Großunternehmen unter Druck geraten können. Der Wegfall von Grenzkontrollen tangiert auch bisher geschützte kleine und mittlere Unternehmen – so die Einschätzung der Dresdner Bank (1989). Es kommt zur Restrukturierung ganzer Zweige. Bleiben etwa wie in den USA im ehemals geschützten Verkehrsgewerbe nur wenige große Euro-Speditionen übrig und viele kleine scheinselbständige Fuhrunternehmer? Durch die Schaffung des Binnenmarktes dürften viele traditionelle Klein- und Mittelunternehmen ruiniert werden, während zugleich neue Chancen insbesondere im Dienstleistungsbereich entstehen.[3] Einerseits erweitert sich durch den zu erwartenden Ruin der kleinen Selbständigen in den südlichen Ländern und das Unternehmenswachstum auch das Organisationspotential der Gewerkschaften; andererseits wird es praktisch durch die Tendenz zu multi- und transnationalen Unternehmen und zur Dekonzentration in bestimmten Bereichen eingeschränkt.

Die Kehrseite der größeren Flexibilität von Klein- und Mittelbetrieben ist die geringere Sicherheit der Arbeitsplätze und das durchweg niedrigere erzielbare Einkommen. In diesen Größenklassen bestehen erhebliche Organisationsbarrieren für die Arbeitnehmervertretung.

Zwei Problemkreise sind hier von Bedeutung:

– *Unternehmenszusammenschluß/Konzernabhängigkeit*: Je nach dem Grad der Zulieferanbindung können Just-in-Time-Strategien, wie sie in der Automobilindustrie üblich sind, faktische Konzernverhältnisse darstellen (*Nagel u. a.* 1989). Die Umsetzung von Rationalisierungskonzepten, bei denen auch Arbeitnehmer im Zulieferunternehmen ne-

3 Die Untersuchung der EG-Kommission »Beschäftigung in Europa« (1989) kommt zu dem Ergebnis, daß der Anteil der Klein- und Mittelunternehmen (KMU; weniger als 100 Beschäftigte) in den Ländern der Gemeinschaft selbst in der verarbeitenden Industrie sehr unterschiedlich ist: In der Bundesrepublik und in Großbritannien stellen sie weniger als ein Fünftel der Arbeitsplätze, in Griechenland und Italien über die Hälfte. In den siebziger und achtziger Jahren ist der Beschäftigtenanteil der KMU's in fast allen Mitgliedsländern gewachsen. Der Anteil der Selbständigen in den nördlichen, höher industrialisierten Ländern der Gemeinschaft liegt unter 10 % und steigt nur wenig an.

gativ betroffen werden, können dann zu Nachteilsausgleichspflichten des herrschenden Unternehmens führen. Die »geräuschlose« Einbindung von Klein- und Mittelunternehmen in die oben beschriebene Netzwerk-Strategie macht den Nachweis der Abhängigkeitsverhältnisse schwierig.

- *Risiken für das Normalarbeitsverhältnis*: Es ist nicht zu erwarten, daß die »Network Corporation« aus locker verbundenen Groß- und Kleinunternehmen sich so harmonisch gestaltet wie oben beschrieben. Man kann einen Strick auch sehr locker um den Hals legen. Für Japan, Italien und die USA ist die Methode drastisch beschrieben worden: Die Großbetriebe halten sich einen festen Stamm qualifizierter Arbeitnehmer und lagern zielstrebig arbeitsintensive und instabile Produktionsstufen an einen breiten Untergrund abhängiger Zuliefer- und Hilfsbetriebe aus: Familienbetriebe, Kleinstmanufakturen, Hinterhofklitschen oder Sweatshops, die die Rolle eines Konjunktur-, Saison- und Modepuffers einnehmen und durch unmenschliche Arbeitsbedingungen und instabile Beschäftigung der oft formell Selbständigen gekennzeichnet sind. Die Politik der Deregulierung durch Auflösung des Normalarbeitsverhältnisses, die Schwächung des Gewerkschaftseinflusses fördert treibhausmäßig Formen der Selbstausbeutung und Geschäftemacher, die durch brutale Auspressung überholte Produktionsformen konservieren. Gleichzeitig steigt über den Arbeitsmarkt der Druck auf die regulär Beschäftigten.

Das institutionalisierte und verrechtlichte System der Arbeitsbeziehungen in der Bundesrepublik (Einheitsgewerkschaft, Arbeitsrecht, Sozialstaat) hat in der Vergangenheit die Chancengleichheit und Ablösung überholter Produktionsformen vergleichsweise positiv vorangetrieben. Probleme können sich jedoch ergeben aus unentwickelten Vertretungsstrukturen in Ost und West, aus der Auflösung des Normalarbeitsverhältnisses, insbesondere in den ungeschützten Bereichen kleiner und mittlerer Unternehmen, und durch die großzügige Interpretation der Mittelstandsklausel im Europarecht[4]. Mittelstandspolitik durch Deregulierung der Arbeits- und Sozialbeziehungen hat negative wirt-

4 Zur Verbesserung der Arbeitsumwelt durch Richtlinien über Mindestvorschriften heißt es: »Diese Richtlinien sollen keine verwaltungsmäßigen, finanziellen oder rechtlichen Auflagen vorschreiben, die der Gründung von Klein- und Mittelbetrieben entgegenstehen« (Art. 118a EWG-Vertrag). Diese mittelstandsfreundliche Regelung beabsichtigt aber nicht, wie die Einheitliche Europäische Akte festhält, »Arbeitnehmer in Klein- und Mittelbetrieben in sachlich nicht begründeter Weise schlechterzustellen«.

schaftliche Wirkungen durch die Konservierung überholter Produktionsverhältnisse.

5. Kontrolle wirtschaftlicher Macht

Die Kontrolle der mit der Unternehmenskonzentration verbundenen wirtschaftlichen Macht umfaßt neben der Marktmacht der Großunternehmen die Bereiche der Herrschaftsmacht des Kapitals über Menschen im Produktionsprozeß; die Fähigkeit, Wirtschaftsmacht in politische Macht umzusetzen sowie die Möglichkeit, durch Investitionspolitik Struktur und Entwicklung der gesamten Wirtschaft zu beeinflussen. In neueren Passagen sozialreformerischer Programmatik wird festgestellt, daß Konzentrationskontrolle durch Wettbewerbspolitik allein nicht zu erreichen ist, sondern nur im Zusammenhang mit allgemeinen wirtschafts- und sozialpolitischen Maßnahmen, die zunehmend unter europäischer, wenn nicht internationaler Perspektive gestaltet werden müssen, Erfolg verspricht.

5.1 Europäische Fusionskontrolle

Nach 16jährigen Vorgefechten wurde am 21. 12. 1989 vom Brüsseler Ministerrat die Verordnung Nr. 4064/89 zur EG-Fusionskontrolle verabschiedet. Europäische »Elefantenhochzeiten«, d. h. Zusammenschlüsse von gemeinschaftsweiter Bedeutung, die einen weltweiten Gesamtumsatz von 5 Mrd. ECU (10 Mrd. DM) überschreiten, werden ab August 1990 einer wettbewerbsrechtlichen Prüfung durch die EG-Kommission unterzogen und im Falle einer marktbeherrschenden Position im Gemeinsamen Markt nicht zugelassen. Damit wurde die letzte Lücke im europäischen Wettbewerbsrecht geschlossen.

Ein hohes Maß an Übereinstimmung mit dem deutschen Gesetz gegen Wettbewerbsbeschränkungen (GWB) besteht für die Eingriffskriterien, den Zusammenschlußbegriff und die präventive Kontrolle. Weiterhin werden Fusionen nur kontrolliert im Hinblick auf den Wettbewerb in einem konkreten Markt (horizontale Konzentration). Die Kontrolle der wirtschaftlichen Macht überhaupt – für die im Hinblick auf Wettbewerbsbeschränkungen die absolute Unternehmensgröße, insbesondere die Finanzkraft Indikatoren wären – hat bisher keine politische Mehrheit gefunden. Der Zusammenschlußbegriff umfaßt neben der rechtlichen Verschmelzung (Fusion i. e. S.) von zwei und mehr Unternehmen auch sonstige Arten der unmittelbaren und mittelbaren Kontrolle, also auch Konzernbildung und Kooperationen. Er wurde so definiert, daß er nur Handlungen einschließt, die zu einer dauerhaften Veränderung der Struktur der beteiligten Unternehmen führen. Die Koordinierung des Wettbewerbsverhaltens unabhängig bleibender Unternehmen, etwa durch Kartellverträge, werden nach den Wettbewerbsregeln Art. 85/86 EWG-Vertrag überwacht.

Damit ist der Streit zwischen Bundeskartellamt und Kommission über das Verhältnis der Kompetenzen vorläufig entschieden. In Nachhutgefechten wird weiter über mangelnde internationale Kompetenz oder europäische Industriepolitik gestritten. Für Kartellamtspräsident *Markert*, für den nur eine Restzuständigkeit verbleibt, liegt der Zweck der europäischen Fusionskontrolle im Schutz vor der schärferen internationalen Fusionskontrolle und in einer verdeckten Industriepolitik. Vertreter der Großunternehmen bestreiten die internationale Kompetenz des Bundeskartellamtes. Dieses habe sich in der Vergangenheit bei der räumlichen Marktabgrenzung am Geltungsbereich des GWB, also an den Staatsgrenzen, orientiert. Der räumlich relevante Markt, definiert nach der funktionalen Austauschbarkeit aus der Sicht der Marktgegenseite, sei nun aber nicht nur lokal oder regional, sondern global zu sehen. Die Notwendigkeit der europäischen Fusionskontrolle wurde gerade damit begründet, daß die nationalen Vorschriften über die Fusionskontrolle auf Konzentrationsvorgänge innerhalb eines Mitgliedstaates zugeschnitten sind. Diese werden ausschließlich nach nationalen Interessen beurteilt, während sich die Auswirkungen von grenzüberschreitenden Fusionen weitgehend der Kontrolle der nationalen Behörden entziehen. Der Vorwurf industriepolitischer Machenschaften durch die EG-Fusionskontrolle sei nicht haltbar, weil etwa eine Ministererlaubnis nach deutschem Muster wegen überragendem Interesse der Allgemeinheit oder gesamtwirtschaftlichen Vorteilen nicht vorgesehen ist.

Wir halten fest: Die Notwendigkeit des Schutzes der Unternehmer, Kapitaleigentümer und Verbraucher durch europäische Institutionen wird gefordert und anerkannt. Schon der gewählte Zusammenschlußbegriff signalisiert, daß unmittelbare Folgen wie etwa Betriebsänderungen usw. zu erwarten sind. Die Berücksichtigung sozialer Folgen wird aber ausdrücklich ausgeschlossen. Am Ende der Begründung findet sich der lapidare Satz: »Diese Verordnung berührt in keiner Weise die in den beteiligten Unternehmen anerkannten kollektiven Rechte der Arbeitnehmer.«

5.2 *Übernahmeangebote*

Im Europäischen Parlament zeichnet sich eine breite Mehrheit für den Vorschlag der EG-Kommission ab, für Übernahmeangebote gemeinschaftsweite Mindestregeln zu entwickeln. Damit soll Transparenz und Gleichbehandlung für die Aktionäre erreicht werden. Kritiker betonen, daß die geplante konkrete Regelung zahllose Umgehungsmöglichkeiten offenlasse, zu einer umfangreichen inquisitorischen Bürokratie führe und zentralistische Konzernstrukturen fördere. Feindliche Übernahmeangebote seien nützlich zur Eigentümerkontrolle des Managements und für den Wettbewerb, sofern sie solide finanziert seien, wovon man auf dem Kontinent ausgehen müsse (FAZ v. 5. 3. 1990).

Anders als Verschmelzungen sind Unternehmensübernahmen (Akquisitionen) schon jetzt innerhalb der EG-Mitgliedstaaten durchführbar. Kontrollinteressen der Arbeitnehmer und des Managements liegen auf der Hand, weil spekulativ motivierte Übernahmen nach der Erfahrung zur anschließenden Ausschlachtung des Unternehmens führen. Es bleibt abzuwarten, inwieweit die von der EG-Kommission als legitim anerkannten Informationsrechte auch der Arbeitnehmer verabschiedet werden.

Einen spektakulär neuen Weg im Zusammenhang mit Übernahmen geht der amerikanische Gewerkschaftsdachverband *AFL-CIO*. Dieser hat einen »Employee Partnership Fund« gegründet, der bei künftigen Firmen-Übernahmeofferten mitbieten soll, wenn Arbeitsplätze der Mitarbeiter gefährdet erscheinen. Dieser Fonds soll mit 100 bis 200 Mill. $ ausgestattet und durch eine Investmentfirma verwaltet werden – keine große Summe angesichts der üblichen zweistelligen Milliardenbeträge. (Handelsblatt 22. 2. 1990) Der Kölner Stadt-Anzeiger v. 21. 3. 1990 meldet, daß drei amerikanische Gewerkschaften beim Erwerb der United Air Lines, eine der größten US-Fluglinien, bis 4 Mrd. $ mitbieten wollen. »Angeboten werden daneben weitreichende Tarifkonzessionen und ein künftiger Verzicht auf Streiks.«

5.3 *Europäische Aktiengesellschaft/-Fusion*

Auch nach dreißig Jahren ist die Diskussion um die Europa-AG noch nicht beendet. Der jüngste Entwurf der EG-Kommission schließt nicht aus, daß die deutsche Mitbestimmung unterlaufen wird. Nachbesserungsbedarf besteht neben der tatsächlichen Gleichwertigkeit der Beteiligungsmodelle vor allem in der Ermöglichung einer europaweiten

Mandatsausübung und in einem Unterbau durch einen europäischen Betriebsrat und Wirtschaftsausschuß.

Risiken bei der grenzüberschreitenden Verschmelzung liegen u. a. darin, daß Belegschaften dann in der Zweigstelle eines ausländischen Unternehmens arbeiten. Ihnen ist der innerstaatliche »Gegenspieler« gewissermaßen abhanden gekommen. Damit können sowohl die Mitbestimmung als auch Koalitions- und Arbeitsrecht unterlaufen werden (so *Däubler* 1988; WSA 1989).

Allerdings ist die Frage zu stellen, welche Bedeutung die Europäische Aktiengesellschaft oder -Fusion erhält, wenn sie tatsächlich einmal beschlossen wird. Der Zusammenschluß der Unternehmen, ob nun in den lockeren Integrationsformen der Kooperationen oder aber als institutionalisierte Kontrolle durch Akquisition, wird, wie gezeigt, schon heute erreicht und im nationalen Maßstab aus finanziellen, steuerlichen, kartellrechtlichen etc. Gründen häufig vorgezogen. »Europäische Aktionärsrechte – Nationale Mitbestimmung?« (*Köstler* 1989) – dies scheint die Tendenz zu sein. Wichtig zur Verhinderung negativer sozialer Folgen ist daher die Schaffung von transnationalen Strukturen der Arbeitnehmervertretung.

5.4 Europäische Konzentration und Arbeitnehmerrechte

Heinrich von Moltke, Leiter der Generaldirektion für Unternehmenspolitik der EG-Kommission, wehrte sich kürzlich in einer Diskussion gegen den Vorwurf, die Kommission betreibe Unternehmensgrößenpolitik. Sie orientiere sich vielmehr an einem funktionsfähigen Wettbewerb. Eine solche Politik müsse vermeiden, das Herausbilden transnationaler Industriestrukturen zu erschweren, gleichzeitig aber auch für eine wirksame Fusionskontrolle sorgen. Wenn überhaupt eine Unternehmensgrößenpolitik, dann habe das eine Mittelstandspolitik zu sein, die einer zu starken Zusammenballung entgegenwirke. Kritiker entgegneten, daß die Forschungs- und Entwicklungspolitik, die Subventionspolitik, die bürokratischen Regeln generell Großunternehmen begünstigen und die Kleinen benachteiligten. *Möschel* wandte sich dagegen, Unternehmenszusammenschlüsse nicht nur aufgrund wettbewerbspolitischer, sondern auch wegen gesellschaftspolitischer Vorstellungen untersagen zu wollen. Vernünftiger sei es, konzentrationsfördernde Regulierungen abzubauen (z. B. in der Subventions- und Forschungspolitik, im Arbeits- und Sozialrecht). Es sei auch kein Gebot der Stunde, das Gesetz gegen Wettbewerbsbeschränkungen zu verschärfen, sondern hoheitliche Marktregulierungen zu beseitigen (Arbeitsmarkt, Post, öffentlich-rechtlicher Rundfunk, Stromversorgung, Kohle, Verkehr, Versicherungswesen, Wohnungswirtschaft und Mieterschutz, Wertpapiermärkte, Landwirtschaft). Ferner sei eine entschlossene Freihandelspolitik zu betreiben. *Möschel* zitierte *Ludwig Erhard*: »Das beste Kartellgesetz ist ein freier Außenhandel.« (FAZ v. 5. 3. 90) Zu Zeiten Erhards ist auch das Kartellgesetz als Grundgesetz der Wirtschaft bezeichnet worden – diese Position hat inzwischen wieder Konjunktur. Für die soziale Gerechtigkeit ist danach der Markt zuständig – nicht die Politik.

Auf »Soziale Folgen grenzüberschreitender Fusionen« hat der Wirtschafts- und Sozialausschuß der EG vor dem Erlaß der europäischen Fusionskontrollverordnung hingewiesen: Das Problem der Unternehmenszusammenschlüsse von gemeinschaftsweiter Bedeutung darf »nicht nur unter wettbewerbspolitischen Gesichtspunkten, sondern muß auch unter wirtschaftlichen, sozialrechtlichen und sozialpolitischen Aspekten gesehen werden«. (WSA 1989)

Der Stärkung der Wettbewerbsposition stehen als Kehrseite Rationalisierungsmaßnahmen, Verlagerung der Produktion, die Schließung einzelner Unternehmensteile und Standorte, die Verlegung der Entscheidungszentralen in ein anderes Mitgliedsland gegenüber. Die unternehmensstrategische Position der Arbeitgeberseite ist grundlegend verbessert, da sie Belegschaften und Gewerkschaften in den Mitgliedstaaten gegebenenfalls gegeneinander ausspielen kann. Im Gegensatz zur Unternehmensführung sind derzeit die Einflußmöglichkeiten der Arbeitnehmer durch einzelstaatliches Recht geregelt und begrenzt. Durch die internationale Konzentrationsentwicklung werden die Interessen der Arbeitnehmer in den beteiligten Unternehmen unmittelbar und die sozialpolitischen Ziele des EWG-Vertrages (Art. 117, 118 und 130a) berührt.

Der Ausschuß stellte fest, daß sich die Frage der Beteiligung, Anhörung und Information der Arbeitnehmer in gemeinschaftsweit agierenden Unternehmen in einer kritischen Phase befinde. Im Unterschied zu früheren Vorschlägen, die definierte Rechte vorsahen, gibt es jetzt einen Organisationsvorschlag, der länderspezifisch umzusetzen ist: Als pragmatischer Weg wird die Errichtung eines europäischen beratenden Ausschusses von Arbeitnehmervertretern auf der Ebene der Konzern- und Unternehmensleitungen vorgeschlagen. Die EG-Kommission wird darin aufgefordert, im Rahmen einer Richtlinie die Zusammensetzung des Ausschusses, ein Verfahren bei Meinungsverschiedenheiten und die Finanzierung durch das Unternehmen zu regeln. Hierdurch werden betriebliche europäische Verhandlungspartner transnationaler Kon-

Abbildung 5

KONTROLLE GEMEINSCHAFTSWEITER UNTERNEHMENSZUSAMMENSCHLÜSSE

KONTROLLE DER WETTBEWERBSFOLGEN
EWG-Verordnung Nr.4064/89

ZUSAMMENSCHLUSSBEGRIFF: greift bei Zusammenschluß durch Verschmelzung, Anteilserwerb, Vertrag und sonstigen Formen der Kontrolle.

WETTBEWERB: unvereinbar mit Gemeinsamem Markt, wenn wirksamer Wettbewerb behindert wird.

ÜBERWACHUNGSRECHTE der EG-Behörden: Vorherige Anmeldung, Prüfung, Auskunftsverlangen, Nachprüfungsbefugnisse, Sanktionen durch Geldbußen und Zwangsgelder.

KONTROLLE SOZIALER FOLGEN
- erfolgt bisher nicht-

RISIKEN FÜR KLEINE UND MITTLERE UNTERNEHMEN UND VERBRAUCHER; REGIONALE PROBLEME

FOLGEN FÜR ARBEITNEHMER: können direkt und indirekt, positiv und negativ sein.

RISIKEN FÜR ARBEITNEHMER: Verlagerung von Produktion im Konzern; Verschiebung von Investitionsschwerpunkten auf andere Konzernteile; Rationalisierungen; Stillegung einzelner Konzernteile; Verlagerung der Konzernzentrale in ein anderes Land der Gemeinschaft; Veränderung bei der Arbeitsorganisation und Arbeitszeitregelung; Versetzung von Personal über die Grenzen hinweg.

SOZIALE ASYMETRIE: Europaweite Unternehmens-und Wirtschaftspolitik einerseits - nachrangige Sozialpolitik und nur landesweite Rechte und Praxis der Arbeitnehmervertretung daher keine Beteiligungs-, Anhörungs- und Informationsrechte auf europäischer Ebene andererseits.

EUROPÄISCHE ARBEITNEHMERVERTRETUNG: Europäischer Betriebsrat, - Wirtschaftsausschuß, -beratender Ausschuß auf Leitungsebene usw.

Quelle: EWG-Verordnung über die Kontrolle von Unternehmenszusammenschlüssen v. 21. 12. 1989, in ABl. Nr. L 395 v. 30. 12. 1989; Europäische Gemeinschaften, Stellungnahme des Wirtschafts- und Sozialausschusses zu dem Thema »Soziale Folgen grenzüberschreitender Fusionen«, CES 1133/89

zerne geschaffen. Die im WSA vertretene Arbeitgebergruppe stimmte geschlossen gegen diese Stellungnahme. Diese Kontrolle sozialer Folgen von Unternehmenszusammenschlüssen könnte generell der Einstieg in Informations- und Konsultationsrechte bei transnationalen Gesellschaften sein. Auch am Widerstand Thatchers scheiterten bisher alle Versuche, eine solche Regelung EG-weit in Angriff zu nehmen. Die ablehnende Haltung wirkt angesichts der sonst betonten Weltoffenheit und Integrationsabsicht unzeitgemäß.

Europäischer Betriebsrat, Wirtschaftsausschuß, beratender Ausschuß u. a. m.: Solche Vorhaben werden gestützt von der Einigungsformel des Europäischen Gewerkschaftsbundes auf seinem Kongreß in Stockholm 1988: »Der Kongreß fordert für alle europäischen Arbeitnehmerinnen und Arbeitnehmer das Recht auf Unterrichtung, Anhörung, Verhandlung und auf Kontrolle und Mitbestimmung auf Unternehmensebene bei allen sie betreffenden Entscheidungen.« (DGB 1989) Dazu gehört auch die Schaffung eines breiten Unterbaus auf betrieblicher und koalitionspolitischer Ebene als Mittel der Vergesellschaftung der Politik. Das gilt für West- wie für Osteuropa.

Unternehmensschließungen und -zusammenschlüsse haben regelmäßig unmittelbar gravierende soziale Folgen: Risiken durch Programmbereinigung, Rationalisierung, Entlassungen. Wie beim technischen Fortschritt kommt es auf die sozial- und wirtschaftspolitische Gestaltung vom Arbeitsplatz bis zur Gesellschaft an, damit ein positiver, d. h. stabiler, sozial gerechter und effizienter gesellschaftlicher Entwicklungspfad hervorgehoben wird. Eine Wirtschaftspolitik, die die sozialen Standortbedingungen vernachlässigt, wird scheitern (*Bechtold* 1990).

Konzepte der Kontrolle wirtschaftlicher Macht sind perspektivlos, wenn sie entweder einseitig auf Wettbewerbspolitik und Deregulierung, oder aber in grober Vereinfachung wirtschaftlicher Prozesse auf die Übernahme der Kommandohöhen setzen. Die *Vision der Wirtschaftsdemokratie* muß auf europäischer Ebene neu belebt werden. Dazu sind neue europäische Institutionen der Interessenvertretung unersetzlich.

Literaturhinweise:

Bea, F. X., Diversifikation durch Kooperation, in: Der Betrieb 1988, Heft 50, S. 2521–2526.

Bechtold, H., Der Wirtschafts- und Sozialstandort Bundesrepublik Deutschland im Prozeß der europäischen Integration, in: Erlemann, U., Heinz, R., Hombach, B. (Hrsg.), NRW in Europa, Bonn 1990 (im Erscheinen).

Blank, M., Köppen, M., Seideneck, P., Europäischer Binnenmarkt 1992, in: Kittner, M. (Hrsg.), Gewerkschaftsjahrbuch 1989, Köln 1989.

Bleicher, K., Chancen für Europas Zukunft, Frankfurt 1989.

Cecchini, P., Europa '92 – Der Vorteil des Binnenmarktes, Baden-Baden 1988.

Chandler, A. D., The Visible Hand, Cambridge (Mass.) 1977.

Däubler, W., Grenzüberschreitende Fusion und Arbeitsrecht, in: Der Betrieb 1988, S. 1850–1854.

DGB-Bundesvorstand, Soziales Europa 1992, Materialien zur gewerkschaftlichen Bildungsarbeit, Düsseldorf 1989.

Dresdner Bank, Europa 1992: Was sich ändert, und was zu tun ist, Frankfurt a. M. o. J.

Henzler, H. A., (Hrsg.), Handbuch strategische Führung, Wiesbaden 1988.

Herrmann, A., Ochel, W., Wegner, M., Die Auswirkungen des europäischen Binnenmarktes auf die deutsche Wirtschaft und Wirtschaftspolitik, in: Ifo-Schnelldienst, H. 5–6/1990.

Jacquemin, A., Horizontale Konzentration, Fusionen und Wettbewerbspolitik in der europäischen Gemeinschaft, in: Europäische Wirtschaft 1989, Heft 40.

Kisker, K. P., Heinrich, R., Müller, H. E., Richter, R., Struwe, P., Multinationale Konzerne, Köln 1982.

Kommission der europäischen Gemeinschaften, 18. Bericht über die Wettbewerbspolitik, Brüssel/Luxemburg 1989.

Kommission der europäischen Gemeinschaften, Beschäftigung in Europa 1989, Luxemburg 1989.

Kommission der europäischen Gemeinschaften, Panorama auf EC-Industry 1989, Brüssel/Luxemburg 1988.

Köstler, R., Europäische Aktionärsrechte – Nationale »Mitbestimmung«, in: Die Mitbestimmung, H. 9/10, 1989, S. 578–580.

Müller, H. E., Konzentration, Hamburg 1985.

Nagel, B., Riess, B., Theis, G., Der faktische Just-in-Time-Konzern, in: Der Betrieb, Heft 30 v. 28. 7. 1989, S. 1505–1511.

Padoa-Schioppa, T., Effizienz, Stabilität und Verteilungsgerechtigkeit, Wiesbaden 1988.

Porter, M. W. (Hrsg.), Globaler Wettbewerb, Wiesbaden 1989.

Staehle, W. H., Management, München 1989.

Steinkühler, F. (Hrsg.), Europa '92, Hamburg 1989.

WSA, Wirtschafts- und Soialausschuß der Europäischen Gemeinschaften, Stellungnahme zu Soziale Folgen grenzüberschreitender Fusionen/Concentrations, CES 1133/89, Brüssel 1989.

Managementstrategien und Standortwahl

Gerd Junne

1. Gegenwärtige Managementstrategien

Die Konzernzentrale eines der größten europäischen Unternehmen, *Unilever*, muß umziehen. Der Grund ist bemerkenswert. Bei einem Konzern, der rasend schnell wächst (Unilever kauft im Durchschnitt jede Woche ein Unternehmen auf), sollte man meinen, daß die Zentrale aus allen Nähten platzt. Aber das Gegenteil ist der Fall. Das alte Hauptgebäude wird verlassen, weil es *zu groß* geworden ist. Ein Fünftel des Gebäudes steht inzwischen leer bzw. ist an eine Hochschule vermietet (NCR Handelsblad, 31. 1. 1990). Trotz des starken Wachstums hat Unilever die eigene Konzernzentrale drastisch verkleinert. Im Rahmen des Übergangs zu eigenverantwortlichen »Profit Centers« mußten zunehmend die Konzernteile die Dienstleistungen der Konzernzentrale bezahlen. Es steht ihnen nun frei, diese Dienstleistungen von anderen zu beziehen. Dadurch wurden viele Positionen in der Hauptverwaltung überflüssig und konnten abgeschafft werden.

Zentralisierung und Dezentralisierung

»Dezentralisierung« und »Zentralisierung« formen eines der Begriffspaare, mit denen sich die gegenwärtigen Managementstrategien europäischer Unternehmen umschreiben lassen. Beide Bewegungen schließen einander nicht aus, sie können einander auch ergänzen: Durch die Schaffung des europäischen Binnenmarktes hat es immer weniger Sinn, die einzelnen nationalen Tochtergesellschaften frei wirtschaften zu lassen. Vielmehr sind »paneuropäische« Strategien gefragt, um den gesamten europäischen Markt auf die effektivste Weise zu erschließen. Hierfür ist eine stärkere Zentralisierung erforderlich. Effektive Entscheidungsstrukturen zwingen jedoch zugleich auch zu einer weitgehenden Dezentralisierung. Die neuen Entscheidungszentren sind jedoch nicht mehr geographisch definiert, sondern durch Produkte und Produktgruppen. Die meisten europäischen Großunternehmen sind viel diversifizierter als ihre amerikanischen Konkurrenten (und gleichen darin eher japanischen Firmen). Um marktnahe Entscheidungen zu gewährleisten, werden zunehmend Befugnisse an die Produktgruppen delegiert.

Ein Beispiel dafür liefert die Reorganisation des *Siemens-Konzerns* im Jahre 1989. Die seit rund 20 Jahren bestehende Organisations-Struktur wurde von Grund auf umgestaltet. Träger des weltweiten Geschäfts und demgemäß verantwortlich für die Entwicklungs-, Fertigungs- und Vertriebsaktivitäten sowie für das Ergebnis sind jetzt 15 Bereiche (zuvor waren es 7 Unternehmensbereiche), zwei selbständige Geschäftsgebiete und zwei Bereiche mit eigener Rechtsform. »Sie bilden unternehmerische Einheiten mit einem klaren Profil am Markt.« »Leitlinien sind eine noch größere Markt- und Kundennähe, mehr Flexibilität und vereinfachte und verkürzte Entscheidungswege.« (Geschäftsbericht 1989, S. 8)

Eine derartige Neugliederung hat nicht nur weitreichende Folgen für die Entscheidungsprozesse und Informationsströme, sondern auch für die materiellen Ströme und Produktionsprozesse im Innern der Konzerne. Es ist nicht mehr so selbstverständlich wie früher, daß Aufträge für Zulieferungen vor allem an andere Konzernteile gehen, wenn innerhalb des Unternehmens entsprechende Produkte hergestellt werden. Das Angebot der anderen Abteilungen wird vielmehr zunehmend mit dem konzernfremder Anbieter verglichen. Billigere Zulieferungen von außen erhalten eine größere Chance, zum Zuge zu kommen. Dabei geht es nicht mehr nur um Zulieferungen aus dem gleichen Land, sondern immer häufiger um Zulieferer aus anderen europäischen und manchmal außereuropäischen Ländern.

Ausweitung der Massenproduktion und höhere Flexibilität?

Nicht nur in der Management-Organisation, auch in der Produkt-Organisation stehen sich zwei anscheinend gegensätzliche Strategien gegenüber, die sich jedoch auch ergänzen können. Das eine Konzept zielt darauf ab, durch eine verstärkte Arbeitsteilung die Seriengröße für alle Einzelteile so weit hochzuschrauben, daß die Massenproduktion weitere Kostenvorteile (*economies of scale*) erlaubt. In dem konkurrierenden Konzept steht dagegen die Flexibilität der Produktion im Vordergrund: Marktnahe Unternehmenseinheiten bieten ein breites Produktsortiment an, das in hochautomatisierter Kleinserienfertigung in

Fabrikanlagen hergestellt wird, die sich schnell auf die Produktion unterschiedlicher Produkte umrüsten lassen (*economies of scope*).

Gemeinhin wird angenommen, daß die Erfahrungen mit der Wirtschaftskrise in den siebziger Jahren, die zunehmende Segmentierung der Märkte und die technologische Entwicklung einen Übergang vom ersten Konzept zum zweiten Konzept bewirken. Diese Entwicklung vollzieht sich viel langsamer als zunächst erwartet. Sie wird außerdem immer wieder durch eine Veränderung der Rahmenbedingungen unterbrochen, wie z. B. durch die Süderweiterung der europäischen Gemeinschaft, das Zustandekommen des integrierten Binnenmarktes, die wachsenden japanischen Investitionen in Europa usw. In diesem Beitrag geht es vor allem um die Wechselwirkung zwischen den beiden Produktionskonzepten einerseits und den veränderten Rahmenbedingungen andererseits: Wie beeinflußt der Europäische Binnenmarkt den Übergang von einem Produktionskonzept zum anderen? Welche Mischformen entstehen? Wie unterscheiden sie sich von Branche zu Branche? Welche Folgen hat dies für die Standortwahl von europäischen, und vor allem deutschen Unternehmen?

2. Auswirkungen des integrierten Binnenmarktes

2.1 Neuordnung der Zulieferer-Beziehungen

Das Wegfallen der innereuropäischen Grenzen schafft neue Rahmenbedingungen, die die Unternehmen vor neue Herausforderungen stellen. Was die deutschen Unternehmen angeht, so kann man zunächst einmal davon ausgehen, daß diese Entwicklung sich im allgemeinen günstig für sie auswirkt. Den größten Teil ihres Geschäftes mit den anderen europäischen Ländern wickeln sie über Exporte aus der Bundesrepublik in diese Länder ab, nicht mit im Lande des Handelspartners selbst hergestellten Produkten. Wenn die Bedeutung der Grenzen weiter abnimmt, werden diese Exporte weiter erleichtert. Wenn nationale Produkte in den Partnerländern nicht mehr bevorzugt werden, dann verbessert dies die Position der stärksten europäischen Produzenten, und dies dürften oft Unternehmen aus der Bundesrepublik sein.

Offensichtlich wurden Unternehmen aus der Bundesrepublik aber auch in der Vergangenheit nicht so sehr durch Landesgrenzen behindert, sonst hätten nicht so hohe Exporte in die Nachbarländer erzielt werden können. Unternehmen aus der Bundesrepublik, auch kleine und mittelgroße Unternehmen, waren ohnehin stark exportorientiert.

Darum eröffnet ihnen der integrierte Binnenmarkt vielleicht gar nicht so viele *neue* Exportchancen. Für ausländische Unternehmen dagegen, die durch die bestehenden Barrieren an der Ausfuhr ihrer Produkte stärker gehindert wurden, ergeben sich viele neue Möglichkeiten. Sie können in Zukunft leichter auf Märkte vordringen, die ihnen in der Vergangenheit verschlossen blieben.

Die Veränderung für die deutschen Unternehmen liegt also nicht so sehr darin, daß sich ihre eigenen Exportperspektiven verändern, sondern daß sie bei ihren *Einkäufen* stärker von ausländischen Zulieferern Gebrauch machen können als bisher. Das hat sowohl für die Zulieferer in der Bundesrepublik aber auch für das Verhältnis zwischen Unternehmen und ihren Zulieferern generell erhebliche Auswirkungen: Je mehr Zulieferer in Frage kommen, um so größer ist die Wahrscheinlichkeit daß einer von ihnen ein bestimmtes Produkt billiger liefern kann, als dies im Mutterunternehmen selbst hergestellt werden könnte. Allgemein kann daher erwartet werden, daß sich die *Arbeitsteilung zwischen Firmen* intensiviert und die Fertigungstiefe der einzelnen Unternehmen abnimmt, weil immer mehr Einzelteile billiger von Zulieferern bezogen werden können.

Konzentration unter den Zulieferern

Ob ein Zulieferer billiger produzieren kann, hängt wesentlich davon ab, welche Massenproduktions-Vorteile er realisieren kann. Unter den Zulieferern ist darum ein rascher Konzentrationsprozeß in Gang gekommen. Firmenzusammenschlüsse, Beteiligungen und Kooperationsverträge stehen regelmäßig auf der Tagesordnung. Bei einer Rede anläßlich der französischen *Equip'Auto* in Paris (1990) gab der französische Industrieminister *Fauroux* der Zuliefererindustrie darum zwei Ratschläge: »Der erste ist die Bildung von Polen internationalen Ausmaßes«, wozu Niederlassungen in aller Welt in der Nähe der großen Autokonstrukteure gehörten. Das käme auch der Lieferung *just-in-time* zugute. Der zweite Rat beinhaltet die Empfehlung zu Zusammenschlüssen und Übernahmen, um so eine ausreichende Größe für die erforderliche *Forschung und Entwicklung* sicherzustellen und damit zu wahren Partnern der Automobilproduzenten zu werden.

Ein Unternehmen, das diese Ratschläge offensichtlich gut befolgt, ist z. B. die französische Gesellschaft *Valeo*, die in den siebziger Jahren mit Begünstigung von *Renault* und *Peugeot* aus einer Firmengruppe entstanden ist. Valeo übernahm u. a. das britische Unternehmen Delenair für thermische Ausrüstungen, die internationale Gruppe

Blackstone für thermische Motorkontrollen und den französischen Elektronikspezialisten Cartier. Daneben kooperiert Valeo projektbezogen mit Firmen in aller Welt: so mit Eaton in USA und Pyeong HWA in Südkorea für Kupplungen sowie mit Nippondenso auf dem spanischen Markt. (VDI-Nachrichten, 2. 3. 1990, S. 7)

Nicht nur kleine und mittelgroße Unternehmen sind von dieser Konzentrationswelle betroffen. Auch die großen Unternehmen, die ja nicht nur als Hersteller von Endprodukten, sondern auch als Zulieferer (zumindest für ihre eigenen Tochtergesellschaften) agieren, wählen diese Strategie. Dies gilt selbst für *General Motors*, das größte Industrieunternehmen der Welt, das seine zehn wichtigsten Teileproduzenten in der *Automotive Component Group* konzentriert hat, um besser mit spezialisierten Zulieferern konkurrieren zu können (Financial Times, 13. 12. 1989).

Ein weiteres Beispiel hierfür liefert die weitgehende Kooperation, die im Februar 1990 zwischen den Automobilkonzernen *Renault* und *Volvo* abgesprochen worden ist. Diese Vereinbarung macht deutlich, daß die Entwicklungsdynamik sich nicht auf den gemeinsamen Binnenmarkt der EG-Mitgliedsländer beschränkt, sondern ganz Westeuropa umfaßt. Die Zusammenarbeit bezieht sich vor allem auf Lastwagen und Busse. Die neu entstandene Unternehmenseinheit wird der größte Lastwagen-Hersteller und der siebtgrößte Automobilproduzent der Welt (der viertgrößte in Europa) sein.

Der wichtigste Beweggrund für diese Vereinbarung sind Massenproduktionsvorteile, d. h. die Standardisierung von Bauteilen, gemeinsamer Einkauf und enge Zusammenarbeit in Forschung und Entwicklung. Eine Zusammenarbeit der Endmontage wird dagegen nicht angestrebt. In der Endmontage geht es nämlich nicht so sehr um Massenproduktionsvorteile, sondern um ein Höchstmaß von Flexibilität, mit der auf demselben Band eine Vielzahl von Varianten in der gerade von den Kunden gewünschten Ausführung hergestellt werden kann.

2.2 Konzentration zur Forschungsfinanzierung

Die enge Zusammenarbeit auf dem Gebiet von Forschung und Entwicklung deutet auf ein anderes Problem, das die Investitionsentscheidungen der europäischen Unternehmen immer mehr bestimmt: Gleichgültig, ob die Betonung auf den großen Stückzahlen oder auf größtmöglicher Flexibilität liegt – beiden Konzepten ist gemeinsam, daß der schnelle technologische Fortschritt und der damit kürzer gewordene

»Produkt-Lebenszyklus« eine Konzentration selbst großer Unternehmen auf ihre *Kernbereiche* erfordert. Bei einer zu großen Streuung der Mittel für Forschung und Entwicklung über viele Gebiete läßt sich mit den stürmischen Veränderungen in einzelnen Branchen nicht mehr Schritt halten. Unternehmen ziehen sich darum aus vielen Bereichen zurück, in die sie sich im Rahmen der Diversifizierung zur Verminderung der Krisenanfälligkeit in der Vergangenheit eingekauft haben. Statt dessen wird der Versuch unternommen, Firmen im Kernbereich der eigenen Geschäftstätigkeit aufzukaufen. In diesen Firmen lassen sich nämlich die teuer bezahlten Forschungs- und Entwicklungsergebnisse des eigenen Unternehmens anwenden, und durch die in den übernommenen Firmen betriebene Forschung lassen sich die eigenen Forschungs- und Entwicklungskosten vermindern. Wie wichtig solche Überlegungen werden, wird deutlich, wenn man sich vor Augen hält, daß die Ausgaben für Forschung und Entwicklung inzwischen bei vielen Unternehmen die Sachanlageninvestitionen in Gebäude und Maschinen übersteigen.

Die beiden Produktionskonzepte widersprechen einander also nur zum Teil, zum Teil ergänzen sie einander auch: höchstmögliche Flexibilität in der Endmontage, um so dicht wie möglich am Markt zu bleiben, bei gleichzeitiger Realisierung aller Massenproduktionsvorteile bei der Komponenten-Produktion.

Verringerung der Fertigungstiefe

Die Vorteile der Massenproduktion bei Einzelteilen lassen sich nur dann verwirklichen, wenn gleichzeitig die Fertigungstiefe erheblich vermindert wird. Spezialisierte Zulieferer, die gleichzeitig für mehrere Abnehmer arbeiten, können viel höhere Stückzahlen erreichen und damit meist auch billiger produzieren als konzerneigene Fabriken, die nur für den Eigenbedarf produzieren.

Auch eine Produktionsstrategie, die nach einem Höchstmaß an Flexibilität strebt, läuft auf eine Verringerung der Fertigungstiefe hinaus. Die »Just-in-time«-Produktion, bei der die einzelnen Bauteile gerade rechtzeitig für den Einbau in das Endprodukt geliefert werden, setzt im Grund voraus, daß die Zulieferer nicht allein für das eigene Unternehmen, sondern auch für andere Firmen arbeiten. Denn um möglichst billig Teile liefern zu können, die kurzfristig bestellt werden, muß der Teile-Hersteller *in der Zeit, in der keine Komponenten (oder eine geringere Zahl von Komponenten) bezogen werden, für andere Unternehmen arbeiten können*, sonst werden seine Fixkosten zu hoch und drükken damit auf die Preise der Zulieferungen. Dies erklärt, warum viele Unternehmen darauf aus sind, daß ihre Zulieferer nicht in eine totale Abhängigkeit vom eigenen Unternehmen geraten, sondern die Zulieferungen an die eigene Firma nie einen bestimmten Prozentsatz ihres Umsatzes übersteigen.

Hier soll an Hand einiger Beispiele für eine Reihe von Branchen betrachtet werden, wie sich diese Überlegungen in der Produktions- und Standortplanung niedergeschlagen haben.

3. Produktions- und Standortkonzepte einzelner Branchen

3.1 Automobilindustrie

Allgemein wird angenommen, daß die Zunahme der japanischen Investitionen in der EG dazu führt, daß der Marktanteil japanischer Firmen am europäischen Automarkt von gegenwärtig rund 11 bald auf 18 bis 20 % ansteigen könnte (Financial Times, 26. 2. 1990). Würde sich der Verlust an Marktanteilen gleichmäßig über die europäischen Produzenten verteilen, hieße dies, daß sie alle weniger Massenproduktionsvorteile realisieren könnten und damit weiter an Konkurrenzfähigkeit gegenüber den Japanern einbüßen würden. Man rechnet deshalb damit, daß die zunehmende Konkurrenz zu einer weiteren Konzentration in der europäischen Automobilindustrie führt, wobei durchaus die Möglichkeit besteht, daß einer der sechs Massenproduzenten in Europa (Volkswagen, Fiat, Peugeot, General Motors, Renault) ausscheidet. Die gegenwärtigen Aufkäufe und Kooperationsabkommen sollen die beteiligten Unternehmen davor bewahren, derjenige Produzent zu werden, der vom Markt verdrängt wird. Da Renault von den sechs genannten Unternehmen die niedrigsten Stückzahlen produzierte, war hier der Handlungsbedarf am größten.

Neben der engen Zusammenarbeit zwischen Renault und Volvo ist in den letzten Monaten des Jahres 1989 eine 50-Prozent-Beteiligung von General Motors an Saab, die Übernahme von Jaguar durch Ford und eine Beteiligung von Fiat an den beiden italienischen Produzenten Innocenti und Maserati abgesprochen worden (Financial Times, 22. 1. 1990).

Der Druck, in neue Größenordnungen vorzustoßen, hat auch dazu beigetragen, daß VW im Jahre 1986 den spanischen Automobilkonzern SEAT übernommen hat. Daneben spielt auch eine Rolle, daß es sich

Weltweiter Industrieverbund: Das Zuliefersystem für den Ford Escort (Europa)

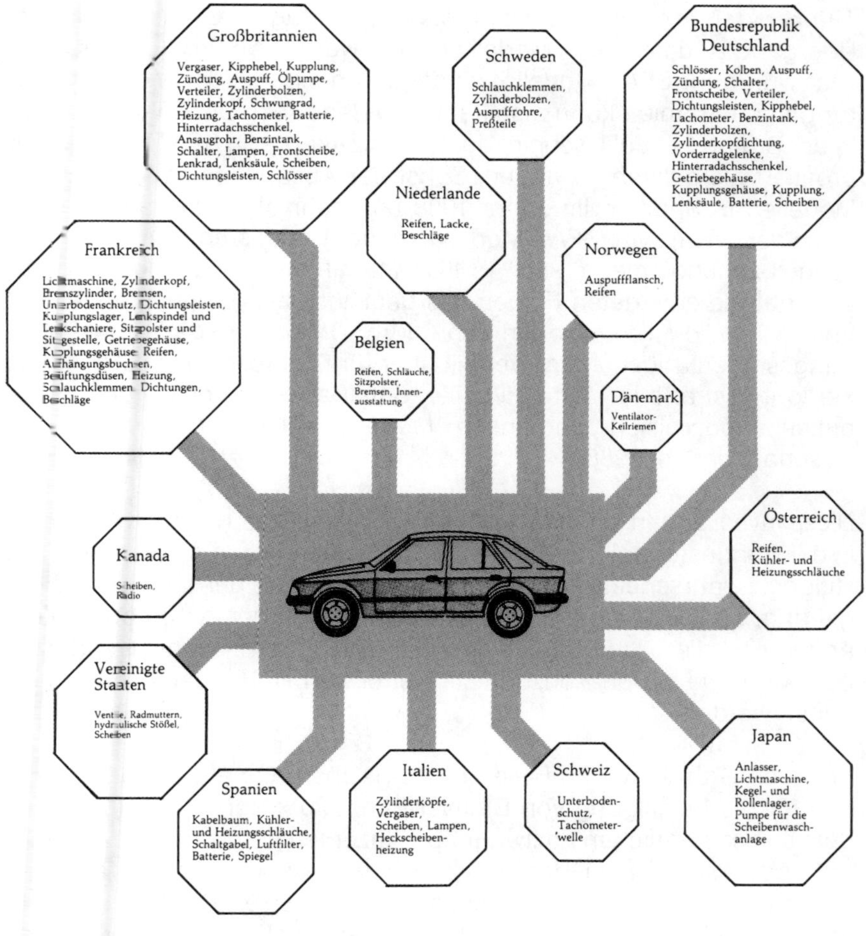

Anmerkung: Die Endmontage findet in Halewood (Großbritannien) und in Saarlouis (Bundesrepublik Deutschland) statt.
Quelle: Dicken 1986, Schaubild 9.9, S. 304.

bei Spanien um einen der (wenigen) großen Wachstumsmärkte handelt: 1988 stieg die Zahl der verkauften Autos dort z. B. um 6,2 % (gegenüber 3,6 % in Westeuropa insgesamt; Financial Times, 22. 1. 1990). Die Produktion von SEAT-Modellen ist so stark angestiegen (1988: 19,1 %), daß im Werk Barcelona die Endmontage des Passat mit dem Übergang zu dem neuen Modell beendet wurde. Die Produktionskapazität wurde für SEAT-Modelle benötigt. Von einer Produktionsverlagerung nach Spanien kann also kaum die Rede sein. Die VW-Produktion in der Bundesrepublik scheint durch den Zukauf von SEAT bisher mehr profitiert als gelitten zu haben: So ist der Absatz von VW- und Audi-Modellen in Spanien im Jahre 1988 um mehr als 50 % angestiegen. Auch der Absatz von SEAT-Modellen in der Bundesrepublik hat freilich schnell zugenommen (1988: + 46,2 %). Mit dem ausdrücklichen Hinweis auf die erwarteten Folgen des gemeinsamen Binnenmarktes hat Volkswagen die Investitionen von 6 Mrd. DM in die spanischen Fertigungsstätten angekündigt, verteilt über fünf Jahre. Neben einer neuen Fertigungsstraße in Martorell sollen damit auch die bestehenden Fabriken modernisiert und neue Modelle entwickelt werden (VW-Geschäftsbericht 1988).

Diese Investitionen sind nicht unbedingt als Alternative zu Investitionen in der Bundesrepublik zu verstehen. Zum einen waren zusätzliche Investitionen wahrscheinlich Teil der Abmachung mit der spanischen Regierung, die die Übernahme von SEAT möglich gemacht haben. Zum anderen ist diese Übernahme auch für VW nur dann sinnvoll und tragbar, wenn die neuen Konzernteile wettbewerbsfähig gemacht und erhalten werden.

Ähnliche Gründe wie im Falle der SEAT-Übernahme durch VW bestehen für die Beteiligung von Daimler-Benz (20 %) und MAN (60 %) an dem bisher staatlichen Lastwagenproduzenten Enasa (Empresa Nacional de Autocamiones), der den spanischen Markt dominiert, aber auf europäischer Ebene keine nennenswerte Rolle spielt. Die hohen Investitionen in ein noch immer nicht wettbewerbsfähiges Unternehmen scheinen gerechtfertigt, weil die beiden deutschen Firmen hiermit die Kontrolle des spanischen Lkw-Marktes erwerben, der allein 1988 um 49 % gewachsen ist (vdi-nachrichten, 5. 1. 1990). Das schnelle Wachstum des Nutzfahrzeugmarktes in Spanien dürfte selbst Ausdruck der fortschreitenden Integration des Landes in die europäische Arbeitsteilung sein, durch die das Transportaufkommen außerordentlich zunimmt.

3.2 Elektronik-Industrie

Die Elektronik-Industrie besteht aus sehr unterschiedlichen Sparten, für die jeweils wieder andere Produktions-Strategien und Standortbedingungen gelten (vgl. dazu auch den Beitrag von *Welzmüller* in diesem Band). Eine dieser Sparten ist die Telekommunikation. Ähnliche Bedingungen gelten für den Signalbau, den Lokomotiv-Bau und ähnliche Bereiche, die für die öffentliche Infrastruktur produzieren und deren Abnehmer in erster Linie die öffentliche Hand ist. Für die Erteilung von Aufträgen kann es ausschlaggebend sein, daß ein großer Teil des Auftragswertes aus Firmen desselben Landes geliefert werden. So geht *Siemens* z. B. davon aus, daß für den Auftrag zur Modernisierung der spanischen Staatsbahn (75 Hochleistungslokomotiven sowie elektrische und signaltechnische Ausrüstungen), den der Konzern erhalten hat, auch von Bedeutung war, daß wesentliche Lieferungen aus den spanischen Siemens-Fabriken kommen (Geschäftsbericht 1989, S. 29). Das spricht für eine Aufteilung der Produktion über verschiedene Tochtergesellschaften in verschiedenen Ländern.

Das japanische Ministerium für internationalen Handel und Industrie (MITI) hat japanischen Firmen ebenfalls angeraten, ihre Investitionen in Europa auf verschiedene Länder zu verteilen, um auf diese Weise die Furcht vor der japanischen Konkurrenz etwas zu zerstreuen. Dieser Grund hat mitgespielt, als sich der japanische Mitsubishi-Konzern entschlossen hat, eine Halbleiter-Fabrik in der Nähe von Aachen zu errichten. Die Alternative wäre gewesen, die Fabrik in Schottland zu bauen, wo das Unternehmen bereits zwei Fertigungsstätten unterhält. Großbritannien hat bisher 25 % aller japanischen Investitionen in der EG angezogen (Financial Times, 20. 12. 1989).

Auch nach dem Zustandekommen des europäischen Binnenmarktes, der den freien Wettbewerb auch bei Aufträgen der öffentlichen Hand sichern soll, werden solche Gründe wahrscheinlich inoffiziell weiter eine Rolle spielen. Der verbesserte Marktzugang und die Möglichkeit, die im Bereich der Telekommunikation schnell steigenden Forschungs- und Entwicklungskosten über einen größeren Umsatz verteilen zu können, haben auch zum Erwerb des Telekommunikations-Unternehmens *Plessey* durch *Siemens* (und *GEC*) geführt.

Bei der *Konsumentenelektronik* sind es dagegen vor allem die Vorteile der Massenproduktion, die zur Übernahme von ausländischen Gesellschaften führen. Die Massenproduktionsvorteile sind hier so groß, daß selbst *Philips*, in großen Haushaltsgeräten (Waschmaschinen, Kühlschränke) viel bedeutender als die Bosch-Siemens-Hausgeräte GmbH, sich mit dem amerikanischen Giganten *Whirlpool* zusammengetan hat (und die verbleibende Minderheits-Beteiligung vor Ende 1991 wahrscheinlich ebenfalls an Whirlpool abtreten wird). Beide zusammen sind in diesem Sektor größer als der schwedische Konzern *Elektrolux*, der sich auf Haushaltsgeräte spezialisiert hat.

Während es die Mikroelektronik-Produzenten zunächst stark in fernöstliche Länder gezogen hatte, wird gegenwärtig wieder verstärkt in Europa und in der Bundesrepublik investiert. Denn in hochautomatisierten, modernen Werken machen die Lohnkosten nur einen kleinen Teil der Gesamtkosten aus: In einem Personalcomputer stecken nicht mehr als zwei Arbeitsstunden. Die Schneider-Werke gehen davon aus, daß Vorteile einer Produktion in Deutschland eine Kostensenkung von rund fünf Prozent mit sich bringen: »Bei der Herstellung in Fernost müßte Schneider zum Beispiel fünf Monate im voraus die Mengen für die unterschiedlichen Computer-Tastaturen der europäischen Länder disponieren. Die Vorausschätzungen lagen mitunter schwer daneben. In Türkheim, Germany, kann Schneider innerhalb von drei Tagen die Produktion der Länder-Varianten hinauf- oder herunterfahren.« (Spiegel, 25. 4. 1988, S. 128)

Importeure, die mit dem Zusammenbau von in Asien eingekauften Einzelteilen begonnen hatten, mausern sich inzwischen zu eigenständigen Herstellern mit zunehmender Wertschöpfung. Um nicht vom europäischen Binnenmarkt ausgeschlossen zu werden, errichten auch immer mehr Firmen aus dem Fernen Osten Fertigungsstätten in Europa. So plant das taiwanische EDV-Unternehmen *Mitac* die Aufnahme der Produktion in Europa. In den drei Jahren, die das Unternehmen in Düsseldorf vertreten ist, hat es über 50 weitere Unternehmen aus Taiwan dorthin gezogen (VDI-Nachrichten, 2. 3. 1990).

3.3 Chemieindustrie

Auch für die Chemieindustrie gelten keine allgemeinen Regeln: Produktions- und Marketing-Strategien in der Herstellung von chemischen Zwischenprodukten und der Feinchemie unterscheiden sich deutlich voneinander. Produkte der Feinchemie werden häufig in zentralen Fabriken für den weltweiten Verkauf hergestellt. So wollen der Berliner *Schering*-Konzern und das Schweizer Unternehmen *Sandoz* Forschung, Entwicklung und Produktion von Pestiziden beider Unternehmen an einem zentralen Ort konzentrieren (Gen-ethischer Informationsdienst, Nr. 51, Januar 1990, S. 14).

Massenprodukte wie Kunstharze, Plastik-Sorten, Textilfaser usw. dagegen werden häufig, schon wegen der Transportkosten, so dicht wie möglich bei den Absatzmärkten hergestellt. So erreicht z. B. der Wert der im Lande selbst hergestellten Produkte am Umsatz in dem jeweiligen Land für die *Hoechst AG* in Frankreich 3 Mrd. DM, in den Niederlanden 900 Mio., in Spanien 800 Mio. und in Italien 600 Mio. DM, das heißt insgesamt einen höheren Wert als den der Hoechst-Exporte aus der Bundesrepublik in andere EG-Länder in Höhe von insgesamt 5,2 Mrd. DM (Geschäftsbericht 1988, S. 28). Damit nimmt der Anteil der ausländischen Tochtergesellschaften am Gesamtumsatz zu, der Anteil der Muttergesellschaft ab (beispielsweise bei *Henkel*, wo die Tochtergesellschaften inzwischen einen doppelt so hohen Anteil erreicht haben wie die deutsche *Henkel KGaA* (Geschäftsbericht, S. 23).

3.4 Maschinenbau

Im Maschinenbau steht die Frage von Zentralisierung oder Dezentralisierung der Produktion weniger zur Diskussion, schon gar nicht in der Bundesrepublik, wo der Spezialmaschinenbau vorherrscht und überwiegend sehr kleine Serien produziert werden. Es besteht ein dichtes Netz von Kooperationsbeziehungen zwischen Unternehmen, die einander ergänzende Komponenten liefern (Mechanik, elektronische Steuerung usw.). Diese Netzwerke werden gegenwärtig im Rahmen der Vorbereitung des Binnenmarktes verstärkt über die Landesgrenzen hinweg ausgeweitet. Da die Flexibilität der Produktion hier eindeutig gegenüber den Massenproduktionsvorteilen im Vordergrund steht, haben Auslandsinvestitionen und grenzüberschreitende Fusionen sich bisher im Vergleich zu anderen Branchen sehr in Grenzen gehalten.

Zwischenresümee

Das Spannungsverhältnis zwischen dem Zwang zu neuen Größenordnungen in der Produktion und gleichzeitig zu höherer Flexibilität kann hier nicht für einzelne Branchen vertieft werden. Als wichtig gilt es festzuhalten, daß sich die Bedingungen zwischen und auch innerhalb der einzelnen Branchen erheblich unterscheiden und sich dies auch in einem je anderen Verhältnis von Inlands- und Auslandsinvestitionen niederschlägt. Auch die regionale Verteilung der Auslandsinvestitionen ist je nach Branche durchaus unterschiedlich.

Im Zusammenhang mit der Standort- und Binnenmarkt-Diskussion wurden in der Bundesrepublik häufig Spanien und Großbritannien als wichtige alternative Standorte genannt. Deswegen sollen im folgenden die besonderen Gründe besprochen werden, die in den vergangenen Jahren zu höheren Investitionen in diesen beiden Ländern geführt haben.

3.5 Sonderfaktoren der Standortwahl

Investitionen in Spanien

Ein wichtiger Hintergrund deutscher Investition in Spanien, die 1986 mit der bereits angesprochenen Übernahme von SEAT durch VW einen Höhepunkt erreichte, ist die Tatsache, daß dort Unternehmen zum Kauf angeboten werden, die sich bisher durch Regierungseingriffe halten konnten. Mit dem Zutritt zur EG mußten Monopolpositionen aufgegeben und die öffentliche Unterstützung an Unternehmen eingeschränkt werden. Daher werden viele Unternehmen zur Übernahme angeboten. Obgleich diese wegen der niedrigen Gewinne – oft sind sogar hohe Verluste zu verzeichnen – im Zeitpunkt der Übernahme nicht attraktiv sind, investieren Unternehmen aus anderen europäischen Ländern doch wegen des Gewinn-Potentials, das sich nach Eingliederung in den eigenen Konzern realisieren läßt. Attraktiv ist dabei auch, daß der spanische Markt selbst einen hohen Nachholbedarf hat und hohe Wachstumsraten zeigt. Im Vergleich zu den anderen neu der EG zugetretenen südeuropäischen Ländern Griechenland und Portugal ist Spanien, vor allem das Baskenland, obendrein verkehrsmäßig gut zu erreichen. Und schließlich gilt es auch, anderen Aufkäufern zuvorzukommen, die andernfalls ihre Massenproduktionsvorteile ausweiten und damit ihre Konkurrenzfähigkeit verbessern würden.

Investitionen in Großbritannien

Im Rahmen der »Standortdebatte« in der Bundesrepublik in den Jahren 1987 und 1988 wurde häufig darauf hingewiesen, daß sich zwar die Situation in der Bundesrepublik nicht absolut verschlechtert habe, daß aber die Investitionsbedingungen in anderen europäischen Ländern entscheidend verbessert worden seien, so daß die Bundesrepublik relativ immer schlechter abschneide. Dabei wurde besonders häufig nach Großbritannien verwiesen, wo die Regierung Thatcher ein besonders freundliches Unternehmerklima geschaffen hat. Großinvestitionen aus der Bundesrepublik in Großbritannien lassen sich allerdings auch ohne diese Perspektive erklären. So kann z. B. der Bau einer *Bosch*-Fabrik in Süd-Wales, in der 1995 fünf Millionen Lichtmaschinen für die

Automobilproduktion hergestellt werden sollen, nicht gut als Verlagerung der Produktion interpretiert werden. Es geht bei den Lichtmaschinen um ein neues Produkt, das 20 bis 70 % mehr Strom erzeugen soll als die herkömmlichen Maschinen. Die Fabrik in Wales wird die einzige Fabrik im Konzernverband sein, in der diese Maschinen hergestellt werden (Financial Times, 10. 10. 1989).

Bosch suchte für die neue Fabrik einen Standort in einem Niedriglohnland mit hohem Entwicklungsniveau. Dafür kamen vor allem Spanien und Großbritannien in Frage. Da Bosch in Spanien bereits über eine Reihe von Fabriken verfügt, in Großbritannien dagegen noch nicht, fiel die Wahl auf Wales. Die Investition ist Teil der Strategie des Bosch-Konzerns, sich stärker in der Nähe seiner Kunden niederzulassen. Ein wichtiger Faktor war eben das erwartete Wachstum der Automobilproduktion in Großbritannien (von gegenwärtig rund 1.1 Mio. auf jährlich über 2 Mio. Autos – Financial Times, 10. 10. 1989). Dieses Wachstum wird zu einem wesentlichen Teil durch japanische Investoren zustande gebracht werden. Die japanischen Investitionen in Großbritannien (vgl. oben) ziehen auf diese Weise Investitionen aus anderen EG-Ländern nach sich.

Diese Erklärung gilt freilich nicht für Entscheidungen wie die von General Motors (März 1990), eine geplante neue Motorenfabrik statt in der Bundesrepublik (Kaiserslautern) im Nordwesten Englands zu bauen. Für diesen Beschluß waren eine ganze Reihe von Gründen ausschlaggebend:

- General Motors hatte in den 70er Jahren wegen der großen Anzahl Streiks immer mehr Produktionsschritte aus Großbritannien auf den Kontinent verlagert. Mit dem Bau der Motorenfabrik sollen die Zulieferer-Werke in Europa wieder etwas gleichmäßiger verteilt werden, so daß die Auswirkungen von Wechselkursschwankungen aufgefangen werden können.

- Die in der neuen Fabrik gebauten V6-Motoren sollen nicht nur in Vauxhall (die englische GM-Marke) und Opel-Modelle eingebaut werden, sondern auch in die nächste Generation von SAAB-Autos. General Motors hat Ende 1989 die Kontrolle über die schwedische Automobilfirma übernommen. Von Nordwest-England aus läßt sich Schweden viel einfacher als von Kaiserslautern beliefern.

- Eine Rolle hat schließlich auch gespielt, daß GM mit dem Versprechen von neuen Investitionen in den britischen Fertigungsstätten neue Arbeitsbeziehungen (Kollektiv-Vereinbarungen) durchsetzen konnte (Financial Times, 7. 3. 1990).

In einem anderen Fall hatte der Personalcomputer-Hersteller *Compaq* die Wahl zwischen einem Standort in Schottland und Hannover zu treffen. Das finanzielle Paket, mit dem beide Standorte locken, fiel im wesentlichen auf denselben Betrag hinaus. Die unterschiedliche Lohnhöhe spielte keine Rolle. Die Steuern waren in Großbritannien niedriger, aber das gab nicht den Ausschlag. Dafür schrieb das amerikanische Unternehmen den Deutschen »für bessere Lernfähigkeit und Effizienz am Weltmarkt« fünf bis zehn Prozent gut. Was für die Ansiedlung des Unternehmens entscheidend war, das war die Aussicht, in Großbritannien mehr verkaufen zu können. Bei Regierungsaufträgen kann es, wie bereits erwähnt, hilfreich sein, eine Fabrik im Lande zu haben. *Compaq* sah in Großbritannien die größeren Wachstumschancen für die eigenen Produkte, darum fiel die Wahl letzten Endes auf Schottland (Der Spiegel, 25. 4. 1988, S. 131).

Wo die erwartete Marktausweitung eine wichtige Rolle bei Investitionsentscheidungen spielte, da waren die Chancen der Bundesrepublik in den letzten Jahren nicht so groß. Gerade wegen des hohen Versorgungsgrades mit langlebigen Konsumgütern gab es in der Bundesrepublik nur einen beschränkten Ersatzbedarf. Länder, die daneben auch noch einen Aufholbedarf vorweisen konnten, hatten in solchen Fällen mehr zu bieten. In den kommenden Jahren kann sich das drastisch ändern. Mit der Integration der beiden deutschen Staaten bietet sich auch in Deutschland auf vielen Gebieten ein ungeheurer Nachholbedarf. Dieser Bedarf wird ohne Zweifel auch die Standortentscheidungen von deutschen wie von ausländischen Investoren beeinflussen.

4. Zusammenfassung

Die Ausführungen in diesem Beitrag sollen deutlich machen, daß es für die Investitionen im Ausland, vor allem auch in den Niedriglohnländern an der europäischen Peripherie (nicht nur den Mittelmeerländern und Irland, sondern inzwischen auch Großbritannien), andere Gründe gibt als die häufig propagierte Abnahme der Konkurrenzfähigkeit des »Produktionsstandorts Bundesrepublik«. Der Druck zum Aufkauf von Unternehmen (bzw. zur Unternehmenskooperation), um Massenproduktionsvorteile zu realisieren, die allgemeine Verminderung der Fertigungstiefe und eine zunehmende Kooperation mit Zulieferer-Firmen aus demselben Grund, der Aufkauf von Unternehmen der eigenen Branche zur besseren Realisierung der Investitionen in Forschung und Entwicklung sowie die größere Marktnähe erklären viele Auslandsinvestitionen. Daß diese Investitionen zu einem erheblichen Teil in der europäischen Peripherie stattgefunden haben, hat als Grund nicht so sehr den Versuch, in Niedriglohnländer auszuweichen, sondern ergibt sich vielmehr aus der Tatsache, daß in diesen Ländern mehr Unternehmen angeboten wurden, in die sich deutsche Unternehmen einkaufen konnten (in Spanien durch die Auflösung der Staatsbetriebe, in Großbritannien durch die Industriepolitik von Frau Thatcher, die viele Unternehmen zu Übernahme-Kandidaten gemacht hat).

Kommunikations- und Mediensektor: Zusätzliche Dynamik durch Internationalisierung

Peter Wilke

1. Einleitung

Dem Kommunikations- und Mediensektor wird in der politischen und wirtschaftlichen Debatte zunehmend eine Schlüsselrolle für die weitere gesellschaftliche Entwicklung zugesprochen. Seit einigen Jahren geistert der Begriff der Informationsgesellschaft durch die Diskussion. Gemeint ist damit ein wirtschaftlicher und sozialer Wandel in den westlichen Industriegesellschaften, in dessen Folge traditionelle Industrien (Stahl, Bergbau u. a.) genauso an Bedeutung verlieren wie hergebrachte Berufe und Tätigkeiten, die auf körperlicher Arbeit beruhen. Die Gesellschaft der Zukunft – so die These – baut mehr auf Informationsverarbeitung und Informationsaustausch. Die Bedeutung von Informations- und Kommunikationsmedien nimmt auf allen Ebenen zu. Sie haben dabei einerseits eine wichtige Funktion für andere wirtschaftliche Branchen als Dienstleistung (im Nachrichtentransport, der Geschäftsabwicklung und der Informationsbearbeitung) und sind selber aufgrund der Nachfrage der privaten Haushalte nach Medienangeboten und entsprechenden Empfangsgeräten ein ständig wachsender Markt.

Es ist daher nicht verwunderlich, daß Politik und Wirtschaft in vielen Ländern Westeuropas seit Jahren dabei sind, die Entwicklung der Informations- und Kommunikationsmedien massiv zu fördern. Von politischer Seite erfolgt dies mit der Absicht, die (verkehrs-)infrastrukturellen Voraussetzungen zu schaffen. Die Wirtschaft hofft auf neue Motoren für das ökonomische Wachstum und damit verbundene Profite. Die Wachstumsfunktion der Investitionen in die Informations- und Kommunikationstechnologien ist verglichen worden mit den Anstößen, die Eisenbahn und Auto im 19. und 20. Jahrhundert für die Wirtschaft gegeben haben: »Die Karriere von Verkehrsinfrastrukturinvestitionen als Wachstumsmotoren und Wachstumsreserven scheint ungebrochen zu sein. Dabei zeichnet es sich bereits deutlich ab, welche Infrastruktur in die neue Gesellschaft, die Gesellschaft des 21. Jahrhunderts, führen soll. Es ist die Telekommunikationsinfrastruktur für den Transport von Nachrichten und Informationen, das heißt immateriellen Gütern.« (*Mettler-Meibom* 1988, S. 411). Die Kabelnetze der Post sind – so *Mettler-Meibom* – die Straßen der Informationsgesellschaft.

Es ist noch nicht erwiesen, ob die Hoffnung in ein neues technologisch getragenes Wachstum für die Industriegesellschaft realistisch ist. Deutlich erkennbar sind aber Strategien verschiedener Kräfte, schon heute die Weichen zu stellen und sich gute Plätze für den Wettbewerb zu sichern. Bei den Informations- und Kommunikationsmedien wirkt dabei ein starker Druck auf eine Internationalisierung der Märkte, der technischen Entwicklung und der Konkurrenz. Westeuropa ist hier auf dem besten Weg, der größte und am schnellsten wachsende Medienmarkt der Welt zu werden. Die rund 350 Mio. Einwohner in den 22 Ländern Westeuropas sind schon heute eine wichtige Zielgruppe für die internationale Wirtschaft. Ihr Potential kann – eine wirtschaftliche Einigung vorausgesetzt – größer sein als das der 245 Mio. US-Konsumenten oder der 120 Mio. Japaner. Die Prognosen für die Medien sind dementsprechend optimistisch. Allein in der Werbeindustrie rechnet man mit einem Anwachsen der Ausgaben von 38 Mrd. $ (1988) auf 60 Mrd. $ bis 1992. Die Medienmacher – allen voran das kommerzielle Fernsehen – wittern ein gutes Geschäft. Entsprechend groß sind die Marktbewegungen und Einsätze, die gewagt werden.

Im folgenden sollen für den Europäischen Binnenmarkt einige Aspekte der Medienmärkte analysiert werden, um zu zeigen, wie sich die jeweiligen nationalen Bedingungen unter dem Einfluß des schnell entstehenden Binnenmarktes wandeln. Im Mittelpunkt steht der Mediensektor, d. h. der Markt für Massenkommunikation. Da aber dieser in weiten Teilen nur auf der Basis vorhandener Übertragungstechnologien und Empfangsgeräte funktionieren kann (und davon auch immer abhängiger wird), müssen Fragen der (staatlichen) Kommunikationspolitik (Kabel, Satellit) und der Unterhaltungselektronik (z. B. Fernsehgerätemarkt) mit berücksichtigt werden. Dies ist nur ein Teil des Kommunikations- und Mediensektors. Allerdings ein wichtiger, denn hier wird auf die private Nachfrage der Haushalte gesetzt, und allein deren große Zahl in der EG (120 Mio.) läßt in den Konsummärkten das entscheidende Potential für Wachstum (und gute Profite) entstehen.

2. Ausbau der Kommunikationsinfrastruktur in Europa – widersprüchliche nationale Muster

Als Auslöser für die Wandlungen auf den Medienmärkten in Westeuropa wirkten nicht in erster Linie das Datum 1992 und die damit verbundenen Chancen auf einen größeren Wirtschaftsraum, sondern eine ganze Reihe von anderen Faktoren, die teilweise technischer, politischer und ökonomischer Natur waren. Traditionell sind die Massenmedien in Europa sehr stark national geprägt und durch unterschiedlichste Entwicklungen gegangen, die die verschiedenen wirtschaftlichen Situationen und die jeweiligen Sprach- und Kulturräume widerspiegeln. Bis Ende der 70er Jahre stand in fast allen Ländern einer privaten Presse ein staatlicher oder öffentlich-rechtlicher Rundfunk gegenüber. Mit der Sättigung der Printmedienmärkte in wichtiger Ländern und der zunehmenden Popularität des Fernsehens, das immer mehr Zuschauer gewann, nahm überall der politische und wirtschaftliche Druck zu, die elektronischen Massenmedien für die private Wirtschaft zu öffnen. Gleichzeitig schienen neue Technologien wie Kabel und Satellit auch eine technische Basis für mehr Angebot und kommerzielle Konkurrenz zu bieten. Die Forderung nach Deregulierung des Rundfunks wurde ein fester Bestandteil der Argumentation von Verlegern und konservativen Kräften in Europa. In einigen Ländern konnten sie sich damit relativ schnell durchsetzen; in anderen dauerte es etwas länger. Aber im Ergebnis machten fast alle westeuropäischen Länder eine Öffnung für kommerziellen Rundfunk mit.

Im Hinblick auf eine Unterstützung des wirtschaftlichen Wachstums unternahmen die Regierungen wichtiger europäischer Staaten zusätzlich zur politischen Deregulierung des Rundfunks große Anstrengungen, die vorhandene technische Kommunikationsinfrastruktur zu erneuern. Ein Weg dazu war der Ausbau von Kabelnetzen. Vor allem kleinere Länder wie Belgien, die Niederlande, Luxemburg und die Schweiz investierten hier frühzeitig große Beträge für ein Kupferkoaxial-Kabelnetz und sind heute zu 70 bis 90 % »verkabelt«. In der Bundesrepublik fiel die Entscheidung mit dem Regierungswechsel von *Helmut Schmidt* zu *Helmut Kohl*. Postminister *Schwarz-Schilling* hat seitdem mehr als 8 Mrd. DM aus Mitteln der Bundespost ausgegeben. Ca. 50 % der Haushalte wären 1988 anschließbar gewesen, aber nur 17 % ließen sich tatsächlich verkabeln. Bis 1993 sollen weitere 7 Mrd. DM für die Verkabelung mit Kupferkabel investiert werden – immer in der Hoffnung auf steigende Anschlußzahlen.

In Frankreich wurde 1982 – also ebenfalls relativ spät – eine Verkabelungsoffensive gestartet. Im Gegensatz zu anderen Ländern setzte man dazu auf das teurere, aber auch leistungsfähigere Glasfaserkabel. Die Kosten beliefen sich bis 1989 auf insgesamt 25 Mrd. FF, und das Projekt wurde ein Fiasko. Wegen hoher Anschlußgebühren und nur wenig attraktiven Programmangeboten waren 1989 nur ca. 50000 Haushalte an das Netz angeschlossen.

In Großbritannien ist die Verkabelung auch nicht viel weiter; in Südeuropa, in Italien, Spanien, Portugal und Griechenland spielt Kabel-TV noch gar keine Rolle.

Neben dem Kabel war es vor allem die Satelliten-Technik, die den »neuen« Medienangeboten in Europa zum Durchbruch verhelfen sollte. Auch hier investierten die wirtschaftlich wichtigen Staaten wie Frankreich, Großbritannien und die Bundesrepublik große Beträge und vergaben Aufträge an die Industrie. Zunächst folgte eine ganze Reihe von zeitlichen Verzögerungen und auch technischen Pannen. (So konnte 1989 beim deutschen Satelliten TV SAT 1, den die Post und das BMFT gemeinsam mit 1,5 Mrd. DM finanziert hatten, ein Sonnenpaddel nicht ausgefahren werden. Das gesamte System mußte abgeschrieben werden.) TV SAT 2 ist inzwischen erfolgreich im All stationiert. Er ist einer von mehreren Direktsatelliten, die Kanäle für die Fernsehanbieter bereithalten. Frankreich hat 1988 den TDF 1 ins All geschickt und will 1990 TDF 2 folgen lassen. Schweden hat ebenfalls einen Satelliten (Tele X). Auch ein privates Unternehmen, die SES (Société Européenne des Satellites), hat erfolgreich ein ASTRA genanntes System im Orbit. All dies sind direkt strahlende Satelliten, deren Signale mit Hilfe einer Parabolantenne auch von einzelnen Haushalten empfangen werden können. Bisher sind diese Antennen aber kaum verbreitet, d. h. Satelliten-TV spielt sich noch fast »unter Ausschluß der Öffentlichkeit ab« bzw. muß in Kabelnetze eingespeist werden.

Und hier konkurrieren die DBS-Satelliten (direct broadcasting satellite – also ein zur direkten Fernsehübertragung geeigneter Satellit) mit den »alten« Fernmeldesatelliten, die internationale Postorganisationen wie EUTELSAT und INTELSAT betreiben. Der Himmel über Europa ist voller Sendestationen. Bis Ende 1990 sollen nach Schätzungen über 90 Satellitenkanäle technisch möglich sein. Ob dies Angebot allerdings auf eine hinreichend große Nachfrage stößt, scheint fraglich, denn noch fehlen die Zuschauer für die Programme, und dementsprechend zurückhaltend reagiert die Werbung mit Vergabe von Spots und Geldern. Der Markt ist in einer Entstehungsphase. Vor allem finanzstarke Firmen und Medienkonzerne beteiligen sich am europäischen Satellitengeschäft zum billigstmöglichen Preis. Sie wollen dabei sein, auch wenn zunächst Verluste hingenommen werden müssen (*Luyken* 1987, S. 625).

Versucht man eine Beurteilung der gegenwärtigen Situation, so kann man nur ein teilweise gebrochenes Muster im Ausbau der Kommunikationsinfrastruktur in Europa erkennen. Einerseits haben eine ganze Reihe von Staaten – unter ihnen die Bundesrepublik – viel Geld ausgegeben, um neue technische Möglichkeiten zu schaffen, während andere die teuren Investitionen gescheut haben. Und andererseits haben von den Investitionen bisher nur Wirtschaftsbranchen profitiert, die mit den Medien wenig zu tun haben (die Bauwirtschaft, die Raumfahrt etc.). Die Medienwirtschaft selber – und dies wird noch zu zeigen sein – verdankt ihr Wachstum eher konventionellen Möglichkeiten wie terrestrischen Frequenzen oder dem, für viele unerwartet, doch noch eingetretenen Videoboom.

Die neuen Straßen der Informationsgesellschaft wurden zunächst ohne rechten Bedarf gebaut, in der Hoffnung, daß sich mit technologischem Angebot auch eine Nachfrage findet. Inzwischen taucht mit der Entwicklung einer neuen Fernsehtechnologie, dem HDTV (High Definition Television) eine neue Möglichkeit und ein vielleicht attraktiveres Motiv für Kabel und Satellit auf. HDTV soll ein anderes Format (16:9) und eine unvergleichlich bessere Bildqualität bringen als die herkömmliche PAL/SECAM-Technik. Es wird als die Revolution im Fernsehen bezeichnet und braucht Kabel bzw. Satellit-Abstrahlung.

Japanische Firmen waren hier zunächst führend und boten – ähnlich wie mit dem VHS-System auf dem Videomarkt – eine Technik, die Normen hätte setzen können und die nicht kompatibel ist zu alten Fernsehgeräten. Angesichts eines Weltmarktes für Fernsehgeräte, der auf 80 bis 150 Mrd. $ geschätzt wird (Kommission 1988, S. 3) – ein gigantisches Geschäft, wenn die Neuanschaffungswelle rollt. Die EG reagierte diesmal schnell und drängte die europäische Industrie, einen eigenen Standard zu schaffen. Unter Führung von *Philips, Bosch, Thomson* und *Thorn-EMI* ist seit einigen Jahren eine Industriegruppe mit Mitteln aus dem EUREKA-Programm dabei, solch eine europäische Fernseh-Technologie mit eigener Norm zu entwickeln. Sie heißt inzwischen HD-MAC und soll ab 1990 im Kabel probeweise in einzelnen Sendungen ausgestrahlt werden (*Müller-Römer* 1989). 1990 fällt möglicherweise auch eine Entscheidung des CCIR (Comité Consultatif International des Radiocommunications), ob und welche technische Norm weltweit das Fernsehen der Zukunft bestimmen soll. Inzwischen gilt es als wenig wahrscheinlich, daß sich eine einheitliche Norm durchsetzen wird. Die Europäer werden auf ihrem System beharren. Sie wissen, »daß sie gute Ausgangsbedingungen haben, wenn sie sich zu einer gemeinsamen Strategie durchringen: In Europa gibt es bei weitem mehr Fernsehanstalten als in den USA und Japan zusammengenommen«. (*Zielinski* 1989, S. 398). Und der neue Fernsehstandard mit seiner besseren Qualität könnte, wenn die Käufer mitmachen und er mit dem alten System nicht kompatibel ist, den Markt für Fernsehgeräte beleben und möglicherweise auch umstrukturieren. Ein Milliardengeschäft mit Anknüpfungspunkten in vielen anderen Bereichen wie der Computerbranche usw.

Um die Lust auf mehr Fernsehen und Neuanschaffungen für elektronische Medien beim Verbraucher zu beflügeln, bedarf es aber größerer Programmangebote. Und um diese profitabel zu machen, müssen es – so die Interessen der Wirtschaft – private kommerzielle Programme sein. Es genügt also nicht, die technische Infrastruktur zu fördern. Gleichzeitig müssen staatliche Monopole im Rundfunk gebrochen werden, will man die mediale »Revolution« durchsetzen.

3. Das Ende des öffentlichen Rundfunkmonopols: Deregulierung zugunsten kommerzieller Angebote

Im Gegensatz zu den USA war Rundfunk in Westeuropa traditionell staatlich bzw. öffrentlich-rechtlich organisiert. In den meisten Ländern gab es ein Nebeneinander von kommerziellem, privatem Pressemarkt und öffentlichem Rundfunk, also ein duales Mediensystem. Die Angebote an Hörfunk- und Fernsehprogrammen beschränkten sich auch aufgrund der monopolistischen Stellung der öffentlichen Sendeanstalten auf relativ wenige Programme, wenn man einen Vergleich mit einem voll kommerzialisierten System wie in den USA vornimmt. Das Programmangebot stand dabei international auf einem qualitativ hohen Niveau. Trotz interner Probleme des öffentlichen Modells (starker Einfluß politischer Parteien, bürokratische Verkrustung in den Anstalten) wurden die Fernsehanbieter in Europa in der Regel sowohl ihren gesellschaftlich definierten Aufgaben (Bildung, Kultur, Unterhaltung) als auch den Wünschen großer Publikumsmehrheiten gerecht.

Die Forderung nach einer Deregulierung dieser öffentlichen Monopole erfolgte daher auch nicht aufgrund mangelnder Leistung der öffentlichen Rundfunksender, die selber zu großen Medienkonzernen gewachsen waren (die ARD zählt mit 5,4 Mrd. DM Umsatz immerhin zu den 10 größten Medienkonzernen der Welt). Befürworter einer Zulassung privater Anbieter waren vor allem wirtschaftliche Kräfte wie die Zeitungsverleger und die Werbewirtschaft. Die Interessen der Printbranche an einer Ausdehnung in die elektronischen Medien sind leicht erklärbar: Einerseits sind die Printmedienmärkte in vielen Ländern weitgehend erschlossen und haben nur noch geringe Wachstumschancen; andererseits verlagert sich das Publikumsinteresse immer mehr zu den elektronischen Medienangeboten. Vor allem das Fernsehen wird in vielen Ländern der Werbeträger Nummer Eins; es erfolgt eine Verschiebung weg von den Printmedien.

Tabelle 1 zeigt, daß in einigen Ländern das Fernsehen heute schon *wichtigster Werbeträger* ist. In Ländern mit einer traditionell starken Presse und öffentlichem Rundfunk, der nur begrenzt Werbung senden darf, liegt das Werbegeschäft noch weitgehend bei den Printmedien. Aber auch hier sind große Verschiebungen zu erwarten.

Im Zuge der neuen technischen Angebotsmöglichkeiten, die zumindest im Fall der Satellitentechnologie die nationalen Grenzen überschreiten, drängen neue Anbieter auf vorher abgeschottete Märkte. Konnten davor allenfalls grenznah stationierte Sender wie der Luxemburger RTL z. B. in Teile der Bundesrepublik einstrahlen und so Werbegeld abziehen, droht nun mittelfristig eine Überflutung mit kommerziellen Programmen. Diese von den Verlegern vorgetragene Argumentation stand zwar auf schwachen Füßen, da technologisch beim Verbraucher praktisch keine Empfangsgeräte vorhanden waren. Sie reichte aber für eine medienpolitische Offensive der Kräfte, die einen kommerziellen Rundfunk wollten. In allen Ländern Westeuropas kam Mitte der 70er Jahre eine entsprechende Diskussion in Gang. Realität wurden kommerzielle Anbieter aber zunächst nur in Italien, wo der Staat aufgrund innenpolitischer Kontroversen eine Vielzahl von Piratensendern zuließ und später auch regionale Lizenzen vergab, die ein Anbieter wie *Berlusconi* wiederum wegen mangelnder Eingriffsmöglichkeiten italienischer Behörden mühelos zu landesweiten Fernsehnetworks zusammenfassen konnte.[1]

---

1 Schon vorher gab es kommerzielles Fernsehen in Luxemburg, wo die CLT Anbieter war und auch in Teile der benachbarten Staaten abstrahlte. Ein Sonderfall ist das britische Modell, in dem privates Fernsehen mit den ITV-Gesellschaften existiert, aber gleichzeitig eine starke öffentliche Aufsichts-

Tabelle 1

Der Media-Mix in Europa (1987)

	Print	TV	Radio	Kino	Plakat/ Outdoor
			in %		
In diesen Ländern überwiegt die Print-Werbung:					
Norwegen	96,9	–	–	1,0	2,1
Schweden	96,3	–	–	0,5	3,2
Dänemark	95,1	0,2	–	1,1	3,6
Finnland	85,1	11,7	1,4	0,1	1,9
BRD	81,4	10,2	3,9	1,1	3,4
Schweiz	80,7	6,3	1,5	0,9	10,5
Belgien	71,0	15,6	1,1	1,8	10,6
Niederlande	66,0	12,7	1,5	0,3	1,5
England	61,6	32,4	1,9	0,4	3,7
Frankreich	57,4	22,0	7,4	1,0	12,1
Österreich	52,2	28,0	12,4	0,7	6,7
Spanien	51,0	31,5	12,0	0,6	4,9
In diesen Ländern ist das Fernsehen der dominante Werbeträger:					
Griechenland	27,3	65,1	3,8	–	3,7
Portugal	30,9	55,9	13,2	–	–
Italien	42,6	48,5	3,5	0,3	5,1
Zum Vergleich:					
Kanada	55,9	21,3	11,8	–	11,0
USA	54,0	34,2	10,3	–	1,5
Australien	47,8	34,3	9,2	1,5	7,2
Japan	42,5	37,8	5,5	–	14,2

Die Zahlen für 1983 sehen in jenen Ländern, wo neuerdings die TV-Werbung zugelassen ist, bereits anders aus. Da in dieser Tabelle lediglich die klassischen Werbeträger berücksichtigt sind, sehen die Relationen teilweise anders aus als die Angaben über die Marktanteile beim Überblick: Die Werbeausgaben in Europa.
Quelle: Starch Inra Hooper; entnommen aus: *Muzik* 1989, S. 261.

In Frankreich und der Bundesrepublik brauchte es länger, um die gesetzlich festgeschriebene Monopolstellung der Rundfunkanstalten zu brechen. Die Abläufe unterschieden sich, führten aber zu vergleichbaren Ergebnissen. Im französischen Fall entschied die sozialistische Regierung 1982 über ein neues Mediengesetz, mit dem private Anbieter

struktur geschaffen und eine freie Konkurrenz nicht erlaubt wurde. Dieses Modell steht nach jüngsten Planungen der Regierung Thatcher nun auch zur Disposition.

für Rundfunk zugelassen wurden. Eine unabhängige Institution, die Haute Autorité, sollte hiernach über die Vergabe von Frequenzen entscheiden. 1984 wurde mit Canal Plus zunächst ein Pay-TV-Veranstalter zugelassen. 1985 folgten Lizenzen für die kommerziellen Anbieter La Cinq und den Musik-Kanal TV 6. Als 1986 die Konservativen die Wahlen gewannen, entzogen sie diese Lizenzen wieder und gingen an eine radikalere Neuordnung. Der öffentliche Fernsehanbieter TDF wurde privatisiert und an die Stelle der Haute Autorité trat die Commission Nationale de la Communication et des Libertés (CNCL) mit erweiterten, vom Staat unabhängigen Kompetenzen. Durch die Privatisierung von TDF ergab sich nun folgende Struktur:

- zwei öffentliche Kanäle (Antenne 2 und FR 3);
- drei private Kanäle (TF 1: Hauptanteil Bouygues Gruppe), La Cinq (Robert Hersant und Silvio Berlusconi) und MG (CLT und Lyonnaise des Eaux);
- ein Pay-TV-Kanal: Canal Plus (Agence Havas, eine früher staatliche Holding, die auch privatisiert wurde).

Der erneute innenpolitische Machtwechsel zugunsten der Sozialisten brachte 1988 nur noch wenig Änderungen. Sie errichteten nochmals eine neue Aufsichtsbehörde, den Conseil Supérieur de l'Audiovisuel, aber an der Marktaufteilung zugunsten kommerzieller Anbieter rührten sie nicht (*Lange/Renand* 1989, S. 39 f.).

In der Bundesrepublik gestaltet sich die Einführung kommerziellen Rundfunks erwartungsgemäß schwieriger, da hier die Aufsicht über den Rundfunk in der Kompetenz der Bundesländer liegt. Diese verabschiedeten zwischen 1980 und 1989 sämtlich neue Rundfunkgesetze und einigten sich in einem mühsamen Prozeß auch auf einen neuen Staatsvertrag (*Braunschweig u. a.* 1990). Der Startschuß für privaten Rundfunk war 1984 mit den sogenannten Kabelpilotprojekten gefallen. In den Kabelnetzen gingen die heute etablierten kommerziellen Anbieter SAT 1 und RTL Plus zuerst auf Sendung. Aber allein eine Verbreitung über die Kabelnetze hätte keinen schnellen Erfolg der neuen Angebote gebracht. Dafür blieben die Anschlußzahlen ans Kabel zu gering. Ab 1987 »entdeckte« die Post in fast allen Bundesländern zusätzliche terrestrische Frequenzen, die die privaten Anbieter (vornehmlich SAT 1 und RTL Plus) von den Lizenzbehörden zugesprochen bekamen. Dadurch konnte ihre Reichweite (und Popularität) schlagartig auf ca. 50 % aller Haushalte erhöht werden. Der Werbeerfolg blieb nun nicht länger aus, und 1990 werden zumindest SAT 1 und RTL Plus Gewinnen machen. Auch hier also – wenn auch nach anderem Muster als in Frankreich – ein massiver Eingriff der Politik zugunsten kommerzieller Anbieter.[2]

Andere europäische Länder stehen heute unter starkem Druck, dem Vorbild dieser großen Länder zu folgen. So sind in Spanien 1989 die ersten Lizenzen für private Anbieter vergeben worden. In Griechenland, Österreich, Norwegen und Schweden gibt es eine noch anhaltende Diskussion. In stark verkabelten Ländern wie Belgien, den Niederlanden, Dänemark und der Schweiz werden zumindest ausländische kommerzielle Angebote in die Netze eingespeist, wenn auch hier das Monopol der öffentlichen Anbieter formal noch nicht gebrochen wurde.

Insgesamt hat aus der Sicht der privaten Anbieter erfolgreich eine Deregulierung und Öffnung der Märkte stattgefunden – eine Tendenz, der sich kaum ein Land entziehen konnte oder wollte. Geschwächt wurde dabei die Position der alten öffentlichen Anbieter, die aber damit noch nicht vom Markt verschwunden sind. Zunächst nimmt das Rundfunksystem duale Züge an.

Auffällig ist – und darauf soll im nächsten Abschnitt eingegangen werden –, daß neben einer Tendenz der Kommerzialisierung der Angebote auch starke Tendenzen der internationalen Marktdurchdringung durch wenige große Anbieter festzustellen sind. Die Dynamik des europäischen Medienmarktes arbeitet zugunsten einer Konzentration bei großen Anbietern.

4. Medienkapital in der Konkurrenz: Europäischer Binnenmarkt für große Anbieter?

Die Deregulierung und Kommerzialisierung wichtiger *Rundfunkmärkte* hat zusammen mit den beschriebenen staatlich geförderten Ausbauschritten der Kommunikations-Infrastruktur eine starke Dynamik in den europäischen Medienmärkten ausgelöst. Die günstige gesamtwirtschaftliche Entwicklung der vergangenen Jahre und die prognostizierten hohen Zuwachsraten beim künftigen Werbeaufkommen veranlaßten viele kapitalkräftige Interessenten, in die neuen Märkte zu drängen.

2 Der Hörfunk wird an dieser Stelle vernachlässigt, um die Darstellung nicht mit zu vielen Details zu überfrachten. Es hat hier eine schnellere Durchsetzung kommerzieller Anbieter in allen europäischen Ländern gegeben als im Fernsehen.

Verstärkt wurde dies zudem durch die Aussicht auf ein Zusammenwachsen in einem einheitlichen europäischen Medienmarkt. Dies führte zu einer Umbruchsituation in den Ländern Westeuropas, bei der die Deregulierung der Rundfunkmärkte verändernd rückwirkt auf die gesamte Medienwirtschaft.

In den *Printmedien* sind in den letzten Jahrzehnten Umstrukturierungen beobachtbar gewesen. Der Markt für Tageszeitungen stagniert, nachdem überall Konzentrationsprozesse vollzogen wurden. Erfolgreiche Neugründungen von Tageszeitungen gibt es nur noch in Ausnahmefällen (der »Independent« in Großbritannien, der »Standard« in Österreich oder auch die »TAZ« in der Bundesrepublik). Auch auf dem *Zeitschriftenmarkt* ist nach einer Phase des Wachstums der Verkauf vieler Titel rückläufig: Die Zahl der Special-Interest-Blätter steigt, aber die Auflagezahlen sinken. National verbieten Kartellgesetze oftmals einen weiteren Zusammenschluß der entstandenen Print-Imperien. *Bertelsmann, Springer, Burda, Bauer* und *Holtzbrinck* z. B. können in der Bundesrepublik im Printbereich kaum noch wachsen. Sie haben daher – wie Anbieter in anderen Ländern auch – mit verschiedenen Strategien versucht, ihren Expansionskurs beizubehalten.

Eine Strategie war der Gang auf ausländische Märkte. Dies ist im Printbereich relativ unsicher und risikoreich, da die Branche jeweils stark national bestimmt ist und die Gewohnheiten des Publikums in wichtigen Punkten differieren. Nach Anlaufproblemen glückten verschiedene Versuche im Zeitschriftenmarkt (vor allem Mode- und Reisezeitschriften). Von einer echten internationalen Marktdurchdringung kann aber nach wie vor nicht die Rede sein.[3]

Eine andere Strategie war die der Diversifikation in verwandte Medienbereiche. Der *Rundfunk* bietet sich hierfür natürlich an. Und aufgrund einiger Besonderheiten (mitbedingt durch die hohen Kosten) eignet sich das Fernsehen gut für internationale Marktstrategien. Ziel ist bei den großen Unternehmen, Multi-Media-Anbieter zu werden und so in der Verwertung von Know-how und Dienstleistungsangeboten die verschiedenen Medien wechselseitig voneinander profitieren zu lassen – Konzernstrategen sprechen in diesem Zusammenhang gern von Syn-

3 Kapitalbeteiligungen ausländischer Unternehmen nehmen allerdings auch im Printbereich in den letzten Jahren zu. So hat die WAZ in Österreich investiert, Springer in Österreich und Italien, der Australier Murdoch u. a. in Großbritannien und Mondadori aus Italien bei Springer.

ergieeffekten – und gleichzeitig auch nationale Fesseln und Beschränkungen aufzuheben.

Aufgrund der erkennbaren Vorbehalte gegenüber ausländischem Kapital in den Massenmedien und der politisch starken Stellung nationaler Verleger (und nationalen Kapitals) ist eine Diversifikationsstrategie international nur langsam möglich. Dabei sind die finanzstarken Medienunternehmen aus den wirtschaftlich und bevölkerungsmäßig größeren Ländern Europas im Vorteil.

Es haben sich inzwischen eine Reihe von Mitspielern in dem Medienmonopoly herausgebildet, die unterschiedlich erfolgreich versuchen, Beteiligungen zu sammeln und ein großes Publikum zu erreichen. Alle sind auf ihre Weise auf dem Weg zu einem vernetzten Print-Television-Video-Funk-Film-Geschäft (*Muzik* 1989, S. 138).

Es lassen sich *drei Kapitalgruppen* unterscheiden, die in Europa das große Mediengeschäft maßgeblich beeinflussen: die Verleger- und Medienkonzerne, die Banken und einige branchenfremde Großunternehmen, die der Profit oder auch der besondere Reiz des Mediengeschäfts locken mag. Noch fallen dabei viele Entscheidungen unter nationalen Marktbedingungen, da Medienkonsum an Sprachen, Kultur und nationale (oder sogar lokale) Nachrichten gebunden ist. Aber gleichzeitig wirken Kräfte auf eine Internationalisierung – sowohl im Programmangebot als auch in der Werbung.

Die Verleger- und Medienkonzerne, die heute versuchen, internationaler zu werden und vor allem in den neuen Fernsehmärkten Fuß zu fassen, haben ihre Geschäftsschwerpunkte überwiegend in den Printmedien. *Bertelsmann* in der Bundesrepublik, *Hachette* in Frankreich, *Maxwell* in Großbritannien – bei allen machen die Beteiligungen an den elektronischen Medien bisher nur einen kleinen Teil des Geschäfts aus. Nur zwei Unternehmen sind mit dem Fernseh- bzw. Filmgeschäft großgeworden: *Silvio Berlusconi* in Italien und *Leo Kirch* in der Bundesrepublik. Beide haben – allerdings mit unterschiedlichem Erfolg – versucht, ihre Beschränkung auf das Fernsehgeschäft zu überwinden. *Berlusconi* hat Ende 1989 in einem spektakulären Coup die Mondadori-Gruppe übernommen, die u. a. die renommierte Tageszeitung »La Republica« herausgibt. *Kirch* scheiterte 1989 wohl vorerst endgültig mit seinen Bestrebungen, die Führung des Springer-Konzerns zu übernehmen.

Diese Übernahmebestrebungen sind Anzeichen dafür, daß für den zukünftigen Wettbewerb auf Europas Medienmarkt die Printmedien als Einnahmequelle, Machtbasis und Know-how-Träger weiterhin eine entscheidende Rolle spielen – auch wenn die Bedeutung der elektronischen Medien perspektivisch zunimmt. Die Vergabepraxis der kommerziellen Fernsehfrequenzen in Westeuropa weist die Verleger als wichtigste geschlossene Gruppe aus, die berücksichtigt wurde. Zudem machen die Printmedien hohe Gewinne, während viele Fernsehangebote (vor allem im Satellitenfernsehen) zur Zeit nur Verluste realisieren.

Neben den Verlegern und Medienunternehmen haben in Westeuropa in den letzten Jahren eine Reihe von branchenfremden Konzernen einen Einstieg in das Mediengeschäft versucht. In den USA war dies bei Gruppen wie Westinghouse, Coca Cola, Gulf and Western oder jüngst Sony, die Columbia Pictures kauften, schon früher zu beobachten. In Europa sind es vor allem französische und italienische Firmen, die hier zu nennen sind: die französische Bouygues-Gruppe mit ihrer Beteiligung an TF 1 ist ein Bankkonzern mit ca. 50 Mrd. Franc Umsatz. *Giovanni Agnelli* (Fiat-Konzern) und *Carlo de Benedetti* (Olivetti) haben sich in Italien ganz nebenbei zwei große Print-Imperien zugelegt. Ob solche Beispiele Schule machen, kann zur Zeit kaum beurteilt werden. Soweit es sich um Diversifikation in zumindest geschäftlich verwandte Bereiche handelt, sind unterschiedliche Trends vorhanden. Einerseits kaufte Sony z. B. 1989 den Medienkonzern Columbia Pictures, um gleichzeitig genügend Programme mitgeliefert zu bekommen, die der Konzern brauchte, um eine neue Generation von Videosystemen (kleineres Format) zu vermarkten. Andererseits hat sich ein europäischer Elektronikanbieter wie Thorn-EMI erst kürzlich wieder aus den Medien zurückgezogen. Angesichts der hohen Finanzüberschüsse vieler Industriekonzerne sind aber »Ausflüge« in Medieninvestitionen jederzeit möglich, sofern sich nur Gelegenheiten bieten.

Genau an dieser finanziellen Liquidität mangelt es bei vielen Medienunternehmen. Ihr schnelles Wachstum in den letzten Jahren konnte sich nur mit Hilfe von Banken finanzieren. »Einen Silvio Berlusconi beispielsweise gäbe es nicht ohne Banca Populare di Novarra, Centrobanco oder Banco Nazionale del Lavoro. Leo Kirch wäre vermutlich ohne die Deutsche Genossenschaftsbank ein ziemlich unbekannter Mann. Robert Hersant hätte ohne den Beistand der Crédit Lyonnais wohl schon längst aufgeben müssen. Ein Maxwell oder ein Murdoch würde ohne allzeit hilfsbereite Bankiers erst recht einpacken können. Diese stellen immer wieder das nötige Spielkapital für spektakuläre Transaktionen zur Verfügung, fungieren im Schatten der mächtigen Medienkaiser als eigentliche Drahtzieher und bestimmen auf ihre Weise nicht unmaßgeblich die Kräfteverhältnisse in der Branche mit«, schreibt *Muzik* (1989, S. 180) journalistisch zugespitzt.

Bei einigen der Banken scheint dabei eine Bereitschaft entstanden zu sein, selber zumindest im Feld der elektronischen Medien unternehmerisch aktiv zu werden. Belgische und französische Banken, wie die Groupe Bruxelles Lambert oder die Compagnie Financière de Suez sind bei privaten TV-Gesellschaften eingestiegen. Die Deutsche Bank hält sich dagegen fast vornehm zurück und verwaltet nur kommissarisch Anteile von SAT 1 und RTL Plus.

Sicher ist, daß im Mediengeschäft auch im Zeichen des europäischen Binnenmarktes weiterhin große Summen zur Finanzierung neuer Projekte benötigt werden. Der Trend geht zu einer Internationalisierung von Programmen und programmfinanzierender Werbung. Ein Trend ist aber noch keine Realität, wie vor allem die Anbieter von transnationalen Satellitenprogrammen unter Hinnahme hoher Verluste feststellen mußten. Bisher bevorzugt das Publikum nationale Medienangebote – sowohl bei den Printmedien als auch beim Fernsehen. Sprach- und Kulturgrenzen bremsen die Träume vom »Medienmarkt Europa«. Sie verlangsamen die Konzentration und die Internationalisierung aber nur, ohne sie letztlich zu verhindern. Die ökonomischen Vorteile, die in einem internationalen Medienverbund liegen, werden alle anderen Argumente aus dem Feld schlagen. Zu verlockend ist die Idee, ein Thema gleichzeitig als Buch, Magazinstory, Radiosendung, Fernsehserie, Schallplatte und Compactdisc zu vermarkten. Soweit der Binnenmarkt nationale Grenzen wirtschaftlich und politisch überwindet, gibt er gerade für die Großen in der Medienbranche das Signal, weiter zu wachsen. Automatisch wächst damit auch ihr politisches Meinungsmacherpotential – eine für jede politische Öffentlichkeit gefährliche Entwicklung.

5. Politische Regulierung der Medienmärkte durch die Europäische Gemeinschaft?

Mit der Verwirklichung des EG-Binnenmarktes wird sich langsam eine internationale Medienwirtschaft herausbilden. In wichtigen Teilen bleiben nationale Züge zunächst erhalten. Denn Sprache, politische Traditionen und unterschiedliche Kulturen werden nicht sofort einem genormten, einheitlichen europäischen Angebot weichen. Der Medien-Europudding, der überall den gleichen Geschmack hat, braucht länger für eine Markteroberung. Chancen hat er ohne Zweifel, wenn man die

Tabelle 2

Medienunternehmen in Europa

Rang	Name	Land	Gesamtumsatz in Mio. DM 1988	1989	Mitarbeiter	Geschäftsschwerpunkte
1	Bertelsmann AG	D	11325	13000	43000	Bücher, Schallplatten, Druckereien, TV, Hörfunk, Printmedien (100 % an Gruner&Jahr) (G&J 100 % an Prisma [F])
2	Fininvest (Berlusconi)	I	9180	12825	25000	größte TV-Gruppe Europas, Verlagsbeteiligungen, Immobilien, Banken, Versicherungen, Lebensmittel
3	News Corporation	Aus/USA	9135	11800	32000	Zeitungen, Magazine, Bücher, TV-Network (FOX), Filmstudio (20th century Fox). Zeitungen (SUN), TV (Sky)
	News International	GB	2140	2449	6780	der europäische Ableger ist News International (20 % des Gesamtumsatzes)
4	Hachette	F	7198	–	28500	Frankreichs drittgrößter Zeitungsverleger, beherrscht 40 % des Buchmarktes. Zeitungen, Bücher, TV
5	ARD	D	6589	–	20000	öff.-rechtlicher TV- u. Hörfunkanbieter, Einnahmestruktur 60 % Gebühren, 20 % Werbung, 20 % Programmverkauf
6	Reed International	GB	6273	4850	17500	größtes „Print"-Unternehmen in GB, Zeitungen, Zeitschriften, Magazine, Bücher
7	Havas	F	4660	–	9400	Werbung, Print, TV, 1987 »privatisiert«, hält an Canal Plus 25 % u. an CLT 16 %, 90 % des Umsatzes in F
8	Granada Group	GB	4500	5117	27900	stark diversifizierter Freizeitkonzern, Independent Television (ITV)-Beteiligung

9	RAI (Radiotelevisione Italiana)	I	4038	–	13800	öffentliche Anstalt; finanziert aus 60 % Gebühren u. 35 % Werbung; 3 TV Kanäle, 6 Radiofrequenzen
10	Pearson	GB	3727	4555	27915	dominant bei europäischer Finanzpresse; diversifizierter Konzern: Öl, Porzellan, Presse
11	Maxwell Communications	GB	3471	–	20375	kontrolliert ca. 27 % der britischen Presse. Zeitungen, Zeitschriften, TV; seit 84 5mal soviel Umsatz durch Aufkäufe
12	BBC (British Broadcasting Corp.)	GB	3307	–	28000	öffentlicher Anbieter, finanziert durch Lizenzgebühren u. kommerzielle Unternehmungen
13	Reuters	GB	3130	3703	10071	Nachrichtenagentur
14	Springer AG	D	2843	3008	11690	größter Zeitungsverlag Europas, Zeitungen (Bild-Gruppe), Zeitschriften, TV- (SAT 1) u. Radiobeteiligungen
15	Mondadori	I	2500	3400	7000	kontrolliert 30 % der Print-Werbung in Italien; Engagement im Print- (Bücher, Zeitschriften) u. Filmgeschäft
16	Hersant (Socpresse)	F	2360	–	10000	besitzt 30 % der franz. Presse (z. B. Le Figaro); Anteile an Privat-TV (la Cinq) u. vielen Lokalradios
17	United Newspapers	GB	2352	2501	13100	Zeitungen, Zeitschriften, Anzeigenblätter, Informationsdienste in GB u. USA
18	VNU (NV Verenigd Bezit VNU)	NL	2216	2312	12000	größter niederländischer Zeitungs- u. Zeitschriftenanbieter, Beteiligung an 2 Privat-TV-Kanälen
19	RTVE (Radiotelevis. Espanola)	SP	2086	2464	11000	öffentlicher Anbieter; Finanzierungsanteil: Gebühren 30 %; 2 TV-Kanäle u. lokales Radio
20	Bonnier	S	2073	–	6700	Skandinaviens größter Zeitschriftenanbieter, Industriekonglomerat (Möbel, Medizin, Technologie)

Rang	Name	Land	Gesamtumsatz in Mio. DM 1988	1989	Mit-arbeiter	Geschäftsschwerpunkte
21	Rizzoli-Corriere della Sera	I	2008	2698	7000	zweitgrößte Verlagsgruppe Italiens; kontrolliert ca. 30 % des Pressemarktes (Corriere de la Sera, La Stampa)
22	Heinrich Bauer	D	2000	–	6325	Europas größtes Zeitschriftenhaus (monatlich 80 Mio. Exemplare), 1 Radiobeteiligung (Radio Hamburg)
23	Daily Mail & General Trust	GB	–	1848	13000	1988 neu formiert; Zeitungen u. Zeitschriften, versch. Radiobeteiligungen, TV-Programmproduktion
24	WAZ-Konzern	D	1650	–	4000	Zeitungsverlag (Westfälische Allgemeine Zeitung); Anteile an RTL plus und 45 % an österreichischen Zeitungen
25	Holtzbrinck	D	1550	1530	5000	fünftgrößtes Medienhaus der BRD; Verlagsgruppe mit Zeitungen (Handelsblatt), Magazinen u. Büchern
26	Wolters Kluwer	NL	1539	1673	8195	Verlagshaus mit dem Schwerpunkt wissenschaftliche Publikationen (Sachbücher), 56 % des Umsatzes in NL
27	Groupe de la Citè	F	1463	–	7350	Buchverlag, Buchclub, Vertrieb, 20 % Anteile an TV-Canal »Enfants«
28	Elsevier	NL	1462	1737	6932	Verlagsgruppe; erwarb 1987 33,3 % von Wolters Kluwer, 19 % Anteil an Privat-TV RTL Veronique
29	ZDF	D	1443	–	3800	öffentlich-rechtlicher TV-Sender, Werbeanteil an Finanzierung ca. 35-40 %; Anteile an 3 SAT: 50,7 %
30	TF 1 (Télévision 1)	F	1384	–	2137	seit 1987 privatisierter Fernsehkanal, erreicht ca. 43 % des französischen Fernsehpublikums

31	Canal Plus	F	1280	–	549	Pay-TV-Anbieter, weltweit Nr. 2; 1984 gegründet; für 1000 erwartete Abonnentenzahl 3 Mill.
32	Burda GmbH	D	1023	1170	4542	sechstgrößte Verlagsgruppe der BRD; Druckaktivitäten; starkes Engagement in elektr. Medien
33	Thames TV	GB	1019	1126	2427	größte britische Independent TV-Anstalt; auch Programmverkauf in die USA
34	FR 3 (France Regions 3)	F	933	–	3198	öffentlich-rechtlicher TV-Sender mit regionaler Struktur; kooperiert mit Antenne 2
35	Tidnings AB Marieberg	S	868	–	4700	Schwedens größtes Medienunternehmen, Tageszeitungen (Dagens Nyheter); erste Aktivitäten bei elektr. Medien
36	Ringier AG	CH/	849	2040	9585	größte Mediengruppe der Schweiz; Zeitungen (Blick), Zeitschriften, Film- und Videoproduktionen
	Ringier America	USA	(1073)	(1169)	(5895)	1989 durch Übernahme von W.A. Krueger Printing House den Umsatz mehr als verdoppelt
37	Antenne 2	F	836	–	1302	staatlicher TV-Anbieter; 61 % des Umsatzes aus Werbeeinnahmen
38	Central Independent TV	GB	824	999	1977	Independent TV-Anbieter; Programmverkäufe in die USA
39	France-Loisirs	F	782	–	1226	größter Buchclub der Welt; 4,2 Mill. Mitglieder; Niederlassungen in Belgien, Kanada, Schweiz
40	Sanoma	Finnland	757	–	2988	Zeitungs-, Magazin- u. TV-Anbieter in Finnland; TV-Beteiligungen in Norwegen u. Irland
41	London Weekend TV	GB	721	782	1318	einer der 5 großen TV-Anbieter in GB; Programmproduktion u. hoher Anteil an Verkauf u. Handel
42	EMAP (East Midl. Allied Press)	GB	698	880	4532	Zeitungen u. Magazine; eines der am schnellsten wachsenden Verlagshäuser in GB

Rang	Name	Land	Gesamtumsatz in Mio. DM 1988	1989	Mit-arbeiter	Geschäftsschwerpunkte
43	TVS Entertainment	GB	698	880	1312	drittgrößter kommerzieller TV-Anbieter in GB (South and South-East of England)
44	Rusconi Editore	I	667	–	515	fünftgrößter Medienkonzern in Italien; Zeitungen und Magazine
45	Sebaldus	D	665	–	3000	Zeitschriften u. Druckunternehmen (TV-Zeitschrift Gong)
46	The Telegraph	GB	658	–	1837	Zeitungen (Daily Telegraph), Magazine
47	De Telegraaf	NL	632	–	2984	größter Tageszeitungsanbieter in den Niederlanden; Magazine u. Zeitschriften; Prod. von Kabel-Nieuws-TV
48	Editions Mondiales	F	621	–	1500	Zeitschriften u. Magazine (TV-Zeitung); 2 % Anteil an TF1
49	Leo Kirch Gruppe	D	602	905	600	Handel mit Filmrechten; Filmproduktion u. Vertrieb; Übernahme Bücherbund (1989) u. AV-Euromedial (1990)
50	Guardian	GB	565	523	3180	Druck u. Verlag regionaler Zeitungen (national: Guardian); Radio- u. TV-Beteiligungen; 5 % bei El Mundo (SP)
51	Radio France	F	565	–	3300	öffentlich-rechtlicher Hörfunksender; TV-Beteiligung an La Sept (15 %)
52	CLT	L	537	–	542	Europas ältester privater TV-Anbieter (seit 1954). Radio- u. TV-Programm-Anbieter für F, B, BRD
53	Channel Four	GB	535	602	329	privater Fernsehanbieter
54	Imprimerie Jean Didier	F	517	–	1663	Buchverlag, Druckerei, Vertrieb u. Fachzeitschriften

55	Les Editions P. Amaury	F	484	–	1 600	Tagespresse, Magazine; Btx-Anbieter; 5 % Anteil an Privat-TV M6
56	Groupe Filipacchi	F	478	–	860	Magazine, enge Kooperation u. große Beteiligung an Hachette
57	Yorkshire Television	GB	452	585	1 471	ITV-Station, Programmverkauf
58	Frankfurter Allgemeine Zeitung	D	449	–	1 150	Zeitungsverlag u. Druckerei; 1 % Anteil an RTL plus

Anmerkung: Die Umrechnung erfolgte zu durchschnittlichen Wechselkursen 1988/89. Die Rangordnung folgt dem Umsatz des Jahres 1988 (Ausnahme Daily Mail & General Trust).

Umsatzzahlen 1989 werden von vielen Unternehmen erst Mitte 1990 veröffentlicht und fehlen deshalb häufig noch. Im Fall von News Corporation und Ringier sind die Konzernumsätze getrennt von den Umsätzen der europäischen Töchter ausgewiesen. Die Rangfolge richtet sich nach der Gesamtgruppe.

Quellen: diverse Geschäftsberichte, Pressemitteilungen, Archiv Arbeitsstelle Medien und Politik.

Popularität von Fernsehunterhaltung à la Denver, Dallas oder Schwarzwaldklinik überall in Europa bedenkt.

Mit der Aufhebung nationaler Grenzen für die Wirtschaft und zunehmenden internationalen Programmangeboten, die gerade im Fernsehen aus anderen Ländern eingestrahlt werden, verschwinden die Eingriffsmöglichkeiten einzelner Staaten durch nationale Rundfunkpolitik. Der nationale ordnungspolitische Rahmen reicht nicht mehr für eine politische Regulierung der Märkte. Im Rundfunkbereich ist dies früh erkannt worden, und es hat in der Folge eine lang anhaltende Diskussion in der Europäischen Gemeinschaft und im Europäischen Parlament um eine gemeinsame *Richtlinie für ein europäisches Fernsehen* gegeben, die dann auch im Oktober 1989 mit einigen protokollarischen Vorbehalten versehen verabschiedet wurde.

Diese Richtlinie, die geltendes Gesetz in allen Mitgliedsländern wird, soll »den Übergang von den nationalen Märkten zu einem gemeinsamen Markt für die Herstellung und Verbreitung von Programmen sichern« (Richtlinie 1989, S. 23). Sie »regelt das notwendige Mindestmaß, um den freien Sendeverkehr zu verwirklichen«. Sie tut dies aber unter sehr eingeschränkten Vorzeichen; denn Rundfunk wird von der EG-Kommission allein als wirtschaftliche Dienstleistung angesehen. Abweichend von den politischen und juristischen Vorgaben in den meisten Mitgliedsländern, in denen er auch einen kulturellen und politischen Auftrag hat, wird er in der Richtlinie allein auf seinen Stellenwert als »marktrelevanter« Faktor reduziert (*Betz* 1989, S. 684). Medienrecht wird damit zugeschnitten auf ein supranationales, möglichst freizügiges ökonomisches Marktmodell, bei dem alle anderen Traditionen (Public-Service-Idee, Treuhandprinzip, kulturelle Verantwortung) kurzerhand gekappt werden (*Stock* 1989). So werden in der EG-Fernsehrichtlinie Vorschriften für Werbung (bis zu 20 % der Sendezeit), Sponsoring und Jugendschutz großzügig behandelt.

In der Beurteilung sind sich die Kritiker weitgehend einig: »Mit diesen Regelungen wird eine Entwicklung eingeleitet, die zumindest ansatzweise amerikanischen Verhältnissen gleichkommt.« (*Betz* 1989, S. 682) Der Versuch, in die Richtlinie auch eine protektionistische Klausel zur Förderung der europäischen Filmindustrie gegenüber den übermächtigen Konkurrenten aus Hollywood einzubauen, wurde dagegen nicht zuletzt durch bundesdeutschen Widerstand weitgehend aufgeweicht. Die Richtlinie enthält als nicht rechtsverbindliche Bestimmung eine Aussage zu sogenannten Programmquoten. Demnach tragen die Mitgliedstaaten »im Rahmen des praktisch Durchführbaren und mit angemessenen Mitteln Sorge dafür, daß die Fernsehveranstalter den Hauptteil ihrer Sendezeit ... der Sendung von europäischen Werken« vorbehalten (Richtlinie 1989, S. 26).

Hintergrund dieser Regelung ist die Erkenntnis, daß gerade kommerzielle Anbieter sich mit billiger Programmware auf dem amerikanisch dominierten Weltmarkt eindecken und die europäische Filmproduktion so ohne Aufträge bleibt. Frankreich hätte gerne eine 60%-Quote verbindlich vorgeschrieben. Aber kommerzielle Veranstalter, die amerikanische Industrie und auch konservative Regierungen (Bundesrepublik) liefen Sturm gegen solche Vorschläge. So blieb letztlich nur eine unverbindliche Kann-Regelung.[4]

So muß die EG-Richtlinie als ein reines »Marktrundfunkstatut« bewertet werden (*Betz* 1989, S. 689), das anerkannten Ideen eines Public-Service-Rundfunks krass widerspricht. Probleme der Medienkonzentration oder der Aushöhlung des öffentlichen Rundfunks werden nur am Rande erwähnt. Regulierung ist nicht beabsichtigt, sondern Öffnung der Märkte für kommerzielle Anbieter.

6. Fazit: Wirtschaftliche Gewinne sind wichtiger als soziale und politische Folgen

Die Einigung zu einem westeuropäischen Binnenmarkt wird auch im Medienbereich Chancen für weiteres wirtschaftliches Wachstum eröffnen. Die wirtschaftlich dominierenden Staaten in der EG haben in der Vergangenheit schon viel Geld investiert, um die Kommunikationsinfrastruktur bei den elektronischen Medien auszubauen. Der Werbemarkt spricht von Zuwachsraten von über 10% im Jahr, und die Deregulierung des Rundfunks hat zusätzlich Phantasien großer Investoren auf gute Geschäfte beflügelt. Gewinner in dem nun stattfindenden Monopoly sind die großen Medienanbieter, die über genügend Kapital und Know-how verfügen, um auch anfängliche Verluste auf neuen Märkten hinzunehmen. Standortvorteile haben zudem die, die über einen großen nationalen Markt verfügen, der bei den Medien sowohl durch Landesgrenzen als auch durch Kultur- und Sprachräume festgelegt wird.

---

4 Gegen die Richtlinie sind wegen ihrer mangelnden kulturpolitischen Dimension verschiedene Vorbehalte geäußert worden. Dänemark hat zu Protokoll gegeben, daß sie diese nicht in nationales Recht umsetzen werde. In der Bundesrepublik läuft eine Klage Bayerns vor dem Bundesverfassungsgericht, in der die Länder auf ihre Hoheit in Sachen Rundfunk bestehen.

Alle Investoren hoffen auf *wirtschaftliches Wachstum* und schnelle *Gewinne*. Bedenkt man die Summen, die im Gespräch sind, versteht man das anhaltende Interesse:

- Der europäische Markt für Fernsehprogramme soll von 10 Mrd. Dollar 1988 auf über 16 Mrd. Dollar 1998 steigen (*Peasey* 1989, S. 481).
- Der Markt für Fernsehendgeräte wird auf 20 bis 30 Mrd. Dollar in Europa geschätzt (*Müller-Römer* 1989, S. 17).
- Die Einnahmen aller Fernsehanstalten (aus Gebühren, Werbung und Programmverkäufen) in Europa sollen von 21 Mrd. Dollar 1988 auf 34 Mrd. Dollar 1998 anwachsen (*Muzik* 1989, S. 20).
- Die Werbebranche rechnet mit 60 Mrd. Dollar Umsatz in Europa schon 1992 gegenüber 38 Mrd. Dollar 1989.

Dabei sind die Interessen vielfach miteinander verflochten: Die Investitionen in Satelliten lohnen nur, wenn die Programme die Zuschauer erreichen. Dazu müssen Kabelnetze ausgebaut werden und Einzelempfangsanlagen (Parabolantennen) verkauft werden. Ohne massenattraktive Programmangebote werden die Verbraucher allerdings nicht mehr Geld für Medien ausgeben. Sehen genug Leute die Programme, ist die Werbung bereit, ihre Spots zu schalten und so die Programme zu finanzieren. Auch neue technische Qualitätsstandards im Fernsehen (HDTV) sind nur durchzusetzen, wenn die Zuschauer neue Fernsehgeräte kaufen. Funktioniert aber alles nach Plan und ist den Bürgern klarzumachen, daß sie einfach mehr fernsehen müssen, um glücklich zu sein, so kommt der Boom.

Was bringt er den Verbrauchern? Die Antwort ist abhängig von politischen Bewertungen. Ohne Zweifel steigt das rein quantitative Angebot an Medien. Man kann z. B. zwischen einer Vielzahl von Fernsehkanälen hin und her schalten. Schon heute empfängt ein ans Kabel angeschlossener Haushalt in der Bundesrepublik bis zu 30 Programme (je nach Bundesland). Bei Satellitenempfang läßt sich diese Zahl mühelos in einigen Jahren verdoppeln. Mancher wird dies als paradiesische Konsumentenfreiheit loben. Die mengenmäßige Zunahme sagt aber noch nichts über die Qualität, die geboten wird. Soweit es die kommerziellen Anbieter betrifft, steigt allein das Angebot an Unterhaltung: mehr Filme, mehr Serien, mehr Spiel- und Gewinnshows. Ähnlich wie auf dem Waschmittelmarkt kann man zwischen vielen Marken wählen, bekommt aber ziemlich identische Inhalte.

Gleichzeitig geht das Angebot der öffentlichen Sender zurück bzw. gleicht sich dem der kommerziellen Massenkanäle an. Folge ist ein Verlust an kulturellen und politischen Angeboten. Die Werbebotschaft von Coca Cola, VW oder Pampers erreicht alle in gleicher Form auf mehr Kanälen. Auf der Strecke bleiben politische Information und Kultur. Denn massenwirksam ist allenfalls ein billiger Boulevard-Journalismus, der die Bürger mit bruchstückhaften und oberflächlichen Schlagzeilen und News mehr betäubt als informiert. »Für viele Zeitgenossen sind zwar die tägliche Überdosis Fernsehen und die gewohnte Tageszeitung so selbstverständlich geworden wie das Automobil, das Telefon oder der Personalcomputer. Aber in Wahrheit erfahren sie von den Massenmedien immer mehr über immer weniger. Das gewohnte Einheitsmenü, das diese ›in Millionen Hirne hämmern‹ (Alvin Toffler) – Kriege, Mord, Katastrophen, Unfälle, Korruption, Skandale, Pleiten etc. – verursacht bei vielen bereits geistiges Sodbrennen«, urteilt der Journalist *Peter Muzik* (1989, S. 182).

Steigender Medienkonsum (vor allem beim Fernsehen) und scheinbar eigene Programmgestaltung per Videorecorder sind keine Mittel der Freiheit. Solange Arbeitszeitverkürzungserfolge nur zu höherem Medienkonsum führen, haben die Gewerkschaften ihre politischen Ziele wohl kaum erreicht, selbst wenn sie materielle Interessen der Arbeitnehmer erfolgreich vertreten (vgl. *Braunschweig u. a.* 1990).

Die Informationsgesellschaft bringt – so scheint es – grenzenlose Information über die Welt des Konsums und der Werbung. Unterhaltung aus zweiter Hand – ein Leben vor dem Bildschirm. Im gleichen Zuge bedroht sie durch Machtkonzentration bei wenigen Medienanbietern und durch die Vorherrschft ihrer Unterhaltungsbotschaften das Funktionieren einer politischen Öffentlichkeit, die auf aktiver Teilnahme und (zumindest der Möglichkeit zur) Information beruht.

Die Diskussion um Medien- und Kommunikationspolitik im europäischen Binnenmarkt folgt hier einem altbekannten Muster: In Hoffnung auf wirtschaftliche Gewinne werden soziale Kosten einfach verdrängt. Die wirtschaftlichen Gewinne werden dabei regional sehr unterschiedlich ausfallen. Die stärker industrialisierten Länder der EG profitieren, zumal dann, wenn sie gleichzeitig große Heimatmärkte haben. Arbeitsplätze werden nur wenige entstehen, denn gerade im Kommunikationsbereich sind eher Rationalisierungen zu erwarten – sei es durch neue Technologien oder auch infolge einer Deregulierungspolitik. So arbeiten die privaten Fernsehanbieter z. B. mit einem Bruchteil der Beschäftigten der öffentlich-rechtlichen Anstalten.

Mettler-Meibom hat für die Medien den Begriff einer *Kommunikations-*

ökologie vorgeschlagen. Unsere informative Umwelt kann genauso »verschmutzt« werden wie unsere natürliche Umwelt. Mit Blick auf die Entwicklung der Medienmärkte in Europa ist zu befürchten, daß wir mit mehr Angeboten überschwemmt werden, die den sozialen Sinn von Kommunikation immer weiter zerstören. Die Luft wird uns dabei nicht ausgehen, aber die Folgen für die Gesellschaft sind nicht weniger gravierend. Mit der Forderung nach einem fernsehfreien Tag ist es da nicht mehr getan.

Literaturhinweise:

Betz, J., Die EG-Fernsehrichtlinie. Ein Schritt zum europäischen Fernsehen, in: Media-Perspektive 11/1989, S. 677–688.

Braunschweig, S., Kleinsteuber, H. J., Wiesner, V., Wilke, P., Radio und Fernsehen in der Bundesrepublik, Köln 1990.

Fabris, H., Trappel, J., Die Integration der Medien. Österreich vor der Herausforderung durch EG, Europarat und die Internationalisierung der Medienmärkte, Salzburg 1989.

Hilf, W., Kabel- und Satellitenfernsehen in europäischer Dimension: Rundfunk ohne Grenzen und Schranken?, in: Media-Perspektive 2/1987, S. 73–80.

Hoffmann-Riem, W., Europäisierung des Rundfunks – aber ohne Kommunikationsverfassung?, in: Rundfunk und Fernsehen 1/1988, S. 5–24.

Kommission der Europäischen Gemeinschaft, Vorschlag für einen Beschluß des Rates über hochauflösendes Fernsehen, Brüssel, November 1988.

Lange, A., Renand, J. L., The Future of the European Audiovisual Industry, Manchester 1989.

Luyken, G.-M., Direktempfangbare Satelliten in Europa, in: Media-Perspektiven 10/1987, S. 615–629.

Mettler-Meibom, B., Postpolitik am Scheideweg?, in: Media-Perspektiven 7/1988, S. 409–420.

Müller-Römer, F., Die Entwicklung der Satellitentechnik. Konsequenzen für den Rundfunk, in: Media-Perspektiven 7/1989, S. 410–418.

Muzik, P., Die Medienmultis, Wien 1989.

Peasey, J., Der Markt für Fernsehprogramme in Westeuropa 1988–1998, in: Media-Perspektiven 8/1989, S. 481–489.

Rat der Europäischen Gemeinschaften, Richtlinien zur Koordinierung bestimmter Rechts- und Verwaltungsvorschriften der Mitgliedstaaten über die Ausübung der Fernsehtätigkeit vom 3. 10. 1989, in: Amtsblatt der EG Nr. L 298/23, 32. Jg. 17. 10. 1989, S. 23–30.

Stock, M., Europäisches Medienrecht im Werden – Probleme und Chancen, in: Rundfunk und Fernsehen 1/2 – 1989, S. 180–202.

Woldt, R., Mythos Kabel. Zwischenbilanz eines neuen Mediums, in: Media-Perspektiven 10/1989, S. 589–605.

Zielinski, S., Hivision, HDTV, Advanced Television . . . Ein Orientierungsversuch in der Debatte um die Erweiterung televisueller Repräsentationstechnik, in: Media-Perspektiven 7/1989, S. 389–399.

Europäisierung der Finanzindustrie

Claudia Dziobek

Einleitung

In der Finanzwelt stieß die Verabschiedung der Einheitlichen Europäischen Akte (EEA) auf erhebliche Resonanz. Finanzinstitute begannen zielstrebig mit der Entwicklung von Strategien, um ihre Präsenz in dem neuen integrierten europäischen Finanzmarkt zu sichern. Entsprechende Reorganisationsvorhaben liefen fast zeitgleich mit der parlamentarischen Umsetzung der im Weißbuch der EG-Kommission vorgesehenen rechtlichen Reformen ab. Die Banken strebten Zusammenschlüsse oder Intensivierung der Zusammenarbeit mit »befreundeten« Partnerbanken an. Eine EG-weite Arbeitsteilung und entsprechende Standortverlagerungen oder Neugründungen blieben dabei die Ausnahme und auf bestimmte Bereiche beschränkt. Auch die europäischen Börsenplätze sind in den Sog der Binnenmarktbewegung geraten. Bundesdeutsche Banken arbeiten intensiv am Ausbau des »Finanzplatzes Frankfurt« nicht zuletzt mit der Absicht, London als Banken- und Börsenzentrum Europas den Rang abzulaufen. Im Versicherungsbereich gibt es bisher wenige grenzüberschreitende Zusammenschlüsse. Ein Europäisierungsprozeß vollzieht sich hier eher indirekt, über den Weg der Kooperationen zwischen Versicherungen und Banken im Rahmen von Allfinanzkonzepten (vgl. Übersicht 1).

Die wichtigsten gesetzlichen Grundlagen für die »Schaffung eines einheitlichen europäischen Finanzraumes« sind bereits geschaffen worden (*Rehm* 1989). Mit dem frühzeitig gefaßten Beschluß der EG-Mitglieder, Kapitalkontrollen innerhalb der Gemeinschaft schon vor 1992 abzuschaffen, wurde dem Vorhaben eines integrierten Finanzplatzes besonderer Nachdruck verliehen. Es gab zwischen allen beteiligten Regierungen (und den Bankern) ein hohes Maß an Übereinstimmung darüber, daß die Europäisierung des Geldes ein Kernstück des Binnenmarktprojektes sein müßte. Man betrachtete die Vereinfachungen für grenzüberschreitende Zahlungen und Investitionen als wirksamstes Mittel, um den Einigungsprozeß voranzutreiben und auch in politisch heikleren Fragen zu beschleunigen. Ein eindrucksvoller Beleg für die Hebelwirkung des freien Kapitalverkehrs war die Einführung und Abschaffung der Quellensteuer in der BRD innerhalb nur weniger Monate. Der quasi ris kolose Kapitalexport in benachbarte, D-Mark-freundliche Steueroasen schaffte Fakten, vor denen die nationale Steuerpolitik kapitulieren mußte.

Der Finanzdienstleistungsmarkt[1] hat sich in den vergangenen Jahrzehnten zu einem immer wichtigeren Sektor der gesamten Wirtschaft entwickelt. In der Bundesrepublik stieg sein Anteil an der Bruttowertschöpfung von 1,8 % im Jahr 1950 auf 4 % in 1988 (Deutsche Bundesbank, Monatsbericht April 1989). Die Studie der EG-Kommission schätzt die Beschäftigtenzahl des Finanzsektors in der Gemeinschaft auf 3,1 Mio. Erwerbstätige. Dies entspricht einem Anteil an der gesamten Beschäftigung von 2,5 % in Italien, von 3,7 % in der BRD, 3,4 % in Frankreich und von 7,7 % in Luxemburg. (Vgl. EC-Commission 1988) Inzwischen ist dieser Wirtschaftszweig zu den Schlüsselindustrien aufgestiegen und von der Beschäftigtenzahl her vergleichbar mit der Elektro- oder Automobilindustrie. Im Gegensatz zu den Altindustrien jedoch wird der Finanzdienstleistungsbereich in Zukunft noch an Bedeutung gewinnen.

Nachfolgend sollen die Europäisierungsstrategien des Finanzsektors dargestellt und bewertet werden. Der erste Abschnitt konzentriert sich auf strukturelle Veränderungen und untersucht, inwiefern die von der Kommission vorausgesagten Wettbewerbs- und Effizienzsteigerungen eintreten werden. Darauf aufbauend wird im zweiten Abschnitt die Frage gestellt, in welcher Weise die Arbeitnehmerinteressen im Rahmen der europäischen Finanzmarktintegration berührt werden. Die besondere Bedeutung der Banken für die gesamte Wirtschaft legt es nahe, Arbeitnehmerinteressen über die betrieblichen Bereiche hinausgehend zu analysieren. In einem eigenen Abschnitt werden deshalb auch die Bank- und Börsenaufsichtssysteme im Hinblick auf Sicherheit und Stabilität der Finanzmärkte und die Auswirkungen der EG-Finanzintegration auf die gesamtwirtschaftliche Entwicklung diskutiert. Abschließend werden Schlußfolgerungen gezogen und der Versuch unternommen,

---

1 Finanzdienstleistungen schließen Kreditinstitute, Investmentbanken, sonstige Wertpapierhäuser und Versicherungen ein. Der Begriff des Finanzinstituts hingegen schließt Versicherungen nicht ein.

die Schnittstellen zwischen Arbeitnehmerinteressen und Finanzmarktentwicklungen in der EG auf institutionelle Handlungsebenen zu übersetzen.

1. Strukturwandel in der EG-Finanzindustrie

Die Darstellung der europäischen Finanzintegration muß Bezug auf die allgemeine Dynamik nehmen, in der sich die Finanzindustrie bewegt. Hier sind vor allem die Globalisierung und die Entwicklung neuer »innovativer« Instrumente mit dem Trend zum »Allfinanz-Supermarkt« zu nennen. Beides sind die Motoren, die seit Auflösung des strikt regulierten Nachkriegsfinanzsystems von Bretton Woods die Bankenlandschaft prägen. Der Aufbau neuer internationaler Finanzzentren seit den 70er Jahren und die damit einhergehende Lockerung nationaler Aufsichtsvorschriften führten die weltweit agierenden Kreditinstitute enger zusammen. Das explodierende Interbankgeschäft und die Kooperation der Banken in Form von Großkonsortien für Länder der dritten Welt sind Belege dafür.

Die Globalisierung, das heißt die internationale Orientierung der Geschäftspolitik verläuft unterschiedlich je nach Größe und Aufgabenstellung der Banken. Die Deutsche Bank realisiert nach eigenen Angaben bereits 40 % ihres Geschäftsvolumens im Ausland, davon den weitaus größten Teil innerhalb Europas (Deutsche Bank, Geschäftsbericht 1988). Für die bundesdeutschen Kreditinstitute insgesamt liegt der Anteil bei 13 % des Geschäftsvolumens (Bundesbank, Monatsberichte, April 1989). Diese ungleiche Entwicklung, die nicht nur ein vorübergehendes Phänomen ist, muß bei der Beurteilung von Handlungsspielräumen berücksichtigt werden. Am besten läßt sich der Finanzbereich als gespaltener Markt charakterisieren, in dem ein hauptsächlich binnenwirtschaftlich ausgerichteter Bereich von dem internationalen Geschäft abgetrennt ist. Die Banken operieren je nach Betriebsgröße und Ausrichtung der Geschäftspolitik in dem einen oder in beiden Geschäftsbereichen. Die Grenzen zwischen diesen Sektoren sind jedoch relativ klar abgesteckt. Das internationale Geschäft bezieht sich auf Großtransaktionen, während der nationale Bereich mittlere und kleine Transaktionen betrifft. Diese Tatsache erklärt zum Beispiel, warum nicht nur Großbanken im internationalen Geschäft erfolgreich sind. Umgekehrt relativiert diese Erkenntnis das von Banken häufig zitierte Argument des Zwangs zur Steigerung der Unternehmensgröße.

Übersicht 1

Allfinanz-Verbindungen

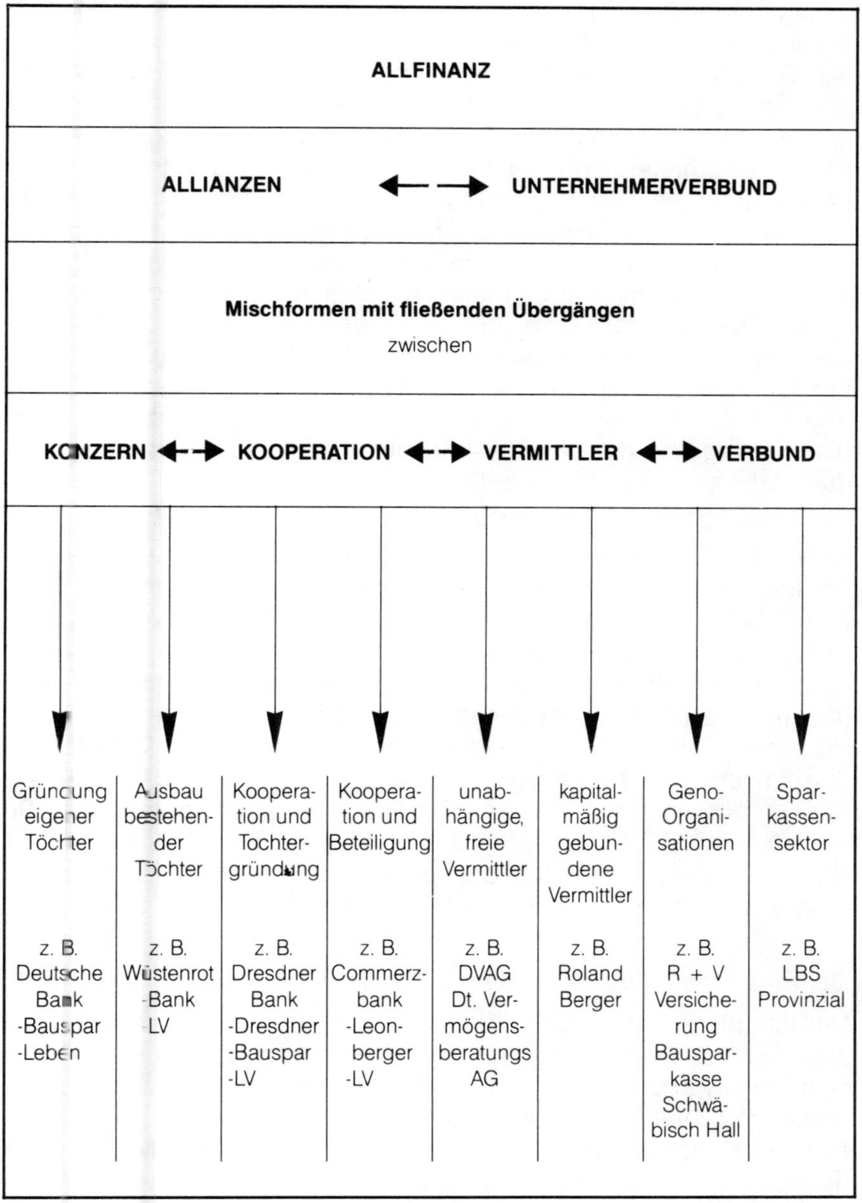

Quelle: Handelsblatt, 13. 3. 1990

Ein zweiter Trend ist das Allfinanzkonzept und die Entwicklung neuer Finanzinstrumente. »Allfinanz« beinhaltet neben dem traditionellen Einlage-, Kredit- und Börsengeschäft auch den Immobiliensektor, Versicherungen, »Factoring und Leasing«, Unternehmensberatung sowie die Beratung und Abwicklung von Unternehmensübernahmen (Merger and Acquisition). Banken werden zunehmend zu Informationszentren und Informationsvermittlern. Die Universalbanken haben dabei aufgrund der jahrelangen Kreditbeziehungen und Emissionstätigkeit genaue Kenntnisse über Unternehmensinterna und verfügen über erhebliche Wissensvorsprünge gegenüber kommerziellen Informationsbrokern und Unternehmensberatern. Umgekehrt gibt es keine vergleichbaren Informationszentralen über den Bankensektor und die Interna seiner Geschäftspolitik, so daß sich hier eine erhebliche Schieflage zugunsten der Banken herausbildet (vgl. *Gottschalk* 1988). Die Auswirkungen dieses Ungleichgewichts auf das Verhältnis zwischen Finanz und Wirtschaft ist ein Thema, was uns unter 2. noch beschäftigt. Vor dem Hintergrund der oben beschriebenen Marktspaltung – das heißt des Fortbestehens nationaler Grenzen für die Mehrheit der Unternehmen – liegt die Vermutung steigender Finanzmacht jedoch nah.

Neben der Erweiterung der Produktpalette auf »Allfinanz« kommt im traditionellen Bankgeschäft eine wachsende Zahl von Techniken und Finanzinstrumenten zum Einsatz. Termingeschäfte (Optionen, Futures), Tauschgeschäfte (Zins-Währungsswaps), sowie generell die Indexierung von Zinsen (variable Zinskontrakte) und der Handel mit Papieren »zweiter Wahl« (sogenannte junk bonds) sind die wichtigsten Bereiche der Innovation. Provisionsgeschäfte werden im Vergleich zu den Zinserträgen zunehmend wichtigere Einkommensquellen für die Banken. Hier stellt sich einerseits die Frage, ob Finanzinnovationen Risiken tatsächlich mindern oder vielleicht nur verschieben. Andererseits sind die möglichen Substitutions- oder Verdrängungseffekte zwischen Finanz- und Realinvestitionen von Bedeutung.

Der aufsichtsrechtliche Rahmen der neuen EG-Finanzordnung

Der integrierte europäische Finanzraum sieht für die Finanzindustrie erhebliche Erweiterungen ihrer Betätigungsfelder vor. So ist zum Beispiel zu erwarten, daß durch Erleichterungen bei dem Erwerb von grenzüberschreitenden Wertpapieren ein EG-Geldmarkt für sehr kurzfristige Anlagen entstehen wird, der sich in den einzelnen Mitgliedsländern aufgrund der relativ kleinen Marktgröße (oder wegen Restriktionen) bisher nicht oder nur teilweise herausbilden konnte. Das gesamte

Börsengeschäft wird an Bedeutung zunehmen, weil viele der bisher nur regional gehandelten Papiere in Zukunft EG-weit angeboten werden. Dieser Integrationsprozeß, der durch die Banken und Wertpapierhäuser als Anbieter von Euro-Wertpapierfonds organisiert wird, läuft bereits auf vollen Touren, was ein Blick auf die Rubriken der »Publikumsfonds« in den Wirtschaftszeitungen beweist.

Nicht nur die »returns to scale«, also die Kostenvorteile, die aus der bloßen Erweiterung des Marktes entstehen, auch die Reduzierung von Aufsichtsvorschriften wirken als Beschleuniger. Die Liberalisierung des Kapitalverkehrs einschließlich der Abschaffung von Devisenkontrollen vor 1992 wurde schon erwähnt. Zu diesem Bereich zählt auch die Freigabe bzw. Vereinfachung des grenzüberschreitenden Immobilienerwerbs für private (Ferienhäuser) und kommerzielle Zwecke.[2] Mit der Niederlassungsfreiheit ohne besondere Prüfung für alle in der EG zugelassenen Finanzinstitute und der Einigung auf das Prinzip des »Wettbewerbs der Aufsichtsnormen« ist ein weiterer Grundstein für die faktische *Deregulierung* gelegt worden. Dieser Wettbewerb der Aufsichtsnormen ist so gefaßt, daß bestimmte Vorschriften EG-weit »harmonisiert« worden sind. Dazu zählen Mindeststandards für die Zulassung von Finanzinstituten, für die Ausstattung mit Eigenkapital, für Liquiditätsnormen und Insolvenzabwicklungen. Vor diesem Hintergrund verbleiben die Aufsichtskompetenzen, also die Abwicklung und Überwachung bei den nationalen Behörden. Diese sind nur für jene Banken zuständig, die den Hauptsitz im jeweiligen nationalen Einzugsbereich haben. Aufsichtsnormen konkurrieren dann insofern, als z. B. das Bundesaufsichtsamt zwar seine Regulierungsvorstellungen für deutsche Banken (und deren Niederlassungen in der EG) durchsetzt, gleichzeitig aber abweichende Verhaltensnormen von EG-Bankfilialen im Bundesgebiet toleriert. Entsprechende Richtlinien, für die »gegenseitige Anerkennung« von Aufsichtsnormen regeln die nicht-harmonisierten Finanzbereiche. Es ist leicht vorzustellen, daß die Finanzinstitute durch entsprechende Vereinbarungen untereinander unliebsame nationale Regelungen umgehen und so das Niveau der Aufsichtstätigkeit weiter reduzieren können.

Mangels Konsensfähigkeit wurde auf wesentliche, von der Kommission vorgesehene Regelungen verzichtet, obgleich sie nach den herkömmli-

2 Dänemark hat bei dem Erwerb von Ferienwohnungen durch Nicht-Dänen eine abweichende Regelung durchsetzen können.

chen ökonomischen Prinzipien eine Voraussetzung für die Stabilität und Sicherheit jeder Finanzordnung sind. Dazu gehören einheitliche Regelungen für die Versicherung von Bankeinlagen, das Verbot des (nichtveröffentlichten) Insiderhandels sowie die Einigung über die Anwendung von Wettbewerbspolitik und einer wirksamen Fusionskontrolle für Finanzinstitute. Im Börsenbereich gibt es praktisch keine gemeinsamen Mindestnormen für die Aufsicht über Bewertung, Zulassung oder Handel von Wertpapieren. Insgesamt ist vorauszusehen, daß in Westeuropa der weltweit unregulierteste Finanzmarkt der Welt entsteht. (Für einen Vergleich der Aufsichtssysteme USA und EG siehe: Banken – Fürstenhäuser unserer Zeit 1987). Dadurch, daß im Bundestag die Bausteine der neuen europäischen Finanzordnung einzeln und nicht als Gesamtkonzept beraten wurden, die Parlamentarier sich also erst im nachhinein ein Bild des gesamten Gebäudes machen konnten, entsteht ein System mit großen Regulierungslücken und Freiräumen. Die Bewährungsprobe wird sich als »Versuch und Irrtums«-Prozeß abspielen, wobei noch ungeklärt ist, welches Ausmaß diese »Irrtümer« annehmen und auf welche Instanzen die entstehenden Kosten abgewälzt werden können.

Europa-Strategien bundesdeutscher Banken und Versicherungen

Oberflächlich betrachtet ist das oben beschriebene Maßnahmebündel darauf angelegt, den *Wettbewerb* von der nationalen Ebene auf die EG-Ebene zu *verlagern* und dadurch zu beleben. Im Großkundengeschäft ist diese Verlagerung ohnehin größtenteils vollzogen und ein übernationaler Markt etabliert. Multinational agierende Banken und Unternehmen suchen für größere Finanztransaktionen weltweit nach den günstigsten Konditionen. Die EG-Integration wird hier lediglich Auswirkungen auf die Konkurrenz zwischen den internationalen Zentren haben. Die Deregulierungswirkung könnte zunächst die Attraktivität der europäischen Finanzplätze erhöhen und Gelder aus anderen Zentren abziehen. Das gesamte Finanzgeschäft unterhalb dieser Ebene konzentriert sich bisher auf den nationalen Markt. Dies soll sich in der neuen europäischen Finanzordnung grundlegend ändern, so daß die Unternehmen und Verbraucher ihren Finanzservice in Zukunft EG-weit auswählen können.

Obgleich die Banken diese Wettbewerbsideologie mit allen Konsequenzen offensiv vertreten, sprechen ihre Handlungen eine andere Sprache. Die zu beobachtenden Wirtschaftstrategien sind vorrangig darauf ausgerichtet, jede Verschärfung der Konkurrenz auf der nationalen Ebene abzuwenden. Die oben angedeutete Strategie des gespaltenen Marktes ist hilfreich für die Beschreibung des Bankenverhaltens. Die Marktsegmentierung wird genutzt, um bestimmte angestammte Bereiche nach außen hin abzuschotten. Diese Konsolidierung nach innen und offensives Erschließen neuer Märkte nach außen charakterisiert das Vorgehen der Banken.

Vier Strategien sind im Hinblick auf den Europäisierungsprozeß zu unterscheiden.

(1) Fusionen mit europäischen Banken und Wertpapierhäusern,

(2) Kooperationsvereinbarungen,

(3) Verstärkung der Allfinanzzusammenschlüsse innerhalb der Bundesrepublik,

(4) Umstrukturierung der nationalen Verbund- und Organisationsstruktur im Genossenschafts- und öffentlichen Banksektor.

In einigen Fällen kommt es auch zu Neugründungen, zum Beispiel bei Kapitalanlagegesellschaften als Joint Venture von zwei europäischen Kooperationspartnern. Grenzüberschreitende Zusammenschlüsse zwischen Versicherungen sind eher die Ausnahme, ein Tatbestand, der auf die vergleichsweise komplizierten (aufsichts-)rechtlichen Unterschiede und die Heterogenität der Gerichtsbarkeiten zurückgeführt wird.

Die folgende *Übersicht 2* verdeutlicht, in welchem Umfang Restrukturierungen bereits in die Realität umgesetzt worden sind. Konsequente Fusionspolitik betreibt die *Deutsche Bank*, die auf Grund ihrer hohen Finanzpolster auch dazu in der Lage ist, Schritt für Schritt ein europäisches Finanzimperium zu erwerben. *Dresdner Bank* und *Commerzbank* vertrauen stärker auf Kooperationsvereinbarungen mit Partnerbanken. Dabei handelt es sich fast ausschließlich um solche, mit denen bereits seit längerem eine Zusammenarbeit besteht. Diese Kooperationsvereinbarungen beziehen sich auf arbeitsteilige Kundenbetreuung und auf Zusammenarbeit in bestimmten Bereichen, etwa im Wertpapiergeschäft und bei grenzüberschreitenden Zahlungstransaktionen. Des weiteren gibt es Übereinkünfte über Personalaustausch und Zusammenarbeit im Organisationsbereich.

Übersicht 2 verdeutlicht auch den Trend zur *Allfinanz* durch Zusammenschlüsse mit *Versicherungen*, im *Immobilien- und Bauspargeschäft* und im Bereich des *Wertpapiergeschäfts*. Die *Bayerische Hypotheken- und Wechselbank* steigt durch die Beteiligung an der britischen Firma

Ellis in das internationale Immobiliengewerbe ein; andere Großbanken haben eigene Bausparkassen und Immobilienfirmen gegründet. Fast alle Banken sind bemüht, ihre Präsenz im Börsengeschäft auszubauen und zu festigen. Dies war zum Beispiel die vorrangige Motivation bei der Übernahme der *Midland Bank* durch die *Deutsche Bank*.

Sparkassen, Landesbanken und Genossenschaftsbanken nutzen die Aufbruchstimmung, um Reformen der Betriebs- und Verbundstrukturen vorzunehmen, die teilweise seit langem in den Schubladen auf den Moment der Mehrheitsfähigkeit warten. Im Gegensatz zu den Großbanken verfügen beide Bankengruppen bislang nicht über Unternehmenszentralen, die langfristig planen und bestimmte Außenkontakte wahrnehmen können. Diese dezentrale Arbeitsweise hat sich zwar in vielen Bereichen als nützlich erwiesen. Sie ist jedoch für eine effiziente Abwicklung internationaler Großtransaktionen wenig hilfreich. Der Aufbau und die Entwicklung eigener internationaler Zentralen für jede einzelne Landesbank und Sparkasse sowie die Auslandspräsenz in allen wichtigen Finanzplätzen ist zu kostenaufwendig und unrentabel.

Der Verband der *Sparkassen* und *Landesbanken* hat deshalb die Initiative ergriffen und Vorschläge für eine geeignete Verbundstruktur ausarbeiten lassen (DSGV 1989). Während sich für die Errichtung eines einzigen Spitzeninstituts keine Mehrheit finden ließ, laufen jetzt verschiedene Bemühungen, um Konsolidierungen etwa durch den Zusammenschluß von Sparkassen und Landesbanken herbeizuführen. Verringerung der Anzahl der Landesbanken und Vergrößerung der Mindestgröße von eigenständigen Sparkassen – bei gleichzeitiger Wahrung des Prinzips flächendeckender Versorgung – ist das Ziel. Eine globale Konzentration soll durch Aufrechterhaltung des Regionalprinzips in den wichtigsten Bereichen vermieden werden. Es ist aber nicht auszuschließen, daß durch das Zusammenziehen bestimmter Dienstleistungen eine Marktkonzentration stattfindet.

Im *genossenschaftlichen* Bankensektor gibt es Bestrebungen, die Dreistufigkeit (Volks- und Raiffeisenbanken, Zentralkassen und DG-Bank) in eine Zweistufigkeit zu überführen, indem die mittlere Ebene der Zentralkassen in das Spitzeninstitut Deutsche Genossenschaftsbank integriert werden soll. Auch dieses Vorhaben ist nur teilweise umgesetzt worden, indem zwei Zentralkassen mit der DG-Bank verschmolzen sind. Die Millionenverluste im Wertpapierhandel zwischen DG-Bank und französischen Banken werden der weiteren Realisierung dieses Plans nicht gerade förderlich sein.

Auf EG-Ebene haben die Sparkassenverbände begonnen, Kontakte mit Sparkassenorganisationen der Mitgliedsländer zu knüpfen. Der *Rheinische Sparkassen- und Giroverband Düsseldorf* hat zum Beispiel ein Rahmenabkommen über eine engere Zusammenarbeit mit dem Zentralverband der französischen Sparkassen (Concep) unterzeichnet. Es sieht unter anderem eine spätere gegenseitige Vertretung der beiden Verbände, die Aufstellung einer Bündnisstrategie für das Mengengeschäft von Produkten und Finanzdienstleistungen zugunsten der Mitgliedsinstitute, Prüfung von Joint Ventures und Vereinfachung im Auslandszahlungsverkehr sowie Kooperationen in den Personal- und Öffentlichkeitsbereichen vor (vgl. Die Bank 3/1989). Außerdem gibt es eine Vereinbarung mit der Sparkasse Alicante, die in der Provinz Alicante einen Marktanteil von 40 % besitzt. Dabei steht die Vereinfachung von Immobilienerwerb im Mittelpunkt (vgl. Die Bank 12/1989).

Die Frage, inwieweit diese Umstrukturierungen wettbewerbsfördernd oder -hemmend sind, wird kontrovers diskutiert. Finanzinstitute behaupten, sie seien einem zunehmend härteren Markt ausgesetzt und verweisen auf die sinkenden Margen bei Provisionen und sinkende Zinsüberschüsse. Fusionen und Kooperationen werden aus dieser Sicht als reine Defensivstrategien dargestellt. Dieser Darstellung ist die im EG-Vergleich reichliche Ausstattung mit liquiden Mitteln, gerade bei den deutschen Banken, entgegenzuhalten. Erhebliche Reserven und Überschüsse sorgten für eine überaus günstige Ausgangsbasis bei der Realisierung von Europastrategien. Diese Überschüsse als Resultat eines sich verschärfenden Wettbewerbs zu bezeichnen, ist auch angesichts der steigenden Bankgewinne des vergangenen Jahrzehnts (und die entsprechenden Einkommenserhöhungen der Topmanager) wenig überzeugend. Es ist außerdem kaum ein Zufall, daß gerade in dieser Zeit die Diskussion über die »Macht der Banken« und der Mangel an Wettbewerb im Konsumentengeschäft von der sonst als bankenfreundlich bekannten Bundesregierung thematisiert wird. (Vgl. die Öffentliche Anhörung im Wirtschaftsausschuß des Bundestages im Mai 1990. Anträge der SPD und der GRÜNEN Bundestagsfraktionen sowie verschiedene Absichtserklärungen der FDP.)

Die oben beschriebenen Kooperationsvereinbarungen werden größtenteils gezielt eingesetzt, um der Niederlassungsfreiheit im Massengeschäft – die den Wettbewerb beleben soll – zu begegnen. Zwar steigt die Zahl der Auslandsbanken in Frankfurt seit einigen Jahren an. Diese Banken konzentrieren sich mit wenigen Ausnahmen auf das Großkundengeschäft und haben keinerlei Ambitionen, im Mittel-

Übersicht 2

Allfinanz und EG-Binnenmarkt – Strategien der bundesdeutschen Großbanken seit 1986

Bank	Bau und Immobilien	Versicherung	Unternehmensberatung	Sonstige Finanzinstitute (BRD)	EG[1])-Banken	EG[1])-Wertpapiergeschäft
Deutsche Bank	Deutsche Bauspar AG (N) Europäische Hyp. Lux. (N)		75,1 % Roland Berger	80 % Grunelius & Co, Frankfurt (A)	Banco d'America e d'Italia (Ü) 63,15 % Banco Commercial Transatlantico (Barcelona) H. Albert de Bary (Amsterdam) (Ü) Antoni, Hacker & Co (Wien)	MDM (Lissabon) (Ü) Morgen Grenfell (London) (Ü) Zürich Investmentges. mbH (N) DB (Belgien) Finance S.A. (N) DB de Investimento S.A. Portugal (N geplant)
Dresdner Bank	90 % Deutsche Hypothenkenbank Frankfurt/Main und Bremen 90 % Pfälzische Hypothekenbank AG Ludwigshafen 100 % Dr. Lübke Immobilien, Stuttgart 90 % Norddeutsche Hypo- und Wechselbank Dresdner Bauspar AG (N)	Allianz Versicherung (K) in 5 Bundesländern Hamburg-Mannheimer-Versicherung (K) Hamburg, Bremen, München, Berlin Deutscher Herold (Bielefeld, Nürnberg) Victoria (Niedersachsen)	Dresdner Management Consult (N)	UBG für die deutsche Wirtschaft (N) 71,39 % Oldenburger Landesbank	Banque Veuve Morin-Pons (Lyon) Banque National de Paris (K) 30 % BNP-AK-Bankasi A.S. (Istanbul) Yorkshire Bank (K geplant) United Overseas (Schweiz-Joint Venture mit BNP) Europa Bank AG Lux (N)	Dresdner International Finance PLC. (Dublin) (N) Dresdner Asset Management (Dublin) (N) Brokerhaus Chalet Dupont 100 % Banque Intern. de Placement 74 % Thornton & Co. (London)
Commerzbank	40 % Leonberger Bausparkasse AG, Mainz 25 % Immobiliengruppe Müller International Düsseldorf	DBV Partner (K)			10 % Banco-Hispano Americano S.A. Madrid (Überkreuzungsverflechtung) Banco di Roma (geplant?)	3 % Jean Cholet Gilles Dupont (Paris) 37,5 % ADIG Investment Lux

Bank	Bau und Immobilien	Versicherung	Unternehmensberatung	Sonstige Finanzinstitute (BRD)	EG[1])-Banken	EG[1])-Wertpapiergeschäft
Westdeutsche Landesbank Girozentrale					Standard Chartered Bank (K) West LB Europe AG (N)	50 % Chartered West LB Ltd. (N) West LB Schweiz AG (= 74,66 % an der umbenannten Bank für Außenhandel, Zürich)
Bayerische Vereinsbank	BV Immobilien Gesellschaft (N)	Victoria Versicherung (K in 7 Bundesländern) Deutscher Herold (K)			51 % Bank Intern. de Credit et de Gestion (Monaco) Arca Nordest (Italien) (K) Credit du Nord (Frankreich) (K) 11 % Central European Int'l Bank	KAG (N) 20 % Euro Synergies Lux (N) 37,5 % ADIG Inv. Lux
Bayerische Hypotheken- und Wechselbank	75 % Heimstätt Bauspar AG (A)		Hypo Mergers & Acquisition (N)	100 % Bankhaus Maffei	15 % Banco di Trento e Bolzano Trient	HCM Hypo Capital Management, Lux (N) 50 % Foreign & Colonial Management Ltd. Hypo Property Finance Irland (N) 25 % Richard Ellis Fin. Services (London) Joint Venture Baufinanzierung mit Banco Popular Espanol
DG-Bank				Regionale Zentralbanken Niedersachsen, Kurhessen (Ü)		DG Finance, Paris (N)

Quelle: Die Bank, 1986–1989; eigene Auswertungen 1) EG, Österreich, Schweiz *Zeichen:* (A) Aufstockung; (K) Kooperation; (N) Neugründung; (Ü) Übernahme

stands- und Kleinanlegergeschäft Fuß zu fassen. Die Zusammenarbeit europäischer Banken stellt sich eher so dar, daß die Finanzinstitute durch arbeitsteilige Bedienung ihrer Kunden den angestammten »heimatlichen« Kundenkreis gegenseitig respektieren. Aus diesem Tatbestand läßt sich schließen, daß die neu entstehende europäische Finanzordnung für kleinere und mittlere Unternehmen keine Verbesserungen bringen wird. Währenddessen kommen Großanleger und -konzerne in den Genuß der Vorteile eines größeren und effizienteren internationalen Marktes. Auf die dadurch entstehende Ungleichverteilung der Investitionsentwicklungen kommen wir im nächsten Abschnitt zurück.

2. Schnittstellen zwischen Finanzmarktentwicklungen und den Interessen der Arbeitnehmer

Mit einem Beschäftigtenanteil von rund 3,7 %, das sind knapp eine Mio. Beschäftigte, ist die Finanzindustrie ein bedeutender Arbeitsmarkt. Von 1960 bis 1970 lag das Wachstum bei durchschnittlich 12 % pro Jahr, von 1970 bis 1980 bei 11 %. Eine Umfrage des Ifo-Instituts in München ergab, daß die Wachstumsraten für den Zeitraum von 1987 bis 1991 auf 5,4 % beziffert werden. Ein Rückgang der Expansionsmöglichkeiten bedeutet aber immer noch eine relative Ausweitung des Finanzsektors innerhalb der gesamten Wirtschaft, denn die Zuwachsraten bewegen sich über dem Durchschnitt anderer Bereiche (vgl. Beschäftigung im Kreditgewerbe 1988). Innerhalb der EG konzentrieren sich rund 70 % der in der Finanzindustrie Beschäftigten allein auf die drei Länder Großbritannien, Frankreich und Bundesrepublik Deutschland (vgl. EG-Kommission Studie, 1988).

Der Finanzsektor ist auch über seine Funktion als Arbeitgeber hinaus von zunehmender Relevanz für die gesamte Wirtschaft und damit auch die Arbeitnehmer. Der Bankensektor wickelt die gesamten Lohn- und Gehaltszahlungen ab und verdient daran, daß die liquiden Mittel zwischenzeitlich auf Geldmärkten angelegt werden. Gemeinschaftlich angesparte Vermögen werden von Banken, Bausparkassen, Versicherungen, Pensionsfonds und anderen Finanzinstituten verwaltet und auf den Kapitalmärkten angelegt. Erträge aus diesen Vermögen sind wiederum Einkommensströme der Arbeitnehmer und Rentner. Die Beeinträchtigung der Wirksamkeit wirtschaftspolitischer Maßnahmen durch die Geschäftspolitik der internationalen Banken wurde bereits im Zusammenhang mit der Quellensteuer erwähnt. Die Expansion der Finanzinnovationen stellt auch die Frage, ob die Attraktivität der Finanzinvestitionen zu Lasten der traditionellen Kreditvergabe und damit der Realinvestitionen geht.

Es liegt auf der Hand, daß eine konzernweite Arbeitnehmervertretung ihr Interessenspektrum weltweit definiert. Die (außen)politischen Wirkungen der Geschäftspolitik der Banken, die hier nicht ausführlich behandelt werden können, zählen ebenfalls zum Interessenbereich der Arbeitnehmer im weiteren Sinne. Die Rolle der Banken in der Verschuldungskrise der dritten Welt und Osteuropa, ihre Bedeutung bei der Aufrechterhaltung des Apartheidregimes in Südafrika sind Beispiele, bei denen sowohl ethisch-politische Motivationen als auch direkt nachweisbare ökonomische Wechselbeziehungen (Standortverlagerungen) berührt sind. Im Drogengeschäft sind die Banken als »Geldwäscher« zumindest Mittäter. Bei Kapitalfluchtgeldern aus bestimmten Ländern spielen die Banken eine Schlüsselrolle.[3] Genauso sind die von den Banken maßgeblich beeinflußten strukturpolitischen Weichenstellungen unter gesamtwirtschaftlichen und Demokratiegesichtspunkten relevant (vgl. Gottschalk 1989).

Finanzinstitutionen als Arbeitgeber

Der Trend zur Globalisierung führt dazu, daß der Anteil der im Ausland beschäftigten Personen zunimmt. Bei der Deutschen Bank ist dieser Anteil von 6,3 % (1983) auf 14,1 % (1988) gestiegen. Interessant ist, daß der im Ausland produzierte Anteil am Geschäftsvolumen bei 40 % liegt. Diese Zahl bestätigt, daß international hauptsächlich große Summen bewegt werden, während sich im Inland die arbeitsintensiven Tätigkeiten konzentrieren.

In der Finanzindustrie insgesamt sind die erwarteten Zuwachsraten für die Beschäftigung rückläufig. Nach der Ifo-Umfrage wird das Beschäftigungswachstum für den Zeitraum von 1987 bis 1991 bei 1,5 % liegen, gegenüber 2,2 % zwischen 1982 und 1986 (Ifo, 1988). Dabei ist eine Expansion des Wertpapiergeschäfts insgesamt und ein Wachstumsschub für das Ballungszentrum Frankfurt vorauszusehen.

---

3 Interessant in diesem Zusammenhang ist die »Antikapitalfluchtvereinbarung« zwischen Zentralbanken der BRD und der DDR. Laut Meldungen in der Presse verweigerte die Bundesbank den Verkauf von Bundespapieren an DDR-Bürger, wenn nicht eine entsprechende Erwerbsgenehmigung vorlag.

Verläßliche Aussagen über die Qualität und Stabilität dieser Arbeitsplätze sind damit noch nicht gemacht. Gerade in dem schnell expandierenden Wertpapiergeschäft (und den Finanzinnovationen) dürfte bei den Anlageberatern ein erhebliches Gefälle zwischen Anspruch und Wirklichkeit des Berufsprofils bestehen. Theoretisch setzt die Arbeit eines Wertpapierberaters das Beurteilungsvermögen über Preise, Wechselkurse, über die Trends der verschiedensten Industriebranchen, Unternehmen und Länder, und damit eine vergleichsweise hohe Qualifikation voraus. Faktisch gibt es eine klare Aufgabenteilung zwischen Analysen einerseits und Telefonverkäufen andererseits. Letztere sind zwar gut bezahlt und arbeiten mit dem Selbstverständnis eines höheren Angestellten. Sie sitzen aber möglicherweise auf einem Pulverfaß, und ihre Qualifikation kann über Nacht vollkommen wertlos werden. Unter etwas geänderten Rahmenbedingungen ist das Berufsbild der meisten Wertpapierberater vergleichbar mit dem der Kassiererin im Supermarkt, bei der es mehr auf das gute Gedächtnis für Preise als auf die Beurteilung der dahinter stehenden Werte ankommt. Der Crash vom Oktober 1987 bietet in dieser Hinsicht für große Finanzplätze wie London und New York Vergleichswerte. An beiden Märkten wurden mehrere zehntausend Arbeitsplätze sofort und weitere Tausende in den folgenden Monaten gestrichen, als größere Investmentbanken den Schaden zu spüren bekamen oder sogar in Konkurs gingen.

Arbeitnehmer als Kunden des Finanzdienstleistungssektors

Seit Einführung der bargeldlosen Gehaltsauszahlung läuft die Abwicklung von Lohn- und Gehaltszahlungen über die Kreditinstitute. Durch diese Regelung werden alle Lohn- und Gehaltsempfänger automatisch zu Bankkunden. Das Vermögensbildungsgesetz sorgte für zusätzliche Aufträge für Banken, Bausparkassen und Versicherungen. Ebenso werden Zusatzversicherungen für die Altersversorgung direkt über den Finanzsektor vermittelt. Im Gegensatz zu den meisten anderen Wirtschaftssektoren sind die Trennungslinien zwischen Kunden- und Arbeitgeberinteressen im Finanzbereich fließend.

Durch diese Regelungen haben die Banken und Versicherungen nicht nur einen garantierten Kundenstamm, sondern auch den Zugriff auf erhebliche Geldströme, die die Grundlage für das gesamte Finanzgeschäft bilden. Als Kunden haben die Arbeitnehmer ein primäres Interesse an Leistungen zu angemessenen Preisen, d. h. kostengünstige Serviceleistungen und marktgerechte Zinsen für ihre Ersparnisse. Eine Studie der EG-Kommission zeigt, daß die bundesdeutschen Kunden vergleichsweise schlecht bedient sind und bei funktionierendem Wettbewerb Preissenkungen von rund 13 % zu erwarten hätten. Kontoführungsgebühren liegen mit durchschnittlich 117 ECU (ca. 234 DM) pro Jahr an der Spitze der EG-Länder. In Holland dagegen ist die Kontoführung kostenlos. Eine Studie der Verbraucherzentrale Nordrhein-Westfalen bestätigt dieses Ergebnis (vgl. Bankdienstleistungen im Binnenmarkt, 1989). Die Studie belegt außerdem, daß Konsumentenkredite in der Bundesrepublik überdurchschnittlich teuer sind. Da sie außerdem mit Lohnpfändungsklauseln versehen werden dürfen, ist den Banken bei Zahlungsschwierigkeiten der Zugriff auf das Einkommen sicher. In anderen EG-Ländern müssen die Banken eine Lohnpfändung erst gerichtlich erwirken, was Zeit und Finanzausfälle, also ein echtes Risiko, bedeutet.

Diese Zahlen zeigen, daß die Bankkunden von einem verstärkten Wettbewerb im Bankenbereich zu gewinnen hätten. Die im ersten Abschnitt analysierten Strategien der Banken, die darauf angelegt sind, die nationalen Kernbereiche vor dem Zugriff der ausländischen Konkurrenz zu schützen, erweisen sich daher nicht nur in der Theorie als Nachteil für Verbraucher und Arbeitnehmer.

Private und »kollektive« Vermögensverwaltung

Die direkte Verbindung zwischen ihren Einkommensverhältnissen und dem Börsengeschehen ist bislang von Arbeitnehmerseite unterschätzt worden. Dabei ist weniger an die rund eine Mio. Belegschaftsaktionäre (1988) gedacht, deren Aktienerträge tatsächlich keine maßgebliche Rolle spielen. Der wachsende Reichtum der bundesdeutschen Wirtschaft und das gleichzeitig abnehmende Bevölkerungswachstum führen dazu, daß mehr und mehr Menschen zumindest indirekt Mitinhaber von Vermögen werden. Auch wenn sich die meisten Privatvermögen auf kleine Summen belaufen, haben die Anrechte und Beteiligungen an Kollektivvermögen eine beträchtliche Größe. Zu kollektiven Vermögen können Versicherungen, Krankenkassen, Zusatz- oder betriebliche Rentenversicherungen gezählt werden. Auch Gelder, die in Betriebskrankenkassen, Streikkassen der Gewerkschaften fließen, Spendengelder für Stiftungen, kirchliche und gemeinnützige Zwecke sind kollektive Vermögen. Diese Gelder werden von Banken und Versicherungen am Kapitalmarkt in Fonds angelegt und verwaltet. Der Anteil der sogenannten »institutionellen Investoren« (Versicherungen, Pensionsfonds etc.) am Wertpapierhandel ist in der BRD bisher mit rund 11 % noch relativ gering, während Pensionskassen in Großbritannien rund 30 % der Aktienumsätze tätigen (vgl. Arbeitsgemeinschaft deutscher Wertpapierbörsen, 1989). Aber angesichts der höheren Renditen, die durch Aktienanlagen erwirtschaftet werden können und der zunehmenden Bedeutung von Aktienmärkten insgesamt, werden diese kollektiven Vermögen über kurz oder lang ihren Weg an die Börsen finden.

Erträge aus der Anlage von Privat- und Kollektivvermögen sind auf der anderen Seite Einkommensströme. Verantwortungsvolles Handeln der Anleger und Fondsmanager, ein funktionierendes Aufsichtssystem sowie ein stabiles Wirtschaftsumfeld sind Voraussetzungen dafür, daß diese Einkommen realisiert werden und unter Umständen eine verläßliche Lebensgrundlage bilden. Die Verwaltung dieser Vermögen ist nicht das Produkt einer einzelnen Bank, sondern ein komplexer Prozeß, in dem die Bank lediglich eine von vielen Instanzen darstellt. Ein allgemeinverbindliches Regelungssystem ist eine Voraussetzung für Finanzstabilität. Denn Fehlverhalten einzelner Banken kann weite Kreise ziehen und negative Auswirkungen für alle Marktteilnehmer haben. Die im ersten Abschnitt erwähnten Lücken bei EG-Aufsichtsnormen insbesondere im Wertpapieraufsichtsbereich sind aus Arbeitnehmersicht als großer Nachteil und unnötiges Risiko zu werten.

Stabilität ist nicht nur abhängig von einem intakten Verhaltenskodex der beteiligten Banker, sondern ebenso das Resultat des Vertrauens der Öffentlichkeit. Die Transparenz und die öffentlich zugänglichen Analysen über die Finanzakteure sowie über die gehandelten Papiere müssen deshalb mit den Entwicklungen Schritt halten. Während die EG-Gesetzgebung die Vereinfachung von grenzüberschreitenden Geldanlagen vorbereitet, ist die Erhöhung der Informationsrechte für eine breite Schicht potentieller Anleger hingegen nicht vorgesehen. Ein Zusammenbruch des Vertrauens in die Funktionstüchtigkeit des Finanzmarkts kann von unmittelbarer Durchschlagskraft auf den Wohlstand der Arbeitnehmer sein. Der Schwarze Freitag von 1929 war nicht zuletzt deshalb eine Tragödie für viele »kleine Leute«, weil Pensionsfonds an den Börsen innerhalb weniger Stunden ihren Wert verloren hatten und die Rentner ohne Vorwarnung ruinierten. Das Mißtrauen vieler Menschen gegenüber allen Wertpapieren ist daher verständlich und ökonomisch rational. Konstruktiv gewendet müßte es in die Forderung nach Errichtung einer stringenten europäischen Börsenaufsicht gelenkt werden, um eine öffentliche Vertrauensbasis zu schaffen.

Arbeitnehmer, Finanzinstitute und die Gesamtwirtschaft

Wenn die Auswirkungen der Europäischen Finanzmarktintegration auf gesamtwirtschaftliche Faktoren analysiert werden sollen, gibt es verschiedene Kriterien, die zur Beurteilung herangezogen werden können. Die mögliche Gefährdung der Finanzmarktstabilität durch mangelhafte Aufsichtsnormen und durch die zunehmende Bedeutung spekulativer (innovativer) Finanzinstrumente sind bereits erwähnt worden. Am Beispiel der Quellensteuer wurde gezeigt, daß bestimmte fiskalpolitische Maßnahmen auf europäischer Ebene nicht mehr greifen, die *Steuerungsfähigkeit* der Wirtschaft insofern parallel zur Finanzderegulierung abnimmt.

Ebenso wichtig ist die Wirkung der Finanzmarktintegration auf die Versorgung der Wirtschaft mit Geldern für Investitionen in der »realen« Wirtschaft. Im vorangehenden Abschnitt wurde darauf hingewiesen, daß die Spaltung des Marktes in einzelne Geschäftsbereiche eine relative Diskriminierung der mittleren und besonders der kleineren Unternehmen bedeutet. Gleichzeitig werden neue Finanzquellen für Unternehmen geöffnet, die aufgrund ihrer Größe und Finanzkraft EG-weit marktfähig sind. Eine ökonomisch produktive Verwendung der hier geschaffenen Mittel ist damit jedoch nicht garantiert. Im Gegenteil, es besteht die Gefahr, daß in dem integrierten EG-Finanzmarkt die explosionsartige Entwicklung der reinen Finanzinstrumente falsche Signale an potentielle Investoren senden und infolgedessen Finanzinvestitionen zu Lasten von Realinvestitionen getätigt werden.

Banker werten die neuen Finanzinstrumente als Medien der Effizienzsteigerung. Preis-, Zins- und Währungsschwankungen würden durch Termingeschäfte gemildert und böten daher eine bessere Grundlage für alle potentiellen Investoren im nationalen und internationalen Bereich. Insgesamt würden Produktion und Handel gesteigert.

Dies ist aber nur die eine Seite. Finanzgeschäfte haben inzwischen eine Eigendynamik gewonnen, deren Zusammenhang mit realwirtschaftlichen Entwicklungen nur noch entfernt ersichtlich ist. Von Mitte 1986 bis Ende 1988 haben Finanzswaps im deutschen Kreditgewerbe von 2 Mrd. auf 230 Mrd. DM zugenommen. Finanzterminkontrakte sind in demselben Zeitraum von einem Volumen über 3 Mrd. auf 144 Mrd. DM angewachsen, Devisenoptionsgeschäfte von 2 Mrd. auf 19 Mrd. DM (Bundesbank, Monatsberichte, April 1989).

Die Aufwärtstrends der Aktien- und Wertpapiermärkte in den vergangenen Jahren lassen die reinen Finanzanlagen wesentlich attraktiver erscheinen als Investitionen im realen Bereich. Vor dem Hintergrund der spekulativen Explosion in den Bilanzen der bundesdeutschen Banken hat in den Kreisen der Bundesbank und anderer Zentralbanken Skepsis eingesetzt. Auf der Tutzinger Tagung »Globalisierung der Finanzmärkte – Macht und Ohnmacht der Politik« (1990) referierten verschiedene Experten aus Zentralbanken und der Bank für Internationalen Zahlungsausgleich. In bezug auf Finanzinnovationen und ihre Verbindung zum realen Boden der Wirtschaft wurde dort fast ausnahmslos große Sorge geäußert. Selbst von Großbanken wird konstatiert, daß bestimmte Formen der *Rücknahme von Deregulierungsmaßnahmen* sinnvoll sein könnten. Für ein Überdenken der Deregulierungspolitik reicht diese Skepsis aber offensichtlich noch nicht aus. Es wäre auch das erste Mal in der Geschichte der Finanzen, daß ohne akute Not gehandelt würde.

3. Schlußfolgerungen und Handlungsebenen

Zentrales Element einer stabilen Finanzordnung ist eine intakte Aufsicht über Banken und Börsen und Transparenz der Geschäftspolitiken. Dies ist ein Teil der langjährigen Debatte um die »Macht der Banken«. Während in den 60er Jahren noch die Patentlösung der Verstaatlichung ins Spiel gebracht wurde, zeigt die Erfahrung mit staatlichen (öffentlichen) Banken, daß dies keine Lösung des Problems bietet. Statt dessen müssen Mechanismen entwickelt werden, die ein »organisiertes Mißtrauen« bzw. eine »kritische Opposition« als Stabilisationsfaktor in das gesamte Finanzsystem einbauen. Hier müßten Arbeitnehmer als unmittelbar Betroffene ihre Mitspracherechte geltend machen. In der Bundesrepublik besteht ein großes Defizit: Das Bundesaufsichtsamt für Kreditwesen (BAK) in Berlin verliert im Vergleich zu der Dynamik der Finanzmärkte immer mehr an Bedeutung. Ungeklärt ist das Verhältnis und die Hierarchie zwischen Zentralbank und BAK, undurchsichtig die Arbeitsteilung zwischen Versicherungsaufsicht, Wirtschaftsprüfungsgesellschaften, Börsenvorständen und Aufsichtsämtern auf Landesebene, die alle mit der Beurteilung von Börsenwerten befaßt sind. Auf EG-Ebene entstehen zusätzliche Lücken, weil durch das Prinzip der Herkunftlandkontrolle jedes Land für seine Banken zuständig ist, keine Aufsichtsbehörde jedoch über die Märkte insgesamt wacht. Hier besteht erheblicher Handlungsbedarf und die Notwendigkeit für die Errichtung einer *bundesdeutschen* und einer *europäischen Börsenaufsicht.*

Auf Konzernebene ist mehr *Transparenz* der Geschäfts-, Anlage- und Preispolitik eine wichtige Voraussetzung für die Verbesserung der Arbeitnehmer- und Verbraucherrechte. Notwendig wäre eine Reform der Publizitätspflichten, die entsprechende Änderungen des Aktien- und des Bankrichtliniengesetzes voraussetzen. Das Betriebsrentengesetz und andere Finanzgesetze (z. B. Investment-Richtliniengesetz) sehen Mitspracherechte für die Vermögenseigner und Beratungspflichten für die Banken vor, die stärker genutzt werden können. Zu hinterfragen ist auch die Regelung, nach der die Stimmrechte aus Vermögensfonds den Banken zufließen und nicht den eigentlichen Anteilseignern. In den öffentlichen und genossenschaftlichen Banken gibt es direktere Wege, um Transparenz und Informationsflüsse zu erhöhen. Bei der Versorgung von Aufsichtsratsmitgliedern mit relevanter Information bleiben dem Vorstand Ermessensspielräume, die kritisch geprüft werden sollten (vgl. *Gerum u. a.* 1988).

Ein zweiter Komplex ist die Forderung nach einem *funktionierenden Wettbewerb* in den traditionell nationalen Bereichen und die damit verbundene Verbesserung der Verbraucherrechte. Die Analyse der Europäischen Finanzmarktentwicklung weist darauf hin, daß die Banken trotz Globalisierung, Deregulierung und Futurisierung ihre Strategien auf »Abschottung« des angestammten nationalen Kundenkreises ausrichten. Das überwiegend innerhalb der Binnengrenzen angesiedelte Bankgeschäft mit »kleinen« Sparern und Einkommensempfängern gilt nach wie vor als solideste Basis für ein rentables Geschäft und wird durch die Binnenmarktstrategien der Fusion und Kooperation verteidigt und gestärkt. Daraus läßt sich ableiten, daß ein verstärktes Eintreten für die Arbeitnehmerinteressesn auch auf nationaler Ebene sehr wirkungsvoll sein kann. Das Argument des Zwangs zur steigenden Unternehmensgröße relativiert sich durch die auf Beschränkung des Wettbewerbs gerichtete EG-Politik der Banken. Auf EG-Ebene ist die Einrichtung einer wirkungsvollen *Fusionskontrolle* notwendig, die auf die spezifischen Probleme, vor allem den Trend zur Allfinanz, und die grenzüberschreitenden Kooperationsverträge und Fusionen zugeschnitten sind.

Insgesamt öffnet sich hier ein weites Aktionsfeld für die Arbeitnehmerschaft. Allerdings besteht auch in vielen Fragen noch ein großer Beratungs- und Forschungsbedarf.

Literaturhinweise:

Arbeitsgemeinschaft der Deutschen Wertpapierbörsen, Pensionskassen und Börse, Frankfurt 1989.

Die Bank, Zeitschrift des Bundesverbandes deutscher Banken, Köln, verschiedene Jahrgänge.

Beschäftigung im Kreditgewerbe, in: Ifo-Schnelldienst, Berlin, 15. 7. 1988.

Bryant, R. C., International Financial Intermediation, Washington 1987.

Commission of the European Communities, Research of the Cost of Non-Europe, in: Basic Findings Vol. 9 Price Waterhouse. The Cost of Non-Europe in Financial Services, Brüssel u. Luxemburg 1988.

Deml, M., Wallner, J., Widerspruch zu Protokoll, in: Handbuch für kritische Aktionärinnen und Aktionäre, Wien 1989.

Deutsche Bank, Geschäftsbericht 1988, Frankfurt 1989.

Deutscher Sparkassen- und Giroverband, Ausrichtung der Sparkassen-Organisation auf den EG-Binnenmarkt. Studie der McKinsey & Co Inc., Bonn 1989.

Dziobek, C., Garrett, J. R., Macroeconomic Policy and the Decline of Social Democracy in America, in: Gulliver, 21/1987.

Europäischer Rat – Ausschuß zur Prüfung der Wirtschafts- und Währungsunion, Bericht zur Wirtschafts- und Währungsunion in der EG. Delors-Plan, CSEMU 14/1989.

Garrett, J. R., Policy Bias and Central Banks. A Regulatory Capture Approach. Manuskript der Arbeitstagung »Rolle der Banken in Wirtschaftstheorie und Politik« des Arbeitskreises Politische Ökonomie, Bonn 1989.

Gerum, E., Steinmann, H., Fees, W., Der mitbestimmte Aufsichtsrat, Stuttgart 1988.

Gottschalk, A., Der Stimmrechtseinfluß der Banken in den Aktionärsversammlungen von Großunternehmen, in: WSI-Mitteilungen, 5/1988, Köln.

Die Grünen, Antrag der Bundestagsfraktion, Demokratisierung der Wirtschaft: Beschränkung der Bankenmacht, BT-Drucks. 11/5401, Bonn 1989.

Die Grünen, Banken – Fürstenhäuser unserer Zeit. Argumente-Reihe, Bonn 1987.

Herr, H., Voy, K., Währungskonkurrenz und Deregulierung der Weltwirtschaft, Marburg 1989.

Kritische Aktionäre Deutsche Bank Pax Christi Bonn (Hrsg.), Dokumentation 89, Bonn 1989.

Rehm, H. (Hrsg.), Perspektiven für den Europäischen Binnenmarkt, in: Verband öffentlicher Banken, Berichte und Analysen 10, Bonn 1989.

Sörgel, A., Spekulationskapitalismus oder Produktivitätsschub? Einige Überlegungen zur Abkopplungsthese, in: Memo-Forum 14/1989, Bremen.

SPD, Antrag der Bundestagesfraktion, Gegen wachsende Bankenmacht und für mehr Wettbewerb im Kreditgewerbe, BT-Drucks. 11/4553, Bonn 1989.

Verbraucherzentrale Nordrhein-Westfalen, Bankdienstleistungen in fünf Ländern der Europäischen Gemeinschaft, Düsseldorf 1989.

Die Elektro- und EDV-Industrie – Neuzuschnitt einer Branche im europäischen und Weltmarktverbund

Rudolf Welzmüller

»Ein Defizit an Europa-Bewußtsein haben wir in unserer Industrie nicht.«
Kaske, Karl-Heinz, Vorsitzender des Zentralverbandes Elektrotechnik- und Elektronikindustrie (ZVEI)

1. Vorbemerkungen

Der Elektroindustrie kommt sowohl von der technologischen Entwicklung als auch vom Produktionsumfang eine besondere Rolle unter den Industriezweigen zu. Das Volumen des EG-Elektromarktes beträgt rund 400 Mrd. DM. Auch bei der zukünftigen Entwicklung der Industrielandschaft werden die elektrotechnische und EDV-Industrie eine Schlüsselrolle einnehmen. In einer jüngst veröffentlichten Langfristuntersuchung von PROGNOS werden der Elektrotechnik- und EDV-Industrie jährliche Zuwachsraten von durchschnittlich 3,5 % bis zum Jahr 2010 vorhergesagt. Das liegt deutlich über dem Durchschnitt der gesamten Investitionsgüterindustrie. Die BRD stellt den drittgrößten Markt für elektrotechnische Erzeugnisse in der Welt und den größten in Europa dar. Bis 1995 wird ein leicht beschleunigter trendmäßiger Anstieg des Inlandsmarktes prognostiziert. Damit ist die in den siebziger bis Anfang der achtziger Jahre zu beobachtende Tendenz rückläufiger jahresdurchschnittlicher Zuwachsraten gebrochen – sagen die Prognostiker, aber auch die Experten und Marktbeobachter.

Andererseits haben spektakuläre Entwicklungen der Vergangenheit, etwa die Marktverluste der Unterhaltungselektronik an die ostasiatische Konkurrenz und der Rückstand bei der Halbleiterproduktion, gerade die Elektro- und EDV-Industrie zum häufig zitierten Negativbeispiel für weltmarktbedrohte Branchen der BRD, aber auch ganz Europas werden lassen. Nicht zuletzt diese Markteinbrüche und die damit verbundenen Beschäftigungsverluste waren wichtige Signale für ein gemeinsames europäisches Handeln. Doch die Gemeinsamkeiten waren zunächst nur auf einige Felder beschränkt. Vorrangig hatten sich nämlich die einzelnen nationalen Volkswirtschaften auf ihre Weise gegen Japan und die »4 Tiger« (Taiwan, Hongkong, Südkorea, Singapur) gewehrt. *Handelspolitisch* – das meint mit den Mitteln von Zöllen, Einfuhrbeschränkungen, bürokratisch erschwerten Einfuhrchancen (sogenannte nicht-tarifäre Handelshemmnisse); aber auch *industriepolitisch* – das meint, mit den Mitteln der (öffentlichen) Förderung von Forschung und Entwicklung, Produktinnovation etc.

Tabelle 1

Elektrotechnische und EDV-Industrie in Europa
(Produktionsanteile der Mitgliedsländer – 1987)

Land	%-Anteil an der Produktion[1]
Bundesrepublik Deutschland	39,5
Großbritannien	18,2
Frankreich	14,8
Italien	10,9
Niederlande	5,8
Spanien	5,8
Belgien	2,3
Dänemark	1,2
Portugal	0,5
Irland	0,5
Griechenland	0,4
Luxemburg	0,1

1 Anteil an der Bruttowertschöpfung
Quelle: Europäische Kommission, Panorama of EC-Industry, Brüssel 1989.

Auch gegenwärtig gibt es noch Unterschiede und Unstimmigkeiten über den einzuschlagenden Weg. Da die beiden genannten Ansätze widersprüchlicher Natur sind, also nicht beliebig »gemischt« werden können, stellt sich die Frage nach der künftigen EG-Politik. Dazu müssen sich auch die Gewerkschaften verhalten; in welcher Weise dies geschehen soll, wird nachfolgend zu diskutieren sein. Von entscheidender Bedeutung für die Branchenentwicklung ist schließlich aber die Unternehmensstrategie der Elektrokonzerne selbst. In welchem Maße haben sich die unternehmenspolitischen Reaktionen im Verlauf der achtziger Jahre verändert und welche Wirkungen wird die größere Dynamik eines europäischen Marktes haben? Um dieser Frage genauer nachzugehen, werden einige zentrale Produktionssparten der Branche näher zu besehen sein. Diese Analysen sollen zum einen dazu beitragen, den gewerkschaftlich handelnden Arbeitnehmern gewissermaßen einen »Röntgenblick« in die gegenwärtige und absehbare Branchensituation zu erlauben. Sie sollen aber zum anderen einmünden in die Frage, welche handlungsbezogenen Folgerungen Gewerkschaften und Interessenvertreter aus der künftigen und branchenspezifischen

Entwicklung ziehen sollten. Damit sind die wichtigsten Fragen und Gliederungspunkte für den nachfolgenden Beitrag genannt.

2. Elektrobranche: Standbein moderner Industriestruktur

Die elektrotechnische und EDV-Industrie ist in einem doppelten Sinne von besonderer Bedeutung für moderne Industriestrukturen: Sie hat bezüglich Beschäftigung und Produktion ein erhebliches Eigengewicht. Sie ist aber darüber hinaus – und dies macht sie industriestrategisch interessant – Lieferant jener Basistechnologien, die Eingang in die wachstumsträchtigen Produktionsfelder der 90er Jahre finden, wie etwa die elektronischen Produktions- und Automatisierungstechniken, den Dienstleistungs- und Unterhaltungssektor und vor allem die Informations- und Kommunikationsindustrie

Die Elektro- und EDV-Industrie trägt 5,2 % zur gesamtwirtschaftlichen Produktion bei; gemessen am Wert der Produktion des Verarbeitenden Gewerbes entfallen 17,4 % auf diese Branche (Werte aus dem Jahr 1987). Damit ist die Elektro- und EDV-Industrie noch vor dem Maschinen- und dem Straßenfahrzeugbau die produktionsstärkste Industrie. In ihr sind 5,4 % aller abhängig beschäftigten Personen tätig bzw. – mißt man am Verarbeitenden Gewerbe – 15,6 %.

In der elektrotechnischen Industrie wurde nach Jahren äußerst schwacher *Investitionstätigkeit* (1981 und 1982) erst im Jahre 1983 wieder das reale Investitionsniveau des Jahres 1981 erreicht bzw. leicht übertroffen. In der EDV-Industrie wurde insbesondere in den Jahren 1983 bis einschließlich 1985 kräftig investiert. Insgesamt lagen die Investitionszuwächse im Bereich von Elektrotechnik und EDV-Industrie in den achtziger Jahren über dem Durchschnitt der Investitionszunahmen des Investitionsgüter produzierenden Gewerbes.

Die elektrotechnische Industrie weist einen geringeren Kapitaleinsatz je Beschäftigten (*Kapitalintensität*) auf als das Investitionsgüter produzierende Gewerbe; die EDV- und Büromaschinenindustrie hingegen liegt diesbezüglich deutlich *über* dem Durchschnitt der Investitionsgüter producierenden Industrie. Der Kapitaleinsatz je Beschäftigten lag im Investitionsgüter produzierenden Gewerbe 1987 bei rund 98000 DM (Preise 1980), in der Elektrotechnik bei etwa 85000 DM und in der EDV/Büromaschinenindustrie bei 164000 DM.

Diese Unterschiede spiegeln sich auch in der Kostenstruktur. Insgesamt ist der *Personalkostenanteil* in der elektrotechnischen Industrie etwas höher als im Investitionsgüter produzierenden Gewerbe; in der EDV-Industrie hingegen liegen die Anteile niedriger als im Durchschnitt (vgl. *Tab. 2*). Wie die *Kostenstrukturanalyse* zeigt, kam es im Zeitraum 1981 bis 1987 zu einem Rückgang des relativen Anteiles der Personalkosten.

Der für eine Produktionseinheit erforderliche Kapitaleinsatz ist in der EDV/Büromaschinenindustrie von 1980 bis 1987 kräftig gefallen. Waren 1980 noch 1,81 Kapitaleinheiten erforderlich, um eine Produktionseinheit zu erstellen, so lag die Ziffer 1987 bei 1,13. Auch in der elektrotechnischen Industrie kam es zu einem Rückgang, wenn auch weniger stark: 1,06 bzw. 1,04 sind die Werte für 1980 respektive 1984. Diese Abnahme des sogenannten Kapitalkoeffizienten weist auf eine Reduzierung der Kapitalstückkosten dieser Industrie hin, was an veränderten Betriebsnutzungszeiten und/oder an verringerten Anschaffungskosten liegen kann.

Es läßt sich folglich belegen, daß es zu keiner Steigerung der *Kapitalstückkosten* im Zuge der Umsetzung der Arbeitszeitverkürzung kam – im Gegenteil, in beiden Industrien (Elektrotechnik und EDV) blieb der

Tabelle 2

Kostenstruktur 1981 und 1987

(Anteil am Bruttoproduktionswert)[1]

		Investitionsgüter-produzierendes Gewerbe		Elektrotechnik	
		1981	1987	1981	1987
Material	gesamt	48,6	48,9	46,0	45,0
	Material u. Energie	37,5	37,7	32,6	32,3
	Handelsware	9,0	8,9	12,4	11,0
Personalkosten	gesamt	33,5	32,0	35,9	34,7
	Bruttolohn	15,7	14,1	14,5	12,7
	Bruttogehalt	12,0	12,0	15,2	15,5
	Sozialkosten	5,6	5,9	6,0	6,4
Abschreibungen		3,4	3,9	3,4	4,3
Fremdkapitalzinsen		1,8	0,9	2,0	1,1
Sonstige Kosten		11,2	11,8	11,8	12,0

1 Bruttoproduktionswert = Gesamtumsatz + Bestandsveränderungen an unfertigen und fertigen Erzeugnissen aus eigener Produktion + selbsterstellte Anlagen.

Quelle: Statistisches Bundesamt, Kostenstruktur der Unternehmen im investitionsgüterproduzierenden Gewerbe, Fachserie 4, Reihe 4.3.2

Trend zum reduzierten Kapitaleinsatz je Produktionseinheit ungebrochen.

Die elektrotechnische und EDV-Industrie sind in besonderem Maße dem *internationalen Wettbewerb* ausgesetzt. Neue Techniken und Verfahren, insbesondere aber Produktinnovationen haben gerade in den achtziger Jahren zu harten Kämpfen um Weltmarktanteile geführt. Der gesamte *Halbleiterbereich*, die konsumnahen Produkte (*Unterhaltungselektronik, Haushaltsgeräte*) und die Neuentwicklungen in der *Informations- und Bürotechnik* sind Stichpunkte für sich verändernde Produktions- und Marktstrukturen. Es kam zu Verlusten von einzelnen Segmenten des Marktes; bundesdeutsche bzw. europäische Hersteller gerieten in technologischen Rückstand. Gleichwohl darf die spektakuläre Entwicklung bei einzelnen Produktbereichen nicht den Blick für die Gesamtbranche verdecken. Diese erwirtschaftet nämlich nach wie vor und über die gesamten achtziger Jahre hinweg einen beachtlichen Außenhandelsüberschuß.

Dies hat mit der *Struktur des Weltexports* bei Elektrogütern zu tun: Zwei Drittel des Weltexports der Elektroindustrie sind Investitionsgüter, ein Viertel entfällt auf Konsumgüter und ein Zehntel auf elektronische Komponenten. Diese Anteilswerte entsprechen in etwa der Exportstruktur der europäischen Produzenten. Deren Stellung auf dem Weltmarkt hängt also sehr stark mit dem Produktionssortiment zusammen. Auf dem Bereich der Unterhaltungselektronik hingegen weisen die Japaner einen Anteil von 66 % am Weltexport auf. Allein 40 % des japanischen Exports entfallen auf den Produktbereich Unterhaltungselektronik (vgl. Kommission der Europäischen Gemeinschaft, Brüssel 1988, S. 13–3).

Die bundesrepublikanische Elektroindustrie gehört mit einem Anteil von 13 % zu den größten Anbietern am Weltmarkt (vgl. RWI-Strukturberichterstattung, Essen 1989, S. 195). Japan ist mit einem Anteil von 26 % führend, knapp hinter der BRD folgen die USA (vgl. RWI, ebenda, S. 196). Etwa drei Viertel der Exporte der bundesdeutschen Elektroindustrie gehen in die westeuropäischen Länder: Frankreich, Italien, Großbritannien sind, in dieser Reihenfolge, die wichtigsten Abnehmerländer. Bei den Importen kommt etwa die Hälfte aus Europa, aber rund 19 % aus Japan und 15 % aus den USA.

Negativ ist die *Außenhandelsbilanz* der bundesdeutschen Elektro- und EDV-Industrie im Bereich der Datenverarbeitungsgeräte, der Unterhaltungselektronik und der Halbleiter-Bauelemente. Insgesamt beträgt der Anteil der Ausfuhr am Umsatz der Elektro- und EDV-Industrie knapp

35 %; bei der Elektrotechnik allein sind es 31,3 %, beim Bereich Büromaschinen und EDV 53 %.

Die rasche technische Entwicklung und die angesprochene internationale Konkurrenzsituation führte zu relativ geringen Zuwächsen der *Erzeugerpreise*. Die einzelnen Produktsegmente entwickelten sich unterschiedlich. Auffallend sind hier vor allem die Preisrückgänge im Bereich der Unterhaltungselektronik und der EDV. Die unternehmenspolitische Möglichkeit, auf der Ebene der Preise zu agieren und den gewünschten Cash flow zu sichern, sind kaum gegeben. Strategische Konsequenz dieses Tatbestandes ist die verstärkte Orientierung auf die optimale Kapazitätsgröße, auf Verfahrens- und Produktinnovationen, Erschließung der Rationalisierungspotentiale und Konzentrationsbemühungen. Darauf wird bei der Analyse der einzelnen Produktbereiche zurückzukommen sein.

Die Elektroindustrie war immer schon eine außenhandels- und weltmarktorientierte Branche. Insofern ist der Binnenmarkt für die Branche nichts Neues. *Kaske* hat sicher recht, wenn er meint, die Branche habe kein »Europadefizit«. Gleichwohl veranlassen die unter dem Einfluß des EG-Binnenmarktes sich verändernde internationale Wettbewerbssituation wie auch die technologische Entwicklung die Elektro- und EDV-Industrie zu erheblichen Umstrukturierungs- und Konzentrationsvorgängen. Das Stichwort für die Produktions- und Produktplanung heißt Globalisierung. Auf den in Gang befindlichen Neuzuschnitt der Produktions- und Unternehmensstruktur der Elektro- und EDV-Industrie ist nun näher einzugehen.

3. Produktionsstruktur: im Kern eine Investitionsgüterbranche

Die elektrotechnische Industrie ist im Kern eine investitionsgüterproduzierende Industrie – dies wird in der Tagesdiskussion unter dem Eindruck spektakulärer Entwicklungen bei der Unterhaltungselektronik und den Elektrohaushaltgeräten häufig übersehen. Zählt man auch die produktionsstrategisch besonders bedeutsamen Bauelemente (Halbleiter und traditionelle Bauelemente) zu den Investitionsgütern, dann entfielen auf diesen Produktbereich 1988 etwa 71 % der Gesamtproduktion. Die Konsumgüter haben einen Produktionsanteil von gut 16 % – der Rest entfällt auf sonstige Vorerzeugnisse und Montage/Reparaturen. Diese Struktur spiegelt sich auch bei den Beschäftigtenzahlen wider: im konsumnahen Bereich (elektrische Leuchten und

Lampen; Elektrohaushaltsgeräte; Unterhaltungselektronik) waren 1988 mit 184865 Personen etwa 17 % der Gesamtbeschäftigten der Elektroindustrie einschließlich EDV-Industrie tätig; auf den Montage- und Reparaturbereich entfielen 11 % aller Beschäftigten, der Rest war im Investitionsgüter produzierenden Bereich eingesetzt.

Von erheblicher produktpolitischer Bedeutung ist, daß die Elektroindustrie mit integrierten Schaltkreisen (kurz IC = von integrated circuits – oder auch einfach Mikrochips genannt) ein Produkt bereitstellt, das gewissermaßen als Primär-Input in verschiedenen Produktionsprozessen Verwendung findet und eine Schlüsselrolle der technischen und ökonomischen Entwicklung einnimmt. Mikrochips sind »das Anfangsglied vielfältiger Innovationsketten bei den Geräten und Anlagen der Informationsstechnik, aber auch in ganz anderen Bereichen wie etwa der Automobilindustrie oder dem Anlagen- und Maschinenbau« (BMFT, Bonn 1989, S. 88). Für die Beherrschung und Weiterentwicklung dieser Basistechnologie werden hohe öffentliche Mittel mobilisiert.

3.1 Bauelemente/Halbleiterproduktion: Wettlauf der internationalen Hersteller beschleunigt sich

Der bundesdeutsche Halbleitermarkt wird von derzeit rund 4 Mrd. DM auf rund 18 Mrd. DM im Jahr 2000 wachsen. Die Bundesrepublik deckt ihren Chipbedarf zu 40 % aus eigener Fertigung; Japan deckt seinen Bedarf zu 90 % ab, die USA zu 85 % (VDI-Nachrichten vom 8. 9. 1989). Die Zahl der Beschäftigten in der Halbleiterproduktion belief sich 1986 auf rund 15000 (BMFT, Bonn 1989, S. 156). Der künftige Bedarf wächst, da insbesondere die Automobilelektronik und die dem Telekommunikationsmarkt dienende Elektronik enorme Zuwachsraten in den nächsten Jahren verzeichnen wird.

Die generelle wettbewerbsstrategische Bedeutung der Mikrochips für den gesamten elektrotechnischen und Elektronikmarkt geht schlaglichtartig auch daraus hervor, daß nach Schätzungen etwa 50 % der Materialkosten elektronischer Geräte auf integrierte Schaltungen entfallen (vgl. Triebold, Vorsitzender der Geschäftsführung der Krupp Atlas Elektronik GmbH, HB, 23. 11. 1989, S. 27).

Die Massenmärkte für Chips sind die Computerherstellung, der Telekommunikationssektor und die Konsumgüterelektronik. Um rentabel produzieren zu können, müssen diese Absatzmärkte auch beliefert werden können. Dies zeigt, wie sehr die Chip-Produktion strategisch mit dem Aufbau von anderen elektronischen Massenprodukten verknüpft ist. Die japanische Chip-Produktion profitierte eben von dem gleichzeitigen massiven Aufbau der Konsumgüterelektronik, da auf diese Weise der Absatz für die Massenproduktion von Chips gesichert war.

Produktsegment: Speicherchips – Logikchips – Prozessoren

Die unter »Halbleiter« zusammengefaßten Produkte lassen sich in Speicherchips, Logikchips und Prozessoren einteilen. Die technologische Weiterentwicklung ist bei allen dreien rasant. Relativ gesehen werden die Logikchips und unter diesen vor allem wieder die anwendungsspezifischen Chips an Bedeutung gewinnen (vgl. *Grafik*). Sehr rasche Entwicklungen gibt es auch bei den Prozessoren, die ja insbesondere für die Wachstumsmärkte Personalcomputer bzw. work station von Bedeutung sind.

Die Fähigkeit, wirtschaftlich rationell Chips (integrierte Schaltungen) produzieren zu können, hat geradezu Symbolwert für moderne Industriestrukturen. Die technologisch-ökonomischen Kernelemente dieser Produktion sollen anhand der Speicherchips verdeutlicht werden.

Speicherchips

Derzeit wird der 1-Megabit-Chip (das sind 1048576 Bit) von allen Herstellern in Massenproduktion gefertigt. Die 4-Megabit-Produktion lief im Jahre 1989 an. Auf bundesdeutschem Boden startete zunächst IBM die Produktion, es folgte Siemens. Die Japaner (NEC) sind bereits dabei, den 16-Megabit-Chip auf einer Testanlage zu produzieren. Um eine Vorstellung von der Dimension zu geben: Ein 4-Megabit-Chip hat eine Fläche von 91 mm^2 und ist in der Lage, ein Taschenbuch von etwa 300 Seiten zu speichern.

Zunächst hatten die US-Hersteller nach der Krise 1984/85 den Japanern bei den Speicherchips das Feld überlassen und sich auf die Logikchips und Mikroprozessoren konzentriert. Inzwischen versuchen aber auch die USA, wieder Anschluß zu gewinnen und haben dazu das Sematech-Projekt geschaffen. Auch in der Bundesrepublik ging die Aufholjagd bei den Speicherchips los. Vor einigen Jahren sah es noch so aus, als ob Siemens bei den Speicherchips sicherer Verlierer sei. Dann investierte Siemens 1 Mrd. DM, um Anschluß zu halten. 1989 dürfte Siemens in etwa den *technologischen* Stand (es besteht immer noch ein Unterschied zur Marktposition!) der Japaner erreicht haben. Dies

Übersicht 1

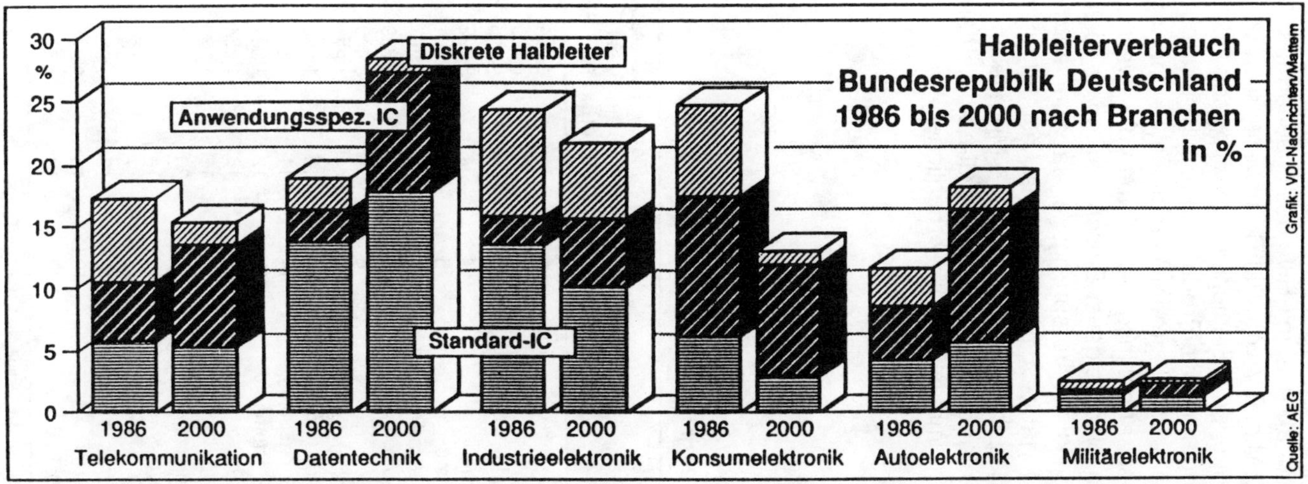

Quelle: vdi-nachrichten, 24. 11. 1989

geschah u. a. mit Hilfe des sogenannten Mega-Projekts, das mit rund 240 Mio. DM vom BMFT subventioniert wurde. In diesem Mega-Projekt kooperieren Siemens und Philips seit 1984. Ziel ist u. a., die Voraussetzungen für die Produktion von dynamischen und statischen Speichern höchster Integrationsstufen sowie von integrierten Logikschaltungen zu schaffen. Insgesamt haben die Investitionen etwa 3 Mrd. DM betragen. Nach eigener Einschätzung von Siemens konnte mit dem Mega-Projekt der Vorsprung der Japaner aufgeholt werden. »Betrug beim 1-Megabit-Chip der zeitliche Abstand noch ein Jahr, so seien es beim 4-Megabit-DRAM nur noch 6 Monate und beim 16-Megabit-DRAM sei man ungefähr zeitgleich« (vdi-nachrichten, 23. 6. 1989). Allerdings besteht immer noch ein erheblicher Abstand bei der produktionstechnischen Umsetzung.

Tabelle 3

Die 20 größten Halbleiterhersteller der Welt

Firma	Platz 1989	Platz 1988	Umsatz 1989 (Mio. $)	Umsatz 1988 (Mio. $)	Verände-rung in %	Markt-anteil 1989 (%)
NEC	1	1	4 964	4 543	9%	8,9%
Toshiba	2	2	4 899	4 395	11%	8,8%
Hitachi	3	3	3 930	3 506	2%	7,0%
Motorola	4	4	3 322	3 035	9%	5,9%
Fujitsu	5	6	2 941	2 607	13%	5,3%
Texas Instruments	6	5	2 787	2 741	2%	5,0%
Mitsubishi	7	8	2 629	2 312	14%	4,7%
Intel	8	7	2 440	2 350	4%	4,4%
Matsushita	9	9	1 871	1 863	(1%)	3,4%
Philips	10	10	1 690	1 738	(3%)	3,0%
National Semic.	11	11	1 618	1 650	(2%)	2,9%
SGS-Thomson	12	12	1 301	1 087	20%	2,3%
Samsung	13	18	1 284	905	42%	2,3%
Sharp	14	15	1 230	1 036	19%	2,2%
Siemens	15	20	1 194	784	52%	2,1%
Sanyo	16	14	1 132	1 083	5%	2,0%
Oki	17	17	1 125	947	19%	2,0%
AMS	18	13	1 082	1 084	0%	1,9%
Sony	19	16	1 077	950	13%	1,9%
AT & T	20	19	873	859	2%	1,6%

Quelle: Markt & Technik Nr. 4, 19. 1. 1990

Sortiert man die wichtigsten Hersteller[1] nach ihrem Anteil am Umsatz an Speicherchips, dann ergibt sich die in *Tabelle 3* wiedergegebene Rangfolge der Hersteller.

Im Jahr 1989 belief sich der Absatz von Halbleitern weltweit auf 55,8 Mrd. Dollar, 10 % mehr als 1988. Japanische Hersteller hatten 1989 einen Anteil am Welt-Halbleitermarkt von 51 %, die USA von 35 %. Die Japaner erhöhten ihren Anteil am US-Markt von 21 auf 24 %; umgekehrt haben US-Firmen gerade einen Anteil von 10 % am japanischen Markt (VWD-Elektro, 8. 1. 1990).

Auf dem europäischen Halbleitermarkt – der 1989 schneller als der Weltmarkt wuchs – liegen *Philips* und *Siemens* an der Spitze. *Siemens* machte einen kräftigen Sprung nach vorne. Hintergrund dafür ist insbesondere der Einstieg in die DRAM-Technologie (DRAM = Abkürzung für dynamic random access memory, d. h. dynamischer Speicher – vgl. Markt und Technik Nr. 3, 12. 1. 1990).

Logikchips: ASIC (Application Specific Integrated Circuits)

In der Mitte der achtziger Jahre entstand ein neuer Markt für hochintegrierte kundenspezifische Halbleiterschaltungen. Das Charakteristische ist, daß die Hersteller von solchen Chips auf spezielle Kundenwünsche und auf das spezielle Ingenieurwissen der Kunden eingehen und es in den Chips materialisieren. Es handelt sich um Logikschaltungen, die zum Beispiel für die Maschinensteuerung, für Kameras, für Kommunikationsgeräte etc. verwendet werden. Derzeit gehen 35 % der ASIC's in Produkte der Datenverarbeitung, 23 % in den Telekommunikationsbereich, 19 % in den Sektor Maschinen/Anlagen, 8 % werden für militärische Elektronik verwendet, 4 % dienen für Produkte des Transportsektors und 8 % wurden in der Konsumartikelbranche verwendet.

Die Bedeutung dieser Chips nimmt beständig zu. Es gibt Prognosen (vgl. Trebold, Manager von Krupp Atlas Elektronik), daß bis zum Jahr 2000 auf diese kundenspezifischen und anwendungsbezogenen Chips ein Produktionsanteil von 50 % entfallen wird. Das ökonomische Problem bei der Herstellung dieser Chips besteht darin, daß die kundenspezifische Gestaltung nur relativ geringe Stückzahlen erlaubt. Produktions- und kostenpolitisch bedeutet dies, daß die economies of

---

1 Dies sind die Hersteller, die die offenen Märkte beliefern. Daneben existieren mit IBM und AT & T noch potente Hersteller, die aber für den Eigenbedarf produzieren.

scale (Stückkostenvorteile durch hohe Losgrößen) nur schwer zu realisieren sind. Deshalb gilt: Wer ASIC's produziert, muß sich auch auf die Produktion von Speicherchips einlassen, um dort über die Massenfertigung jene Mittel einzuspielen, die er für eine starke Position auf dem wachsenden ASIC-Markt benötigt.

In der europäischen Industrielandschaft sind ASIC's sehr gefragt. Der hohe Anteil von Industriegüterproduktion erklärt dies. Angeblich sind die europäischen Hersteller auf diesem Markt noch führend.

Was sind die entscheidenden Wettbewerbsfaktoren?

Zu unterscheiden sind produktionspolitische und marktökonomische (absatzpolitische) Faktoren. Die strategischen Variablen bei der *Produktion* von Mikrochips sind Miniaturisierung, Ausbeute, Kapazitätsgröße.

Miniaturisierung: Es geht hier darum, über eine verstärkte Flächennutzung die Leistungsfähigkeit der Chips zu steigern. Im Silicon Valley findet man Spezialfirmen, die nichts anderes machen, als eine einmal entworfene Schaltung auf zwei Drittel der Größe herunterzuschrumpfen. »Design-Cleverness« heißt dieses Talent (vgl. *Queisser* 1987, S. 157). Derzeit geht die Entwicklung dahin, die dritte Dimension – d. h. die Raumhöhe – für die möglichst kompakte Produktion von Bauelementen zu nutzen. Abkürzend wird dies die 3-D-Entwicklung (für 3 Dimensionen) genannt. Durch die räumliche Anordnung der einzelnen Schaltkreise können so die Zuleitungen verkürzt und damit besonders schnelle Bausteine geschaffen werden.

Ausbeute: Ein weiterer zentraler Faktor für eine kostenoptimale Produktion liegt in der Ausbeute. Derzeit nimmt die Produktion eines Chips etwa 400 Prozeßschritte in Anspruch, die insgesamt etwa eine Woche dauern. »Wenn Sie jeden einzelnen technologischen Prozeßschritt mit einer Ausbeute von 99,9 Prozent durchführen, und zwar konstant 7 Tage in der Woche, 24 Stunden am Tag, über mehrere Jahre, dann landen Sie bei einer Ausbeute in der Chip-Produktion bei etwa 60 Prozent, also etwas, was man möchte und was sich rechnet.« So *Ruge*, ehemaliges Mitglied des Mega-Projekts bei Siemens und jetzt im Fraunhofer Institut (vdi-nachrichten, 21. 7. 1989). Eine Ausbeute von etwa 70 bis 80 % nennt die Branche »japanische Ausbeute«. Der produktionspolitische Druck auf die Ausbeute läßt sich ermessen, wenn man die Investitionsaufwendungen bedenkt: Bezogen auf die DRAM-Produktion und bei einer monatlichen Stückzahl von 10 Mio. Chips wurden für den 64-Kbit-Speicher in Forschung und Entwicklung durchschnittlich 120 Mio. Dollar und für die reine Fertigung 190 Mio. Dollar investiert; für den 256-Kbit-Speicher lag die Relation bei 180 zu 400 Mio. Dollar der 16-Megabit-Chip wird eine halbe Mrd. Dollar für die Entwicklung kosten, die Produktionseinrichtungen werden 3,7 Mrd. Dollar erfordern (vgl. vdi-nachrichten, 23. 6. 1989).

Kapazität bzw. optimale Produktionsmenge: Hohe Produktionsmengen ermöglichen Stückkostenvorteile, die bei der Chip-Produktion insbesondere durch die positive »Lernkurve« verstärkt werden. Damit ist gemeint, daß die hohe Produktionsziffer zur allmählich besseren Beherrschung und damit Ausbeute des Produktionsprozesses führt. Insofern besteht eine Wechselbeziehung zwischen der optimalen Produktionsmenge und dem Ausbeutegrad. »So eine Fabrik, die rund 40 Mio. Chips im Jahr produziert, nennt man übrigens eine Produktionseinheit, weil bei 40 Mio. Stück Jahresproduktion die Fertigung optimal handhabbar ist« (*Ruge*, a. a. O.). Solche Produktionsmengen sind insbesondere mit Speicherchips zu realisieren – nicht aber mit ASIC's. Deshalb die ökonomische Konsequenz, sowohl ASIC's als auch Speicherchips zu produzieren.

Marktökonomische Bedingungen

Ob sich die Herstellung von Chips rechnet, hängt sowohl von den eben erwähnten produktionspolitischen Bedingungen als auch insbesondere vom *Zeitpunkt des Markteintritts* ab. Aufgrund der raschen technologischen Entwicklung kann nämlich vor allem in der Anfangsphase der Produkteinführung mit relativ hohen Preisen gerechnet werden. In dieser Marktphase – in der die Erlöse über die Preise abgeschöpft werden – muß ein Hersteller auf dem Markt präsent sein, um sowohl die Amortisierung seiner Investitionen als auch einen entsprechenden Profit zu realisieren. Gerade dies gelang in der jüngeren Zeit den europäischen und bundesdeutschen Herstellern nicht bzw. in unzureichendem Maße.

Ein weiterer marktökonomischer Faktor ist darüber hinaus die absatzpolitische Verkoppelung mit Endprodukten. Der Markterfolg der japanischen Chip-Produktion ist unmittelbar verknüpft mit dem Aufbau der japanischen Unterhaltungselektronik.

Zusammenfassend läßt sich sagen, daß die zentralen Wettbewerbsfaktoren bei der Chip-Produktion zum einen *produktionspolitischer Art* sind – nämlich Miniaturisierung; Ausbeute; optimale Kapazität – zum anderen *marktökonomischer Art* – nämlich: Zeitpunkt des Markteinrtritts und Absatzsicherung durch Endproduktentwicklungen, in die die Chips als Komponenten eingehen. Lohn- und Sozialkosten haben eine untergeordnete Bedeutung.

Europa und die japanische Konkurrenz

Die Marktführerschaft Japans auf Teilmärkten der Elektronik ist offenkundig. Auch bei der Halbleiter-Produktion liegt Japan vorn. Dies betrifft allerdings weniger das pure technische Know-how, sondern vielmehr – und das ist der Springpunkt – die industrie- und produktionspolitische Umsetzung. Tatbestand ist, daß die japanischen Unternehmen größere Produktionskapazitäten, damit enorme economies of scale (Kostenvorteile der Massenproduktion) und so entsprechende Wettbewerbsvorteile haben. Ein Vertreter von SGS Thomson formulierte es so: Die Europäer sind technisch mit ihren Entwicklungen und Fertigungen durchaus wettbewerbsfähig, aber im Vergleich zu den Japanern fehlt ihnen noch die Größe (HB, 5. 6. 1989). Die japanische Industrie wird künftig noch mehr als bisher versuchen, ihre Produktion auszuweiten, weil damit immer neue technische Verbesserungen wirtschaftlich realisierbar werden. Ein japanischer Unternehmungschef meinte gar: »Für uns gilt das Gesetz vom abnehmenden Grenzertrag offenbar nicht mehr.« (FAZ v. 9. 10. 1989) Wie dem auch sei – richtig scheint zumindest zu sein, daß mit der Steigerung der Produktionskapazität die Stückkosten stark gesenkt werden konnten und somit zumindest die Grenze bis zum Erreichen eines sinkenden Ertrages weit hinausgeschoben werden konnte. Daraus ergibt sich wiederum als Konsequenz, daß es selbst an Hochlohnstandorten auf Dauer möglich sein wird, extrem kostengünstig zu produzieren. Die jüngste Entscheidung von Mitsubishi, eine 4-Megabit-Chip-Produktion in der Nähe von Aachen aufzubauen, ist ein Beleg dafür. Als ergänzender Standortfaktor wurde dabei vor allem die Nähe zu den für die Forschung und Entwicklung wichtigen universitären Einrichtungen genannt. Auch HITACHI wird 1990 eine Halbleiterfabrik in der Bundesrepublik in Betrieb nehmen. In Landshut sollen künftig 1-Megabit-DRAM-Chips produziert werden. Später soll die Fertigung auf 4-Megabit-DRAMS und ASIC's ausgeweitet werden (VWD-Elektro, 12. 2. 1990).

Eine weitere Konsequenz läßt sich hieraus folgern. Handelspolitische Maßnahmen (Einfuhrbeschränkungen etc.) können die Probleme nicht lösen; sie setzen ja erst dann an, wenn Forschung und Entwicklung und Produktionspolitik der Japaner bereits vollendet sind. Die richtige Antwort läge darin, auf den genannten Gebieten der Forschung und

Entwicklung und der Produktionspolitik konkurrenzfähige Positionen aufzubauen. Darüber hinaus ist eine zielgerichtete Industriepolitik – wie sie das Industrie- und Handelsministerium (MITI) in Japan betreibt – auch auf europäischer Ebene erforderlich.

3.2 Unterhaltungselektronik: Die Karten werden neu gemischt

Die bundesdeutsche Unterhaltungselektronik-Industrie hatte im Jahr 1988 etwa 76500 Beschäftigte. Den Schwerpunkt der Produktion bildeten der Fernsehmarkt und der Video-Bereich. Innovative Entwicklungen wurden auf dem Markt für Autoradios (z. B. Verkehrsfunk) von der in diesem Bereich führenden bundesdeutschen Industrie geleistet.

Der Unterhaltungselektronikmarkt ist durch rasche Produktinnovationen geprägt. Diese beziehen sich insbesondere auf die *Digitaltechnik*, auf die Bildtechnik, auf die Neuentwicklung von Fernsehnormen (HDTV) und auf die Vernetzung der Endgeräte, insbesondere mit dem Computerbereich. In den achtziger Jahren kam es zu enormen Umstrukturierungen und Neuerungen in der gesamten Unterhaltungselektronikbranche. Die europäischen Produzenten haben zwischen 1980 und 1987 etwa 34000 Arbeitsplätze abgebaut; dies ging einher mit einem Rückgang des Marktanteils der EG: Gegenwärtig erreicht die EG-Produktion etwa 17 % der Weltproduktion von Unterhaltungselektronik (EG-Kommission, Panorama of EC-industry 1989, S. 13/35). Angesichts der Konkurrenz aus Japan und Südkorea haben die europäischen Hersteller ihre Produktion automatisiert und rationalisiert. Verkäufe und Fusionen von Unternehmen wurden dazu genutzt, um die für die Produktionskosten optimale Kapazitätsgröße zu schneidern. Darüber hinaus kam es in Europa zu Kooperationen bei Forschungs- und Entwicklungsvorhaben (EUREKA).[2]

Derzeit dominiert die EG-Industrie bei Farbfernsehern und hält eine gute Position bei der Audio-Ausrüstung: Autoradios, Bänder/Platten, Lautsprecher und CD-Player sind damit gemeint. Außerdem wurden über Lizenzverträge und über Selbstbeschränkungsabkommen Teile des Video-Marktes wieder erobert.

Der Unterhaltungselektronikmarkt wird von den Bereichen Fernsehge-

---

2 European Research Coordination Agency. Vgl. zu dieser forschungspolitischen Initiative den Beitrag von Schneider/Welsch in diesem Band.

räte und Video-Recorder geprägt. Japanische Unternehmen haben mit einem Anteil von 43 % an der Weltproduktion sowie von 56 % am Weltexport eine herausragende Marktstellung. Bei Video-Recordern haben die Japaner mit 70 % Produktionsanteil die führende Position; bei Fernsehgeräten liegt die europäische Industrie noch knapp vor der japanischen. Die *Farb*fernsehproduktion und die Mobiltelefon-Herstellung ist in festen Händen der Europäer (Blick durch die Wirtschaft 6. 2. 1990).

Die aktuellste Neuentwicklung betrifft das high definition-Fernsehen (HDTV). Die Frage ist, welcher Standard sich bei den Geräten und bei der Übertragungstechnik durchsetzt. Im Rahmen der EUREKA-Initiative entwickelten Thomson (Frankreich), Philips (Niederlande) und Bosch einen eigenen HDTV-Standard. Die europaweite Standardisierung scheint gesichert – die Frage ist, welche Normung sich weltweit durchsetzen wird. Schließen sich die USA der europaweiten Norm an oder werden sich je verschiedene Standards in Japan, USA und Europa etablieren?

Auf dem Unterhaltungselektronikmarkt herrscht kämpferischer Preiswettbewerb: Nach einem leichten Anstieg der Erzeugerpreise in den Jahren 1980 bis 1983/84 kam es in den Folgejahren zu einem teils starken Rückgang der Preise. 1988 lag der Erzeugerpreisindex um knapp 4 Prozentpunkte unter jenem des Jahres 1980. Diese Situation gibt verschiedentlich Anlaß zu scharfen handelspolitischen Auseinandersetzungen und Vorwürfen des Dumpings. Nicht zuletzt aus diesen Konflikten heraus entschloß sich Japan zu einer beschleunigten Verlagerung der Produktions- und Montagebetriebe nach Europa. Um die bloße Montage von andernorts (eben in Japan oder Südkorea) produzierten Komponenten zu verhindern, kam es zu local content-Bestimmungen.[3]

Unternehmensstruktur

Philips ist der weltgrößte Produzent von Farbfernsehgeräten. Das Unternehmen hat sich durch Aufkäufe – u. a. Grundig – eine verbesserte Ausgangsposition in der Unterhaltungselektronik geschaffen. Philips expandierte über Joint Ventures auch in den asiatischen Ländern einschließlich China – neuerdings auch der UdSSR – und verlagerte teils

3 Gemeint ist mit »local content« der am Niederlassungsort tatsächlich erbrachte Produktionsanteil. Mit der Festlegung eines bestimmten Anteilswertes soll verhindert werden, daß bloße Endmontage-Betriebe entstehen.

auch die Produktion in die asiatischen Regionen (z. B. Video-Recorder-Werke nach Südkorea und Japan).

Thomson ist der zweitgrößte Weltproduzent von Farbfernsehgeräten und erschloß sich durch diverse Aktivitäten – u. a. den Aufkauf von RCA – auch den amerikanischen Markt. Thomson erwarb Ferguson (Unterhaltungselektronik-Sektor von Thorn-Emi) und strukturierte die Produktion in Westdeutschland neu (dies betraf Dual, Telefunken, Saba Nordmende).

Das Jahr 1987 brachte einen dritten europäischen Giganten der Unterhaltungselektronik hervor: Die finnische Nokia-Gruppe wurde Europas drittgrößter Produzent durch Übernahme von Teilen von Oceanic (Tochter von Electrolux) und der Unterhaltungssparte von SEL (Tochter von Alcatel).

Auf dem Markt der Autoradios hat Blaupunkt – eine Bosch-Tochter – eine überragende Marktstellung. Daneben gibt es aber noch mittlere und kleine Hersteller, die durchaus einen beträchtlichen Teil des Binnenmarktes beliefern. Zu nennen ist etwa LOEWE OPTA; an diesem Unternehmen ist BMW zu über 20 % beteiligt – neuerdings auch MATSUSHITA mit rund 25 % (VWD-Elektro, 2. 7. 90).

3.3 Kommunikationstechnik – Telekommunikation: Kampf um einen Zukunftsmarkt

> »Die Liberalisierung des öffentlichen Auftragswesens wird für die Elektroindustrie die bedeutsamste Veränderung sein, die die Vollendung des Binnenmarktes mit sich bringt.«
> (Kaske, Vorsitzender des ZVEI)

Nach Angaben des BMFT (Bonn 1989, S. 159) hat die bundesdeutsche Industrie 1987 mit rund 110000 Beschäftigten kommunikationstechnische Produkte im Werte von 14,6 Mrd. DM hergestellt. Die Position der deutschen Industrie ist mit einem hohen Anteil am Inlandsmarkt und einem deutlichen Exportüberschuß vergleichsweise günstig. Die binnenwirtschaftliche Nachfrage kommt zu 60 % von der deutschen Bundespost, der Rest teilt sich auf Luft- und Raumfahrt und den Rüstungsbereich auf.

Die strategische Bedeutung dieses Marktes geht weit über den momentanen Anteil der Telekommunikation von 2 % am Bruttoinlandsprodukt hinaus. Die EG-Kommission prognostiziert in ihrem Grünbuch, daß sich der Anteil des Telekommunikationssektors am Sozialprodukt der

Gemeinschaft bis zum Jahr 2000 mehr als verdoppeln wird – von 3 auf 7% –, und daß dann direkt oder indirekt rund 60% aller Arbeitsplätze von der Telekommunikation berührt werden. Demnach wird die Telekommunikationsindustrie in etwa 10 Jahren für die Volkswirtschaften wichtiger sein, als es gegenwärtig die Automobilindustrie ist (vgl. Commerzbank, Frankfurt 1989).

Im Bereich der Kommunikationstechnik/Telekommunikation spielen sich derzeit rasante Entwicklungen ab. Hintergrund dafür sind technologische Neuerungen, Produktinnovationen *und* die Öffnung der ehemals national abgegrenzten Märkte durch das EG-Binnenmarktprogramm. Das Feld der Telekommunikation läßt sich von den Produktgruppen her gesehen in drei Segmente teilen:

(1) Netze, Vermittlungssysteme;

(2) Dienstleistungen;

(3) Endgeräte.

Der jeweilige Produktionsanteil liegt bei den Endgeräten bei knapp 25%, bei den Vermittlungssystemen bei gut 50%, bei der Netzausrüstung (Kabel, Antennen etc.) bei etwa 22%. Auf allen Produktsegmenten kommt es zu erheblichen Veränderungen.

Im Bereich der Netze und Vermittlungssysteme geht es im wesentlichen um das Ersetzen der Analog- durch Digitaltechnik, der Einzelnetze durch die integrierten Netze und der Kupferkabel durch die Glasfasertechnik. Allein diese Aufgabe soll nach Schätzung von Experten zu Investitionen von etwa 100 Mrd. DM – das entspricht dem Wert des gegenwärtig existierenden Netzes in der BRD – erfordern (vgl. Deutsche Bank, Frankfurt 1989, S. 5).

Im Bereich der Dienstleistungen geht es um die Entwicklung von Service-Leistungen, die auf Sprache, Text, Daten, Bilder bezogen sind. Hier öffnet sich ein enormer Markt für private Anbieter. Im Bereich der Endgeräte gibt es einige Wachstumsfelder wie z. B. die Mobilfunkgeräte (Funktelefon), Bildschirmtelefone, Telefax etc.

Im Bereich der Endgeräte ist der Übergang von Produkten der Bürotechnik zu jenen der Informationsverarbeitung (EDV) fließend geworden.

Im Zentrum steht derzeit die Errichtung des »Integrated Services Digital Network« (ISDN). Mittels dieser Technik können alle Kommunikationsarten, also Sprache, Text, Daten und Bilder mit *einem* Netz übermittelt werden. Das Herzstück der modernen Kommunikationsnetze wird die *digitale Vermittlungstechnik* sein. Hier tobt der Kampf um Marktanteile.

Übersicht 2

Öffentliche Vermittlungstechnik in West-Europa

Bezugsgröße: Umsatz 1987 (DM) – Marktvolumen 16,4 Mrd.DM

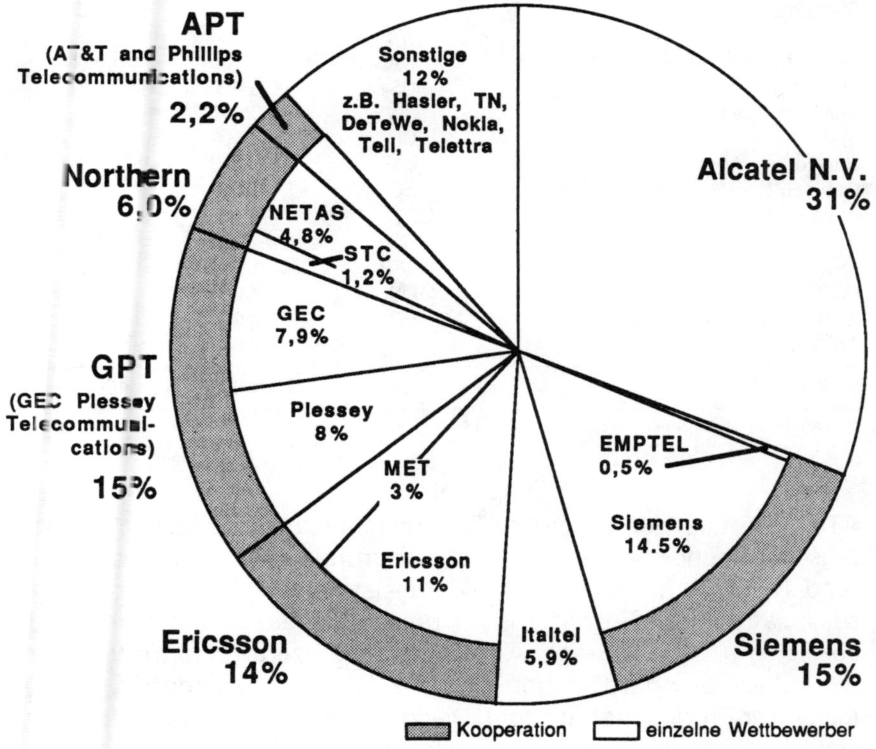

Quelle: Handelsblatt, 10. 2. 1989

Marktaufteilung und Unternehmensstruktur

Auf dem Weltmarkt Telekommunikation läuft der »Kampf der Giganten« um Marktanteile, vor allem in der Vermittlungstechnik (vgl. Grafik zu den Unternehmensanteilen sowie *Tab. 4*).

Tabelle 4

Weltmarkt: Die größten Hersteller von Telekommunikations-Ausrüstungen (1987)

	Land	Umsätze (Mio. ECU)	Weltmarkt (Umsätze) (%)
AT&T	US	9 000	12,5
Alcatel NV (CGE 56,3 %)	EC	6 800	9,5
Siemens	EC	5 400	7,5
NEC	JAP	4 400	6,1
Northern Telecom (BCE 52 %)	CAN	4 100	5,5
Motorola	US	3 000	4,2
Ericsson (Wallenberg 37,5 %)	SWE	2800	3,9
IBM	US	2 100	2,9
Fujitsu	JAP	1 700	2,4
GPT (GEC 50 % – Plessey 50 %)	EC	1 600	2,2
Philips	EC	1 500	2,1
Bosch	EC	1 300	1,8
Hitachi	JAP	1 200	1,6
GTE	US	1 000	1,3
Italtel (IRI 26 % – Stet 74 %)	EC	900	1,3
Andere	–	25 000	34,9
Welt, insgesamt	–	71 800	100,0

Quelle: EG-Kommission, Panorama of EC-Industry 1988

AT&T (USA) ist der weltgrößte Telekommunikationskonzern. Auf europäischer Ebene ist der erst kürzlich neugruppierte Konzern Alcatel führend. Dieser ist aus einer Fusion der meisten europäischen Tochtergesellschaften des US-Konzerns ITT und des Telefongeschäfts der französischen CGE entstanden. Zum Alcatel-Konzern gehört damit auch die frühere Standardelektronik Lorenz AG (SEL), Stuttgart. Alcatel ist mit seiner Produktion tätig im Bereich der öffentlichen Vermittlungssysteme (25 % der Produktion), der Kabel (25 %), der Bürotelefone (14 %) und der sonstigen elektronischen Ausstattungsgüter (11 %).

Zur Zeit der Fusion hatte der Konzern 135 000 Beschäftigte, z. Z. sind es noch ca. 120 000. Alcatel ist Marktführer bei Bürotelefonen und hat bei den Vermittlungssystemen seinen Marktanteil erhöht. Alcatel hat einen der umfänglichsten Produktionsverbünde der Telekommunikationsindustrie mit Produktionsstandorten in den USA, Mexiko, Taiwan, Australien und natürlich Europa.

Siemens folgt nach Alcatel an dritter Stelle der größten Hersteller von Telekommunikationsausstattung. Mit der Übernahme von Plessey hat

Siemens sein ohnehin schon gut ausgebautes Telekommunikationsgeschäft weiter angereichert. Auf Plessey entfielen bisher immerhin 8 % des Marktanteils bei der öffentlichen Vermittlungstechnik in Westeuropa. Siemens hat mit der Übernahme von Plessey nicht nur seinen Marktanteil Vermittlungstechnik erhöht, sondern auf diese Weise ein zusätzliches Vertriebsnetz in den USA erstanden, das die GTT Telefontochter Stromberg-Carlsson betreibt. GTT ist der Name für die GEC Plessey Telecommunications. Hinzu kam die Übernahme des Unternehmens ROLM-Systems (früher IBM) durch Siemens (vgl. Business-Week vom 10. Juli 1989, S. 45). Mit der 100 %-Übernahme dieser Firma ging die Gründung einer gemeinsamen Vertriebs- und Dienstleistungsfirma (hälftige Anteile) einher. Siemens ist damit der weltweit größte Anbieter privater Nebenstellenanlagen und Netze.

Auf dem europäischen Markt ist Bosch/Telenorma/Jeumont-Schneider das drittgrößte Unternehmen der Kommunikationstechnik (vgl. Handelsblatt, 10. 2. 1989). Der Durchbruch gelang Bosch im Jahre 1988, nachdem Jeumont-Schneider mangels Größe den Bereich Telekommunikationsaktivitäten zu 80 % abgetreten hatte. Das operative Geschäft führt jetzt Telenorma. Der Marktanteil von Jeumont-Schneider liegt in Frankreich nach Schätzung der Branche bei rund einem Viertel.

Ein weiterer potenter Produzent ist Ericsson (Schweden). Die Schweden gehören mit ihrem öffentlichen Vermittlungssystem weltweit zu einem der technologisch führenden Anbieter. Hier bestehen auch Kooperationsabkommen mit IBM. Eine der wichtigsten strategischen Entscheidungen fällte Ericsson 1987: Mit der 20 %-Beteiligung bei der französischen Gesellschaft CGCT, die einen Anteil von 16 % am französischen Telefonmarkt hat, wurde die Präsenz in der EG verstärkt. Die Schweden hatten den Zuschlag gegen die erbitterte Konkurrenz von Siemens, AT&T und Philips erhalten.

Nachdem vor Jahren AT&T auf dem europäischen Markt Fuß gefaßt hatte, drängt nun auch die Notherntelecom weiter in Europa vor. Notherntelecom ist der viertgrößte Hersteller der Welt für Fernmeldeanlagen. Die Kanadier haben im Jahr 1988 in Lothringen ein Werk zur Herstellung von privaten Telefonanlagen gebaut. In Großbritannien ist Notherntelecom seit zwei Jahren mit über 25 % an dem Fernmeldeunternehmen STC beteiligt.

Der Kampf um Marktanteile auf dem Telekommunikationssektor wird weitergehen und mit härteren Bandagen ausgefochten werden. Nur wenn der entsprechende Marktanteil gesichert ist, wird sich die Forschung und Entwicklung im Bereich digitaler Vermittlungstechnik für die Unternehmen auszahlen. Siemens beispielsweise gibt an, daß das Nachfolgemodell des EWDS-Vermittlungssystems rund 2 Mrd. DM an Entwicklungskosten erfordern wird. Dabei entfallen 50 bis 60 % auf die Software. Solche Systeme würden sich nach Angabe von Industrieexperten nur bei einem Weltmarktanteil von mindestens 10 % amortisieren. Hintergrund für den scharfen Wettbewerb ist auch, daß in der Bundesrepublik und in Italien die Preise für Schaltzentralen um etwa 100 % über dem Weltmarktniveau liegen – in Frankreich und Großbritannien immerhin noch um 40 bis 50 % (vgl. Deutsche Bank, Frankfurt 1989).

Die Prognosen lauten, daß im Jahr 2000 nur noch fünf bis sechs Hersteller existieren werden. Derzeit sind es elf. Jeder will dazugehören. Sicher scheint jedoch bisher nur zu sein, daß die wirklich Großen der Branche überleben. Das sind AT&T, Alcatel, Siemens, Notherntelecom, Philips und die Bosch-Gruppe. Unternehmen mit einem Umsatz zwischen 1 und 5 Mrd. DM gibt Bosch-Topmanager Weber »in 10 bis 15 Jahren keine Chance mehr«. Nixdorf, Plessey, Italtel und einige andere liegen da genau an der Grenze. Plessey wurde inzwischen von Siemens übernommen, bei Italtel hat sich AT&T beteiligt, und Nixdorf ist in allerjüngster Zeit bei Siemens gelandet.

3.4 EDV-Industrie und Bürotechnik (Informationsverarbeitungstechniken)

Die EDV als Kernbereich der Informationsverarbeitungstechnik ist durch zunehmende Verflechtung mit den Bereichen Telekommunikation und Bürotechnik gekennzeichnet. Durch diese produkttechnischen Verknüpfungen werden neue Anwendungen und neue Dienstleistungen erschlossen, die sowohl für die Büroarbeit als auch für die industrielle Fertigung erhebliche Rationalisierungseffekte beinhalten. In der Nutzung der Informationsverarbeitungstechnik liegt die Bundesrepublik hinter den USA und Japan. Der Weltmarkt für Produkte der Informationsverarbeitungstechnik beläuft sich derzeit auf rund 165 Mrd. Dollar. In der Bundesrepublik sind 72400 Personen mit der Herstellung von EDV-Geräten beschäftigt, 1980 waren es noch 42700.

Derzeit befindet sich die EDV-Industrie nicht nur in einem konjunkturellen Tiefpunkt; sie macht darüber hinaus auch einen tiefgreifenden Umbruch in der bisherigen Produktionspalette durch. Drastischer Preisverfall im Hardwaregeschäft, die Akquisitionsgier internationaler Giganten und die Unsicherheiten hinsichtlich des künftig dominierenden Betriebssystems (macht UNIX das Rennen?), führten selbst bei Großen der Branche zu Einbußen. Die mittlere Datentechnik wird in den nächsten Jahren weitgehend verschwinden; den Großrechnern (main frames) wird Absatzstagnation bzw. sogar leichter Rückgang vorausgesagt; die starken Zuwächse wird es bei PC und work stations geben. Verbinden wird sich dies mit der Durchsetzung offener Systeme (UNIX) und einer verstärkten Vernetzung. Absehbar ist ferner, daß sich das Wachstum auf Software und Dienstleistungen verlagern wird.

Übersicht 3

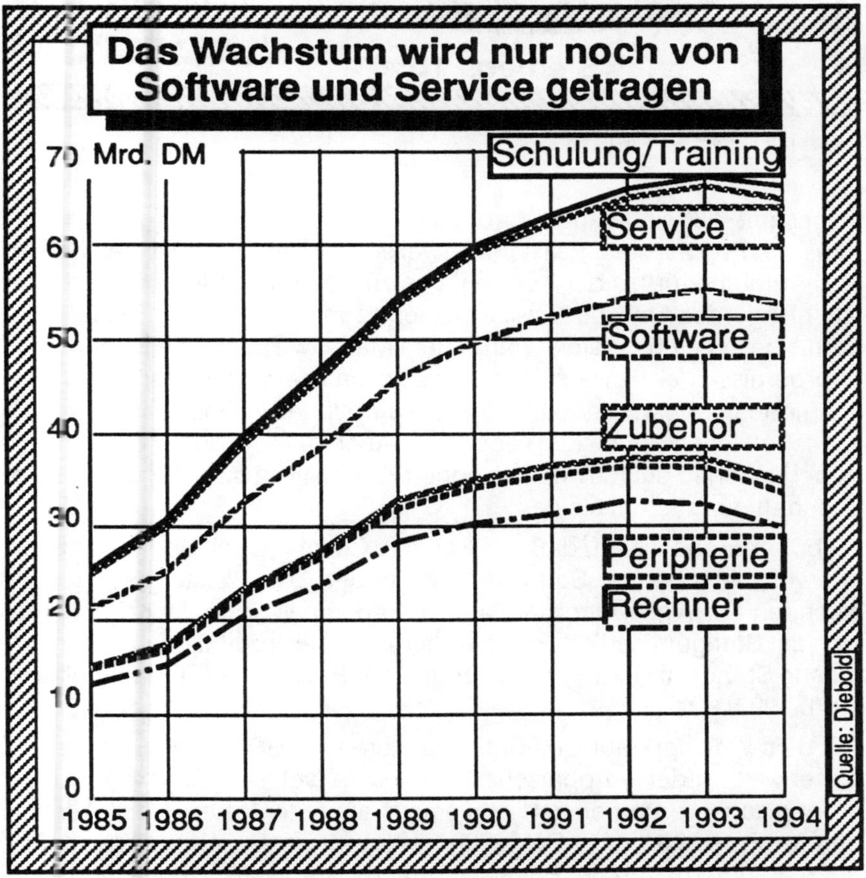

Übersicht 4

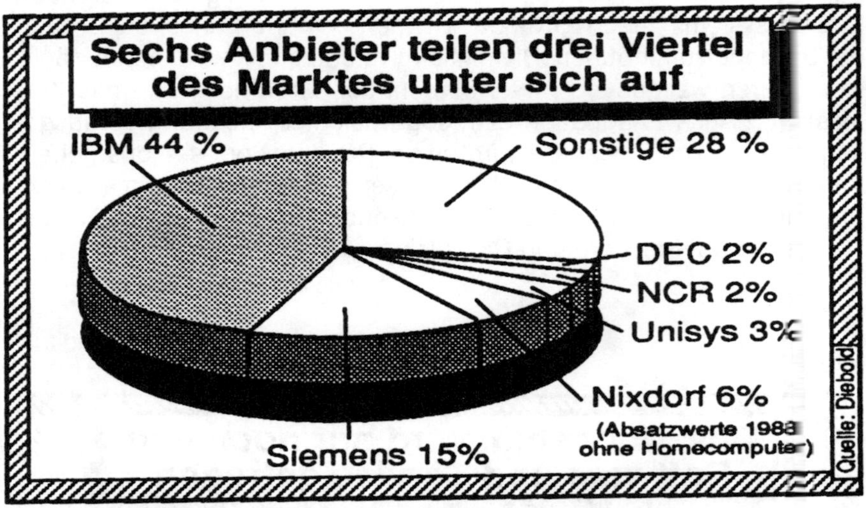

Quelle: vdi-nachrichten, 13. 1. 1990

Insgesamt läßt sich sagen, daß die Zeiten hoher zweistelliger Wachstumsraten vorbei sind. Es ist mittlerweile nicht mehr so sehr das Nach- und Aufholbedürfnis der Kunden, das zu hoher Nachfrage führte. Die Nachfrage der Anwender wird vielmehr zunehmend vom Ersatzerfordernis bestimmt bzw. steigt nur in dem Maße, wie auch die Kapazitätserfordernisse der Anwender steigen. Deshalb wird das Wachstum der EDV-Industrie zwar die nächsten Jahre noch leicht über dem gesamtwirtschaftlichen Wachstum liegen, sich aber in der Tendenz diesem annähern. Wegen der gleichzeitig hohen Produktivitätszuwächse wird die Beschäftigung kaum steigen.

Diebold prognostiziert, daß der künftige Zuwachs der Computerbranche vor allem bei der Software und bei den Dienstleistungen zu verzeichnen sei (vgl. *Übersicht 3*). Der traditionelle EDV-Markt schlage sich mit Sättigungserscheinungen herum. Überproduktion und zunehmende Standardisierung drückten auf die Preise (vgl. vdi-nachrichten, 13. 1. 1990).

Auf dem Weltmarkt für Computer rangieren die US-Firmen und die Japaner weit vor den europäischen Herstellern (vgl. *Übersicht 4*). Von den europäischen Unternehmen ist Siemens am potentesten. Hohe Ausgaben für Forschung und Entwicklung zeigen die Absicht von Siemens, auch auf internationaler Ebene – zunächst vor allem auf dem europäi-

Tabelle 5

Zukunftsvorsorge: Forscherfleiß

Unternehmen	Aufwand für Forschung und Entwicklung 1988	
	in Millionen Mark	in Prozent des Umsatzes
Computerkonzerne		
IBM	10 405	9,9
Fujitsu	3 464	10,3
Digital	2 831	11,9
Hewlett-P.	1 773	10,4
Unisys	1 252	7,2
NCR	731	6,9
STC	662	9,0
Olivetti	633	5,4
Bull	610	6,6
Control Data	590	9,3
Nixdorf	527	9,9
Apple	475	6,7
Wang	464	8,1
Amdahl	388	12,3
Prime	306	10,9
Data General	285	12,3
Tandem	294	12,8
Compaq	132	3,6
Norsk Data	79	10,0
Commodore	28	1,7
Elektrokonzerne		
NEC	6 825	15,8
Siemens	6 480	11,0
Hitachi	5 240	5,8
Philips	4 108	8,2
Nokia	438	4,8

Quelle: Capital 11/89

schen Markt – stärker präsent zu sein. Die Übernahme von Nixdorf paßt in dieses Konzept. Branchenexperten mutmaßen, daß Siemens weitere Zukäufe – die Rede ist von ICL, Teilen von Olivetti etc. – tätigen wird, um auf dem internationalen Computermarkt bestehen zu können (vgl. Computer Woche, 19. 1. 1990).

Nach Siemens sind Bull (weitgehend staatlich) und Olivetti die größten Produzenten in Europa. Doch beide brauchen offensichtlich einen hilf-

Tabelle 6

Die größten Computerhersteller der Welt

Rang	Unternehmen, Land	Umsatz mit Computersystemen 1988 in Millionen US-Dollar Welt	Europa	in Prozent des Konzernumsatzes
1	IBM, USA	55003	20520	92
2	Digital Equipment, USA	12285	4423	100
3	Fujitsu, J	10999	434	65
4	NEC, J	10476	629	46
5	Unisys, USA	9100	2639	92
6	Hitachi, J	8248	825	18
7	Hewlett-Packard, USA	6300	2331	64
8	Siemens, D	5951	5296	18
9	Olivetti, I	5428	4397	84
10	NCR, USA	5324	1757	89
11	Groupe Bull, F	5297	4026	100
12	Apple, USA	4434	931	100
13	Toshiba, J	4227	423	15
14	Matsushita, J	3441	310	8
15	Control Data, USA	3254	781	90
16	Wang, USA	3074	892	100
17	Nixdorf, D	3045	2832	100
18	Philips, NL	2795	2208	10
19	Xerox, USA	2650	795	16
20	AT & T, USA	2445	171	7
21	STC, GB	2425	2061	58
22	Compac, USA	2066	723	100
23	Nihon Unisys, J	2058	Null	100
24	Amdahl, USA	1802	559	100
25	Tandy, USA	1792	91	45
26	Ricoh, J	1728	173	32
27	Prime, USA	1594	909	100
28	Seiko Epson, J	1488	223	55
29	Sun, USA	1462	351	100
30	Tandem, USA	1425	485	100
31	Zenith, USA	1356	68	51
32	Data General, USA	1331	386	100
33	Mitsubishi Electric, J	1271	51	7
34	Nokia, SF	1165	1165	22
35	Commodore, USA	926	620	96
36	Amstrad, GB	841	783	76
37	Mannesmann, D	779	717	4
38	Cray Research, USA	756	144	100
39	Sony, J	516	173	3
40	AST Research, USA	459	96	100
41	Wyse Technology, USA	452	134	100
42	Norsk Data, N	450	450	100
43	M.A.I., USA	421	201	100
44	Acer Group, Taiwan	379	106	72
45	Atari, USA	362	235	80

Quelle: Capital 11/89

reichen Partner, um die Wettbewerbsstellung zu verstärken. Daneben gibt es Hersteller, die sich – durchaus marktrational – auf einige Produktnischen spezialisiert haben: Dies trifft auf Mannesmann-Kienzle zu, die sich z. B. auf computergestütztes Konstruieren und Fuhrparkmanagement konzentrieren. Auf dem bundesdeutschen Markt für Computer teilen sich IBM, Siemens, Nixdorf, Unisys, NCR, DEC neben einigen weiteren den Absatz (vgl. *Übersicht 4*).

Zwischenresümee

Produkte der Datenverarbeitung, der Bürotechnik (Telefon, Telex, Kopierer, Drucker etc.), der Kommunikationstechnik (ISDN-Systeme etc.) und auch der Unterhaltungselektronik (Video, Fernseher etc.) zeichnen sich durch eine zunehmende produkttechnische Verflechtung aus, die im Ergebnis neuartige Informationsproduktion und Dienstleistungen erbringen. Es macht insofern auch Sinn, diese separierten Produktgruppen unter dem Begriff »Informationstechnik« zusammenzufassen. Auf diese Weise lassen sich die Stärken und Schwächen der bundesdeutschen Produzenten etwas klarer verorten. Nimmt man als Indikator für die internationale Wettbewerbsstellung die Außenhandelsbilanz, dann zeigt *Übersicht 5*, daß die Bundesrepublik auf dem Gebiet der Kommunikationstechnik sowie der Meß-, Steuer- und Regelungstechnik einen beachtlichen Exportüberschuß aufweist. Bei der Unterhaltungselektronik und der Informationsverarbeitungstechnik (EDV) ist der Saldo negativ, bei der Bürotechnik leicht positiv.

Westeuropa ist einer der dynamischsten Märkte für Informationstechnik (Büro, Informations- und Kommunikationstechnik, einschließlich Software). Hier wurden 1988 30 % des weltweiten Umsatzes getätigt (USA-Markt: 40 %; Japan: 15 % – vgl. HB, 14. 3. 1990, S. 33).

3.5 Elektrohaushaltsgeräte

In der ersten Hälfte der achtziger Jahre führten eine mäßige Konsumnachfrage (Marktsättigung!), Anpassungen an Überkapazitäten und wachsende Importe zu beträchtlichen Problemen bei den europäischen Herstellern. Die Beschäftigung in Europa fiel in der Zeit von 1980 bis 1986 um 20 %. Gegenwärtig sind etwa 219 000 Personen im Bereich der Elektrohaushaltsgeräte beschäftigt (Panorama of EC-Industry 1989, 13/37). In der Bundesrepublik waren 1989 rund 73 900 Personen im Bereich Elektrohaushaltsgeräte tätig, 1980 waren es 83 800. Im Tief-

Übersicht 5

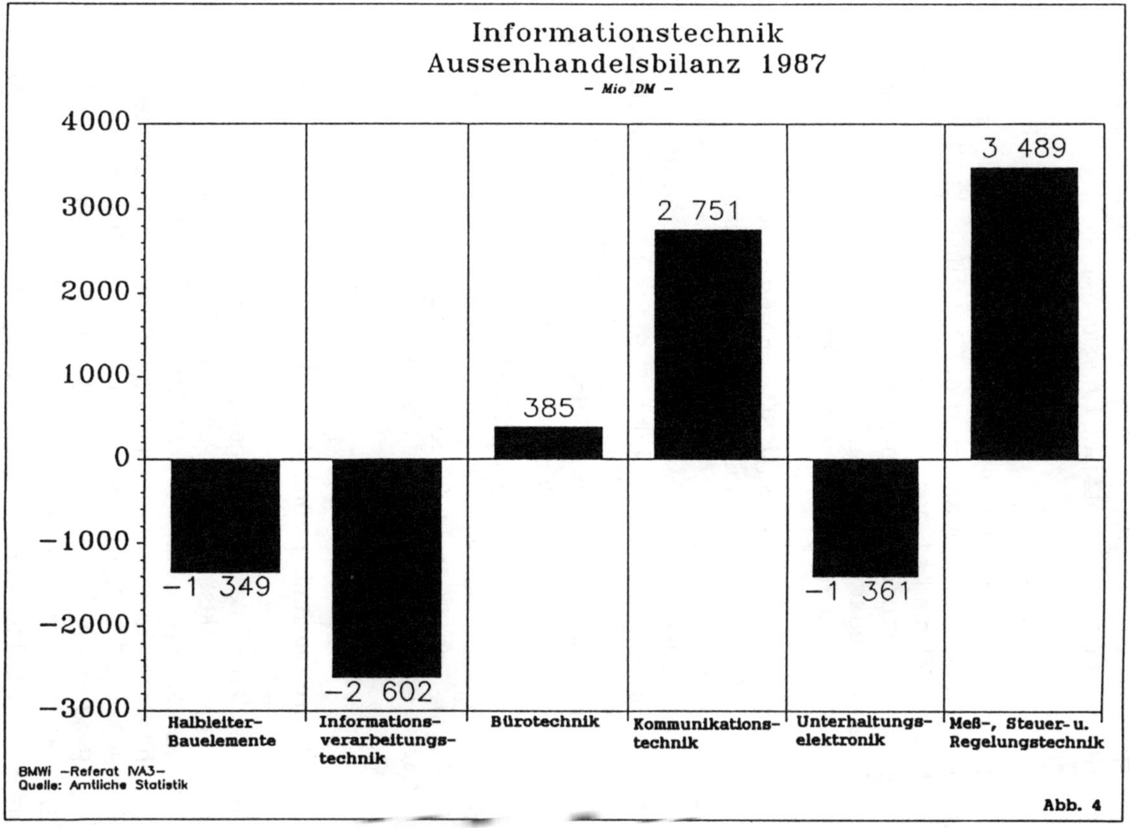
Informationstechnik
Aussenhandelsbilanz 1987
- Mio DM -
4000
3000
2000
1000
0
−1000
−2000
−3000
−1 349
−2 602
385
2 751
−1 361
3 489
Halbleiter-Bauelemente
Informations-verarbeitungs-technik
Bürotechnik
Kommunikations-technik
Unterhaltungs-elektronik
Meß-, Steuer- u. Regelungstechnik
BMWi −Referat IVA3−
Quelle: Amtliche Statistik
Abb. 4

punkt der wirtschaftlichen Entwicklung dieser Branche lag die Beschäftigung 1984 bei 67100 Personen. Durch substanzielle Umstrukturierungen kam es in den vergangenen Jahren offensichtlich wieder zu einer profitablen Produktion.

Der Produktivitätsanstieg in den achtziger Jahren ist enorm: Zwischen 1980 bis 1988 stieg die Stundenproduktivität um gut 61 %. Die bundesdeutschen Hersteller gehen seit einigen Jahren auch im *Export* wieder in die Offensive. Der Auslandsanteil am Inlandsumsatz stieg von 26,5 % (1980) auf 31,4 % (1988). Die Importe stagnierten dagegen. Die Hersteller sind entsprechend selbstbewußt: »Unsere Produktpalette ist einzigartig und weder in Japan noch in den USA zu finden.« (AEG-Vorstand Günter W. Tumm, Die Welt, 24. 11. 1988)

Der Standort BRD ist – wie der obengenannte AEG-Vertreter Tumm sagt – für die Hausgeräte-Fertigung »im besonderen wegen der Qualität von zentraler Bedeutung«.

Tabelle 7

Unternehmensstruktur

Jeweiliger Marktanteil bei Elektrohaushaltsgeräten (in vH)		
Electrolux	(S)	22
Philips	(N)	14
Bosch-Siemens*	(D)	14
Thomson	(F)	6
Miele	(D)	5
AEG	(D)	ca. 5
Merloni	(I)	–
Hot Point	(UK)	–

Quelle: Süddeutsche Zeitung, 2. 8. 1988
DIE WELT, 29. 6. 1989

* Marktanteil in der BRD: 30 %

Führende bundesrepublikanische Hersteller sind – in der genannten Reihenfolge – Bosch-Siemens Hausgeräte GmbH (mit Neff; Constructa) Miele (Familienbesitz); AEG. Weltweit größte Anbieter von Haushaltsgeräten (weiße Ware) der verschiedensten Typen einschließlich der Mikrowellengeräte sind Whirlpool, Electrolux und General Electric. Miele übernahm Anfang dieses Jahres die Imperial-Werke, die vor allem Herde und Kochanlagen produzieren (HB, 15. 2. 1990).

Whirlpool hat über ein Gemeinschaftsunternehmen mit Philips in Europa Fuß gefaßt. In das neue Unternehmen Whirlpool International hat

Philips seine Weiße-Ware-Division eingebracht. Dazu zählt auch die philipseigene Bauknecht. Das neue Unternehmen mit Sitz in Eindhoven hat 14000 Beschäftigte (HB, 15. 1. 1990).

Electrolux hat in der Vergangenheit Zanussi (sowohl die Werke in Italien als auch in Spanien) und White Westinghouse gekauft. Zanker und Progress sind gleichfalls von Electrolux einverleibt worden.

In Italien hat die Merloni-Gruppe den Konkurrenten Indesid 1988 übernommen. Die Bosch-Siemens-Hausgeräte GmbH, München, größter bundesdeutscher Hersteller, hat in jüngerer Zeit die spanischen Hausgerätehersteller Balay und Safel erworben (VWD Elektro, 25. 1. 1989 und 21. 6. 1989). Damit ist in der Gruppe ein Umsatz von etwa 6 Mrd. DM erreicht; beschäftigt werden rund 22000 Personen (FAZ, 1. 9. 1990).

Die Bosch-Siemens-Hausgeräte GmbH gehört zur Hälfte der Robert Bosch GmbH und der Siemens AG München. Die Bosch-Siemens GmbH hat offensichtlich Interesse an weiteren Aufkäufen, insbesondere auf dem französischen Markt (VWD, 25. 1. 1989). Aber auch mit General Electric werden Verhandlungen geführt, um auch auf dem US-Markt stärker präsent zu sein (FAZ, 9. 1. 1990).

Die Franzosen haben mit dem SEB-Konzern einen potenten Hersteller, der vor wenigen Jahren Rowenta schluckte und nun eine führende Stellung bei Elektrokleingeräten besitzt (FR, 1. 10. 1988). AEG hat jüngst ein Joint Venture mit Thomson Electromanager und Toshiba geschlossen. AEG beteiligt sich zu einem Drittel an dem von den beiden anderen Unternehmen gebildeten Gemeinschaftsunternehmen Cefemo in Frankreich. Dort werden in Toshiba-Lizenz Mikrowellengeräte gefertigt (HB, 15. 2. 1990).

Die Tendenzen zur Konzentration und Globalisierung gehen weiter: Electrolux will sich mit dem japanischen Hersteller Sharp zusammentun; Hitachi wird eine Produktionsstätte in Großbritannien errichten (VWD, 19. 7. 1989). Der Chef des Gemeinschaftsunternehmens Whirlpool International hat prognostiziert: Europa werde sich von der gegenwärtigen Fragmentierung vorwiegend nationaler Marken durch beschleunigte Übernahmen in einen Markt mit nur wenigen Teilnehmern umwandeln. Whirlpool sei entschlossen, in diesem Prozeß eine größere Rolle zu spielen (HB, 15. 1. 1990).

4. Gegenwärtige Unternehmensstrategien

Die Branche wird derzeit neu zugeschnitten:

(1) Neusortierung der Produktionspalette;

(2) Globalisierung der Produktionsstandorte (»Globalisierung« kann hier wörtlich genommen werden: Es geht um die Produktion und Marktpräsenz rund um den Globus);

(3) forschungs- und entwicklungsstrategische Kooperationen sind die zentralen Stichworte für die gegenwärtigen unternehmenspolitischen Aktivitäten in der Branche.

Da bei der obigen Beschreibung der einzelnen Produktbereiche auf diese Tendenzen bereits hingewiesen wurde, seien sie hier nur zusammenfassend skizziert:

Militärelektronik (defence electronics)

Der Markt für Rüstungselektronik wird neu geordnet. Dies läuft in den jeweiligen Ländern unter dem Banner eines oder mehrerer Großkonzerne. So baut in Frankreich der ohnehin schon stark im Militärgeschäft tätige Staatskonzern Thomson seine Position als zweitgrößter Rüstungskonzern der Welt aus. Thomson hat die Militärelektronik von Philips übernommen. Zusammen mit dem britischen Rüstungsunternehmen British Aerospace gründete Thomson jüngst ein gemeinsames Unternehmen Eurodynamics, das die Raketenaktivitäten beider Unternehmen übernehmen wird. Weltweit 15000 Beschäftigte wird dieses Unternehmen haben. In der Bundesrepublik wurde unter dem Flaggschiff Daimler-Benz die Militärelektronik neu gruppiert. Hinzu kommt, daß Siemens nach dem Aufkauf von Plessey und in Verbindung mit GEC Neuordnungen im Bereich der Rüstungselektronik vornehmen wird.

Die mit Siemens durch die gemeinsame Plessey-Übernahme verbundene GEC (UK) hat jüngst den Militärelektronikbereich des britischen Elektronikunternehmens Ferranti übernommen (einschließlich der Ferranti Italia!). Damit wird die Position von GEC als größter britischer Lieferant von Rüstungselektronik erheblich verstärkt. Mit der Übernahme soll der lukrative Auftrag für das Radar-System des geplanten europäischen Kampfflugzeugs gesichert werden.

Unterhaltungselektronik

In der Unterhaltungselektronik wurden die Karten schon vor einiger Zeit neu gemischt. Auf europäischer Ebene gibt es im Grunde zwei Unternehmen von Weltrang: den niederländischen Philips-Konzern und die französische Thomson-Gruppe. Hinzu kam in jüngerer Zeit die finnische Gesellschaft Nokia. Philips ist hinter dem japanischen Hersteller Matsushita die Nummer 2 in der Unterhaltungselektronik. In jüngerer Zeit hat Philips die unternehmerische Führung bei Grundig übernommen. Zu Thomson gehören schon seit einiger Zeit Nordmende, Saba und Telefunken. In den USA wurde das Unternehmen RCA aufgekauft. Damit hat sich Thomson einen starken Stützpunkt zugelegt. Das finnische Unternehmen Nokia hat von der Standardelektrik Lorenz AG den Sektor Unterhaltungselektronik mit den Märkten ITT, Schaub Lorenz und Graetz erworben.

Zwischen Siemens und Matsushita ist kürzlich ein Vertrag zur Gründung eines Gemeinschaftsunternehmens unterzeichnet worden. Siemens bringt in das Joint Venture seine Erfahrungen im Bereich der industriellen Anwendungen ein, während der japanische Partner sein Know-how in der Unterhaltungselektronik bereitstellt. Damit habe man einen besseren Zugriff auf den attraktiven Unterhaltungselektronikmarkt in Fernost, kommentierte Siemens (Markt & Technik, 2. 2. 1990). Den Vertrieb der Produkte übernehmen die jeweiligen Muttergesellschaften. Bei Siemens sind insbesondere die Produktbereiche passive Bauelemente und Röhren betroffen.

Telekommunikation

Die dramatischsten Änderungen spielen sich derzeit im Bereich der Telekommunikationsindustrie ab. Mit der Liberalisierung der Postdienste fallen die nationalen Schranken. Die früher eng mit der jeweiligen nationalen Post verflochtenen Großanbieter greifen auf den Weltmarkt über. Der »Kampf der Giganten« um Marktanteile, vor allem in der Vermittlungstechnik, ist in vollem Gange.

Daneben kommt es aber zu neuen Formen der Unternehmenskooperation. Die Entwicklung der digitalen Technik weist zwei charakteristische Merkmale auf:

(1) auf der *Produktionsseite* sind insbesondere die Entwicklung des Mikrochips – der im Telekommunikationsbereich wachsende Verwendung finden wird – und die Bereitstellung der Software-Konzeption kostenträchtig. Die Kosten steigen überproportional

zur Komplexität des Produktes. Andererseits ist es eine Produktionseigenart, daß mit wachsender Produktion Lernerfahrungen gemacht werden, die sowohl zu Qualitätssteigerungen als auch zu Produktivitätssteigerungen führen, unter dem Strich also positive Kosteneffekte haben. Die unternehmenspolitische Konsequenz wird deshalb sein, eine möglichst hohe Produktionsmenge (hohe Kapazitäten) anzustreben.

(2) *Nachfrageseitig* verlangen die Abnehmer mehr und mehr spezifisch auf ihre Bedürfnisse zugeschnittene Produkte. Kundenspezifische Problemlösungen sind gefordert. Diese beiden Aspekte – der Produktionsaspekt und der Nachfrageaspekt – erfordern eine Strategie, die sowohl die Massenfertigung als auch die kundenorientierten Anwendungsspezifika unter einen Hut bringt. Unternehmensstrategisch wird daraus die Politik abgeleitet, sich über *Rückwärtsintegration* den nötigen Unterbau zu beschaffen. Unternehmen des Telekom-Bereiches verbinden sich mit dem Chip-Herstellungsbereich. Beispiele sind

- Siemens, das Produktionsübereinkünfte mit Intel und AMD, zwei Halbleiterherstellern, getroffen hat, um so (second sourcing) ISDN-Chips zu erhalten;
- Northern Telecom hat Übereinkünfte mit Motorola getroffen;
- Ericsson kooperiert mit Texas Instruments.

Schließlich führt der rapide wachsende Markt der Software für den Telekommunikationsbereich dazu, daß sich *Netzbetreiber und Softwareunternehmen* verbinden. Beispielsweise kaufte British Telecom das führende Unternehmen für die Entwicklung der Software für elektronische Post Dialcom; SIP will eine Tochterunternehmung Telesoftware gründen; Telekom Frankreich hat das bedeutendste Softwarehaus Frankreichs aufgekauft.

Der ökonomisch rationale Kern für diese Integration von Hardware- und Service-Ebene besteht darin, zum einen die Hersteller mit einem garantierten Markt für ihre Produkte auszustatten, zum anderen gleichzeitig sicherzustellen, daß die Kunden in adäquater Weise mit den zentralen Elementen, dem Mikrochip und der Software versorgt werden. Deshalb ändert sich die Kooperationspolitik: Sie geht weg von der Verknüpfung von Herstellern und Netzbetreibern (bisher die Post) – dies war bisher das charakteristische Kooperationsmodell – und strebt hin zu den beiden Formen: Kooperation zwischen Chip-Entwicklern und Herstellern von Hardware einerseits und Kooperation von Netzbetreibern und Softwarelieferanten andererseits.

Halbleiterproduktion

»Auf dem Weltmarkt ist eine Welle von internationalen Kooperationen in Sicht« – so lautete eine kürzliche Pressemeldung (Blick durch die Wirtschaft, 30. 1. 1990). Hintergrund sind die enormen Forschungs- und Entwicklungskosten bei der Chip-Fertigung.

Besonders spektakulär ist sicherlich die jüngst gemeldete forschungs- und entwicklungspolitische Kooperation zwischen IBM und Siemens bei der Entwicklung des 64-Megabit-Chips. Hierzu passen auch die Anstrengungen, die EG- bzw. regierungsgestützten Programme Sematech (USA) und Jessi (EG) zu verschränken.

Gleichzeitig kommt es aber auch zu Kooperationen zwischen US-amerikanischen und japanischen Herstellern: Intel Corp. und Matsushita haben sich für eine Kooperation bei der Chip-Herstellung und im Vertrieb entschieden (HB, 7. 2. 1990).

Dies zeigt, daß die Kooperationsabgrenzung gar nicht so trennscharf zwischen den Wirtschaftsräumen USA und EG einerseits und Japan andererseits verläuft. Es gibt vielfältige Kooperationsverflechtungen zwischen den drei Wirtschaftsregionen.

Im Grunde genommen können ähnliche Neuordnungs- und Konzentrationsvorgänge in allen Teilbranchen des Elektro- und EDV-Sektors beobachtet werden: Computer-, Elektrohaushaltsgeräte, Leuchten und Lampen etc. – überall kommt es zu neuen Unternehmenszusammenschlüssen und Kooperationen. Die Tendenz zum »Global Player« – wie es neudeutsch heißt – ist ungebrochen.

5. ... und was wird dies für die Beschäftigung bedeuten?

In der Elektro- und EDV-Industrie waren 1989 in der Bundesrepublik 1097000 Menschen beschäftigt – damit entfallen auf diesen Industriebereich die meisten Beschäftigten des gesamen Investitionsgüter produzierenden Gewerbes. Die Elektro- und EDV-Industrie konnte nach einem drastischen Beschäftigtenabbau von insgesamt rund 100000 Personen Anfang bis Mitte der achtziger Jahre – spektakulär war besonders der Beschäftigtenabbau in der Unterhaltungselektronik – seit 1984 wieder einen Beschäftigtenzuwachs verzeichnen. 1986 konnte wieder in etwa der Beschäftigtenstand des Jahres 1980 erreicht werden, in den Folgejahren wuchs die Zahl der Beschäftigten weiter an (siehe *Tab. 8*).

Die künftige Beschäftigungssituation in der Elektro- und EDV-Branche wird sich nach dem derzeitigen Stand der Information *quantitativ* kaum

Tabelle 8

Beschäftigtenentwicklung Elektro- und EDV-Industrie

Jahr	Insgesamt		Davon: Arbeiter		Angestellte		
		Frauenanteil	Gesamt	Frauenanteil in %	Gesamt	Anteil an insges. Besch.	Frauenanteil in %
1980	1 045 283	35,4	655 053	41,3	390 230	37,2	26,1
1981	1 020 086		626 246		393 840	38,6	
1982	978 524	33,2	590 418	39,0	388 106	39,7	24,9
1983	944 279		561 837		382 443	40,5	
1984	954 701	33,4	568 655	39,9	386 046	40,4	24,1
1985	1 005 435		604 301		401 134	39,9	
1986	1 048 797	33,6	628 395	39,9	420 401	40,1	24,3
1987	1 059 341		623 908		435 432	41,1	
1988	1 062 310	32,4	620 834	38,7	441 475	41,6	23,8
1989	1 097 500		645 900		451 570	41,1	

Jahr	Elektrotechnik				EDV-Industrie			
	Arbeiter		Angestellte		Arbeiter		Angestellte	
	Gesamt	Frauenanteil	Gesamt	Frauenanteil	Gesamt	Frauenanteil	Gesamt	Frauenanteil
1980	623 451	41,3	352 070	26,4	31 602	39,7	38 160	22,6
1981	595 810		352 067		30 437		41 773	
1982	563 190	39,0	346 146	25,2	27 228	37,9	41 960	22,2
1983	534 815		338 901		27 022		43 542	
1984	539 604	39,9	338 566	24,5	29 050	40,1	47 481	20,9
1985	572 341		350 223		31 961		50 911	
1986	595 628	39,9	366 586	24,7	32 767	40,1	53 816	21,0
1987	592 358		379 639		31 550		55 793	
1988	590 867	38,8	386 314	24,3	29 967	37,1	55 162	19,7
1989	616 750		397 090		29 140		54 480	

Quelle: Statistisches Bundesamt

verändern; allerdings dürften *stärkere Strukturverschiebungen* zu erwarten sein. Damit ist gemeint:

- eine weitere relative Abnahme der Frauenbeschäftigung, insbesondere im Arbeiterinnenbereich;
- anhaltende Verschiebung zugunsten der Angestelltenbeschäftigung;
- Umstrukturierung nach Funktionsbereichen: Beispielsweise werden offensichtlich im EDV-Bereich die Funktionsebenen Software, Service/Dienstleistungen wachsen;
- Umstrukturierung im Zuge einer weiteren Unternehmenskonzentration und Kooperationen (Vertriebssysteme; Forschung und Entwicklung).

Die auch künftig expansive Entwicklung der elektro- und informationstechnischen Produktion wird keinesfalls – wie es manch schönfärberische Visionen von der »Informationsgesellschaft« glauben machen wollen – im Selbstlauf zu Arbeitsplätzen führen, die hohe Qualifikationsanforderungen stellen und eine relativ gute Bezahlung versprechen. Neben den gewiß benötigten hochqualifizierten Arbeitskräften wird es eine Vielzahl relativ einfacher und gering entlohnter Tätigkeiten (meist für Frauen) geben – falls nicht die gewerkschaftliche Politik der Arbeits- und Technikgestaltung Alternativen durchsetzt.

6. Einige strategische Überlegungen

Aus der Analyse und der Einschätzung der dargestellten produktions- und marktökonomischen Bedingungen und Tendenzen sollen hier einige Elemente abgeleitet werden, die für handlungsorientierte strategische Überlegungen von Bedeutung sind. Diese Überlegungen sollen aber nur soweit angestellt werden, wie sie von der ökonomischen Einschätzung der Branche getragen werden. Zur weiteren Abrundung wären Analysen zu Managementstrategien, zu arbeitsinhaltlichen bzw. -organisatorischen und leistungspolitischen Aspekten erforderlich.

6.1 Internationaler Wettbewerb und Beschäftigungsinteressen

Die elektrotechnische Industrie ist auf den Weltmarkt orientiert. Diese Globalisierung von Absatz und Produktion wird nicht vom EG-Binnenmarkt verursacht, sondern vielmehr beschleunigt. Gleichzeitig kommt es auf Teilmärkten zu heftigen Wettbewerbskämpfen bis hin zum Verdrängungswettbewerb. Stichwort ist die Unterhaltungselektronik, aber auch der Halbleitermarkt. Dumpingvorwürfe werden erhoben. Erst kürzlich wurde auf EG-Ebene eine Mindestpreisregelung, gerichtet gegen die 11 größten japanischen Hersteller von Speicherchips, erlassen. Richtschnur sind demgemäß die durchschnittlichen Produktionskosten plus 9,5 %. Vierteljährlich sollen die Herstellungsdaten geprüft werden (VWD-Elektro, 24. 1. 1990).

Die Frage ist, in welcher Weise man sich gewerkschaftlicherseits auf diese aus dem internationalen Handel entspringenden Probleme bezieht. M. E. ist bezogen auf die Elektroindustrie folgendes festzuhalten:

(1) Dumping – Verkauf unter Gestehungs- plus Transportkosten – ist natürlich zu diskriminieren. Doch gleichzeitig muß man sich bewußt sein, daß niedrigere Produktionskosten insbesondere zu tun haben mit (a) Marktgröße, (b) Produktionsmenge und Kapazität und schließlich (c) Produktinnovation sowie Forschungs- und Entwicklungsanstrengungen. Langfristig muß die Industrie folglich auf diese Variablen setzen, um erfolgreich auf dem Weltmarkt bestehen zu können. Traditionelle handelspolitische Maßnahmen sind demgegenüber untergeordnet.

(2) Es gibt die Strategie, den Vorwurf des Dumping zu unterlaufen, indem neue Produktionsstätten errichtet werden: Japaner produzieren Unterhaltungselektronik in Europa. Dabei wurden allerdings keine voll ausgebauten Produktionsstätten, sondern vielmehr sogenannte »Schraubenzieherfabriken« gegründet: Die Komponenten kommen weiter aus Japan, die Montagearbeit erfolgt hier. Dies ist für die Beschäftigungsinteressen in zweierlei Hinsicht problematisch. Zum einen *quantitativ* gesehen: Für die bloße Montage sind weniger Personen als für die Gesamtproduktion nötig. Zum anderen *qualitativ* betrachtet: Die Qualifikationsanforderungen sind in einem reinen Montagebetrieb ungünstiger. Deshalb, nicht aber, weil es sich um einen ausländischen Hersteller handelt[4], ist die Forderung nach »local content« sinnvoll: Ein gewisser Prozentsatz der Produktion (besser: Wertschöpfung) muß am Standort erbracht

4 Im Grunde ist die Frage nach der Nationalität des Eigentümers unwichtig; zentral ist vielmehr, ob die Produktions- und Arbeitsverhältnisse den an qualifizierter, stabiler und gut entlohnter Tätigkeit (um nur einige Aspekte zu nennen), interessierten Arbeitnehmern entsprechen.

werden. Das ist im Sinne der Beschäftigungsstabilisierung sicherlich der bessere Weg als jener über protektionistische Maßnahmen.

(3) Marktöffnung: Ein großes Problem ist der Zugang der europäischen Hersteller auf den japanischen Markt. Hier gibt es zwei Aspekte: Zum einen haben europäische Hersteller zu wenig Anstrengungen unternommen, um tatsächlich auf dem japanischen Markt präsent zu sein. Die besondere Crux war dabei vor allem der Aufbau eines funktionierenden Vertriebs- und Servicesystems. Offensichtlich wählen die europäischen Hersteller nun den Weg der Kooperation mit japanischen Unternehmen, um einen Fuß in den Markt zu bekommen. Zweitens aber hat Japan alles getan, um den Markt abzuschotten. Dort, wo der Zugang formal möglich ist, sind längst noch nicht die Barrieren beseitigt, um das Vertriebssystem aufbauen zu können. An diesem Punkt ist die Forderung nach *Reziprozität* (Wechselseitigkeit) angesiedelt. Der Marktzugang soll daran geknüpft werden, daß auch den Konkurrenten Marktzugänge zu vergleichbaren Bedingungen gewährt werden.

Um es der Klarheit wegen zu wiederholen: Diese mehr oder weniger handelspolitischen Ansätze sind defensiv. Sie taugen nicht, um die Probleme langfristig anzugehen und sind vor allem als Flankierungsmaßnahmen von Bedeutung. Entscheidender sind Produkt- und produktionspolitische Aspekte, auf die nun einzugehen ist.

6.2 Innovation, Industriepolitik und Qualifikation

Die elektrotechnische und EDV-Industrie zeichnet sich durch eine rasche Produktinnovation aus. 60 bis 70 % der gegenwärtig auf dem Markt befindlichen Produkte wurden im Verlauf der vergangenen 10 Jahre entwickelt (EG-Angabe). Das betrifft natürlich vor allem die konsumnahen Produkte (Unterhaltungselektronik), aber auch große Bereiche der elektrotechnischen Investitionsgüter; man denke an die Steuer- und Regeltechnik, die Bedeutung elektrotechnischer Produkte bei der Roboterisierung und Automatisierung, die Computer- und Bürotechnik etc.

Zusätzlich drängt in der Elektroindustrie aber auch die wettbewerbs- und preispolitische Konstellation zur Strategie der Innovation: die hohe Importkonkurrenz erlaubt es kaum, einfach über Preisanhebungen den gewünschten Cash flow zu erwirtschaften. Gerade der spezifische »Lebenszyklus« von elektrotechnischen Gütern (auch Produktzyklus genannt) drängt die Hersteller, bereits *in der Einführungsphase auf dem Markt präsent zu sein.* Nur so lassen sich Abschöpfungen über die Preise realisieren. Wer spät kommt, kann nur noch zu relativ geringen Preisen anbieten. Daraus ergibt sich für die Unternehmen die Konsequenz, sowohl die Produktinnovation als auch die Produktionspolitik als strategischen Hebel zu nutzen.

Aus dieser Tatbestandsbeschreibung und Charakterisierung ergibt sich für arbeitsplatzsichernde und qualifikationsfördernde Maßnahmen folgendes:

(1) Akute Marktprobleme von Herstellern, damit aber auch akute Beschäftigungsprobleme, können weder durch besonderen Marktschutz (z. B. Zölle oder andere protektionistische Maßnahmen) noch durch einfaches Reduzieren von Kosten angegangen werden. Wichtig ist vielmehr die *produktpolitische Neuerung.*

(2) Das bedeutet für die gewerkschaftliche Politik, daß neben der betrieblichen Ebene (z. B. über *Beschäftigungsplan und Qualifizierungsmaßnahmen*) besonderer Nachdruck auf *Industriepolitik* im Sinne von Forschungs- und Entwicklungspolitik gelegt werden muß. Unter diesem Gesichtspunkt sind auch die Europa-Programme Eureka, Esprit, Jessi zu bewerten. Denn eine reine Handelspolitik, die sich vornehmlich um Wettbewerbsbeschränkungen, Zölle usw. kümmert, ist letztlich nur eine kompensierende Maßnahme, die die Veränderung von Produkt- und Produktionsstrukturen nicht ersetzen kann. Allenfalls in Situationen, in denen der schon in Gang befindliche Aufbau einer Produktion unter scharfen Wettbewerbsdruck kommt, ist *temporärer* handelspolitischer Schutz gerechtfertigt. Dieses alte handelspolitische Konzept macht durchaus auch heute noch Sinn. Wenig sinnvoll aber ist eine Abschottung der Märkte etwa gegen die ostasiatische Konkurrenz. Nicht weil hiermit gegen eine – ohnehin fragwürdige – Idee des Freihandels verstoßen, sondern weil damit der branchenwirtschaftlichen Dynamik nicht Rechnung getragen würde.

(3) Beschäftigungspolitisch gesehen ist vor dem Hintergrund der genannten Innovationsintensität eine zukunftsorientierte *Qualifikationspolitik* zentral.

6.3 Betriebswirtschaftliche Anpassungsstrategien: Produktions- und Produktpolitik

Eng mit den beiden Faktoren Innovation (Produkte und Produktionsprozesse) und internationaler Wettbewerb verknüpft ist die Tendenz, daß die betriebswirtschaftliche Anpassungsstrategie elektrotechnischer Unternehmen bei Marktproblemen *weniger die Preise*, sondern vielmehr die *produkt- und produktionsspezifischen Elemente* sind. Der ohnehin aus dem Unternehmensinteresse entspringende Druck auf die Kosten wird in der Elektro- und EDV-Industrie zusätzlich marktökonomisch erzeugt. Bei diesem Kostendruck ist jedoch zu sehen, daß die zentralen Ansatzpunkte nicht in den Lohnkosten an sich liegen. Niedrigere Löhne bringen noch lange keine Produktneuerung mit sich. In einer Branche, in der alle 10 Jahre die Produktpalette erneuert wird, bringt es nichts, wenn die *alten* Produkte billiger erstellt werden. Es geht um Produktneuerung, um temporäre Marktvorsprünge gegenüber der Importkonkurrenz, es geht um die optimale Produktionsmenge, die zu entsprechend günstigen Produktionskosten pro Stück führt – bei Aufrechterhaltung und Ausbau des Lohn- und Gehaltsniveaus. Dies paßt auch mit dem oben zur Qualifikation Gesagten zusammen.

6.4 Produktpolitische Beteiligung bzw. Alternativen

Im Zusammenhang mit einer umfassender ansetzenden und die ökologischen Probleme einbeziehenden gewerkschaftlichen Produktionspolitik stellt sich die Frage nach der Einwirkung auf die Produktpolitik selbst. Auf der Basis der hier vorgelegten branchenökonomischen Analyse können einige Hinweise geliefert werden. Für detailliertere und vielleicht auch realistischere Einschätzungen ist jeweils zusätzliches technisches Wissen gefragt.

Es gibt einige branchentypische Indikatoren, die die Bedeutung einer produktpolitischen Orientierung unterstreichen:

(1) Da ist zunächst die auf der Hand liegende *ökologische Bedeutung* der Branche: die elektrotechnische Industrie ist direkt mit dem Energieproblem verbunden; Energieverbrauch als ökologisches Problem ist demnach ständig als Thema präsent. Darüber hinaus spielt Elektrotechnik als Umwelttechnik eine Rolle.

(2) Innerhalb der Produktpalette gibt es Bereiche, die zu einer produktpolitischen Thematisierung geradezu drängen:

a) die gesamte Rüstungselektronik;

b) der Bereich der Kommunikationstechnik; dort sind sowohl die netztechnischen Probleme (ISDN) als auch die informationstechnische Verknüpfung, aber auch die gesellschaftspolitische Organisierung von Information als Problem bekannt.

c) Schließlich verbinden sich mit dem Bereich der *elektronischen Produktionstechniken* (Meß-/Regel-/Steuersysteme samt ihrer fertigungstechnischen Vernetzung) Fragen der Arbeitsplatz-, Qualifikations- und Partizipationsgestaltung.

(3) Nicht zuletzt ist der *hohe Forschungs- und Entwicklungsanteil* in der Branche ein Indikator für Neuerungsaktivitäten, die frühzeitig zu beeinflussen wären. Da gleichzeitig ein *hoher Qualifikationsgrad* gegeben ist, liegt gewissermaßen das erforderliche Potential an mobilisierbarem Wissen und Können in der Branche selbst vor. Gewerkschaftliche Politik könnte daran ansetzen.

Im Zusammenhang mit der Produktpolitik steht natürlich auch der Themenbereich der *Technikfolgenabschätzung*. Hierzu wären Analysen zur Sozialverträglichkeit von technischen Neuerungen erforderlich. Diese sollten sich insbesondere auf Schlüsselbereiche, wie eben die Kommunikationsprodukte und Fertigungstechniken, beziehen.

Literaturhinweise:

Bundesminister für Forschung und Technologie (BMFT), Zukunftskonzept Informationstechnik, Bonn 1989.

Commerzbank, Telekommunikation in Europa. Brancheninformation, Frankfurt 1989.

Deutsche Bank, Bulletin. Weltmarkt Telekommunikation, Frankfurt 1989.

Internationaler Metallgewerkschaftsbund (IBM), Elektro- und Elektronikindustrie. Europa 1992: Die globalen Auswirkungen, Genf 1989.

Kaske, K.-H., 1992: Die Sicht der deutschen Elektroindustrie, in: Institut der Deutschen Wirtschaft (IW), FORUM, Nr, 32, 1988.

Junne, G., Tulder van, R., European Multinational in Core technologies, Genf 1988.

Kommission der Europäischen Gemeinschaft, Panorama of EC-industry 1989, Brüssel/Luxemburg 1988.

Nguyen, G. D., European R&D Policy für Telecommunications. Studie des wissenschaftlichen Instituts für Kommunikationsdienste, Bad Honnef 1989.

PROGNOS AG, Arbeitslandschaft bis 2010 nach Umfang und Tätigkeitsprofilen, Basel 1989.

Queisser, H., Kristallene Krisen. Mikroelektronik, Wege der Forschung, Kampf um Märkte, München 1987.

Rheinisch-Westfälisches Institut für Wirtschaftsforschung (RWI), Standortqualität der Bundesrepublik Deutschland und Veränderungen der Standortfakten im sektoralen Strukturwandel. RWI-Strukturberichterstattung, Essen 1989.

Zentralverband Elektrotechnik- und Elektronikindustrie e. V. (ZVEI), Die Entwicklung des Elektromarktes in der Bundesrepublik Deutschland. Prognose 1995, Frankfurt 19[illegible]9.

Teil 2

»Grenzenlose« Ressourcenausbeutung?

Umweltpolitik in der EG: Kooperation oder Konkurrenz der Standards?

Christian Hey

Einleitung

Die Beobachtung der europäischen Umweltpolitik macht klar, daß einerseits ein erheblicher internationaler Handlungs- und Koordinationsbedarf in der Umweltpolitik besteht, andererseits aber die Erfolgsbilanz der internationalen Umweltpolitik eher mager ist (*Prittwitz 1988*).

Eine Einigung zwischen den widerstreitenden nationalen Interessen, die mehr als ein unzureichender Kompromiß ist, findet selten statt (*Bongaerts 1987, 1989*).

Unter diesen Vorzeichen wäre eine abschließende Harmonisierung der europäischen Umweltpolitik, die nationalen Unterschieden keinen Raum mehr läßt, umweltpolitisch fatal. Sie würde die umweltpolitische Entwicklungsdynamik in Europa entscheidend bremsen. Außerdem würde eine Angleichung unterschiedlicher nationaler und lokaler Standards weder der Vielfalt ökologischer Problemlagen noch den unterschiedlichen Wirtschaftsstrukturen, die die *Umweltprobleme* erzeugen, gerecht werden (vgl. *Weinstock* 1983, *Zellentin* 1987, *Strübel* 1988). Die europäische Umweltpolitik steht also vor der schwierigen Aufgabe, gleichzeitig gemeinsame Maßnahmen gegen die internationalen Umweltprobleme, wie Klimagefährdung, Meeresverseuchung, Rohstoffverknappung, Atomenergie oder Giftmüllexport zu entwickeln und trotzdem nationale und lokale Unterschiede zuzulassen. Bei einer solchen Kooperation, die Unterschiede erlaubt, also einer abgestuften Integration, kommt umweltpolitischen Vorreiterländern eine Schlüsselfunktion zu. Sie sind der wesentliche Motor für eine dynamische Fortschreibung der europäischen *Umweltpolitik*. Ein Land wie die Bundesrepublik Deutschland hätte für eine solche umweltpolitische Vorkämpferrolle relativ gute ökonomische Voraussetzungen, die derzeit noch nicht hinreichend genutzt werden. Eine solche umweltpolitische Rolle der Bundesrepublik im Europa des freien Binnenmarkts wäre weniger eine Gefahr für den Produktionsstandort Deutschland als vielmehr eine Chance für Fortschritte in der umweltpolitischen Integration in Europa.

Einige Beispiele können die Defizite der europäischen Umweltpolitik verdeutlichen, die auch aus der unzureichenden politischen Integration erklärbar ist. Aus dieser Analyse heraus ergeben sich einige ökologische Argumente für eine abgestufte Integration. Abschließend werden die kurz- und langfristigen ökonomischen Handlungsspielräume für eine abgestufte Integration und die Bedeutung von Abstimmungen aus der Sicht der weniger entwickelten Regionen dargestellt.

1. Umweltpolitische Eurosklerose

Wenn es um den Wettlauf um Spitzentechnologien geht, wird der EG oft ein Entwicklungsrückstand bescheinigt. Der Begriff *Eurosklerose* soll diese »europäische Krankheit« kennzeichnen – gemeint ist zumeist eine Kritik an der im Vergleich zu den USA eher staatsinterventionistischen und wohlfahrtsstaatlich ausgerichteten Wirtschaftspolitik in der EG. Dieser Kritik kann entgegengehalten werden, daß es eine andere Form von »Eurosklerose« gibt: den internationalen Rückstand der EG bei der Bekämpfung oder Lösung ökologischer Krisen. Dies soll erläutert werden.

Eine Bewertung der Ergebnisse der Umweltpolitik setzt Maßstäbe voraus. Aus Gründen der Datenverfügbarkeit bieten sich für die europäische Umweltpolitik vor allem folgende Bewertungsmaßstäbe an (vgl. *Weidner* 1989, S. 40):

- die Analyse des Gefälles zwischen Handlungsbedarf und tatsächlichen Maßnahmen,
- eine Bewertung an den selbstgesteckten Zielen, wie sie in der Einheitlichen Europäischen Akte und dem 4. Umweltaktionsprogramm der EG-Komission festgeschrieben sind,
- oder eine Bewertung im internationalen Vergleich.

Nach allen drei Kriterien werden die Defizite der europäischen Umweltpolitik offensichtlich. Der Handlungsbedarf ist im November 1989 durch einen im Auftrag der EG-Kommission erstellten Bericht über die ökologischen Folgen des freien Binnenmarkts systematisch untersucht worden (vgl. *Task Force* 1989). Unter anderem stellt der Bericht folgende mit der *Binnenmarktstrategie* verbundenen Gefahren heraus:

- *Sondermüll* droht als frei handelbare Ware eingestuft zu werden, bevor einheitliche Abfallbeseitigungsstandards existieren. Das Gefälle in der EG ist erheblich, und eine ausformulierte Vermeidungsstrategie existiert noch nicht. Zwar geht die EG jetzt vom Prinzip der nächstgelegenen Entsorgung aus: doch ohne europäisches Vermeidungskonzept wird auch diese Position der hochgefährlichen Sondermüllverbrennung Vorschub leisten.
- In einer ökonomischen Simulationsanalyse kommt der Bericht zu dem Ergebnis, daß die Wachstumseffekte des Binnenmarkts die Wirksamkeit der europäischen *Luftreinhaltepolitik* vermindern werden. Lediglich bei SO_2 wird es in den nördlichen EG-Ländern zu Emissionsverminderungen kommen. Diese liegen aber weit unter den Reduktionsraten von 90-95 %, die notwendig sind, um eine weitere Versauerung der Böden aufzuhalten (vgl. dazu auch: *Bakker* 1989). Bei den anderen *Luftschadstoffen* vor allem Stickoxide reicht die Einführung des Katalysators und anderer Luftreinhaltemaßnahmen gerade dazu aus, einen weiteren Anstieg der Schadstoffe zu verhindern. Die Emissionen des für den *Treibhauseffekt* verantwortlichen CO_2 drohen bis zum Jahre 2010 um bis zu 41 % zu wachsen. Dabei hat sich auch die EG in Toronto dazu verpflichtet, die CO_2-Emissionen um mindestens 20 % bis 2005 zu reduzieren, um eine *Klimakatastrophe* zu vermeiden.
- Der zur Bekämpfung des Treibhauseffekts von der EG-Kommission angestrebte Ausbau der Atomenergie (um 124 % bis 2010: vgl. Energy 2010, Ökolog. Briefe Nr. 50) wird wegen seiner unwägbaren Risiken kritisiert.
- Die fehlende Berücksichtigung der ökologischen Folgekosten des Energiesystems bei der Harmonisierung der indirekten Steuern und bei der Formulierung des freien Binnenmarkts für Energie wirkt sich kontraproduktiv für Energieeffizienzstrategien und für regenerative Energiequellen aus (vgl. auch *EG-Kommission*: Energie und Umwelt 1989).
- Die Liberalisierung des Güterverkehrs verschärft die Preiskonkurrenz zu Lasten der Bahn. Der Zuwachs des Güterverkehrs auf der Straße um 30-50 % im nächsten Jahrzehnt wird die *Umweltschäden* drastisch anwachsen lassen.
- Die mit dem Binnenmarkt verbundenen ökonomischen und regionalen Konzentrationsbewegungen werden Umweltprobleme in Verdichtungsräumen zuspitzen.

- Der zum Ausgleich der Negativfolgen des Binnenmarkts gedachte Regionalfonds berücksichtigt die ökologische Dimension vollkommen unzureichend. Die Industrialisierung der Landwirtschaft in der Peripherie wird Landfluchtprobleme, überschnelle Verstädterung und Agroindustrien zur Folge haben. Erosion, überforderte kommunale Infrastrukturen und chemische Belastung von Boden und Wasser werden die ökologischen Begleiterscheinungen sein.
- Es fehlen gemeinsame Konzepte zur umweltverträglichen Bewältigung der erheblich anwachsenden Touristenströme in die südliche Peripherie.

Angesichts dieser Problementwicklungen, die sich ohne ein aktives wirtschafts- und umweltpolitisches Gegensteuern mit dem Binnenmarkt zuspitzen werden, fordert der Bericht nicht nur die Verschärfung von Umweltstandards und mehr marktwirtschaftliche Instrumente in der europäischen Umweltpolitik, sondern vor allem einen umweltpolitischen Kurswechsel. Eine ökologische Strukturpolitik soll gegenüber dem bisherigen nachgeschalteten Umweltschutz mehr an Bedeutung gewinnen. Statt nur auf Filtertechnologien zu setzen, müssen umweltverträgliche Produktlinien gestärkt werden. Die Task Force argumentiert, daß die Kosten des traditionellen nachgeschalteten Umweltschutzes mit dem Reinigungsgrad derart ansteigen, daß er ab einem bestimmten Punkt weder effizient noch ökologisch wirksam ist. Mit Filtertechnologien lasse sich z. B. die für das Waldsterben und die Ozonbildung mitverantwortlichen NO_2-Emissionen lediglich um 20 % reduzieren. Daher müssen integrierte Konzepte entwickelt werden.

Auch die 1986 verabschiedete Einheitliche Europäische Akte (EEA) legt einen solchen politischen Kurswechsel nahe, wenn man sie im Sinne eines »hohen Schutzniveaus« für die Umwelt auslegt. Sie erklärt zum ersten Mal den Umweltschutz zu einem der Ziele der Europäischen Gemeinschaften. Dort werden die auch aus der bundesdeutschen Umweltpolitik bekannten Prinzipien und Ziele festgeschrieben (vgl. *Schreiber* 1989, *Wicke* 1989, *Krämer* 1988, *Zuleeg* 1987, *Grundling* 1988, S. 334):

- das Verursacherprinzip
- das Vorsorgeprinzip,
- das Prinzip einer übergreifenden regionenbezogenen Umweltpolitik an der Quelle.

Hinzu kommt was *Krämer* (1988) als im EG-Vertrag »einzigartig« betrachtet: die Verankerung der Notwendigkeit, Umweltbelange in anderen Politikbereichen zu berücksichtigen. Außerdem geht die EG-Kommission in Art. 130 r und in Artikel 100 a Abs. 3 von einem hohen Schutzniveau für Umwelt und Mensch aus.

In ihrem vierten Umweltaktionsprogramm bemerkt die EG-Kommission selbstkritisch, daß ihre bisherige *Grenzwertepolitik* den obengenannten Kriterien nicht entspricht. Diese hat bisher Belastungsgrenzwerte für Gefahrstoffe in Luft, Wasser oder Boden festgelegt – konnte aber nicht zur Vermeidung der Emission des Gefahrstoffs beitragen. Sie strebt Veränderungen an, um einen integrierten Umweltschutz voranzutreiben, der nicht die Probleme von einem Umweltmedium in ein anderes verlagert. Im Kern erkennt die Kommission die Grundsätze einer vorsorgenden Umweltpolitik an (vgl. *Jänicke* 1986, S. 78):

Die Primitivformen des bloß reparierenden, Schadstoffe großräumig verteilenden oder entsorgenden Umweltschutzes sollen zugunsten eines ökologischen Strukturwandels, der umweltverträgliche Produktlinien und Versorgungsstrukturen oder umweltverträgliche Wirtschaftszweige wachsen und umweltschädliche schrumpfen läßt, an Bedeutung verlieren (so z. B. Jan *Brinkhorst* [Direktor der Generaldirektion Umwelt] bei einem Vortrag am 8. 9. 1989 in Den Haag).

Die ökologisch und ökonomisch effizientere Vermeidung soll die teure Entsorgung soweit wie möglich ersetzen. Von einer Umsetzung dieser Ansprüche ist die EG weit entfernt, wie sich anhand der faktischen Integration der Umweltpolitik in die anderen Politikbereiche, der Ausformulierung eines vorbeugenden Umweltschutzes oder des Verursacherprinzips nachweisen läßt:

(1) Die *Integration* der Umweltpolitik in andere Politikbereiche wird bestenfalls nachgeschaltet. Sie soll erst vorgenommen werden, wenn die »vier großen Freiheiten« auch in den umweltsensiblen Sektoren verwirklicht worden sind. Bisher wurde die Forderung der EEA nach einer Integration der Umweltpolitik in die anderen Politikbereiche lediglich in Form des *Task-Force-Berichts* und einiger ressortbezogener Mitteilungen umgesetzt. Kompensierende Maßnahmen werden, wenn überhaupt, erst Jahre nachdem zentrale Weichenstellungen getroffen worden sind, begonnen. Dies wird insbesondere in der Verkehrs-, Abfall- und Energiepolitik gefährlich, wo schlicht so getan wird, als ob der Abbau von bisherigen Grenzen hinreichend sei, um zur Integration zu gelangen (man nennt dies auch den Weg der negativen Integration, *Holland*, St. 1980; *Späth*, L., 1989).

Aus ökologischen Gründen sind jedoch vielmehr positive Reduzierung des Güter- und Personentransports auf der Straße und zur Förderung umweltfreundlicher Verkehrsträger erforderlich; ferner eine Energiepolitik, die gleichermaßen die Klimarisiken und die unlösbaren Sicherheits- und Entsorgungsprobleme der Atomenergie einkalkuliert (vgl. *Grießhammer* 1989), und eine ausformulierte *Abfallbeseitigungsstrategie*. Erste Bausteine für eine gemeinsame Energiestrategie – etwa in Form von Energiesteuern, gemeinsamen Produktnormen, Stärkung der kommunalen Ebene oder Kostenvergleichen verschiedener CO_2-Verminderungspfade (wodurch die Atomenergie als die unwirtschaftlichste Variante angeschlossen würde) – sind kürzlich von der EG-Kommission vorgeschlagen worden. Sie stehen aber in einem unvermittelten Widerspruch zu den eigenen Wachstumsplänen für die Atomenergie. Bei der Abfallvermeidungspolitik ist die Kommission bisher noch nicht über allgemeine unverbindliche Ziele hinausgekommen (vgl. Ökolog. Briefe Nr. 47). Grenzwerte für Müllverbrennungsanlagen liegen dem Ministerrat zur Entscheidung vor.

Bedenklich ist auch die fehlende Integration der Umweltpolitik in die *Regionalpolitik*. Die EG-Kommission hat sich zum Ziel gesetzt, in den nächsten 10 Jahren die Infrastruktur der europäischen Randregionen auf bis zu 80 % des Niveaus der entwickelteren Regionen Europas zu heben. Zu diesem Zweck werden Investitionen in einer Größenordnung von 179 Mrd. ECU benötigt (*Padoa-Schioppa* 1987, S. 173; EEB 1988). Gesondert für den Umweltschutz werden davon lediglich 1,3 % ausgewiesen. Was aber einen wesentlichen dramatischeren Einschnitt bedeutet: Die Investitionen werden nicht in zukunftsweisende umweltverträgliche Infrastrukturen getätigt, sondern in den traditionellen, wie Straßen- und Autobahnbau. In Spanien werden rd. 48 % der Infrastrukturmittel für den Straßenbau, etwa 14 % für Eisenbahnen und Flughäfen ausgegeben. Es ist zu befürchten, daß der durch den Straßenbau angelockte Auto- und Lastwagenverkehr sowie der zusätzliche Luftverkehr die Fortschritte, die die europäische Luftreinhaltepolitik für Spanien bringen wird, wieder zunichte macht. (EG-Kommission: Regional Analysis – A Case: Andalusia [Spain] 1989. Manuskript).

Die randständigen Regionen Europas berauben sich damit der Chance einer zukunftsweisenden Technologiepolitik und einer deutlich kostengünstigeren, weil tatsächlich vorbeugenden Umweltpolitik.

(2) Das *Konzeptdefizit* ist insbesondere auch bei der Formulierung eines vorbeugenden Umweltschutzes offensichtlich.

Vorbeugende Umweltpolitik in einem strengen Sinne gibt es in der EG noch nicht. Der traditionelle »end-of-pipe-Ansatz« des nachsorgenden Umweltschutzes kennzeichnet die EG-Richtlinien. Konzepte für eine ökologische Strukturpolitik sind bisher nicht entwickelt worden. Hierfür fehlen auf der EG-Ebene die Instrumente und der politische Wille.

Vorbeugung hieße vor allem die ökologische und soziale Folgenabschätzung neuer technischer Entwicklungen. Derzeit steht die *Gentechnologie* vor dem kommerziellen Durchbruch, dies erfordert auch entsprechende europäische Regelungen. Eine kritische öffentliche Debatte über die Risiken dieser Technologie analog zur bundesdeutschen Enquête-Kommission fand in der EG nicht statt.

Die bisherigen Entwürfe zur Freisetzung und zum Umgang in geschlossenen Systemen tragen eher die Handschrift der Industrie, als daß sie einen vorbeugenden Umgang mit den neuartigen Gefahren der Gentechnologie erkennen lassen. (*Hey* 1989, S. 88ff.; *Rosenbladt* 1988, S. 142f.). Die vielen Schlupflöcher und unzureichenden Präzisierungen sind daher vom Umweltausschuß des Europäischen Parlaments stark kritisiert worden (vgl. Ökologische Briefe 37/1989).

Vorbeugende Umweltpolitik ließe sich insbesondere auch in der Chemiepolitik realisieren (vgl. *Friege* 1988). Bisher ist es allerdings nicht einmal gelungen, ein europäisches Zulassungsverfahren für neue gefährliche Chemikalien einzurichten. Neue Stoffe müssen zwar getestet, angemeldet, gekennzeichnet und sicher verpackt und transportiert werden, die EG verzichtet aber auf klare Kriterien für ihre Zulassung bzw. ihr Verbot (vgl. *Hey* 1989, S. 57f., S. 83ff. und S. 130f.). Weitergehende Vorstellungen, wie das vorbeugende Verbot potentiell gefährlicher Stoffgruppen, stehen außerhalb der Debatte in der EG.

Selbst die Nachsorge wird nicht in Angriff genommen: Es gibt auch kein systematisches und konsequent durchgeführtes Konzept zur Regulierung von Altstoffen. Nationale Vorstöße werden oft abgeschwächt – so erging es dem dänischen Verbot von Kadmium in Pigmentfarben, Stabilisierungsmitteln oder dem deutschen Verbot des dioxinhaltigen Holzschutzmittels Pentachlorphenol (vgl. den Kadmiumaktionsplan der EG-Kommission Kom [87] 165 und zu PCP: Kom [88] 190).

(3) Vom *Verursacherprinzip* kann in der EG nicht gesprochen werden, solange nicht versucht wird, die ökologischen Folgekosten tatsächlich den Verursachern zuzurechnen. Die Internalisierung von Folgekosten (d. h. Kosten sollen dem zugerechnet werden, der sie verursacht hat) durch ökologische Abgaben oder den Ausbau der Umwelthaftung wird auch von dem Task-Force-Bericht wiederholt eingefordert.

Zusammenfassend kann man also feststellen, daß die Hoffnungen, die die Einheitliche Europäische Akte weckt, noch nicht in praktische Politik umgesetzt worden sind.

Auf der Ebene der Richtlinien werden die Defizite der europäischen Umweltpolitik offensichtlich: Ausnahmeregelungen, der Verzicht auf umfassende Regelungen bei gleichzeitiger Detailgenauigkeit, Schlupflöcher oder das Verschieben von halbherzigen Maßnahmen auf die lange Zeitachse charakterisieren die europäische Umweltpolitik. Es wird viel kontrolliert, informiert und überwacht, aber nur wenig tatsächlich verboten (vgl. *Hey* 1989 und 1989 a; *Bongaerts* 1989; *Braun* 1988). Die europäische Umweltpolitik ist noch weit von einem »hohen Schutzniveau« entfernt.

Die These von der »umweltpolitischen Eurosklerose« erhält allerdings erst bei einem internationalen Vergleich ihre volle Brisanz.

Bewertung im internationalen Vergleich

Versucht man eine Bilanz der bisherigen Umweltvorschriften, fällt das Entwicklungsgefälle in einigen zentralen Bereichen auf, das zwischen der EG und einzelnen Ländern besteht.

Dies gilt vor allem für die Luftreinhalte- bzw. Energie- und Verkehrspolitik. Aber auch im Gewässerschutz liegt die EG hinter den Grenzwerten und Normen, die in *Japan* und in der *Schweiz* festgelegt worden sind (*Schager* 1988; *Weidner* 1989 b). In beiden Ländern sind bereits für wesentlich mehr Stoffe als in der EG Emissionsgrenzwerte erlassen worden. Die Emissionsgrenzwerte für Quecksilber sind in der EG fünfmal so hoch wie in der Schweiz, die für Cadmium zweimal. Nur bei der Trinkwasserrichtlinie liegen die EG-Standards über jenen der Schweiz.

Insbesondere in der Luftreinhaltepolitik ist ein erheblicher Entwicklungsrückstand der EG zu verzeichnen. Die nach jahrelangen Konflikten erlassene Richtlinie zu Schwefeldioxidemissionen sieht eine 6 %ige Reduktion EG-weit bis zum Jahre 2003 vor (*Bongaerts* 1989). Ähnliche Reduktionsraten wurden in Japan bereits Mitte der 70er Jahre mit Hilfe der Rauchgasentschwefelung eingeleitet und umgesetzt. Die SO_2-Belastung ist in Japan in den letzten 20 Jahren um 75 % gesenkt worden (*Weidner* 1989 b).

Bei Abgaswerten für Autos liegt der internationale Entwicklungsrückstand bei etwa 10 Jahren gegenüber den USA, bei 18 Jahren gegenüber Japan.

Die EG ist energiepolitische Entwicklungsregion. Das wird deutlich, wenn man die US-Energiegesetzgebung von 1978 als Maßstab ansetzt. In ihr sind Rahmenbedingungen für eine effizienzorientierte Stromtarifpolitik, für Anreize zur Energieeinsparung, für regenerative Energieträger und für die Least-Cost Planning (Methode beim Angebot von Energiedienstleistungen, vgl. *Glossar*) vorgeschrieben. Als internationales Vorbild zur Förderung regenerativer Energiequellen, der Kraftwärmekoppelung und zur rigorosen Durchsetzung einer Energiesparpolitik gilt nach wie vor Kalifornien, auch wenn zahlreiche Fördermaßnahmen Mitte der 80er Jahre ausgelaufen sind (vgl. *Spitzley* 1986).

In der Verkehrspolitik wird der Rückstand der EG vor allem bei einem Vergleich mit der Schweiz deutlich. Mit ihrem Bahn-2000-Konzept will sie einen attraktiven, schnellen, auch das Land abdeckenden Taktverkehr einführen. Dies wird durch Bahnpreisvergünstigungen (z. B. Halbfahrpreis, Umweltkarte) begleitet. Der Anteil des Lastwagenverkehrs soll durch Gewichtsbeschränkungen, *Nachtfahrverbote, Geschwindigkeitsbegrenzung* und die Förderung der Verlagerung auf die Schiene reduziert werden. Die EG-Verkehrspolitik beschränkt sich auf die Deregulierung des Güterverkehrsmarktes und der Arbeitsbedingungen für LKW-Fahrer sowie auf die einseitige Förderung der großen internationalen Hochgeschwindigkeitsverbindungen (vgl. VCD 1988).

Eine vorsorgende Umweltpolitik steht und fällt mit den Bürger- und Partizipationsrechten, die bei der Entwicklung und dem Vollzug von Umweltmaßnahmen getroffen werden. Auch hier liegt die EG weit hinter dem internationalen Stand der Bürgerrechte zurück. Die Umweltverträglichkeitsprüfung (UVP) für öffentliche und private Investitionen gibt es in den USA seit 1969. In der EG ist sie mit zahlreichen Abschwächungen 16 Jahre später verabschiedet worden. Als Bewertungs- und Kontrollinstrument hat sie durch die Abschwächungen erheblich an Wirksamkeit eingebüßt. Die Schweiz kennt schon lange die Verbandsklage, die USA das Akteneinsichtsrecht und die Niederlande eine institutionalisierte Partizipation von Umweltverbänden an der Politikentscheidung. Die verschuldensunabhängige, auf statistischer Wahrscheinlichkeit aufbauende Umwelthaftung wird in Japan bereits seit 15 Jahren praktiziert (*Binswanger* 1988, S. 207 f.; *Cupei* 1986; *Weidner* 1985; *Weber* 1988).

2. Politikverflechtungsfalle und Eurosklerose

Wichtigste Voraussetzung des Erfolgs der internationalen Kooperation in der Umweltpolitik ist die gemeinsame Betroffenheit von Risiken, Gefahren und Bedrohungen und damit eine gemeinsame Interessenlage. Diese ist in den EG-Ländern nur zum Teil gegeben. Das relative Gewicht von Produzenten-, Betroffenen- und Entsorgungsinteressen ist in den einzelnen EG-Ländern ungleich verteilt. Der wirtschaftliche Entwicklungsstand ist extrem unterschiedlich, damit auch die Problem- und Interessenlagen der einzelnen EG-Länder (vgl. *Hey* 1989, S. 52f.). Internationale Kooperation im Rahmen der traditionellen Außenpolitik ist tendenziell eher konservativ. Von dieser hat sich die EG auch in der Umweltpolitik noch nicht entscheidend entfernt.

Die institutionellen Strukturen der EG führen systematisch zu suboptimalen Ergebnissen. *Scharpf* (1985) hat das Dilemma dieser Strukturen als *Politikverflechtungsfalle* bezeichnet. Darunter versteht er das Dilemma zwischen der von allen Akteuren eingesehenen Notwendigkeit einer gemeinsamen (Umwelt-)Politik und den sich selbst blockierenden widersprüchlichen Interessenlagen im Detail.

Die Politikverflechtungsfalle entsteht dann, wenn Entscheidungen auf höherer Ebene vom Einverständnis der Akteure auf der unteren Ebene abhängen, wenn z. B. die Machtzentren der EG bei den Nationalstaaten liegen, das Parlament in Straßburg schwach ist und das Konsensprinzip vorherrscht. In einer solchen Situation finden permanent Verteilungskonflikte statt: Bestimmte Maßnahmen bringen für einige Länder höhere Kosten mit sich als für andere. Dies führt zu sogenannten »Paketlösungen« – Fortschritte auf einem Politikfeld werden an Fortschritte auf dem anderen gekoppelt. Ist ein Kompromiß einmal gefunden, ist dieser schwer zu verändern. Die Verknüpfung verschiedener Themen zu einem Paket verhindert eine Veränderung der Kompromißstrukturen, auch wenn sich ein Paketelement nicht mehr als dem Problem angemessen erweisen sollte. Der politische Entscheidungsmechanismus der EG ist also extrem innovationsfeindlich, was gerade in der Umweltpolitik negativ ist.

Beispiele hierfür sind zahlreich: Seit 1976 können sich die Minister nicht auf ein einheitliches Vorgehen zur Zulassung gefährlicher Pestizide einigen; dies hängt mit den unterschiedlichen Agrarstrukturen in der EG zusammen. Jahrelang zog sich der Streit um die Einführung des Katalysatorautos hin. Vorreiterland war damals das automobilindustriefreie Dänemark. Bremser waren Frankreich und Italien, die Absatzeinbußen für ihre Kleinwagen befürchteten, während die Bundesregierung zwischen starker Rhetorik und zögerlichem Handeln hin und her schwankte. Eine Einigung wurde erst durch die Konfliktbereitschaft der Niederlande möglich, auch im nationalen Alleingang den Katalysator einzuführen, durch überraschende Wahlerfolge der französischen Grünen und durch den massiven Druck des Europäischen Parlaments.

Besonders in den Sektoren, in denen sich große nationale Unterschiede herausgebildet haben (z. B. Energie, Bahn), fällt eine Einigung schwer, da strategische nationale Interessen berührt sind. Konsequent betrachtet stellt z. B. der freie Binnenmarkt für Elektrizität den französischen Atomstrom und die deutsche Steinkohle gleichermaßen in Frage. Bei beiden können erhebliche öffentliche Subventionen nachgewiesen werden, die den Markt verzerren. Bei beiden sind aber die nationalen Interessen an Atomenergie bzw. Kohle so stark, daß ihre Infragestellung kaum durchsetzbar scheint. Aufgrund der unterschiedlichen Primärenergiebasis der wichtigen Länder konnte daher eine gemeinsame Energiepolitik, die über unverbindliche Ziele hinausgeht, nicht umgesetzt werden.

Mit der Einführung der Einheitlichen Europäischen Akte hat sich in dieser Hinsicht einiges verbessert, allerdings bleiben auch wesentliche institutionelle Defizite bestehen.

Das *Konsensprinzip* ist faktisch nur bei den Maßnahmen zur Vollendung des freien Binnenmarktes (nach Art. 100 a) abgeschafft worden. Auf diese Maßnahmen beschränken sich auch die neuen Beteiligungsrechte des Europäischen Parlaments. Ob die formale Beschleunigung des Entscheidungsverfahrens immer umweltpolitisch günstig ist, kann in Frage gestellt werden, da die relativ fortschrittlichen EG-Länder Dänemark, Holland und die Bundesrepublik nicht einmal eine Verhinderungsrolle übernehmen können, selbst wenn sie zusammenarbeiten. Ihre Stimmen reichen nicht für die Verhinderung einer qualifizierten Mehrheit aus.

Werden Maßnahmen nach dem Umweltartikel 130 r ergriffen, so bleibt faktisch *Einstimmigkeit* bestehen. Dafür sind allerdings die rechtlichen Möglichkeiten, über die EG-Standards hinauszugehen, besser als bei den Maßnahmen, die im Rahmen der Vollendung des Binnenmarkts getroffen werden.

Das Übergewicht industrieller Interessen

Eine entscheidende Rolle für die Schwerfälligkeit und Unzulänglichkeit der europäischen Umweltpolitik spielen die ungleichen Organisations- und Machtpotentiale, die die jeweiligen gesellschaftlichen Gruppen in bezug auf die europäische Umweltpolitik entwickeln können. Wenn *Jänicke* (1986) bereits auf nationaler Ebene von bürokratisch-industriellen Funktionsgeflechten und Vermachtungsprozessen spricht, dann gilt dies für die EG in noch krasserer Weise. Das Binnenmarktprojekt ist bereits von der Anlage her ein Projekt der großen Industrie. Die mit dem Binnenmarkt verbundene Harmonisierung von Normen und Standards ist zum Teil an die Industrie delegiert worden bzw. findet in enger Absprache mit ihr statt (vgl. *Hey* 1989, S. 115f.). Besonders eng sind die bürokratisch-industriellen Funktionsgeflechte in der Forschungs- und der Agrarpolitik. Sie sind aber auch für die Chemiepolitik empirisch belegt (*Grant* 1988). Umweltinteressen haben hingegen primär ihre lokalen bzw. nationalen Traditionen. Ihre Europäisierung konnte bisher nur schwer mit der ökonomischen Integration Schritt halten. Unterschiedliche Politikverständnisse und eine unzureichende Personal- und Finanzbasis erschweren die effektive Einflußnahme und Öffentlichkeitsarbeit. Zudem werden soziale und ökologische Interessen nicht in gleicher Weise in den politischen Prozeß in der EG mit einbezogen wie die wirtschaftlichen.

Kern- und Angelpunkt der Überwindung der Eurosklerose ist daher die *Demokratisierung* der EG. Diese darf nicht bei der Stärkung des Europäischen Parlaments haltmachen, sondern muß Öffentlichkeit und Transparenz bei der Politikentwicklung in Brüssel mit beinhalten. Diese institutionellen Reformen sind Vorbedingung dafür, daß die »positive« umweltpolitische Integration die Dominanz der »negativen« Integration des freien Binnenmarktes brechen kann.

3. Nationale Vorreiterrollen zwischen »Dezentralisierung« und Harmonisierung

In den gegenwärtigen institutionellen Strukturen scheint daher eine Harmonie zwischen »Umwelt« und »freiem Binnenmarkt« nicht erreichbar zu sein – zumindest nicht, wenn man wie die EG-Kommission von einheitlichen Standards in Europa ausgeht.

Als Antwort auf die Schwierigkeiten einer wirksamen umweltpolitischen

Integration in Europa stehen sich zwei vordergründig ähnliche, aber in ihrer Konsequenz unterschiedliche Ansätze gegenüber.

Unter dem Stichwort »Dezentralisierung« der Umweltpolitik schlägt *Siebert* (1989) eine weitgehende Rückverlagerung der umweltpolitischen Kompetenzen auf die nationale Ebene vor. Analog zu dem neuen Integrationsansatz der EG-Kommission geht er dabei von der Philosophie des internationalen Wettbewerbs von Standards, Umweltpolitiken und Rahmenbedingungen aus. Während es also eine europäische Marktintegration geben soll, soll die umweltpolitische Integration in Europa so schwach wie möglich sein. Der daraus resultierende Wettbewerb der Standards soll zu einer optimalen Anpassung der Umweltpolitik an die Wünsche der Bevölkerung in den Mitgliedsstaaten führen. *Siebert* treibt also den Teufel mit dem Beelzebub aus. Zusätzlich zu Unternehmen, die ohne Vorschriften systematisch ökologische und soziale Folgekosten auf Dritte abwälzen, sollen nun auch Staaten miteinander in eine Standortekonkurrenz um Standards eintreten. Diese Standortekonkurrenz wird nicht selten über die Subventionierung der Betriebe durch niedrige Umweltauflagen oder niedrige Kosten für Energie ausgetragen (vgl. *Jänicke* 1986). Ein Koordinationsbedarf ist also gegeben, soll nicht der Wettlauf um attraktive Produktionsstandorte die ökologischen Folgekosten erhöhen und alle Beteiligten schädigen.

Siebert entwickelt selber eine sehr differenzierte Typologie von Umweltproblemen, für die seine Philosophie nicht angewandt werden kann. Hierzu gehören Produktstandards, globale Umweltprobleme, grenzüberschreitende Probleme, sofern sie nicht dezentral unter den beteiligten Staaten ausgetragen werden können, und das *Umwelthaftungsrecht*. Keinen Kooperationsbedarf sieht er aber bei der Frage von Emissions- und Immissionsnormen oder bei Abgaben auf Emissionen. Insgesamt zieht er fiskalische Instrumente vor, da diese den Handel nicht beeinträchtigen und somit dem freien Binnenmarkt nicht widersprechen.

Bei genauer Betrachtung treffen allerdings auf die meisten großen Umweltprobleme seine Kriterien für einen europäischen Koordinationsbedarf zu. Luft- und Wasserverschmutzung sind grenzüberschreitend. Produktnormen werden insbesondere in der Chemiepolitik, aber auch in bezug auf Energiespargeräte, Autos, abfallintensive Güter, Verpackungen usw. zunehmen müssen. Die Folgekosten des Verkehrs- und Energiesystems sowie der Chemieindustrie haben inzwischen globale Dimensionen erreicht.

Als eine Antwort auf diese Situation wurde das Konzept der abgestuften Integration oder des *Europas unterschiedlicher Geschwindigkeiten* entwickelt. Dieses erkennt zwar grundsätzlich den Koordinationsbedarf an, aber lediglich im Sinne von Mindestnormen. Es soll Vorreiterländer geben können, die über die international vereinbarten Maßnahmen hinausgehen. Es werden gemeinsame Ziele formuliert, aber unterschiedliche Geschwindigkeiten, diese Ziele auch umzusetzen. Die europäische Umweltpolitik soll sich also nicht als Bremse für einzelne Länder auswirken.

Das am besten ausgearbeitete Beispiel für eine solche Form abgestufter Integration ist die *Großfeuerungsanlagenrichtlinie* von 1988. Für Altanlagen schreibt sie bis zum Jahre 2003 EG-weit eine Schadstoffreduktion um 60 % vor. Sowohl die Reduktionsrate als auch der Zeitrahmen liegen zwar weit unter den von den Umweltverbänden geforderten Werten, faktisch wird nur das vereinbart, was jedes Land ohnehin vorhat. Was aber an der Richtlinie interessant ist, ist, daß jedes Land in unterschiedlichem Maße zu dem obengenannten Ziel beiträgt. Dies macht *Tabelle 1* deutlich: Die Ziele schwanken zwischen – 70 % für die Bundesrepublik und + 79 % für Portugal. Weniger im Inhalt als vielmehr in der Form stellt diese Richtlinie ein Modell für eine abgestufte Integration dar.

In einigen umweltpolitischen Teilbereichen steht eine solche Philoso-

Tabelle 1

Zielwerte für die Schadstoffreduktion bei Altanlagen
– Veränderungen in % des Niveaus 1980 –

	Schwefeldioxid (SO_2)			Stickoxid (NO_2)	
	1993	1998	2003	1993	1998
Belgien	– 40	– 60	– 70	– 20	– 40
Dänemark	– 34	– 56	– 67	– 3	– 35
Deutschland	– 40	– 60	– 70	– 20	– 40
Griechenland	+ 6	+ 6	+ 6	+ 94	+ 94
Spanien	0	– 24	– 37	+ 1	– 24
Frankreich	– 40	– 60	– 70	– 20	– 40
Irland	+ 25	+ 25	+ 25	+ 79	+ 79
Italien	– 27	– 39	– 63	– 2	– 26
Luxemburg	– 40	– 50	– 50	– 20	– 40
Niederlande	– 40	– 60	– 70	– 20	– 40
Portugal	+ 102	+ 135	+ 79	+ 157	+ 178
Großbritannien	– 20	– 40	– 60	– 15	– 30

Quelle: Bongaerts 1989, S. 20.

phie im Konflikt zum freien Binnenmarkt. Insbesondere bei Produktnormen und bei der europäischen Liberalisierung des Energie- und Verkehrssystems kommt es zu Gegensätzen. Vorreiterrollen können dort den freien Handel von Gütern und Dienstleistungen beeinträchtigen. Dies ist zwar nicht mit der Integrationsphilosophie der EG-Kommission vereinbar, aber unter bestimmten Bedingungen mit der Einheitlichen Europäischen Akte, die dem Binnenmarkt ausdrücklich nicht überall den Vorrang gibt (vgl. u. a. *Hailbronner* 1989).

Nationale Vorreiterrollen haben eine erhebliche Bedeutung für die umweltpolitische Integration in Europa, die über einen nationalstaatlich borniertén Blickwinkel hinausgehen. Sie haben eine Modellfunktion für andere Länder. Neue Konzepte können entwickelt, Erfahrungen gemacht werden, die bei einer gleichförmigen Umweltpolitik nicht möglich wären. Der Stand der Technik wird also vorangebracht.

Vorreiter verstärken damit die umweltpolitische Dynamik in Europa. Die politische Durchsetzung fortschrittlicher Maßnahmen wird nicht gebremst; gleichzeitig wird ein Demonstrationseffekt für umweltpolitisch weniger entwickelte Länder ausgeübt. Vorreiterländer zwingen die Unternehmen anderer Länder zur Anpassung an ihre höheren Standards, wenn diese ihre Exportmärkte halten wollen. Dieser Zusammenhang läßt sich insbesondere anhand der Bedeutung der US-Chemiepolitik für Europa nachweisen (s. o.). Der Mechanismus wirkt allerdings auch innerhalb der EG (*Rehbinder/Stewart* 1986, S. 7ff.).

Schließlich erweitern Vorreiterländer auch die ökonomischen Handlungsspielräume für eine Verschärfung der Umweltpolitik in weniger entwickelten Ländern.

Gerade die Bundesrepublik mit ihren erheblichen außenwirtschaftlichen Überschüssen könnte sich eine Vorreiterrolle in der europäischen Umweltpolitik leisten.

4 Vorreiterrolle der Bundesrepublik – Standortgefährdung oder Chance für die europäische Umweltpolitik?

Von den großen Industrieverbänden wird gegen eine solche Position immer wieder eingewandt, daß dadurch der Industriestandort Deutschland gefährdet sein könnte. Sie fordern daher eine Harmonisierung der Umweltpolitik in Europa, nicht ohne im Nebensatz der Hoffnung auf eine Lockerung der deutschen Standards Ausdruck zu geben. Im wesentlichen konzentrieren sich die Argumente der Industrie auf drei Punkte:

- die Umweltschutzkosten und die damit verbundenen Energiekosten sind in Deutschland wesentlich höher als in anderen Ländern;
- vor allem das deutsche Genehmigungsrecht trägt zu einem Investitionsstau bei, der das Innovationstempo und die internationale Wettbewerbsfähigkeit gefährdet;
- wenn keine internationale Angleichung der Standards stattfindet, droht die Produktionsauslagerung in die europäische Randregion.

Diese Argumente werden durch eindrucksvolle Zahlen und spektakuläre Einzelfälle belegt. Eine isolierte Betrachtungsweise des Kostengefälles allein der Umweltschutzkosten könnte der Industrie durchaus recht geben. Der Anteil der Umweltschutzkosten in der Chemieindustrie beträgt hier 3,2 %, in Italien dagegen nur 0,4 % (VCI 1988). Die Kostendifferenz in der NE-Metallindustrie innerhalb Europas beträgt 1:5 (Europäische Liga für wirtschaftliche Zusammenarbeit. Kongreßreader vom 4. 12. 1987; *Freyend*, S. 17, in: *Lukes* 1988).

Die Deponiekosten für Abfälle betragen in der Bundesrepublik etwa das Vierfache des EG-Durchschnitts. In der Mineralölindustrie wird sich das Kostengefälle zwischen Italien und der Bundesrepublik bis 1993 auf 1:10 steigern (EG-Kommission SEK 8601526, S. 11).

Das Strickmuster einer solchen Argumentation ist zu einfach, um tatsächlich haltbar zu sein. Der Vergleich von *Umweltschutzkosten* verengt den Blickwinkel viel zu sehr. Für die meisten Industrien sind Umweltschutzkosten kein entscheidender Kostenfaktor. Außerdem ist der Preiswettbewerb gerade hierzulande im Vergleich zum Qualtitätswettbewerb von abnehmender Bedeutung. Umweltschutzbedingte Standortprobleme reduzieren sich daher auf einige Einzelfälle. Es scheint volkswirtschaftlich struktur- und industriepolitisch, beschäftigungspolitisch und ökologisch kurzsichtig, diese durch einen Verzicht auf verschärfte Umweltauflagen zu erhalten und zu subventionieren. Eine Produktionsauslagerung aufgrund von Kostenunterschieden ist schließlich nur in Einzelfällen zu erwarten, da Umweltschutzkosten nur ein (Rand-)Motiv in dem komplexen Entscheidungskalkül darstellen, das zu einer Direktinvestition führt.

(1) Volkswirtschaftlich spielt Umweltschutz noch keine entscheidende Rolle. Die laufenden Umweltschutzkosten sowie die Abgaben und Gebühren, die die Industrie zu tragen hat, entsprechen gerade 1,1 % des Umsatzes des produzierenden Gewerbes (*Ryll* 1987, S. 33 f.). Der Anteil

der Umweltschutzinvestitionen an den Gesamtinvestitionen lag im Durchschnitt der Jahre 1975–1984 bei 4 %.

Auch die Entwicklung der Umweltinvestitionen im letzten Jahrzehnt kann nicht als dramatisch angesehen werden. Zwischen 1975 und 1984 wuchsen die gesamten Investitionen der Industrie um 25,5 Mrd. DM auf ca. 30 Mrd. DM, die *Umweltinvestitionen* wuchsen im selben Zeitraum um 1 Mrd. DM auf 3,5 Mrd. DM (*Ryll* 1987, S. 28). Ein quantitativer Sprung bei den Umweltinvestitionen fand zwischen 1984 und 1986 durch die Umsetzung der Großfeuerungsanlagenverordnung (GfaV) von 1983 statt. Diese führte zu einer Steigerung der Umweltinvestitionen auf über 6,4 Mrd. DM oder auf ca. 8 % der Gesamtinvestitionen. Durch die GfaV wurde der Strompreis um ca. 1 Pf (6 %) erhöht. (HWWA 1987, S. 195).

Es gibt Berechnungen, daß die betriebswirtschaftlichen Kosten, die durch *Umweltverschmutzung* (Altlastensanierung, Gebäude- und Maschinenschaden, Kosten der Wasseraufbereitung) entstehen, insgesamt höher sind als die gesamten Umweltausgaben der Industrie. Die betriebswirtschaftlichen Kosten werden auf ca. 20 Mrd. DM geschätzt: die gesamten Ausgaben lagen 1987 bei ca. 17 Mrd. (HWWA 1988, S. 185 ff.).

Umweltschutz ist also bei weitem nicht der wichtigste Kostenfaktor. Der Energiekostenanteil liegt im Durchschnitt bei 7 % des Umsatzes des produzierenden Gewerbes (*Härtel* 1984, S. 168), der Anteil der Lohnkosten bei 24 % (RWI 1987, S. 23).

Ebenso wie die Umweltverschmutzung sind allerdings auch die Umweltschutzkosten auf relativ wenige Industriezweige konzentriert. Auf 12 Branchen entfallen 95 % aller Luftschadstoffe, 74 % aller Abfälle und 87 % aller Abwässer. Sie betragen 80 % aller umweltbedingten Investitionen der Industrie. Zu diesen Branchen gehören die folgenden:

Tabelle 2

Anteil der Umweltinvestitionen in einzelnen Branchen

1. Branchen mit Umweltinvestitionsanteilen über 10 %	
Ledererzeugung:	25,6 % (1983)
Mineralölverarbeitung:	15,6 % mit abnehmender Tendenz
Chemische Industrie:	10,0 %
2. Branchen mit Umweltinvestitionsanteilen unter 10 %	
Eisenschaffende Industrie:	9,6 %
NE-Metallerzeugung:	9,3 %
Grundstoff/Produktionsgüter:	9,2 %
Zellstoff – Papier:	8,9 %
Gießerei:	7,3 %
Fernwärmeversorgung:	7,1 %
Holzbearbeitung:	6,1 %
Bergbau:	5,2 %
Gewinnung von Steinen, Erden:	5,2 %
Elektrizitätsversorgung:	4,4 %

Quelle: Ryll 1987.

Anlaß zu Befürchtungen für die meisten dieser Branchen bestehen allerdings nicht. Nach übereinstimmender Analyse der Strukturberichterstattung des HWWA und des RWI haben auch die energieintensiven, rohstoff- und stark umweltbelastenden Industrien der Bundesrepublik im Außenhandel günstig abgeschnitten. In fast allen umweltintensiven Branchen ist die Inlandsproduktion schneller gewachsen als der Inlandsverbrauch. Trotz der im Vergleich zu anderen Industrien überdurchschnittlichen Umweltausgaben haben einige energierohstoffintensive Branchen im Außenhandel an Terrain gewonnen. Im Gegensatz zu den Erwartungen hat die Bundesrepublik Deutschland in den 80er Jahren eine umweltbelastendere Industriestruktur als in den 60er Jahren (RWI 1987, S. 11 ff.; HWWA 1987, S. 221 ff.).

Eine der wenigen Branchen, die tatsächlich mit umweltschutzbedingten Wettbewerbsproblemen zu kämpfen haben, ist die *Lederindustrie*, die mit über 25 % den höchsten Anteil an Umweltschutzinvestitionen hat. Die Lederindustrie ist zum größten Teil bereits in die 4 Mittelmeerländer abgewandert, wo 65 % der Produktion in der EG stattfindet.

Branchen mit möglichen Kostenproblemen sind zum anderen einzelne Industrien der *NE-Metallbranche*. Hier sind die Energiekosten z. T. überdurchschnittlich hoch, wie bei der Aluminiumindustrie (52 %) oder der Zinkelektrolyse (38 %), oder die Luftreinhaltekosten (bei NE-

Schwermetallhütten und oder Gewässerschutz (bei Galvaniken) (*Krol* 1987; *Harms* 1989; *Glimm* 1988).

Es stellt sich aber die Frage, ob die strukturerhaltende Subvention dieser Industrien durch einen Verzicht auf verschärfte Umweltauflagen tatsächlich sinnvoll ist (siehe unten). Strukturprobleme in diesen Branchen lassen sich jedenfalls nicht allein auf Umweltschutzkosten zurückführen. Oft spielen die nachfrage- und angebotsbedingten Faktoren des weltwirtschaftlichen Strukturwandels eine entscheidendere Rolle für Aufschwung und Niedergang einer Branche als die Umweltkosten.

Außerdem führt gerade in der *Aluminiumindustrie* die massive Subvention des Strompreises zu einer »perversen« Entwicklung: Im letzten Jahrzehnt fand ein Strukturwandel innerhalb der Aluminiumindustrie zugunsten energieintensiver Verfahren statt (HWWA 1987, S.118). Das Potential an Aluminiumrecycling hingegen, das nur $^1/_{20}$ der Energiekosten der Primäraluminiumerzeugung erfordert, ist bei weitem nicht ausgeschöpft worden. Eine Subventionierung behindert also die ökologische Modernisierung dieser Branchen.

(2) Umweltschutzkosten sind nicht nur für die meisten Branchen relativ unbedeutend. Für ein Land wie die Bundesrepublik Deutschland gilt auch, daß für viele Branchen die Preisüberwälzungschancen relativ gut sind.

Die Bundesrepublik ist eine strukturell dominante Volkswirtschaft, die sich auf Technologien und Produkte spezialisiert, die teuer sein dürfen.

Es läßt sich ein Spezialisierungsmuster feststellen, das viele Produkte enthält, die am Anfang des sog. Produktzyklus stehen. In der Einführungsphase neuer Produkte und Technologien können gewisse Extragewinne erzielt werden, die aus dem geringen Wettbewerb resultieren. Erst mit zunehmendem Reifestadium und damit verbundener Standardisierung verbreitert sich auch die internationale Kompetenz zur Herstellung von Produkten und damit der Preiswettbewerb. Länder, die sich auf Innovationen spezialisieren, werden als dominant bezeichnet, weil sie hohe Kostenüberwälzungschancen haben, mit ihrem technischen Vorsprung die Konsum- und Produktionsnormen der Zukunft bestimmen und gegenüber anderen Volkswirtschaften eine relative Monopolstellung haben. (Vgl. *Vernon, Schlupp* 1979; *Gerstenberger* 1988, S. 38 ff.; *Sprenger* 1981, S. 10.)

Es gibt in der Bundesrepublik nach wie vor einen Trend zu Hochqualitätsgütern, für die das Preiskriterium gegenüber dem Qualitätskriterium an Bedeutung verliert (HWWA 1988, S. 182; *Krieger* 1985, S. 65). Es gibt weiterhin einen Entwicklungstrend in Richtung Produktdifferenzierung. Einzelne Betriebe versuchen sich durch Spezialprodukte aus der Preiskonkurrenz herauszuziehen.

Die Beobachtung der Produktdifferenzierung und der Suche nach Qualitätsprodukten gilt vor allem für die *Chemieindustrie*. Dieser ist es in den 80er Jahren gelungen, ihre unterdurchschnittliche Produktivitätsentwicklung über einen Anstieg der Preise auf die Abnehmer zu überwälzen (vgl. HWWA 1988, S. 257; RWI 1987, S. 150).

Diese Entwicklungen sind auch eine Erklärung für das oben dargestellte Paradox eines umweltverschmutzenden, exportgeleiteten Industriestrukturwandels in der Bundesrepublik. Diese generellen Beobachtungen werden durch eine Analyse des HWWA im Prinzip bestätigt. Das HWWA hat den Außenhandel von einigen Branchen mit hohen Umwelt- und Energiekostenanteilen untersucht. Es ist dabei zu dem Ergebnis gekommen, daß die Kostenunterschiede innerhalb der EG nicht ausreichen, um in diesen Branchen Wettbewerbsanteile beobachten zu können. Allerdings stellt es auch fest, daß es in den Branchen mit den höchsten Energiekostenanteilen gegenüber dem Ausland mit den größten Preisdifferenzen zu gewissen Wettbewerbeeinbußen vor allem bei der Zellstoff- und NE-Metallindustrie kam.

Diese Beobachtung deutet darauf hin, daß sich die Bundesrepublik eine Vorreiterrolle innerhalb der EG leisten kann, daß aber der Abstufung auch gewisse Grenzen gesetzt sind. Dem entspricht die Forderung nach Kooperation mit unterschiedlichen Geschwindigkeiten.

(3) Eine umfassende Analyse darf nicht nur die Kosten einer Vorreiterrolle für einzelne Industrien in den Vordergrund stellen, sondern muß auch die Kosten eines Verzichts auf eine solche Vorreiterrolle im Auge behalten.

Nach den neuesten Berechnungen des Ifo-Instituts sicherten die Umweltvorschriften zwischen 1980 und 1984 mindestens 433 000 Arbeitsplätze (*Sprenger* 1989). Je Mrd. DM zusätzlicher Investitionen werden in der Industrie etwa 14 000 Arbeitsplätze geschaffen. Für den Durchschnitt der Jahre 1984-1988 schätzt das Ifo-Institut zusätzliche 100 000–130 000 Arbeitsplätze. Besonders begünstigt sind davon der Dienstleistungssektor sowie Bau-, Maschinenbau-, Stahl- und Leichtmetallbau, Elektrotechnik, Feinmechanik, die optische Industrie, Steine–Erden und die Kunststoffindustrie. Der Exportanteil der »Umweltschutzindustrie« liegt bei ca. 40 % und sichert ca. 52 000 Arbeitsplätze. In der EG ist die Bundesrepublik der wichtigste Umwelttechnikstandort mit dem höchsten Anteil an Umweltschutzpatenten im Ausland. Die Aufrechterhaltung einer solchen Position setzt eine dynamische Verschärfung von Umweltvorschriften voraus, um Anreize für die Entwicklung und Anwendung neuer Technologien zu schaffen (Ifo-Schnelldienst 10/89, S. 1 f.).

Sprenger (1989) weist auf weitere beschäftigungspolitisch positive Wirkungen hin: Umweltvorschriften zwingen zur Anpassung der Unternehmen an ökologische Erfordernisse. Kurzfristige Beschäftigungseinbußen durch lang verdeckte und plötzlich aufgedeckte Umweltskandale (Beisp. Fall Boehringer) können vermieden werden. Industrieneuansiedlungen werden dort wieder möglich, wo die Altindustrien erhebliche umweltentlastende Anstrengungen unternommen haben. Die Beschäftigung wird in Industrien, die von einer intakten Umwelt abhängen (Tourismus, Holz), gesichert. Vorbeugung erweist sich zumeist als billiger und effizienter als die reparierende Nachsorge, was sich volkswirtschaftlich und im internationalen Wettbewerb positiv auswirkt. Aufgrund verschärfter Umweltauflagen werden erst moderne integrierte Umwelttechnologien (z. B. geschlossene Wasserkreisläufe statt Kläranlagen) rentabel, die gleichermaßen produktivitätssteigernde Geschäftsinvestitionen und Umweltinvestitionen darstellen. Die Modernisierung von Betrieben wird also vorangetrieben. Bisher machen solche integrierten Technologien allerdings erst ca. 20 % aller Umweltinvestitionen aus, was auf das unzureichende Niveau der Vorschriften hinweist (vgl. *Maaß* 1986; *Ewers/Maaß* 1983; *Ryll* 1987).

Demgegenüber sind die negativen Beschäftigungseffekte kaum exakt bezifferbar: »Das Problem der Multikausalität bei bestimmten Kosten-, Preis-, Absatz-, Produktions- und Beschäftigungsveränderungen läßt die Frage nach den negativen Beschäftigungswirkungen der Umweltpolitik in weiten Bereichen zu einer reinen Ermessensfrage werden«. (*Sprenger* 1989, S. XIII).

Mit anderen Worten: Branchen, die ohnehin Gewinner des weltwirtschaftlichen Strukturwandels sind, werden auch verschärfte Umweltauflagen gut verkraften. Bei Verlierern des weltwirtschaftlichen Strukturwandels ist die Umweltpolitik vielleicht einer von vielen Faktoren, aber bei weitem nicht der einzige oder der ausschlaggebende.

Voraussetzung für den langfristigen, auch internationalen Erfolg der Umweltpolitik ist allerdings eine neue Prioritätensetzung, die vom reparierenden, nachsorgenden und additiven zum vermeidenden, integrierten Umweltschutz und zum ökologischen Strukturwandel (oder ökologischen Umbau) übergeht. Dies ist in der Bundesrepublik politisch noch nicht vollzogen worden, wie *Weidner* (1989) feststellt. Die Umweltpolitik der Bundesregierung steht in der Tradition des additiven Umweltschutzes der 70er Jahre.

Ein ökologischer Strukturwandel wird auch schrumpfende Branchen mit sich bringen müssen, die vor allem beim emissionsintensiven Grundstoffsektor und bei der Automobilindustrie liegen. Langfristig ist allerdings das Wachstum ökologisch tragfähiger Industrien umweltpolitisch und auch ökonomisch sinnvoller als der Erhalt von Problemindustrien. Die ökologischen Folge- und Reparaturkosten werden vermindert, es findet eine *ökologische Modernisierung* der Volkswirtschaft statt, die technische und soziale Lösungen für eines der größten internationalen Probleme entwickelt. Eine solche ökologische Modernisierung würde Antworten auf gesellschaftlich drängendere Fragen geben, als die derzeitige staatliche Förderung von Sackgassentechnologien wie im Weltraum-, Energie(Kernfusion)-, Transport(Magnetschwebebahn)- und Militärbereich. Dies setzt allerdings einen Wechsel der politischen Prioritäten voraus, wie er in den verschiedenen Konzepten für einen ökologischen Umbau der Industriegesellschaft zum Ausdruck kommt.

Die sozialen Kosten eines solchen Strukturwandels müssen durch eine Arbeitszeit-, Beschäftigungs- und Arbeitsmarktpolitik niedriggehalten werden, die die Nachfrage nach Arbeitskräften schneller steigen läßt als die Freisetzung in den schrumpfenden Bereichen. Bei der sozialverträglichen Gestaltung eines beschleunigten Strukturwandels ist dabei viel von Schweden zu lernen (vgl. *Scharpf* 1987).

Demgegenüber erscheinen die Forderungen nach einem Abwarten auf eine europäische Harmonisierung als strukturkonservativ und innovationsfeindlich. Sie stehen eher im Partikularinteresse einzelner Industrien als im ökologischen und volkswirtschaftlichen Allgemeininteresse.

(4) *Produktionsauslagerungen* allein aus Umweltschutzgründen sind in der Regel *nicht zu befürchten*. Auch diese werden sich auf Einzelfälle reduzieren.

Aus der Theorie der Direktinvestitionen ist bekannt, daß das wichtigste Motiv für Direktinvestitionen die *Exportsubstitution* ist. Direktinvestitionen finden statt, wenn der Export aus dem Mutterland aus bestimmten Gründen schwierig oder unmöglich ist. Oft liegen die Ursachen hierfür in protektionistischen Maßnahmen des Ziellandes. Wenn ein Land

Handelshemmnisse aufbaut, um die eigenen nationalen Industrien vor der Weltmarktkonkurrenz zu schützen, sind multinationale Konzerne gezwungen, Direktinvestitionen vorzunehmen, um den Markt nicht zu verlieren.

Aber auch ohne Handelshemmnisse stellt die räumliche Nähe zum Absatzmarkt ein wichtiges Motiv für Direktinvestitionen dar. Hohe Transportkosten, der Aufbau eines Vermarktungs- und Vertriebsnetzes, die größere Flexibilität und Reaktionsmöglichkeit auf sich verändernde Konsumentenbedürfnisse sind mit dieser räumlichen Nähe verbunden. Schließlich bietet die Nähe zu großen nationalen Absatzmärkten die Chance, Kostensenkungen durch Massenproduktion bei neuen Produkten und Verfahren zu erzielen. (Vgl. *Knödgen* 1982, S. 174; *Meißner* 1978, S. 155; *Buckley* 1987, S. 73; *Helpman* 1985, S. 262.)

Das letztere ist das zentrale Motiv für den hohen Anteil deutscher Direktinvestitionen in den USA, die z. T. strengere Umweltauflagen haben als die Bundesrepublik. Das zweite Motiv sind langfristige Unterschiede in der Gewinn- und Ertragslage – die Möglichkeit, überdurchschnittliche Gewinne durch eine Produktionsauslagerung zu erhalten. Nur für eine Minderheit von Unternehmen gilt, daß die Umweltkosten eine für die Profitabilität ausschlaggebende Rolle spielen. Qualifikation, Infrastruktur, politische Bedingungen, Lohnkosten, Unternehmensbesteuerung, Arbeitszeiten und Arbeitsrecht sind dagegen für solche kostenbezogenen Produktionsauslagerungen in der Regel wesentlich relevanter.

Innerhalb Europas ist zudem nicht zu erwarten, daß umweltschutzbedingte Kostenunterschiede langfristig genug bestehenbleiben, um die Rentabilität einer Auslagerung zu gewährleisten. Der Kostenunterschied muß mindestens so lange bestehenbleiben, wie die Amortisationszeit der neuen Anlage dauert. Da die meisten Direktinvestitionen in den stark belasteten Gebieten der europäischen Peripherie erfolgen, ist diese Bedingung nicht zu erwarten. Städte wie *Athen* oder der *Großraum Barcelona* haben ihre tolerablen Belastungen bereits überschritten. Die hemmungslose Umweltverschmutzung hat in einigen Gegenden Südeuropas bereits zu erheblichen Nutzungskonflikten mit dem Hauptdevisenbringer, dem Tourismus, geführt. Der Versuch *Irlands*, seine unberührte Natur als günstigen Standortfaktor anzubieten, war nicht besonders erfolgreich.

Diese Überlegungen werden durch alle Studien empirisch belegt, die sich mit umweltschutzbedingten Produktionsauslagerungen beschäftigen. Eine allein umweltpolitisch motivierte Auslagerung ist selten. (*Knödgen* 1982).

Eine Analyse der deutschen Direktinvestitionen in *Spanien* in diesem Jahrzehnt kann diese theoretischen Aussgen bestätigen. Hier haben sich die ausländischen Direktinvestitionen von 1984 bis 1988 von 1 Mrd. $ auf 3 Mrd. $ verdreifacht. Hauptmotiv dafür ist aber nicht das niedrige Lohnniveau (das in Portugal noch niedriger wäre), sondern die »Eroberung« des mit 39 Mio. Einwohnern fünftgrößten Marktes in Europa. Amerikanische und japanische Konzerne suchen in Spanien einen »Brückenkopf« in der EG. Für deutsche Konzerne ist Spanien kein Land oberster Priorität, was sich am Investitionsanteil von 3,2 % ablesen läßt – nach Brasilien gehen 5,5 % (!) der deutschen Direktinvestitionen (vgl. DIW 1988, S. 99; *Buckley* 1987, S. 23f.). Die deutschen Unternehmen stehen mit ihren Direktinvestitionen erst an fünfter Stelle der EG-Investoren.

Mit 28,5 % hat die *Chemieindustrie* den höchsten Anteil der deutschen Direktinvestitionen, was auch Umweltkostenmotive nahelegen könnte. Diese dienen aber primär der Bedienung des spanischen Binnenmarkts und nicht der Produktionsauslagerung. Spanien ist insgesamt noch relativ binnenmarktorientiert, was sich auch auf die Chemieindustrie bezieht. Bei umweltintensiven Gütern, wie chemische Produkte und Kunststoffe, hat Spanien in den 80er Jahren kontinuierlich ein Handelsbilanzdefizit gegenüber der Bundesrepublik. Zwischen 1980 und 1987 konnte sie ihre Exporte bei chemischen Produkten von 24 auf 62 Mio. $ fast verdreifachen. Die Spanier steigerten ihre Exporte in die Bundesrepublik gerade von 2 auf 7 Mio. $. Die Entwicklungen bei Kunststoffen sind ähnlich. Selbst bei den sehr umweltintensiven Lederprodukten gelang es der deutschen Industrie, aus einer sehr schwachen Position heraus ihre Exporte nach Portugal und Spanien schneller wachsen zu lassen als die Importe (vgl. Ifo-Schnelldienst 1989, S. 40–49). Von einer kostenbezogenen Produktionsauslagerung kann hier nicht gesprochen werden. Es spricht vieles dafür, daß einige Einzelfälle eine viel zu spektakuläre Aufmerksamkeit erhalten.

5. Harmonisierung oder Abstufung aus der Sicht der weniger entwickelten Regionen

Gegen Abstufungen in der europäischen Umweltpolitik und für eine europaweite Harmonisierung wird oft das Argument eingebracht, daß eine Harmonisierung der Umweltpolitik die Standards in Südeuropa und Irland verbessere. Die Angst um den Abbau von Standards in Deutschland sei national egoistisch. Andererseits werden die niedrigen Umweltstandards und die schlechten Sozialbedingungen in den europäischen Randregionen oft als Bedrohung wahrgenommen, anstatt sie als Ausdruck der relativen Unterentwicklung zu begreifen.

Eine differenzierte Analyse der Wirtschaftsstruktur der europäischen Peripherie kann dagegen deutlich machen, daß es ökonomisch kaum eine Alternative zu Abstufungen gibt und daß auch dort die bundesdeutsche Konkurrenz als Bedrohung wahrgenommen werden kann. Aus einer solchen Sichtweise wird klar, daß ein Wettlauf um die niedrigsten Produktionskosten, insbesondere wenn er von der Bundesrepublik aus mitgemacht wird, allen Beteiligten Schaden zufügt. Eine Angleichung der Standards kann nur mit einer Angleichung des Entwicklungsgefälles einhergehen, was bestenfalls eine mittelfristige Aufgabe ist. (Vgl. dazu den Beitrag von *Gabriel* in diesem Band.)

Trotz aller Unterschiede im Detail hat die Wirtschaftsstruktur der Mittelmeerländer doch einige gemeinsame Eigenschaften: Sie sind durch zwei nebeneinanderstehende und sehr unterschiedliche Unternehmensbereiche gekennzeichnet (zum Mezzogiorno: vgl. *Tömmel* 1986; Spanien/Portugal/Italien: *Deubner* 1982; Griechenland: *Kimm* 1987; Portugal: *Eßer* 1977; allgemein: *Seers* 1986, Holland 1980).

Da sind zum einen die kleinindustriellen bis handwerklichen Betriebe. Diese haben weniger als 50 Beschäftigte, ein relativ niedriges Produktivitätsniveau, traditionelle Arbeitsbeziehungen und damit auch niedrigere Löhne und lange Arbeitszeiten. Sie stehen einer sich verschärfenden Konkurrenz durch Massenproduktion gegenüber und können sich zum Teil nur durch ihre Unterordnung als Zulieferbetriebe für die modernen Konsumgüterindustrien halten.

Daneben steht ein moderner großindustrieller Sektor, der in einigen Ländern vorwiegend von multinationalen Konzernen kontrolliert wird, vor allem in Spanien. Innerhalb dieses Sektors kann zwischen den oft staatlich kontrollierten Grundstoffindustrien und den Massenkonsumgüterindustrien unterschieden werden. Wesentlich stärker als für die Bundesrepublik gilt für diese Industrien die These von der Zange einer doppelten weltwirtschaftlichen Konkurrenz. Einerseits stehen sie unter dem verschärften Druck der produktiveren Industrien der dominanten Länder in der EG; andererseits sind sie der Konkurrenz von Massenkonsumgüterindustrien aus Niedriglohnländern ausgeliefert.

Die modernen Industrien dieser Regionen sind nur unzureichend dafür ausgerichtet, die Modernisierung der Kleinbetriebe durch verbesserte Technologien zu stützen. Der für die Modernisierung und Anpassungsfähigkeit einer Volkswirtschaft zentrale Maschinen- und Anlagenbau ist unterentwickelt. Moderne Filtertechnologien oder gar integrierte Umwelttechnologien werden in diesen Ländern kaum hergestellt.

Angesichts dieser andersartigen Problem- und Wirtschaftsstrukturen wirkt eine Angleichung der Umweltpolitik auf das deutsche Niveau wirtschaftlich in den Randregionen anders als in den Zentren.

In der Bundesrepublik führt eine Verschärfung der Auflagen zu einer Steigerung der Investitionsfähigkeit, einem Anstieg von Beschäftigung und Sozialprodukt und zu einer Modernisierung der Betriebe. Der nationale Binnenmarkt wird gefördert. In den weniger entwickelten Volkswirtschaften bedeutet eine Verschärfung der Auflagen einen Anstieg der Importe sowie Preisüberwälzungsschwierigkeiten der betroffenen Industrien und damit eine Verminderung der Exporte. Die ohnehin strukturell negative Handelsbilanz wird weiter verschlechtert. Diese Unterschiede sind in einer Studie zu den volkswirtschaftlichen Folgen der europäischen Luftreinhaltepolitik in ihrer Tendenz empirisch belegt worden (*Klaasen* u. a. 1987).

Die meisten Industrien der Bundesrepublik können eine Verschärfung der Umweltauflagen wegen ihrer relativ großen Preisüberwälzungschancen gut verkraften. In den weniger entwickelten Volkswirtschaften sind diese einem schärferen *Preiswettbewerb* ausgeliefert. Viele Betriebe müssen als sogenannte Grenzbetriebe betrachtet werden, in denen eine geringe Erhöhung der Produktionskosten deren Existenz in Frage stellt.

Diese Probleme existieren selbstverständlich nicht in multinationalen Konzernen, die in den Randregionen investieren. Für sie sollte eine Vorschrift eingeführt werden, daß sie die Standards ihrer Ursprungsländer zu erfüllen haben.

Generell macht die Analyse deutlich, daß gleiche Standards ungleiche Folgen hätten, die nachteilig für die europäische Peripherie wären. Soll die Umweltpolitik in den weniger entwickelten Regionen deshalb verbessert und verschärft werden, sind Vorleistungen durch die Bundesrepublik und andere hochmoderne EG-Länder notwendig. Eine der möglichen Vorleistungen ist eine *umweltpolitische Vorreiterrolle*, die den *Wettbewerbsdruck* durch die Außenhandelsprobleme für die weniger entwickelten Länder entschärfen. Eine Vorreiterrolle, die vor allem durch staatliche Umweltinvestitionen getragen ist, vermehrt die Importe der Bundesrepublik und verbessert die Außenhandelssituation der Peripherie. Eine Umweltpolitik, die sich vor allem an die Industrie wendet, entschärft tendenziell den Preiswettbewerb für die Industrien der europäischen Peripherie.

Die Bereitschaft zu einer Vorreiterrolle könnte im Zusammenhang mit einer aktiven *Umweltaußenpolitik* als Zugeständnis für eine tendenzielle Anhebung der Standards in den Randregionen angeboten werden.

Eine wirkliche Angleichung der Standards ist dagegen nur im Rahmen einer solchen des Abbaus des europäischen Entwicklungsgefälles zu erwarten. Die entscheidenden Ansatzpunkte hierfür liegen jedoch bei der Regional- und Agrarpolitik, bei der Ausgestaltung des europäischen Währungssystems und einer koordinierten Beschäftigungspolitik in Europa.

Literaturhinweise:

Arbeitsgruppe Alternative Wirtschaftspolitik, Memorandum 89. Gegen Unternehmermacht und Patriarchat: Gleichstellung der Frauen – demokratische Wirtschaftspolitik der EG. Köln 1989.

Bakker, De Grenzeloze Verzuring van de Europese Gemeenschap. Een milieu-ekonomische beleidstudie naar de mogelijkheden om binnen de EG de verzuring te bestrijden. Delft (SCMO-Studie en Informatiecentrum TNO voor Milieu-onderzoek) 1989.

Beck, Gegengifte. Die organisierte Unverantwortlichkeit, Frankfurt 1989.

Binswanger, H.-C./Frisch, H./Nutzinger, H.G., Arbeit ohne Umweltzerstörung. Strategien für eine neue Wirtschaftspolitik, Frankfurt 1988.

Binswanger H.-C./Meiners, H., Von der Wirtschaftsgemeinschaft zur Wirtschafts- und Umweltgemeinschaft. Außenwirtschaft, 43(1988), S. 129–151.

Bleijenberg, A.N./Sips, H.W., Indirect Taxes and the Environment. Memorandum for the EEB, Delft 1989.

Bongaerts, J., Die Umweltpolitik der EG. Einigung selten erreicht, in: öko-Mitteilungen 4/1987, S. 4–6.

Bongaerts, J., Die Umweltpolitik der Europäischen Gemeinschaft 1988. Nach dem Europäischen Umweltjahr und im Vorfeld des Gemeinsamen Binnenmarktes. Berlin 1989 (Schriftenreihe des IöW 26/89).

Braun, H., Chemiepolitik für wen?, in: Gündling 1988, S. 173–200.

Brickmann, R./Ilgen, T., Controlling Chemicals. The Politics of Regulation in Europe and the United States, London 1985.

Buckley, P./Artisan, P., North-South Direct Investment on the EC, London 1987.

Coffey P., Main Economic Policy Areas of the EEG. Towards 1992, Amsterdam 1988.

Cupei, J., Die UVP. Ein Beitrag zur Strukturierung der Diskussion zugleich eine Erläuterung der EG-Richtlinie, Köln 1986.

Deubner, C., Spanien und Portugal. Der unsichere europäische Konsens, Baden-Baden 1982.

DIW, Exportgetriebener Strukturwandel bei schwachem Wachstum. Heft 103, Berlin 1988.

EG-Kommission, L énergie et l'environnement. Communication de la Commission au Conseil, Brüssel 1989.

Kommission der europäischen Gemeinschaften, Weißbuch zur Vollendung des Binnenmarktes. Kom 85(310)endg, 1985.

Kommission der europäischen Gemeinschaften, Studie über die von der Mineralölindustrie der Mitgliedstaaten zur Einhaltung der gesetzlichen Umweltvorschriften zu tragenden Kosten. SEK (86) 1527, 1986.

Kommission der europäischen Gemeinschaften, 4. Aktionsprogramm für den Umweltschutz. Kom (86) 485 endg, Abl C70/3, 1987.

Kommission der europäischen Gemeinschaften, Umweltverschmutzung durch Cadmium. Vorgeschlagenes Aktionsprogramm. Kom (87)165, 1987.

EG-Kommission, Generaldirektion Energie, Energy in Europe. Major Themes on Energy, Brüssel 1989.

Elsenhans, H., Théories économiques pour l'étude de l'intégration européenne, in: Lasok, D.(Pavotis, S., Les Communautés Européennes en Fonctionnement, Brüssel 1981, S. 571–593.

Emerson, M., The Economics of 1992, Oxford 1988.

Empirica, Die wirtschaftlichen Auswirkungen des Binnenmarkts 1992 auf Sektoren und Regionen der Bundesrepublik Deutschland (Kurzfassung), Bonn 1989.

Ewers, H.J./Maas, C., Wirkungen umweltpolitischer Maßnahmen auf das Innovationsverhalten von Galvanikbetrieben. WZB/IIUG 1983–12, Berlin 1983.

Franken, M./Ohler, W., (Hrsg.), Natürlich Europa 1992 – Chancen für die Natur, Köln 1989.

Franzmeyer, F. Economic, Social and Political Costs of Completing the Internal Market, in: Bieber u. a. 1988, S. 55–72.

Freyend, J., International wettbewerbsfähige Strompreise für die Industrie, Lukes 1988, S. 15–27.

Friege, H./Claus F., Chemiepolitik für wen?, Reinbek 1988.

Gälli, A., Neue Investitionschancen am Mittelmeer?, in: Ifo-Schnelldienst 19/1989, S. 36 bis 58.

Gerstenberger, W., Wettbewerbsfähige Strukturen gestatten Expanisonspolitik, Strukturberichterstattung 1987. Ifo-Schriftenreihe 128, München 1987.

Glimm, St., Gefahren für das NE-Metallrecycling?. Aluminium Nr. 64, 1988, S. 188–189.

Grabitz, E., Abgestufte Integration, Kehl am Rhein 1984.

Grant, W./Paterson, W./Whitston, C., Government and the Chemical Industry. A comparative Study of Britain and West Germany, Oxford 1988.

Gündling, L./Weber B., Dicke Luft in Europa, Heidelberg 1988.

Hailbronner, K., Zum Anwendungsbereich von Art. 100 a Abs. 4 und Art. 130 t EWGV (nationaler Alleingang). EUGRZ 1989.

Harms, W. Wettbewerb in der leitungsgebundenen Energiewirtschaft im Hinblick auf den europäischen Binnenmarkt. ZfE 1/89, S. 13–22.

Hawdon, D., Energy Policy. Coffey 1988, S. 99–131.

Härtel, H.-H./Langer, C., Internationale Wettbewerbsfähigkeit und strukturelle Anpassungserfordernisse, Hamburg 1984.

Härtel, H.-H./Hecker, G./Keller, D./Mously, Energieverteuerung und internationale Energiepreisdifferenzen, Hamburg 1984.

Helpman, E./Krugman, P.R., Market Strukture and Foreign Trade. Increasing Returns, Imperfect Competition, and the International Economy. 1985.

Hennicke/Johnson/Kohler/Seifried, Die Energiewende ist möglich. Für eine neue Energiepolitik der Kommunen, Frankfurt 1985.

Grießhammer/Hennicke/Hey/Kalberlah, Ozonloch und Treibhauseffekt. Ein Report des öko-Instituts, Reinbek 1989.

Hey, C., Die Gefahren des freien Binnenmarkts 1992. öko-Mitteilungen 4/1987, S. 9–13 (1987 a).

Hey, C., Ökologie. Initiative Dialog. Europa (Hrsg.): 1992 – Chance oder Risiko, S. 61–68, Bonn 1989 (c)

Hey, C., Der Umweltkollaps kommt nicht von alleine, in: Deppe, F./Huffschmid, H./Weiner, K.P.: 1992 – Projekt Europa – Politik und Ökonomie in der Europäischen Gemeinschaft, S. 165–180, Köln 1989(e).

Hey, C., Rechtliche, ökonomische und politische Handlungsspielräume für eine nationale Vorreiterrolle der BRD in der europäischen Umweltpolitik. Memo-Forum, Zirkular der Arbeitsgruppe Alternative Wirtschaftspolitik Nr. 15, Dezember 1989, Bremen 1989.

Hey, C./Jahns-Böhm, J., Ökologie und freier Binnenmarkt. Die Gefahren des neuen Harmonisierungsansatzes, das Prinzip der Gleichwertigkeit und Chancen für verbesserte Umweltstandards in der EG. Studie für das Europäische Umweltbüro, Freiburg 1989.

Holland, S., The Uncommon Market. New York 1980. HWWA, Zusammenhang zwischen Strukturwandel und Umwelt, Bd. 2 der Strukturberichterstattung, Hamburg 1987.

HWWA, Analyse der strukturellen Entwicklung der deutschen Wirtschaft, Hamburg 1988.

Institut für ökologische Wirtschaftsforschung, Umweltentlastung durch wirtschaftlichen Strukturwandel?. Dokumentation der IöW-Tagung in Berlin 1./2. November 1987, Berlin 1987.

Jänicke, M. Staatsversagen. Die Ohnmacht der Politik in der Industriegesellschaft, 1986.

Kapp, W.K. Soziale Kosten der Marktwirtschaft, Frankfurt 1988.

Karus, M., Regenerative Energiequellen – Zur Stromerzeugung in Kalifornien (Werkstattreihe Nr. 4-), Freiburg 1988.

Keohane, R.O., After Hegemony. Cooperation and Discord in the World Political Economy, Princeton 1984.

Kimm, I., Griechenlands Regionalentwicklung und Politik und der EG-Beitritt, Frankfurt 1987.

Klaasen, G./Kee, P./Nentjes, A. u. a., The Macroeconomic Impacts of the EC-Large Cobustion Plants Directive Proposal, Amsterdam 1987.

Knödgen, G, Umweltschutz und industrielle Standortentscheidung, Frankfurt 1982.

Krämer, L., Grundrecht auf Umwelt und Gemeinschaftsrecht. EuGRZ, Vol. 15, Nr. 11, S. 285–294, 1988.

Krieger C., Regionales Wirtschaftswachstum und sektoraler Strukturwandel in der EG, Tübingen 1985.

Krol, W./Stiel, H.-U., Auswirkungen der Umweltschutzpolitik auf die deutsche NE-Metallindustrie. Metall, vol. 41, Nr. 9, S. 933–938. 1987.

Lankowsky, K., Modell Deutschland, in: Markowitz (ed.): The Political Economy of West Germany. 1982.

Leipert, C., Folgekosten des Wirtschaftsprozesses und volkswirtschaftliche Gesamtrechnung, WZB/IIUG-Report 1987 – 22 (1987 b).

Maas, C., Determinanten der Entwicklung und Nutzung umweltfreundlicher Neuerungen in Industriebetrieben, Berlin 1986.

Meißner, W./Hödl, E., Auswirkungen der Umweltpolitik auf den Arbeitsmarkt, Bonn 1978.

Molle, W./Capellin, R., Regional Impact of Community Policies in Europe, Avebury 1988.

Padoa-Schioppa, T., (1987): Efficiency, Stability and Equity. A Strategy for the Evolution of the Economic System of the European Community, Oxford 1987.

Porter, M., Globaler Wettbewerb. Strategien der neuen Internationalisierung, 1989.

Prittwitz, V., Umweltaußenpolitik. Grenzüberschreitende Luftverschmutzung in Europa, Frankfurt 1984.

Prittwitz, V., Several Approaches to the Analysis of International Environmental Policy. WZB/IIUG FS II 88-308, Berlin 1988.

Projektgruppe ökologische Wirtschaft/öko-Institut, Produktlinienanalyse, Köln 1987.

Rehbinder/Stewart, Integration through Law: Europe and the American Experience. Environmental Policy, Berlin 1986.

Rosenbladt, S., Biotopia. Die genetische Revolution und ihre Folgen für Mensch, Tier und Umwelt, München 1988.

RWI, Analyse der strukturellen Entwicklung der deutschen Wirtschaft. Bd. 4: Strukturwandel und Umweltschutz. 1987.

Ryll, A./Wadewitz, S., Zur volkswirtschaftlichen Gesamtrechnung des monetären Umweltschutzes. WZB/IIUG rep 8–87, Berlin 1987.

Scharpf, F., Die Politikverflechtungsfalle. Europäische Integration und Deutscher Föderalismus im Vergleich. PVS (26) – 1985, Nr. 4, S. 323–356.

Scharpf, F., Sozialdemokratische Krisenpolitik in Europa, Frankfurt a.M. 1987.

Schlupp, F., Internationalisierung und Krise. Das Modell Deutschland im metropolitanen Kapitalismus. Leviathan 1/79, S. 12–35. 1979.

Schreiber, H., Mehr Umweltschutz durch den europäischen Binnenmarkt? Überlegungen aus politologischer Sicht. ZAU 2/1989, S. 145–152.

Schreyer, M./Sprenger, R.U., Umwelttechnik: Marktchancen durch den ökologischen Umbau unserer Industriegesellschaft, in: IFO-Schnelldienst 10/1989, S. 3–10.

Seers, D., The Second Enlargement in the EEC, London 1986.

Siebert, H., Europe '92. Environmental Policy in an Integrated Market. Working Paper No. 365, Kiel 1989.

Simonis, U., Ökologische Orientierungen, Berlin 1988.

Simonis, U.E., Präventive Umweltpolitik, Frankfurt 1988.

Simonis, Z.E., Industrial Restructuring for Sustainable Development. Three Points of Departure. WZB/IIUG FS II 89–401, Berlin 1989.

Spitzley, H., Eine Zukunft ohne Atomstrom. Der kalifornische Weg einer sanften Energienutzung – eine Alternative auch für die Bundesrepublik Deutschland? öko-Institut (Werkstattreihe Nr. 29), Freiburg 1986.

Sprenger, R.-U., Beschäftigungswirkungen der Umweltpolitik. Eine nachfrageorientierte Untersuchung. Berichte des UBA 4/89, Berlin 1989.

Strübel, M., Umweltpolitik in Europa – Möglichkeiten und Grenzen in: Aus Politik und Zeitgeschichte, B 27, Juli, S. 15–28, 1988.

Task Force (Gunter Schneider), Environment and the Internal Market, Brüssel 1989.

Tömmel, I., Ökonomische Integration und Regionalpolitik in der EG. PROKLA, Nr. 64, 1986, S. 109–138 1986.

Tsuru, S./Weidner, H. (eds.) Environmental Policy in Japan, Berlin 1989.

Tudyka, K.P., Umweltpolitik in Ost- und Westeuropa, Opladen 1988.

VCD Liberalisierung des europäischen Güterverkehrsmarktes. Chance oder Gefahr?, Bonn 1988.

Verhagen, H., Umweltbewegung und die Misere der EG-Umweltpolitik, in: öko-Mitteilungen 4/87, S. 25–27, 1987.

Vernon, R., Die grundlegenden Triebkräfte der Multinationalisierung, in: Deubner u. a.: Die Internationalisierung des Kapitals, Frankfurt 1979.

Weidner, H./Tsuru, S., (Hrsg.), Ein Modell für uns. Die Erfolge der japanischen Umweltpolitik, Köln 1985.

Weidner, H., Bausteine einer präventiven Umweltpolitik, Anregungen aus Japan. Simonis 1988 b, S. 143–166, 1988.

Weidner, H., Die Umweltpolitik der konservativ-liberalen Regierung im Zeitraum 1983–1988. Versuch einer politikwissenschaftlichen Bewertung. WZB/IIUG FS II 89–304, Berlin 1989.

Weinstock, U., Nur eine europäische Umwelt? Zeitschrift für Umweltpolitik (ZfU) 1/1983, S. 1–46.

Weinstock, U., Abstufung als Realität und Chance, Grabitz 1984, S. 345–385.

Weyman-Jones, T.G., Energy in Europe. Issues and Policies, London 1986.

Wicke, L./Huckestein, B., Umweltschutz und Binnenmarkt: Perspektiven einer gemeinsamen EG-Umweltpolitik. ZAU 2/89 S. 119–130, 1989.

Wittmann, F./Ciciotti, E., Die Mobilisierung des endogenen Potentials, Berlin 1981.

Yannopoulos, G.N., Greece and the EEC, Hongkong 1986.

Zellentin, G., Möglichkeiten und Grenzen einer Umweltpolitik der EG. öko-Mitteilungen 4/87, S. 6–8, 1987.

Zuleeg, M. Vorbehaltene Kompetenzen der Mitgliedstaaten der Europäischen Gemeinschaft auf dem Gebiete des Umweltschutzes, in: NVwZ, Heft 4, S. 280–286.

Teil 3

Europäische Wirtschaftspolitik und Ressourcenverteilung

Europäische Forschungs- und Technologieförderung zwischen Industriepolitik und gesellschaftlicher Zukunftssicherung

Roland Schneider/Johann Welsch

1. Herausforderungen für die europäische Forschungs- und Technologiepolitik

Die Überlebenschancen der europäischen Industrie werden in der Regel in technisch-wirtschaftlichen Kategorien diskutiert: Technologische Rückständigkeit, technologische Abhängigkeit, internationale Konkurrenzfähigkeit sowie »wirtschaftliche Herausforderungen« aus den USA, aus Japan oder gar aus dem gesamten pazifischen Raum sind die Vokabeln, die die forschungs- und technologiepolitische Debatte in Europa prägen. Teilweise geraten die Diskussionen gar ins Militärische: »Der Krieg findet längst statt . . . Die Japaner führen seit Jahren einen Eroberungsfeldzug gegen den Rest der Industriewelt« (Der Spiegel 45/1989). Vom Handelskrieg mit Japan ist die Rede, vom »Chip-War« bzw. vom »*Halbleiter-Krieg*«.

Überlebensprobleme viel fundamentalerer Natur werden bei dieser Art der Debatte allerdings in den Hintergrund gedrängt, die Prioritätenskala staatlicher und supranationaler Politiken wird im Hinblick auf die eigentlichen gesellschaftlichen Probleme und Bedarfe verzerrt. Die Industrienationen sind zum Beispiel seit Jahrzehnten dabei, Luft, Gewässer und Böden in steigendem Umfange zu vergiften. Die Bevölkerung dieser Länder stellt zwar nur ein Viertel der Erdbevölkerung, sie ist jedoch für über 70 % des weltweiten Energie- und Rohstoffverbrauchs verantwortlich. Die Prognose des World-Resource-Institutes von vor zwei Jahren ist ohne Zweifel alarmierend: »Bei einem fortgesetzten Trend der Rohstoffausbeutung und industriellen Emissionen wird sich unser Planet bereits im Jahre 2030 global um 3° Celsius erwärmt haben. Bis Ende des nächsten Jahrhunderts kann sogar ein Anstieg um 6° nicht ausgeschlossen werden. Das wären Temperaturniveaus, die es in der uns bekannten Klimageschichte noch nicht gegeben hat.« (Die Zeit vom 5. Mai 1989) Die Schlußfolgerung hieraus ist zwingend: »Neben der nuklearen ist auch die ›ökologische Selbstzerstörung unseres Planeten‹ (*Siegfried Lenz*) keine unvorstellbare Vision mehr«. (Ebd.)

Was hat Forschungs- und *Technologiepolitik* mit all dem zu tun? Handelt es sich hierbei denn nicht um Herausforderungen für die Umweltpolitik? Kann die Technologiepolitik umweltpolitische Versäumnisse überhaupt ausbügeln? Nun, es ist ohne Zweifel richtig, daß Technologiepolitik kein Ersatz für die gerade auf EG-Ebene längst überfälligen konsequenten *Umweltschutzmaßnahmen* sein kann und darf. Auch wäre es fatal, wenn neue *Umwelttechnologien* zum Feigenblatt für die Fortschreibung überholter Wachstumsideologien geraten würden. Dennoch führt kein Weg daran vorbei, daß eine Zukunft der europäischen *Industriegesellschaft* ohne Umschaltung auf eine neue, das heißt umwelt- und ressourcenschonende Form des technischen Wandels nicht mehr vorstellbar ist. Und hierin liegt eine zentrale, wenn nicht gar die entscheidende Herausforderung für öffentliche Forschungs- und Technologiesteuerung. Eine weitere dringliche Zukunftsaufgabe stellt darüber hinaus ohne Zweifel die Schaffung gesundheits- und qualitätsfördernder humaner Arbeitsbedingungen in allen europäischen Betrieben und Verwaltungen dar. Es geht also um die Verwirklichung der Vision einer ökologie- und sozialverträglichen Industriegesellschaft im Europa von morgen, bei der Forschungs- und Technologieförderung einen entscheidenden Beitrag leisten kann und muß.

Die forschungs- und technologiepolitischen Strategien sowohl der einzelnen europäischen Länder als auch der EG-Instanzen sind von diesen Herausforderungen allerdings bislang noch weit entfernt. Im Zuge der Verwirklichung des europäischen Binnenmarktes 1992, welcher als bedeutendstes Innovationsprogramm in der europäischen Geschichte gefeiert wird, scheint der Zug sogar gerade in die entgegengesetzte Richtung zu fahren. Eine Studie der EG-Kommission machte erst jüngst auf die dramatischen ökologischen Konsequenzen der gegenwärtigen Form des Binnenmarkt-Projektes aufmerksam. ›Der Spiegel‹ faßte die wichtigsten Ergebnisse kürzlich in wenigen Worten zusammen: »Bisherige Fortschritte im Umweltschutz werden durch den ungebremsten Zuwachs an privatem und kommerziellem Verkehr, durch weitere Industrialisierung und verstärkte Produktivität der Unternehmen eingeholt. Trotz Filteranlagen und Immissionsschutzgesetzen soll beispielsweise die Schwefeldioxid-Belastung bis zum Jahr 2010 um mindestens acht Prozent, die Stickoxid-Belastung um mindestens zwölf Prozent ansteigen. Die Müllberge . . . werden weiter wachsen; der Mülltourismus, also das Verschieben von Abfall über die Grenzen, sowie die Transporte gefährlicher Gifte werden zunehmen.« (Heft 47/1989)

Wo bleiben der massive Einsatz und die Konzentration europäischer Forschungs- und Entwicklungsgelder auf die entscheidenden ökologischen und sozialen Zukunftsfragen? Auf die Erforschung technischer und organisatorischer Problemlösungen, die allein die Zukunft einer humanen und ökologischen Industriegesellschaft gewährleisten können: rohstoff- und energiesparende Investitionsgüter, emissionsfreie und menschengerechte Produktionssysteme, integrierte abfallvermeidende und materialsparende Umwelttechnologien? Wo bleibt also angesichts der gewaltigen ökologischen und sozialen Herausforderungen die massive europäische Umwelt- und Humanisierungsoffensive, die allein dem beachtlichen Innovationspotential in Europa eine zukunftsgerichtete und dauerhafte Perspektive geben könnte?

Eine solche Offensive hätte ohne Zweifel auch enorme industriepolitische Bedeutung. Sie würde sich allerdings nicht mit industriepolitischen Zielen bescheiden, wie dies bei der gegenwärtigen Forschungs- und Technologiepolitik der Gemeinschaft offenkundig der Fall ist. Deren verengter Blickwinkel hängt – so unsere These – mit dem Entstehungshintergrund der europäischen FuE-Politik zusammen. Die Instanzen der Europäischen Gemeinschaft kämpfen seit langem für eine Ausweitung ihrer forschungs- und technologiepolitischen Kompetenzen, die im ursprünglichen Vertragswerk der EWG zunächst kaum verankert worden waren. Als »Vehikel« und »Treibsatz« für die Durchsetzung dieser Bestrebungen wirkte der seit den späten 60er Jahren wachsende wirtschaftliche Anpassungsdruck durch Weltmarktveränderungen, der sich vor allem im Industriesektor niederschlug. War es in den späten 60er Jahren die »amerikanische Herausforderung«, die den Befürchtungen um das Überleben der europäischen Industrie eine große öffentliche Aufmerksamkeit sicherte, so beherrscht seit den frühen 80er Jahren die Auseinandersetzung um die »japanische« bzw. »pazifische Herausforderung« die europäische Technologiediskussion. Die Globalisierung der Märkte, der wachsende Druck der amerikanischen und schließlich der japanischen Konkurrenz sowie das Ringen der EG-Kommission um eine europäische Identität, so ist zusammenfassend festzuhalten, haben die Legitimation und die Herausbildung einer gemeinschaftlichen Technologiepolitik der EG bewirkt. Deren industriepolitisch verengte Praxis, die sich auf die Sicherung und Verbesserung der Wettbewerbsfähigkeit nur weniger europäischer High Tech-Industrien richtet, vollzieht sich in einem Geflecht widersprüchlicher Interessen nationaler Regierungen und multinationaler Konzerne. Ihre wesentlichen Merkmale sind:

- Der Verzicht auf eine zielgerichtete, ökologischen und sozialen Erfordernissen Rechnung tragende Ausschöpfung des Innovationspotentials neuer Technologien,
- die Öffnung technologiepolitischer Entscheidungsprozesse der EG für wirtschaftliche Interessen europäischer Konzerne,
- das Fehlen einer demokratischen Kontrolle der Fördermaßnahmen durch das Europäische Parlament,
- eine mangelnde Koordination und Verzahnung mit nationalen Technologiefördermaßnahmen sowie
- die selektive Konzentration begrenzter Fördermittel auf nur wenige Technologiefelder.

Wir wollen im folgenden die Herausbildung und Praxis der europäischen Forschungs- und Technologiepolitik genauer untersuchen. Bevor wir auf die Technologieförderprogramme auf EG-Ebene im einzelnen eingehen, müssen wir jedoch klären: Was sind die realen ökonomischen Tendenzen und Fakten? Besteht tatsächlich ein unabweisbarer Handlungszwang, um die Überlebensfähigkeit der europäischen Industrie zu sichern? Anders: Welche Faktoren trieben die europäische Forschungs- und Technologieförderung in die von uns vermutete industriepolitische Verengung?

2. Europa unter Druck

Die wesentlichen Veränderungen des kapitalistischen Weltmarktes im Verlaufe der 70er Jahre können hier nur skizziert werden: Die USA verloren letztlich infolge der ökonomischen Konsequenzen ihres Vietnam-Abenteuers ihre hegemoniale Position in der Weltwirtschaft. Die Zerrüttung des Weltwährungssystems von Bretton-Woods, die Destabilisierung der Währungsrelationen sowie die beiden Ölpreisschübe 1973 und 1979 schafften völlig veränderte Bedingungen auch für die Industrieproduktion in Europa. Hinzu kamen die Exportoffensiven zunächst der japanischen, später der südostasiatischen industriellen »Schwellenländern« (Südkorea, Taiwan, Hongkong, Singapur), die gezielt die bis dahin von den westlichen Industrieländern besetzten traditionellen *Industriegütermärkte* aufrollten (z. B. Kamera-, Uhren-, Motorrad-, Büromaschinen-, Unterhaltungselektronik- und Schiffbauindustrie). Neben den gewaltig gestiegenen Energie- und Rohstoffpreisen verschärfte diese Entwicklung den Kampf der führenden Industrienationen um die Märkte für Hochtechnologiegüter. Die internationale Konkurrenz wurde mehr und mehr zum Wettlauf um neue Technologiefelder. Angeheizt wurde dieser Wettlauf durch die konzentrierten und geplanten industrie- und technologiepolitischen Anstrengungen der japanischen Wirtschaft und Politik, hinter denen ohne Zweifel die Absicht steht, die USA in ihrer immer noch bestehenden technologischen Führungsrolle auf dem Weltmarkt abzulösen.

Was waren und sind die ökonomischen Konsequenzen der verschärften Weltmarktkonkurrenz für Europa? Gleichgültig, welchen wirtschaftlichen Indikator man zum Vergleich der drei Wirtschaftsblöcke USA, Japan und Europäische Gemeinschaft für die letzten zweieinhalb Jahrzehnte heranzieht: Die EG als Gesamtheit schneidet in der Regel um so ungünstiger ab, je mehr man sich der Gegenwart nähert.

So zeigt das Realeinkommen bzw. das reale *Bruttoinlandsprodukt* in den 60er und 70er Jahren gegenüber den USA noch ein überdurchschnittliches Wachstum, in den 80er Jahren dagegen bleibt es deutlich hinter den USA und Japan zurück. Dies dokumentiert, daß es den EG-Ländern im Gegensatz zu den beiden anderen Wirtschaftsblöcken weit weniger gelungen ist, die skizzierten weltwirtschaftlichen Veränderungen zu verkraften. Allein bei der Entwicklung der Arbeitsproduktivität kann sich Europa mit den USA messen, obgleich auch hier in den 80er Jahren eine Annäherung an den niedrigeren US-Produktivitätstrend festzustellen ist. Auch Japans Produktivitätsfortschritte haben unter den weltwirtschaftlichen Veränderungen gelitten, dennoch weist das Land auch für die 80er Jahre noch eine weit überdurchschnittliche Produktivitätsdynamik auf. Auffallend ist die Umkehr des Produktivitätstrends in Großbritannien, welche allerdings eindeutig mit dem Preis eines drastischen Deindustrialisierungsprozesses bezahlt werden mußte, wie die Entwicklung der britischen Industriebeschäftigung klar belegt.

Das Zusammenwirken von unterdurchschnittlichem Produktionswachstum und mittelmäßigem Produktivitätsfortschritt in den 80er Jahren hat in Gesamteuropa zum Schrumpfen des Arbeitsplatzpotentials geführt. Aber bereits in den 60er und 70er Jahren konnten sich die EG-Länder nie mit der Beschäftigungsdynamik in den USA und in Japan messen. Die Strukturkennziffern zeigen, daß sich die negativen Auswirkungen der weltwirtschaftlichen Veränderungen vor allem auf den Industriesektor konzentrieren (vgl. *Tab. 1*). Dort ist bereits seit Mitte der

70er Jahre ein Beschäftigungsrückgang zu verzeichnen, der sich in den 80er Jahren sogar noch erheblich beschleunigt hat. Aber auch der Dienstleistungssektor wird in Mitleidenschaft gezogen: Seine Beschäftigungsdynamik liegt seit Mitte der 60er Jahre weit unter der des amerikanischen Tertiärsektors, jedoch auch mit der Entwicklung der Tertiärbeschäftigung in Japan konnte selbst in den 80er Jahren nicht gleichgezogen werden, was gewiß zum Teil auf die wirtschaftlichen Verflechtungen mit dem unter Weltmarktdruck geratenen Industriesektor zurückzuführen ist.

Vor allem das ungünstige Abschneiden des Industriesektors belebte bereits in den 70er Jahren die industriepolitische Diskussion in Europa. Erklärungsversuche stützten sich einerseits auf Vermutungen, daß es hier um einen Trend zur *Dienstleistungsgesellschaft* gehe, der in den USA schon weit fortgeschritten sei und in Europa nun nachgeholt werden müsse. Für eine solche These sprach gewiß der vergleichsweise hohe Anteil der Industrie an der Gesamtbeschäftigung in Europa (vgl. *Tab. 1*). Der Schrumpfungsprozeß konnte damit als »Normalisierungsprozeß« interpretiert werden. Entwarnung und Beruhigung waren angesagt.

Dem widersprachen jedoch die Verfechter der Deindustrialisierungs-Hypothese, die vor allem in Großbritannien stark vertreten waren: Die Krise des Industriesektors wird von dieser Seite als Ausdruck des Verlustes an internationaler Konkurrenzfähigkeit gedeutet, vor allem als Ergebnis der ungünstigen Position der EG im internationalen Technologiewettlauf. Einen Ausweg aus dieser Sackgasse, so die Argumentation, konnten deshalb nur gemeinsame industriepolitische Anstrengungen weisen. Daß diese durchaus erfolgreich sein konnten, zeigte vor allem die Industriepolitik des japanischen Industrie- und Außenhandelsministeriums (MITI). Dort ist es nicht nur gelungen, den Anteil der Wachstumsbranchen an der Gesamtbeschäftigung zwischen Mitte der 70er und Mitte der 80er Jahre überdurchschnittlich auszuweiten, gleichzeitig wurde das gesamtwirtschaftliche Gewicht der Krisenbranchen beachtlich reduziert (vgl. *Tab. 1*). Weder die USA und schon gar nicht die EG – auch nicht ihre wirtschaftsstärksten Länder – konnten eine ähnliche Dynamik des strukturellen Wandels in den letzten eineinhalb Jahrzehnten erzielen.

»Motor« dieses strukturellen Wandels sind ohne Zweifel jene Branchen, die in überdurchschnittlichem Maße sowohl ihre Produktpalette als auch ihren Produktionsapparat mit Hilfe neuer Techniken verändern. Hinsichtlich der Beschäftigungsanteile dieser technologieintensi-

Tabelle 1

Indikatoren zum strukturellen Wandel

		USA	Japan	EG (12)	BRD	F	GB
Beschäftigungsanteile in %:							
Industrie:	1963	34,1	31,7	41,0	47,1	37,3	46,5
	1986	27,6	34,5	33,2	40,0	30,5	30,5
Dienstleistg. (einschl. Staat):	1963	59,0	42,3	40,8	41,1	43,8	50,1
	1986	69,7	57,1	58,6	54,7	62,3	67,1
Beschäftigungsentwicklung (durchschnittl. jährl. Veränderungen in %):							
Industrie:	1963–73	1,7	3,0	0,2	0,0	1,1	−0,7
	1973–80	1,0	0,0	−0,9	−1,4	−1,0	−1,5
	1980–86	0,0	0,5	−2,3	−1,6	−2,5	−3,8
Dienstleistungen:	1963–73	2,9	2,9	1,8	1,3	2,2	1,2
	1973–80	2,9	2,1	1,7	1,2	1,9	1,4
	1980–86	2,5	1,8	1,6	0,7	1,3	1,3
Beschäftigungsanteile in %:							
Wachstumsbranchen[1]	1973	29,9	31,6	27,9	28,1	27,6	28,5
	1986	36,4	39,4	31,4	31,0	33,0	34,1
Schrumpfungsbranchen[2]	1973	29,1	31,9	32,6	30,6	32,0	29,6
	1986	22,2	24,6	26,8	22,5	26,9	24,8

[1] Die sechs Branchen mit der höchsten Steigerungsrate der Beschäftigung im Zeitraum 1968–86.
[2] Die zwölf Branchen mit der geringsten Steigerungrate der Beschäftigung im Zeitraum 1968–86.
Quelle: Zusammengestellt aus HWWA-Strukturberichterstattung 1991.

ven Industriezweige an der gesamten Industriebeschäftigung schneidet Westeuropa insgesamt sogar besser ab als die USA und Japan (vgl. *Tab. 1*). Allerdings ist klar erkennbar, daß im Vergleich zu den genannten Wirtschaftsblöcken die Vorteile bei der Chemieproduktion und im Fahrzeugbau (gegenüber Japan, wobei sich hier seit 1986 mit Sicherheit Positionsverschiebungen zu dessen Gunsten ergeben haben dürften) liegen, während in der Feinmechanik und Optik und vor allem in der Elektrotechnik gegenüber Japan deutliche Lücken sichtbar sind. Hinter diesen Durchschnittswerten verbergen sich gewiß erhebliche Unterschiede zwischen den verschiedenen EG-Ländern, wie z. B. der Vergleich zwischen Italien und der Bundesrepublik Deutschland zeigt. Doch selbst für die Bundesrepublik als technologiestärkstem EG-Land gilt, daß sie in der Konkurrenz mit Japan auf einzelnen-Märkten nicht mehr mithalten kann.

Dies zeigt sich bei der Betrachtung der Handelsbilanz in ausgewählten Hochtechnologiegüter-Segmenten (vgl. *Tab. 3*), die das Verhältnis ausgeführter Hochtechnologiegüter zu den eingeführten Hochtechnologiegütern widerspiegelt; die Größe der Verhältniszahl gilt als Ausdruck der *Wettbewerbsfähigkeit*. Japan ist es im Verlaufe der 80er Jahre gelungen, seine Ausfuhren in bedeutsamen zukunftsträchtigen Bereichen teils erheblich zu steigern (Büromaschinen und Computer, Telekommunikationsausrüstungen und elektronische Komponenten). Die USA weisen in all den betrachteten Segmenten – teils beträchtliche – Positionsverluste auf. Von den drei technologieführenden EG-Ländern kann keines mit spürbaren Positionsverbesserungen aufwarten. Insgesamt überwiegen hier Positionsverluste, auch wenn keine gravierenden Einbrüche festzustellen sind. Am unerbittlichsten wird ohne Zweifel in den Bereichen der neuen Informations- und Kommunikationstechnologien gerungen, da hier nicht nur die höchsten Wachstumsraten für die nächsten Jahrzehnte prognostiziert werden, sondern im Segment der Mikroelektronik auch die entscheidende Schlüsseltechnologie für die zukünftige »Informationsgesellschaft« gesehen wird.

Die Untergrabung der Industriebeschäftigung sowie die bloß verhaltene Expansion der Tertiärbeschäftigung blieben in Europa nicht ohne Konsequenzen für die Arbeitsmarktentwicklung. Die Zahl der Arbeitslosen im EG-Bereich verharrt in den letzten Jahren bei rund 16 Mio. Personen, und dies, obwohl eine ungewöhnlich lange Konjunkturbelebung im gesamten EG-Raum zu verzeichnen ist. Mit einer nach OECD-Standard gemessenen Arbeitslosenquote lag die Arbeitslosigkeit 1988 fast doppelt so hoch wie in den USA und betrug das Vierfache der japanischen Arbeitslosigkeit. Dabei lag die Arbeitslosigkeit im europäischen Durchschnitt bis in die frühen 80er Jahre unterhalb des US-amerikanischen Standes; erst im Verlauf der 80er Jahre fiel sie hinter die amerikanische Arbeitsmarktentwicklung zurück. Auch wenn hierbei das militärisch geprägte »deficit spending« der Reagan-Ära sowie die Ausweitung der tertiären »bad job«-Ökonomie eine nicht unbeträchtliche Rolle gespielt haben dürften, so haben die besonderen Strukturprobleme der europäischen Industrie im Zusammenwirken mit der anhaltenden Massenarbeitslosigkeit im Laufe der Zeit auch im EG-Raum zur Herausbildung einer »neuen Industriepolitik« geführt.

Tabelle 2

Beschäftigungsanteile technologieintensiver Branchen am Verarbeitenden Gewerbe
– in % –

	Insgesamt	Chemie	Maschinenbau	Elektrotechnik	Fahrzeugbau	Feinmechanik u. Optik
OECD						
1963	–	–	–	–	–	–
1973	38,5	5,5	10,8	10,1	10,2	1,9
1980	40,4	5,7	11,7	10,3	10,5	2,2
1986	41,9	5,7	11,6	11,7	10,7	2,2
USA						
1963	36,4	5,8	9,7	9,1	9,6	2,2
1973	39,1	4,9	11,1	9,7	10,8	2,6
1980	41,4	4,9	13,1	10,3	9,9	3,2
1986	42,7	5,0	11,5	11,5	11,2	3,5
Japan						
1963	31,6	5,0	9,3	9,3	6,5	1,5
1973	38,2	4,2	11,2	12,4	8,5	1,9
1980	38,8	4,0	11,1	12,9	8,5	2,3
1986	42,7	3,7	12,0	16,5	8,4	2,1
Westeuropa						
1963	–	–	–	–	–	–
1973	39,6	6,4	11,0	10,0	10,5	1,7
1980	42,0	6,8	11,6	10,1	11,7	1,8
1986	43,3	7,1	12,3	10,9	11,5	1,5
BR Deutschland						
1963	42,4	6,6	13,7	11,5	8,4	2,2
1973	47,1	7,3	14,7	13,0	10,0	2,1
1980	50,0	7,9	15,1	12,8	11,9	2,3
1986	54,4	8,5	16,1	14,2	13,4	2,2
Frankreich						
1973	41,4	6,3	11,9	9,1	12,5	1,6
1980	43,3	6,7	11,8	9,9	13,3	1,6
1986	44,2	7,1	12,1	10,6	12,8	1,6
Italien						
1973	38,2	7,6	8,5	9,2	10,8	2,1
1980	41,1	7,8	9,0	9,9	12,5	1,9
1986	40,3	7,1	11,8	9,7	10,8	0,9
Großbritannien						
1973	41,7	5,6	11,6	9,9	12,5	2,1
1980	43,6	6,0	12,8	10,3	12,9	1,6
1986	42,6	6,2	12,0	10,9	11,9	1,6

Quelle: s. Tabelle 1.

Tabelle 3

Ausfuhr/Einfuhrrelationen bei ausgewählten Hochtechnologiegütern, 1981 und 1986

	1981					1986				
	Japan	USA	BRD	FR	UK	Japan	USA	BRD	FR	UK
Büromaschinen u. Rechner	2.75	3.23	0.93	0.73	0.68	6.63	1.11	0.92	0.7	0.79
Telekomausrüstungen u. elektr. Kompon.	6.59	0.70	1.13	1.14	0.96	8.95	0.61	1.14	1.22	0.82
Wissenschaftl. Instrum.	6.59	0.97	1.42	0.76	1.01	6.75	0.61	1.49	0.78	0.88
Heilmittel	0.28	2.27	1.77	1.99	2.61	0.30	1.42	1.71	1.90	2.21
Elektr. Übertr. Ausrüstung	4.32	2.3	2.07	1.49	1.44	4.56	0.97	2.00	1.21	1.23
Flugzeuge u. Teile	0.08	3.76	0.78	1.19	1.56	0.09	2.48	0.78	1.56	1.91

Quelle: OECD »Main Science and Technology Indicators 1981–87«, Paris 1988. (Entnommen aus: EG-Kommission 1988.)

3. Das Aufleben der »neuen Industriepolitik«

Dazu stellt die OECD im Zuge ihrer Ausarbeitung des »Positive Adjustment Policies«-Konzeptes Anfang der 80er Jahre fest: »Eine relativ neue Erscheinung in vielen OECD-Ländern ist der Versuch der Regierungen, direkt auf die Produktionsstruktur Einfluß zu nehmen ... Dieser »neue Interventionismus« konzentriert sich besonders auf die Struktur des Verarbeitenden Gewerbes«. (OECD 1983, deutsche Fassung, Ziff. 177). Nun ist die Tatsache, daß nationale Regierungen überhaupt steuernd in die Entwicklung des Industriesektors eingreifen, gewiß nicht neu. Neu sind vielmehr das veränderte Umfeld der verschärften Konkurrenzbedingungen auf dem Weltmarkt und die dadurch bedingte Ausbreitung und zunehmende Eingriffstiefe industriepolitischer Maßnahmen. Dabei sind selbst innerhalb Europas durchaus recht unterschiedliche industriepolitische Ansätze zu beobachten. Diese Unterschiede sind nicht allein auf das unterschiedliche gesamtwirtschaftliche Gewicht der jeweiligen Industriesektoren zurückzuführen oder auf die jeweils unterschiedliche strukturelle Anpassungsfähigkeit und -bereitschaft der nationalen Industrien bzw. ihrer Schlüsselunternehmen. Auch wäre es zu simpel, die unterschiedlichen Ausprägungen der Industriepolitik allein auf den objektiven wirtschaftlichen und sozialen Problemdruck zurückzuführen. Nationale Traditionen des Staatsinterventionismus, dauerhafte Interessenkompromisse gesellschaftlicher Gruppierungen und die Ideologien und wirtschaftspolitischen Philosophien der nationalen Wirtschafts- und Politikereliten spielen ohne Zweifel eine bedeutende Rolle in diesem Zusammenhang. Sie führen gleichzeitig zu Widersprüchen im Hinblick auf den Prozeß der Ausweitung technologie- und industriepolitischer Kompetenzen der EG-Instanzen.

Das DIW charakterisiert die Besonderheiten einzelner EG-Länder und ihrer wirtschaftlichen Ordnungen folgendermaßen: »Frankreich ist eine erst seit wenigen Jahrzehnten weltoffener gewordene zentralistisch-etatistische Marktwirtschaft mit starkem innereuropäischem Führungsanspruch. Großbritannien ist eine alternde Volkswirtschaft mit starker De-Industrialisierungstendenz, starken Klassengegensätzen und institutionell-politischen Diskontinuitäten. Italien führt eine pragmatische Industriepolitik im Zeichen krasser Regionalprobleme, indem es hoheitliche und unternehmerische Funktionen auf breiter Front vereint.« (DIW 1986, S. 10.) In der Bundesrepublik Deutschland spielt die starke Tradition des Neoliberalismus mit seiner antiinterventionistischen Ideologie auch heute noch eine bedeutende Rolle, und zwar trotz der in den späten 60er Jahren erfolgten Versöhnung zwischen »Freiburger Imperativ« (Wettbewerbsordnung der Märkte) und »Keynesianischer Botschaft« (Vollbeschäftigung und gesamtwirtschaftliches Gleichgewicht). Gleichzeitig ist der besondere Klassenkompromiß durch Institutionen der Arbeitnehmermitbestimmung auf betrieblicher und Unternehmensebene sowie die weitgehende Verrechtlichung der sozialen Auseinandersetzungen um Löhne, Arbeitszeiten, Arbeitsbedingungen usw. als Merkmal zu berücksichtigen.

Gemeinsam ist allen nationalen Industriepolitiken ein »Grundset« an Interventionsinstrumenten, die von der gezielten Subventionierung von Investitionen über die öffentliche Beschaffungspolitik bis hin zur Verstaatlichung von Schlüsselunternehmen und -industrien reichen, wobei die verschiedenen Instrumente in jeweils unterschiedlicher Weise genutzt werden. Gemeinsam ist gerade der neuen Form von Industriepolitik vor allem auch die besondere Konzentration auf die Hochtechnologiebereiche.

Hierbei geht es in allen Ländern im wesentlichen um drei als Schlüsseltechnologien angesehene Technologiefelder: die neuen Informations- und Kommunikationstechnologien, wobei der Mikroelektronik die höchste Bedeutung zugemessen wird, die Bio- und Gentechnologie sowie neue Werkstofftechnologien.

Die Besonderheit der neuen Industriepolitik gegenüber früheren industriepolitischen Maßnahmen besteht vor allem darin, daß sie die Potentiale der neuen Schlüsseltechnologien zu nutzen sucht, um die ihr zugedachte »Doppelrolle« zu erfüllen: »Sie soll die alten Industrien gegenüber der internationalen Konkurrenz abschirmen, und sie wieder auf die Gewinnerstraße bringen. Zugleich soll sie neue zukunftsträchtige Industrien in ihrer Expansion aktiv unterstützen.« (*Schmidt* 1985, S. 63.)

Die klassischen Industriezweige wie z. B. Stahl, Textil, Leder, Schiffbau usw. waren im Verlaufe der 70er Jahre vor allem der Verdrängungskonkurrenz aus den industriellen Schwellenländern mehr und mehr ausgesetzt. Hinzu kamen Industrien wie die Mineralölindustrie und die Aluminiumindustrie, welche in besonderer Weise durch die Ölpreisschübe und die dadurch in die Höhe getriebenen Energiepreisniveaus getroffen wurden. Auch der Zwang zu verschärften Umweltgesetzen oder die Subventionskonkurrenz durch neue Materialien (z. B. Kunststoffe versus Holz, Kunstfasern versus Baumwolle) erzeugten für einzelne Industriezweige erheblichen Anpassungsdruck. Die neue Industriepolitik zielt auf die Modernisierung dieser, auf der Schattenseite des wirtschaftsstrukturellen Wandels stehenden Branchen. Dabei wurde auch recht schnell erkannt, daß unter den Bedingungen einer anhaltenden Wachstumsschwäche protektionistische Abschirmungsmaßnahmen nicht nur keine Lösung auf Dauer brachten, sondern auch erhebliche gesellschaftliche Kosten verursachten. Deshalb mußte es um die Erneuerung der Produktionsprozesse dieser Branchen ebenso wie um die Erneuerung ihrer Produktpalette gehen. Die Förderung der Anwendung neuer Technologien war das industriepolitische Konzept, um diese Branchen auf die neuen Bedingungen dauerhaft einzustellen. Allerdings war diese Strategie, die vor allem auf beschleunigte Steigerung der Branchenproduktivität setzte, mit erheblichen Arbeitsplatzverlusten verbunden. Diese mußten ausgeglichen werden, was unter den Bedingungen der allgemeinen Wachstumskrise bis Mitte der 80er Jahre kurzfristig eine schwer zu lösende Aufgabe war.

Als langfristig orientierter Ansatz zur Schaffung neuer Beschäftigungspotentiale hat sich seit den frühen 70er Jahren zunehmend die Industriepolitik zur Förderung von Hochtechnologiesektoren verbreitet. Diese Strategie stützt sich zentral auf Maßnahmen der technologischen Forschungs- und Entwicklungsförderung: Stärkung der Grundlagenforschung, Förderung der anwendungsorientierten Forschung und Entwicklung, Unterstützung des Verbundes von Hochschul- und Industrieforschung, Forcierung des breiten Transfers neuen technologischen Wissens aus dem Forschungssektor in die wirtschaftliche Anwendung und Umsetzung. Strategisches Ziel hierbei ist der Auf- und Ausbau junger und neuer Industriezweige: Mikroelektronik-, Computer-, Telekommunikations-, Bioindustrie usw. Es ist vor allem diese industriestrategische Perspektive, die der Forschungs- und Technologiepolitik im Verlaufe der 70er Jahre einen enormen Bedeutungsgewinn gebracht hat. Dabei ist diese nachhaltige Aufwertung nicht allein mit dem Zwang zur Suche nach neuen Wachstums- und Beschäftigungspotentialen zu erklären, auch die besondere Funktionsweise der Innovationskonkurrenz, die seit Mitte der 70er Jahre mehr und mehr den kapitalistischen Weltmarkt prägt, spielt als Erklärungsfaktor eine wichtige Rolle.

Die weltweite Konkurrenz in Form des Technologiewettlaufs führt nämlich keineswegs in ausgewogener Weise zu mehr gesellschaftlichem Wohlstand für alle Länder, vielmehr bringt sie selbst für den Kreis der hochentwickelten Länder Gewinner und Verlierer hervor. Wirtschaftliche Vorteile können sich die Länder bzw. Unternehmen aneignen, denen es gelingt, neue Produkte bzw. Produkte mit überlegener Qualität, welche von anderen Ländern noch nicht hergestellt werden können, auf den Markt zu bringen. Damit verfügt das innovierende Unternehmen über ein bestimmtes technologisches Wissen, was ihm einen Standortvorteil und damit die Möglichkeit der Abschöpfung von Monopolprofiten einräumt. Dies führt im Zuge der Marktausdehnung zu mehr Produktion und zusätzlicher Beschäftigung am Produktionsstandort. Diese Gewinnersituation kann so lange gehalten werden, bis andere Unternehmen bzw. Länder die neue Technologie beherrschen und selbst die neuen Produkte herstellen können. Die Zeit spielt bei dieser Form der Konkurrenz eine bedeutende Rolle: Das Unternehmen bzw. Land, welches zuerst die Innovation hervorbringt, kann sich den Großteil der positiven wirtschaftlichen Effekte, die vor allem in den ersten Phasen des »Produktlebenszyklus« anfallen, aneignen. Dieses Land hat jedoch gleichzeitig die Möglichkeit, durch aktive Forschungs- und Technologiepolitik das innovierende Unternehmen bzw. den betreffenden Industriezweig zu unterstützen, neue Technologievorsprünge auf der Grundlage der anwachsenden Technologieerfahrung und besseren Technologiebeherrschung herauszuarbeiten. Die Chancen hierfür stehen gerade bei den neuen Technologien nicht schlecht: Sie sind mit einem enormen und weiter wachsenden Forschungs- und Entwicklungsaufwand verbunden; sie erfordern damit einen großen Absatzmarkt, um die hohen FuE- sowie Sach-Investitionskosten schnell zu amortisieren. Der Druck zur schnellen Amortisation wird noch dadurch verstärkt, daß aufgrund der weltweit enormen FuE-Anstrengungen die Produktlebenszyklen gerade bei Hochtechnologiegütern immer kürzer werden. All diese Umstände sind für Einzelunternehmen mit enormen Verlustrisiken verbunden, was die Barrieren für den Eintritt in bestimmte Hochtechnologiemärkte immer höher treibt. Gleichzeitig erringt der Erstinnovator aufgrund dieser Faktoren eine Dominanz, die von Nachzüglern nur um den Preis großer Anstrengungen zu brechen ist.

Diese Besonderheiten von Hochtechnologiesektoren erklären wesentlich die schnelle Verbreitung der neuen, das heißt innovationsorientierten Industriepolitik, wobei dieser Prozeß auch einen gewissen Selbstverstärkereffekt aufweist: Die Ankündigung neuer Technologieprogramme durch einzelne Länder löst oft bereits als solche entsprechende Aktivitäten auch in anderen Ländern aus. »Technologische Lükken«, ob echt oder vorgegeben, dienen für nationale Regierungen stets als Legitimationsbasis zur Einleitung eigener ehrgeiziger Forschungs- und Entwicklungsprogramme. Und noch eines kommt hinzu: Kein Land wagt es, sich zu erlauben, aus diesem *Technologiewettlauf* auszusteigen. Nach ›Der Spiegel‹ waren es die Japaner bzw. ihre Industriepolitik, »die in den siebzigern und achtzigern eine völlig neue Härte in den internationalen Warenhandel brachte; die bis heute dafür sorgt, daß weltweit das Wachstumsrad noch schneller gedreht wird: Stillstand ist, mehr denn je, Rückschritt; wer nicht mitwächst, wird weggepustet« (Heft 46/1989).

4. Wachsende Anforderungen an europäische Technologie- und Industriepolitik

Dieser struktur- und industriepolitische Wettlauf blieb nicht ohne Auswirkungen auf den Prozeß der europäischen Integration. Die Spannungen zwischen den EG-Ländern nahmen zu. Gleichzeitig wurde immer deutlicher spürbar, daß isolierte Reaktionen selbst technologiestarker EG-Länder z. B. dem gewaltigen japanischen 10-Jahres-Programm zur Entwicklung der fünften Computergeneration oder aber den amerikanischen rüstungsorientierten Innovationsprogrammen wie zuletzt der SDI-Initiative nichts Vergleichbares entgegensetzen konnten. Hinzu kam das immer spürbarer werdende Defizit der EG, daß dieser Wirtschaftsraum zwar insgesamt über ein beträchtliches Potential an FuE-Ressourcen verfügt – immerhin betrugen die Forschungs- und Entwicklungsausgaben der zwölf EG-Länder 1985 mehr als das eineinhalbfache der entsprechenden japanischen Aufwendungen –, daß dieses Potential jedoch nicht nur äußerst zersplittert ist, das heißt sein Einsatz von einer Vielzahl von Trägern zu vielfältigen Zielen und Zwekken erfolgt, sondern daß es auch gemessen am gesamten Bruttoinlandsprodukt des EG-Raumes weit unterdurchschnittlich dimensioniert ist. So liegt der Anteil der FuE-Ausgaben am Bruttoinlandsprodukt in Japan bei 2,9 % (1989), in den USA bei 2,7 %, in der EG allerdings im Durchschnitt lediglich bei etwa 2 %, wobei starke Abweichungen der nationalen FuE-Intensitäten innerhalb der EG festzustellen sind. Die Einführung des EG-Binnenmarktes 1992 wird zwar das Problem der für eine schnelle Amortisation hoher FuE-Aufwendungen zu engen Märkte im EG-Raum entschärfen. Allerdings vermag er noch nicht das Problem der unzureichenden Bündelung von FuE-Ressourcen zu lösen. Als erforderlich erwies sich gerade im Laufe der 80er Jahre immer stärker eine Koordinierung nationaler Forschungs- und Technologiepolitiken, eine Förderung der FuE-Zusammenarbeit der Unternehmen innerhalb Europas sowie eine verstärkte Mobilisierung von *FuE-Ressourcen* auf der EG-Ebene, um Doppelforschungen und damit die Verschwendung von Ressourcen zu vermeiden, die Beschränkungen nationaler Forschungs- und Technologiepolitiken zu überwinden und die durch supranationale Strategien erwarteten *Synergieeffekte* zu realisieren.

Diese wachsenden Anforderungen an eine gemeinschaftliche Technologie- und Industriepolitik verbesserten die Voraussetzungen für die EG-Kommision, ihre langjährigen Bestrebungen zur Erweiterung ihrer technologie- und industriepolitischen Kompetenzen durchzusetzen. Zwar hatte die EG für einzelne Sektoren (Montan-Industrien, Kernenergieforschung, herausragend: Agrarsektor) bereits frühzeitig eigenständige Wirtschaftslenkungsbefugnisse, allerdings führte erst der zunehmende industriepolitische Handlungsdruck zu einer Ausweitung strukturpolitischer Aktivitäten, die wiederum in wachsendem Maße forschungs- und technologiepolitischer Art waren. Im Mittelpunkt dieser Aktivitäten stehen die neuen Informations- und Kommunikationstechnologien (vgl. Punkt 7).

Sichtbarstes Zeichen der Neuausrichtung der europäischen Technologie- und Industrieförderung war ohne Zweifel die Einführung von rollierenden »Rahmenprogrammen« für Forschung und technologische Entwicklung im Jahre 1983. In diese Rahmenkonzepte, die inzwischen bis zum Jahre 1994 fortgeschrieben wurden, sollen die unterschiedlichen *Technologieförderprogramme* und -maßnahmen der EG eingebettet werden.

Wir wollen uns im folgenden ausführlicher mit der Entstehung, der Ausgestaltung sowie den Ergebnissen der europäischen Forschungs- und Technologieförderung befassen. Zunächst geht es uns allerdings darum zu zeigen, wie die wachsenden Anforderungen an die Technologie- und Industriepolitik der EG zu entsprechenden Aktivitäten der Kommission genutzt wurden.

Dies war allerdings kein gradliniger widerspruchsfreier Prozeß. Er nahm seinen Anfang auch nicht erst mit dem Beschluß der Einheitlichen Europäischen Akte Anfang 1986 durch den Ministerrat, wodurch der EG-Kommission erstmals formell eine gemeinschaftliche Kompetenz für Forschungs- und Technologiepolitik zugestanden wurde. Er begann viel früher, nämlich bereits in den späten 60er Jahren.

5. Auf dem Weg zu einer gemeinschaftlichen Forschungs- und Technologiepolitik

Der Glaube an Europa wurde erschüttert durch die Angst vor Amerika. Dieser schlichte Sachverhalt gab den Auftakt für erste und intensive Diskussionen um eine europäische Industrie-, Forschungs- und Technologiepolitik. Zu diesen Handlungsfeldern enthielt der EWG-Vertrag keine Aussagen. Dieses Defizit veranlaßte die Staats- und Regierungschefs der EWG-Länder, 1969 auf einer Gipfelkonferenz die Absicht zu bekunden, »die technologische Aktivität der Gemeinschaft zu intensivieren und durch Gemeinschaftsprogramme die industrielle Forschung und Entwicklung in den wichtigsten Spitzenbereichen zu koordinieren und zu fördern, und die dazu nötigen Finanzmittel bereitzustellen« (Kommuniqué Den Haag 1969, S. 74).

Vorausgegangen war dieser Proklamation eine europaweite Debatte über die »amerikanische Herausforderung« und deren Konsequenzen. Hohe amerikanische Direktinvestitionen in den Ländern der EG, der mit ihnen einhergehende wachsende Einfluß amerikanischer Konzerne auf den europäischen Märkten sowie eine zunehmende Abwanderung europäischer Wissenschaftler in die USA hatten Befürchtungen hervorgerufen, »daß in 15 Jahren die dritte industrielle Weltmacht nach den USA und der UdSSR nicht Europa, sondern die amerikanische Industrie in Europa ist« (*Servan-Schreiber* 1970, S. 13). Um dies zu verhindern und um wirksame politische Antworten auf die »amerikanische Herausforderung« zu geben, wurden u. a. folgende Ansatzpunkte für eine industrie- und technologiepoolitische Gegenoffensive Europas formuliert:

- die Schaffung von großen und kapitalkräftigen europäischen Industriekonzernen,
- die Konzentration von Forschung und Entwicklung auf zukunftsträchtige Schlüsseltechniken sowie
- die Verbesserung der Zusammenarbeit zwischen Industrie, Hochschulen/Universitäten und Staat. (A. a. o., S. 123ff.)

Obwohl diese Überlegungen auf breite Zustimmung stießen, wurden sie für die Industrie- und Technologiepolitik der EWG keineswegs handlungsleitend. Ein von der EWG-Kommission vorgelegtes Memorandum über die Industriepolitik der Gemeinschaft im Jahre 1969 fand ebensowenig die Zustimmung des Ministerrates wie der Vorschlag der Kommission zur Gründung eines Ausschusses für Industriepolitik im Jahre 1971 bzw. wie das von der Kommission beabsichtigte Aktionsprogramm zur Industrie- und Technologiepolitik aus dem Jahre 1973. Erst unter dem Eindruck der »Ölpreis-Explosion« des Jahres 1973 sowie wachsender Zahlungsbilanzprobleme beschloß der Rat 1974 erstmals eine umfassende Grundlage für die gemeinschaftliche Forschungs- und Technologiepolitik. Danach sollte künftig die einzelstaatliche Politik im Bereich der Wissenschaft und Technologie koordiniert sowie Aktionen von gemeinschaftlichem Interesse durch die EG-Kommission abgestimmt und durchgeführt werden. Zugleich beschloß der Rat ein erstes Aktionsprogramm, um auf dem Gebiet der Vorausschau, Bewertung und Methodik ein gemeinschaftliches Vorgehen einzuleiten. So sollte untersucht werden, »wie die vorhandenen wissenschaftlich-technologischen Kapazitäten genutzt werden können, um eine ständige Überprüfung der Ziele und Instrumente einer gemeinsamen Politik optimal zu gewährleisten« (Amtsblatt der EG vom 29. 1. 1974). Die Durchführung dieses Programms und dessen Ergebnisse nahm die EG-Kommission zum Anlaß, im Juni 1977 Leitlinien für eine gemeinsame Politik im Bereich der Wissenschaft und Technologie vorzulegen. Als Schwerpunktbereiche der zukünftigen gemeinschaftlichen Forschungs- und Technologiepolitik werden darin genannt:

- langfristige Sicherung der Ressourcen (Rohstoffe, Energie, Landwirtschaft, Wasser);
- Förderung einer international wettbewerbsfähigen Wirtschaftsentwicklung der Gemeinschaft;
- Verbesserung der sozialen Lebens- und Arbeitsbedingungen der Bürger;
- Schutz von Umwelt und Natur. (Mitteilung der Kommission 1977.)

Im Zusammenhang mit dem industriellen Strukturwandel und einem wachsenden internationalen Konkurrenzdruck, hervorgerufen durch amerikanische und japanische Unternehmen, stellen die Leitlinien fest, daß es »noch keine zusammenhängende Industriepolitik der Gemeinschaft (gibt). Darunter hat auch die Forschungs- und Entwicklungspolitik im Bereich der Industrie zu leiden.« (A. a. o., S. 27.) Um das Defizit der Forschungs- und Entwicklungspolitik in der Industrie zu überwinden sowie um die Entstehung neuer technologie- und forschungsintensiver Industrien zu fördern, regten die Leitlinien vier Maßnahmen an:

- die Entwicklung eines Gemeinschaftskonzeptes zur Förderung der Innovation;
- die verstärkte Förderung von Pilotprojekten und Demonstrationsvorhaben;
- branchenbezogene Maßnahmen zur Kooperationsförderung der mittelständischen Industrie auf dem Gebiet von Forschung und Entwicklung durch Programme auf Gemeinschaftsebene sowie
- spezielle Maßnahmen zur Förderung der europäischen Industrieforschung.

Tabelle 4

Ausgaben der EG für Forschung und Entwicklung
– in Mio. ECU (1 ECU sind rd. 2 DM) –

Jahr	1976	1978	1980	1982	1984	1986	1988
Summe	112,6	125,0	249,8	367,6	441,0	683,1	966,8

Quelle: BT-Drucks. 11/6193 v. 4. 1. 1990, S. 5.

Wie die Entwicklung der EG-Ausgaben für Forschung und Entwicklung zeigt (vgl. Tab. 4) bleiben die Bemühungen der EG-Kommission für die Praxis der gemeinschaftlichen Technologie- und Industriepolitik über längere Zeit weitgehend folgenlos. So stellte ein Bericht der Wirtschaftswoche über die europäische Technologiepolitik noch im Jahre 1984 mit Enttäuschung fest: »Was unter dem Dach der Brüsseler Kommission an europäischen Forschungs- und Entwicklungsarbeiten abläuft, ist (...) bescheiden. Nicht einmal 1 Mrd. DM standen den Europäern an gemeinschaftlichen Forschungsgeldern im vergangenen Jahr zur Verfügung. Und dieses Geld ging dann noch zu fast zwei Dritteln in die nukleare und nichtnukleare Energieforschung. Die europäische Gemeinschaftsforschung krankt daran, daß sie ursprünglich nicht als Gemeinschaftsaufgabe in den EWG-Vertrag von Rom aufgenommen wurde und erst später bei der Formulierung des EURATOM-Vertrages Berücksichtigung fand.« (Wirtschaftswoche Nr. 11 vom 9. 3. 1984, S. 29.) Die bis Anfang der 80er Jahre zu verzeichnende Dominanz der Kernforschung innerhalb der EG-Forschungsförderung steht in einem engen Zusammenhang mit der im Rahmen von EURATOM erfolgten Einrichtung einer Gemeinsamen Forschungsstelle (GFS). Ihr wurde seinerzeit die Aufgabe zugewiesen, die für eine technisch-wirtschaftliche Nutzung der Kernenergie erforderlichen Kenntnisse und Technologien zu erarbeiten und weiterzuentwickeln. Die Tätigkeit der Gemeinsamen Forschungsstelle wurde vollständig aus EG-Mitteln finanziert. Neben der in der GFS durchgeführten »eigenen Forschung« erlangte die »Vertragsforschung« der EG in den 70er Jahren bescheidene Bedeutung. Mit ihrer Hilfe sollten Forschungs- und Entwicklungsvorhaben in der EG in Gang gesetzt und gefördert werden, die entweder auf der Ebene einzelner Mitgliedstaaten nicht immer möglich waren oder die von der Zielsetzung her nicht allein durch die GFS ausgeführt werden konnten. Zu diesem Zweck übernahm die EG-Kommission in der Regel 50 % der jeweiligen Kosten der Forschungs- und Entwicklungsarbeiten.

Ergebnislos blieben auch die Bemühungen der Kommission, gemäß dem Beschluß des Rates vom Sommer 1974 gegenüber den einzelstaatlichen Forschungs- und Technologiepolitiken koordinierend tätig zu werden. Ursächlich dafür waren die im Anschluß an die 1974 einsetzende wirtschaftliche Rezession aufbrechenden politischen Gegensätze zwischen den Mitgliedsländern. Ein erster wirksamer Schritt zur Verbesserung der Voraussetzungen für die Entwicklung einer gemeinschaftlichen Forschungs- und Technologiepolitik gelang der EG-Kommission erst mit der Bildung eines Forschungsprogramms zur »Vorausschau und Bewertung in Wissenschaft und Technologie 1978–1982 (FAST)« durch den Rat der EG. Hauptziel des Programms war es, »zur Festlegung langfristiger Forschungs- und Entwicklungsziele und -prioritäten der Gemeinschaft und damit zur Gestaltung einer kohärenten Wissenschafts- und Technologiepolitik« beizutragen. (Amtsblatt der EG vom 16. 8. 1978.) Obwohl das Programm nur mit bescheidenen Finanz- und Personalmitteln ausgestattet war, verfügte die Kommission erstmalig mit ihm über eine institutionalisierte Plattform, von der aus sie gezielte Fragen der technologischen Selbstbehauptung Europas im internationalen Innovationswettlauf angehen konnte. Zugute kam ihr dabei auch, daß viele Hersteller von Industriegütern aus der alten Welt in wachsender Zahl die Erfahrung machen mußten, daß die von ihnen nur gering geachtete vermeintliche japanische Imitationswirtschaft sich längst zu einer dynamischen Innovationsökonomie gewandelt hatte.

Aus der Sicht der EG-Kommission stellte vor allem die japanische Erfolgsstory auf dem Feld der Mikroelektronik Europa vor eine zentrale Zukunftsfrage: Wie kann eine »technologische Renaissance« bewerkstelligt werden, und welche Akteure könnten sie, angesichts der weltweiten Strategien zum Wachstum von Wissenschaft, Technologie und Unternehmen in geeignete Bahnen lenken?« (*Petrella* 1986.) Mittlerweile ist die Antwort bekannt: Sie besteht – so das seinerzeit politisch zuständige Mitglied der EG-Kommission – in einem »qualitativen Sprung« der europäischen Forschungs- und Technologiepolitik. Neben seiner Anlehnung an das japanische Modell der unternehmensübergreifenden Forschungs- und Entwicklungskooperation sind »weitere wichtige Kennzeichen dieses neuen Ansatzes:

- eine Verbreiterung der Forschungs- und Entwicklungsbereiche der Gemeinschaft bei schrittweiser Rückführung der bis dahin dominierenden Energieforschung,
- eine größere Flexibilität der Organisations- und Haushaltsinstrumente,
- ein verstärktes »bottom-up«, d. h. eine stärkere Beteiligung von Industrie- und Forschungsinstituten bei Planung und Durchführung der Programme,
- möglichst weitgehende Wahrung der Wettbewerbselemente durch Ansiedlung der Programme im präkompetitiven (d. h. vorwettbewerblichem) Stadium, um produktivitätsmindernden und strukturverhärtenden Kartellierungstendenzen entgegenzuwirken« (*Narjes* 1986, S. 23).

Seinen Niederschlag fand dieser qualitative Sprung in dem 1983 beschlossenen »Rahmenprogramm der EG im Bereich der Forschung

Tabelle 5

Fördermittel für die Aktionsfelder der Rahmenprogramme auf dem Gebiet der Forschung und Technologischen Entwicklung
– in Mio. ECU (1 ECU sind rd. 2 DM) –

	Rahmenprogramme					
Aktionsfelder	1984–87	%	1987–91	%	1990–94[1]	%
1. Lebensqualität/ Umweltschutz	385	10,2	375	6,9	518	9,1
2. Informations- und Kommunikations-technologie	600	16,0	2275	42,2	2222	39,0
3. Industrielle Modernisierung	460	12,3	845	15,7	888	15,6
4. Landwirtschaft/ Biotechnologie/ Meeresressourcen[2]	210	5,6	360	6,7	740	13,0
5. Energie	1770	47,2	1173	21,7	814	14,2
6. Wissenschaft u. Technik im Dienste der Entwicklung	150	4,0	80	1,5	–	–
7. Verbesserung d. wissenschaftl.-technischen Zusammenarbeit in Europa	175	4,7	288	5,3	518	9,1
Gesamte Fördermittel	3750	100	5396	100	5700	100

[1] Vom Rat am 15. 12. 1989 beschlossen.
[2] Nur im Rahmenprogramm 1984–87.
Quelle: Div. Publikationen der EG-Kommission. Eigene Zusammenstellung.

und Technologischen Entwicklung 1984–87« (vgl. Tab. 5). Vorbild für die damit erfolgte Neuausrichtung der europäischen Forschungs- und Technologiepolitik war das Konzept für das Programm ESPRIT (European Strategic Program for Research and Development in Advanced Communications Technologies for Europe).

Die unter tatkräftiger Mitwirkung der führenden europäischen Computer- und Elektronikkonzerne zustande gekommene Neuausrichtung der gemeinschaftlichen Forschungs- und Technologiepolitik hat nicht nur zu einer nachhaltigen Veränderung europäischer Förder- und Organisationsstrukturen im Bereich von Forschung und Entwicklung geführt. Sie hat auch bewirkt, daß Defizite des EWG-Vertrages unlängst durch die Annahme der »Einheitlichen Europäischen Akte« überwunden wurden. Mit ihr wurde der EG nunmehr vertragliche Kompetenz für Forschung und Technologie übertragen. Die auf diese Weise vorgenommene Ergänzung des EWG-Vertrages lautet (Art. 130 f.): »Die Gemeinschaft setzt sich zum Ziel, die wissenschaftlichen und technischen Grundlagen der europäischen Industrie zu stärken und die Entwicklung ihrer internationalen Wettbewerbsfähigkeit zu fördern. In diesem Sinne unterstützt sie die Unternehmen – einschließlich der Klein- und Mittelbetriebe –, die Forschungszentren und die Hochschulen bei ihren Bemühungen auf dem Gebiet der Forschung und der technologischen Entwicklung; sie fördert ihre Zusammenarbeitsbestrebungen, damit die Unternehmen vor allem die Möglichkeit des Binnenmarktes der Gemeinschaft voll nutzen können, und zwar insbesondere durch die Öffnung der einzelstaatlichen öffentlichen Beschaffungsmärkte, die Festlegung gemeinsamer Normen und die Beseitigung der dieser Zusammenarbeit entgegenstehenden rechtlichen und steuerlichen Hindernisse.« (EG [Hg.] 1988, S. 23.)

6. Die Rahmenprogramme für Forschung und technologische Entwicklung: Wegweiser zur europäischen Technologiegemeinschaft?

Am 25. Juli 1983 folgte der Ministerrat dem Vorschlag der Kommission und legte den politischen Grundstein für eine umfassende Neuausrichtung der gemeinschaftlichen Forschungs- und Technologiepolitik. Verbunden damit war die Bereitschaft zur Erhöhung der Ausgaben für Forschungs-, Entwicklungs- und Demonstrationsvorhaben sowie eine verstärkte Förderung von Maßnahmen zur Erhöhung der landwirtschaftlichen und industriellen Wettbewerbsfähigkeit zur Bewirtschaftung der Rohstoffe und der Energieressourcen, zur Verstärkung der Entwicklungshilfe und der Verbesserung des Wirkungsgrades des wissenschaftlichen und technischen Potentials der EG und schließlich die Verbesserung der Lebens- und Arbeitsbedingungen. Die Maßnahmen in diesen Feldern stellen die acht wesentlichen Ziele der gemeinschaftlichen Forschungs- und Technologieförderung innerhalb des 1. Rahmenprogramms dar. Dafür wurden mit dem Beschluß des Rates für den Zeitraum von 1984 bis 1987 Fördermittel in Höhe von 3 750 Mio. ECU bereitgestellt. Der Schwerpunkt der geplanten Fördermaßnahmen wurde in Anknüpfung an die bisherige Praxis der Forschungs- und Technologieförderung auf die Verbesserung der Bewirtschaftung der Energieressourcen gelegt; auf Maßnahmen innerhalb dieses Bereiches, vor allem zur Entwicklung der Kernenergie sowie zur Kernfusion, entfielen mehr als 47 % der insgesamt bereitgestellten Fördermittel. Weitere 28 % der Fördermittel sollten zur Verbesserung der industriellen Wettbewerbsfähigkeit bereitgestellt werden. Demgegenüber blieben die Fördermittel für die anderen Aktionsfelder begrenzt (vgl. *Tab. 6*). Mit der Verabschiedung des 1. Rahmenprogramms wurde die Durchführung von Maßnahmen zur Verbesserung der industriellen Wettbewerbsfähigkeit zum zentralen Kern der europäischen Forschungs- und Technologiepolitik. Die Entwicklung der Anteile der jeweiligen Aktionsfelder an den gesamten Fördermitteln verdeutlicht dies. Von rund 28 % im 1. Rahmenprogramm erhöhte er sich auf über 54 % im unlängst beschlossenen 3. Rahmenprogramm für den Zeitraum von 1990 bis 1994. Demgegenüber wurde die Förderung der Kernenergieforschung und -technologie erheblich reduziert; die für dieses Aktionsfeld im 1. Rahmenprogramm bereitgestellten Mittel in Höhe von 1 770 Mio. ECU sollen bei der Durchführung des 3. Rahmenprogramms auf 814 Mio. ECU verringert werden.

Tabelle 6

Beteiligung der großen europäischen Elektronik- und Computerkonzerne an ESPRIT
(jeweils Zahl der Einzelprojekte)

Bereich/Name	Mikroelektronik	Software	Fortgeschr. Informationsverarbeitung	Büro-Syst.	CIM	Ges.
AEG	6	1	2	3	5	17
Bull (F)	4	4	7	11	2	28
CIT-Alcatel (F)	2	3	–	1	1	7
GEC (UK)	15	4	7	7	5	38
ICL (UK)	2	8	2	7	3	22
Nixdorf	–	1	2	8	1	12
Olivetti (I)	–	4	2	13	3	22
Philips (NL)	6	4	3	4	4	21
Plessey (UK)	7	2	1	4	–	14
Siemens	10	4	2	4	3	23
Thomson (F)	16	2	6	1	1	26

Quelle: EG-Kommission (Stand April 1988).

Allen Bekenntnissen zur engeren technologiepolitischen Kooperation und zur Verstärkung der gemeinschaftlichen Forschungs- und Entwicklungsförderung zum Trotz verlief die Verabschiedung der bisherigen Rahmenprogramme keineswegs ohne politische Auseinandersetzungen zwischen der EG-Kommission und den Regierungen der Mitgliedsländer. In besonderem Maße gilt dies für die Periode nach der Süd-Erweiterung der EG. Unterschiedliche Interessen der Mitgliedsländer verhinderten es, daß sich die Kommission mit ihrer bereits 1985 verkündeten Absicht, nämlich die EG-Finanzmittel für Forschung und technologische Entwicklung von seinerzeit etwa 3 % auf 6 bis 8 % des EG-Haushaltes anzuheben, durchsetzen konnte. Deutlich wurde dies, als die Kommission ihren ersten Vorschlag für ein 2. Rahmenprogramm im Sommer 1986 zur Diskussion stellte. Dieser sah EG-Fördermittel in Höhe von 10,5 Mrd. ECU (mehr als 21 Mrd. DM) für den Zeitraum von 1987 bis 1991 vor. Auch ein zweiter Vorschlag für ein Rahmenprogramm von 1987 bis 1991, der nur noch einen Finanzrahmen von 7,7 Mrd. ECU vorsah, fand nicht die erforderliche Zustimmung. Während die finanzschwächeren Länder der EG seinerzeit diesen Mittelansatz befürworteten, sprachen sich die Regierungen Großbritanniens, Frankreichs und der Bundesrepublik gegen diesen Vorschlag aus. Diese waren nur bereit, das Rahmenprogramm mit Mitteln von höchstens 4,2 Mrd. ECU auszustatten. Erst im Anschluß an die Kritik dieser Haltung von seiten führender Industrievertreter und nach langen Auseinandersetzungen wurde das 2. Rahmenprogramm im Sommer 1987 verabschiedet. (Vgl. Handelsblatt vom 24. 2. 1987 u. vom 24. 7. 1987.) Durch den Beschluß des Ministerrates wurde der ursprüngliche Ansatz der Kommission allerdings um nahezu die Hälfte gekürzt! Eine nachhaltige Kürzung der zunächst vorgesehenen Fördermittel mußte die Kommission auch bei ihrem Vorschlag für ein 3. Rahmenprogramm für die Jahre von 1990 bis 1994 hinnehmen. Statt der von ihr vorgeschlagenen 7,7 Mrd. ECU stattete der Rat das 3. Rahmenprogramm lediglich mit 5,7 Mrd. ECU aus. Mit dieser Entscheidung wies der Rat zugleich eine zentrale Forderung zurück, die als Ergebnis einer Bewertung des 2. Rahmenprogramms formuliert worden war – nämlich eine Erhöhung der Fördermittel für die gemeinschaftliche Forschungs- und Technologiepolitik (a. a. o., S. 18). Gleichwohl kann die Entscheidung des Rates nicht als ein Votum gegen eine unternehmens- und länderübergreifende Forschungs- und Entwicklungskooperation in Hochtechnologiefeldern gewertet werden. Dagegen spricht die wachsende Bereitstellung von nationalen Fördermitteln im Rahmen der EUREKA-Initiative. Vielmehr muß der von den führenden EG-Ländern unternommene Bremsversuch auf dem Feld der gemeinschaftlichen Forschungs- und Technologiepolitik als Ausdruck dafür gewertet werden, im Rahmen einer nur begrenzten internationalen

Forschungs- und Entwicklungskooperation die dominierende Rolle jeweils nationaler Unternehmen abzusichern. Die aus der Einheitlichen Europäischen Akte hervorgehende Verpflichtung zu einer einstimmigen Beschlußfassung über die Mehrjahres-Rahmenprogramme kommt ihnen dabei entgegen.

7. Wachsender Einfluß der Industrie auf die Gestaltung von Technologieprogrammen

Die mit dem Übergang zum 2. Rahmenprogramm erfolgte Konzentration der Fördermittel auf Maßnahmen zur Verbesserung der Wettbewerbsfähigkeit in Hochtechnologie-Sektoren stellt nicht nur eine Reaktion auf einen weltweit verschärften *Innovationswettlauf* dar. Verbunden mit ihr war zugleich ein neuer Ansatz der forschungs- und technologiepolitischen Entscheidungsfindung: Dem Beispiel von ESPRIT folgend wurden die industriepolitisch bedeutsamen Aktionsprogramme innerhalb des Mehrjahres-Rahmenprogramms 1987-1991 allesamt nach der »Davignon-Methode« konzipiert. Bei diesem Ansatz zur Vorbereitung von Förderprogrammen werden in der Regel die führenden industriellen Akteure des jeweiligen Technologiefeldes »konsultiert und aufgefordert, diejenigen Bereiche aufzuzeigen, in denen eine Förderung der Forschungsarbeiten nach ihrer Ansicht am dringendsten geboten ist und in denen die Industrie zu einer Kofinanzierung der Vorhaben bereit wäre« (EG [Hg.] 1988, S. 45). Beispiele für Programme, die auf diese Weise in enger Zusammenarbeit der EG-Kommission mit der Industrie vorbereitet wurden, finden sich neben ESPRIT in den Feldern der Telekommunikation, neuer Fertigungs- und fortgeschrittener Werkstofftechnologien sowie im Bereich der Luftfahrt.

7.1 Beispiel ESPRIT: Elektronik- und Computerkonzerne setzen Neuausrichtung der EG-Forschungs- und Technologiepolitik durch

Am 23. Februar 1984 beschloß der Rat der EG ein umfassendes »Europäisches Forschungs- und Entwicklungsprogramm auf dem Gebiet der Informationstechnologien (ESPRIT)«. Das zunächst für einen Zeitraum von fünf Jahren beschlossene Programm zielte auf eine vorwettbewerbliche Förderung von Forschungs- und Entwicklungsvorhaben in folgenden Bereichen:

1. Fortgeschrittene Mikroelektronik: Mit Vorhaben in diesem Feld sol-

len die technologischen Voraussetzungen für Entwurf, Fertigung und Prüfung von Hochgeschwindigkeits- und hochintegrierten Schaltungen, die in den kommenden zwei Jahrzehnten für erforderlich gehalten werden, geschaffen werden.

2. Software-Technologie: Vorhaben in diesem Feld sind auf die Bereitstellung von grundlegenden technischen Praktiken, Methoden und Werkzeugen für die Software-Entwicklung, auf informationstechnologisch relevante Managementmethoden und deren wissenschaftliche Fundierung sowie auf die Integration dieser Elemente in eine umfassende Technologie gerichtet.

3. Fortgeschrittene Informationsverarbeitung: Mit der Durchführung von Forschungs- und Entwicklungsvorhaben in diesem Bereich soll der Grundstein gelegt werden für die industrielle Nutzung des Übergangs von datenverarbeitenden zu wissensverarbeitenden Systemen, welche die kommende Computergeneration kennzeichnen.

4. Büro-Systeme: In diesem Feld sollen Forschungsvorhaben über Informationssysteme durchgeführt werden, die das breite Spektrum nicht routinemäßiger Aufgaben, die von Menschen in Büros und Verwaltungen erledigt werden, unterstützen sollen.

5. Computerintegrierte Fertigung: In diesem Feld soll im Zuge der Durchführung entsprechender Vorhaben die technologische Basis für die schrittweise Einführung von Informationstechnologien in alle Phasen des Fertigungszyklus geschaffen werden. (Vgl. Amtsblatt der EG vom 9. 3. 1984.)

ESPRIT integriert damit – wie auch die in den jeweiligen EG-Ländern durchgeführten Maßnahmen zur Förderung der Informationstechnik – die gesamte Hard- und Software-Felder der Informationstechnologie. Seine Bemühungen um die Förderung informationstechnologischer Forschungs- und Entwicklungsvorhaben orientieren sich in hohem Maße an dem organisatorischen Modell der japanischen Industriepolitik. So sollen an der Durchführung von Vorhaben im Rahmen von ESPRIT »wenigstens zwei unabhängige Industriepartner, die nicht im selben Mitgliedstaat ansässig sind, beteiligt sein«. Die Kosten der jeweiligen Forschungs- und Entwicklungsvorhaben werden im Regelfall zu 50 % von der EG getragen. Über einen Zeitraum von fünf Jahren wurden durch den Beschluß des Rates Fördermittel in Höhe von 750 Mio. ECU (ca. 1,63 Mrd. DM) bereitgestellt. Die Durchführung des Programms, bei der die Kommission durch einen beratenden Ausschuß unterstützt wird, soll flexibel erfolgen. Auf diese Weise soll möglichen raschen Veränderungen auf dem Gebiet der Informationstechnologie Rechnung getragen werden. Zu diesem Zweck sieht das Programm die jährliche Vorlage von Arbeitsprogrammen vor, die vom Rat mit qualifizierter Mehrheit genehmigt werden müssen und an denen sich die jeweiligen Projektausschreibungen orientieren sollen.

Das strategische Ziel von ESPRIT, das von der EG-Kommission in enger Kooperation mit den führenden europäischen Elektronik- und Computerherstellern formuliert wurde, richtet sich auf »die Erzeugung eines Technologieschubs für die gesamte Gemeinschaft, der in der Lage ist, innerhalb der nächsten zehn Jahre eine technische Parität, wenn nicht gar eine Überlegenheit über unsere wichtigsten Wettbewerber zu bewirken« (EG-Kommission 1983, S. 12). Anlaß für das nach langen und kontroversen Diskussionen zwischen Vertretern europäischer Unternehmen und der EG-Kommission einerseits und den nationalen Regierungen andererseits beschlossene Förderprogramm waren aktuelle Entwicklungen auf dem Weltmarkt für Güter der Informationstechnik. Diese hatten dazu geführt, daß aus dem noch 1975 verzeichneten Exportüberschuß der EG bei Informationstechnik-Gütern bis zum Jahre 1980 ein Handelsdefizit von rund 5 Mrd. US-Dollar wurde. Die Vermeidung einer weiteren Rückständigkeit Europas auf dem Gebiet der *Informationstechnologie*, so schlußfolgerten die EG-Kommission und führende Unternehmensvertreter, mache umfassende und langfristige strategische Maßnahme erforderlich. Dies nahm die EG-Kommission im Anschluß an Bestandsaufnahmen über die Förderung der industriellen Forschung in Europa sowie im Zusammenhang mit Vorarbeiten für eine europäische Innovationsstrategie zum Anlaß, eine bescheidene EG-Aktion zur Förderung der Halbleiterproduktion durchzuführen. Zu diesem Zweck stellte sie mit Billigung des Rates der EG Mittel in Höhe von rund 100 Mio. DM zur Förderung von Entwurfs-, Produktions- und Testverfahren für integrierte Schaltungen zur Verfügung. Die Wirkung dieser Fördermaßnahmen wurde jedoch von der Kommission selbst als unzureichend eingeschätzt. Aus diesem Grund, so unterrichtet die Kommission den Rat, habe sie bereits, »um eine Plattform für die europäische Industrie im Bereich der Informationstechnologien zu schaffen, einen Round table der Vertreter dieser Industrie gebildet. Hier diskutiert die Kommission mit der Industrie darüber, wie die Strategien ihrer großen Konkurrenten zu beantworten sind und wie die Gemeinschaft die Tätigkeit dieser Unternehmen auf dem Gebiet der Forschung, der Normung, der Entwicklung neuer Produkte und Dienstleistungen usw. unterstützen kann.« (A. a. o., S. 12.)

Obwohl die Gespräche zwischen Vertretern führender europäischer Elektronik- und Computerhersteller sowie der EG-Kommission bereits in den Jahren 1976/77 begonnen hatten, erfuhr die breite Öffentlichkeit erstmals davon, als die Kommission im Jahre 1982 ihren ersten Vorschlag zur Durchführung eines europäischen Strategieprogramms für Forschung und Entwicklung auf dem Gebiet der Informationstechnologien vorlegte. Dabei machte sie deutlich, daß sie zusammen mit etwa 100 Vertretern der 12 führenden europäischen Elektronik- und Computerhersteller – GEC, ICL und Plessey aus Großbritannien, Siemens, Nixdorf und AEG aus der Bundesrepublik, Thomson-CFF, Honeywell-Bull und CIT-Alcatel aus Frankreich, Olivetti und STET aus Italien sowie Philips aus den Niederlanden – den Rahmen für ein großangelegtes strategisches Forschungs- und Entwicklungsprogramm auf dem Gebiet der Informationstechnik, nämlich ESPRIT, konzipiert hatte.

Der Ministerrat billigte im Dezember 1982 den Vorschlag zur Durchführung einer Pilotphase von ESPRIT. Die für das Jahr 1983 geplante einjährige Pilotphase sollte sich zunächst auf 16 thematisch vorgegebene Projektfelder erstrecken. Die anfänglich von der EG-Kommission bereitgestellten 24 Mio. DM wurden wegen des großen Beteiligungsinteresses der informationstechnischen Industrie – im Anschluß an die Ausschreibung der Pilotvorhaben gingen mehr als 200 Anträge ein – auf ein Gesamtvolumen von zunächst rund 50 Mio. DM erweitert. Die Vergabe der Pilotprojekte läßt deutlich erkennen, in welch hohem Ausmaß ESPRIT auf die ökonomisch-technologischen Interessen der führenden europäischen Computer- und Elektronikkonzerne zugeschnitten ist. Sie waren an 22 der insgesamt 36 Pilotvorhaben beteiligt. Dabei entfielen auf Siemens 10, auf GEC und Plessey je 7, auf Honeywell-Bull, Olivetti, Philips und Thomson je 5 Beteiligungen. Nixdorf und CIT-Alcatel waren an jeweils 3 der durchgeführten Pilotvorhaben beteiligt.

Im Rahmen der Durchführung von ESPRIT hat die EG-Kommission im Anschluß an die Pilotphase drei Arbeitsprogramme zur Durchführung von Vorhaben ausgeschrieben. Auf diese Ausschreibungen wurden weit über 1 000 Anträge auf Förderung von Forschungs- und Entwicklungsvorhaben eingereicht. Von diesen wurden bis zum Dezember 1987 227 bewilligt. Damit waren die zur Förderung von Vorhaben im Rahmen von ESPRIT vorgesehenen Mittel bereits nach der Hälfte der Laufzeit des Programms vergeben. An der Durchführung der Vorhaben waren insgesamt 536 Unternehmen und Forschungseinrichtungen beteiligt. Viele von ihnen, allen voran die »12 Gründungsunternehmen« von ESPRIT, mehrfach (vgl. *Tab. 6*). Die »großen 12 erhielten«, so heißt es in einer Bewertung der Durchführung und der Ergebnisse von ESPRIT, »50 % des gesamten ESPRIT-Budgets und waren an 70 % aller Einzelprojekte beteiligt. (...) KMU's (Unternehmen mit weniger als 500 Beschäftigten) waren an 65 % aller Projekte beteiligt und erhielten 14 % der finanziellen Mittel« (EG-Kommission 1989, S. 17). Die Schwerpunkte der geförderten Vorhaben lagen eindeutig auf den Feldern der Entwicklung der Mikroelektronik sowie der fortgeschrittenen Informationsverarbeitung. Auf die Förderung von Vorhaben in diesen Feldern entfielen zusammen rund 46 % der bereitgestellten Finanzmittel. Auf die Förderung von Vorhaben zur Entwicklung neuer Systeme der Büroautomation sowie zur Weiterentwicklung der Software-Technologie entfielen zusammen weitere 40 % der Fördermittel. Den geringsten Anteil an der Förderung weisen Vorhaben im Feld der computerintegrierten Fertigung auf; ihr Anteil an den gesamten Fördermitteln beläuft sich lediglich auf rund 13 %.

Wie der rasche Abfluß der Fördermittel und die große Zahl der an den Vorhaben beteiligten Unternehmen zeigen, sehen die Unternehmen in ESPRIT eine durchaus willkommene Unterstützung ihrer Forschungs- und Entwicklungsarbeiten, mit denen sie ihre Position im internationalen Innovationswettlauf sichern wollen. Weder die von ihren Verbänden vorgetragenen ordnungspolitischen Bedenken, noch deren Einwände gegen steigende öffentliche Ausgaben vermochten sie davon abzuhalten, mit der EG-Kommission zu kooperieren. Dies mußten auch die Regierungen der EG-Mitgliedsländer erfahren. Ihr anfängliches Sträuben gegen das von der Kommission vorgeschlagene Programm gaben sie schließlich auf Druck der informationstechnischen Industrie auf.

Der anfängliche Widerstand der nationalen Regierung gegen den Vorschlag der EG-Kommission gründete auf dem Vorwurf, das von ihr vorgeschlagene Förderprogramm führe zu erheblichen Belastungen des EG-Haushaltes. Angesichts der in bezug zum Gesamthaushalt der EG nur bescheidenen Fördermittel, die sich zudem auf einen längeren Zeitraum verteilen sollten, erwies sich dieses Argument als wenig glaubwürdig. Demgegenüber ist zu vermuten, daß der hinhaltende Widerstand der nationalen Regierungen gegen den Vorschlag für eine europäische Förderung der Informationstechnik darauf gerichtet war, einen forschungs- und technologiepolitischen Kompetenzzuwachs der EG-Kommission zu verhindern. Für diese Vermutung spricht nicht zuletzt das im Zusammenhang mit den Rahmenprogrammen bereits angesprochene Bemühen der Regierungen Frankreichs, Großbritanniens und der Bundesrepublik, die Präsenz nationaler Unternehmen in allen

Bereichen zukunftsträchtiger Schlüsseltechnologien sicherzustellen. Zu diesem Zweck wurde von ihnen in der Vergangenheit zumeist die Bedeutung nationaler Forschungs- und Entwicklungsförderung hervorgehoben und eine eher zögernde und ablehnende Haltung eingenommen, wenn es darum ging, einer Ausweitung europäischer Technologieförderprogramme zuzustimmen.

In Übereinstimmung mit der Industrie schlug die EG-Kommission bereits 1986 dem Ministerrat der EG vor, eine zweite Phase von ESPRIT schon 1987 zu beginnen. Ihrem damaligen Vorschlag zufolge sollten für den zweiten Abschnitt der Förderung der Informationstechnik Finanzmittel in Höhe von insgesamt 4,5 bis 5 Mrd. ECU (ca. 10 Mrd. DM) bereitgestellt werden. Die Hälfte dieser Mittel beabsichtigte die Kommission über den EG-Haushalt zu finanzieren. Mit dem veranschlagten Mittelvolumen sollte für den Zeitraum von 1987 bis 1991 ein Personaleinsatz in der informationstechnischen Forschungs- und Entwicklungsarbeit europäischer Unternehmen von rund 30 000 Forscher-Beschäftigungsjahren mobilisiert werden. Gegenüber der ersten Phase von ESPRIT kommt dieser Vorschlag einer Verdreifachung des Fördervolumens gleich. Angesichts anderer, vom Ministerrat beschlossener Programme zur Förderung der *Telekommunikation* (RACE) sowie zur Förderung der Fertigungs- und Verfahrenstechnik (BRITE) gelang es der Kommission jedoch nicht, sich mit ihrem Vorschlag gegenüber dem Ministerrat durchzusetzen. Dieser billigte für eine zweite, ebenfalls auf fünf Jahre begrenzte Phase von ESPRIT lediglich den Einsatz von 1,6 Mrd. ECU. In seinem am 11. April 1988 gefaßten Beschluß zur Fortführung von ESPRIT folgte er jedoch dem Vorschlag der Kommission, die Forschungs- und Entwicklungsbereiche umzugestalten. Danach werden in der jetzt laufenden Phase von ESPRIT im Bereich »*Mikroelektronik* und Technologien der Peripheriegeräte« Arbeiten gefördert, die in erster Linie darauf abzielen, die Wettbewerbsfähigkeit der Mikroelektronikindustrie der EG zu verbessern. Im Bereich »Informationsverarbeitungssysteme« werden Vorhaben gefördert, die Werkzeuge und Technologien der Hard- und Software zusammenbringen, um die zukünftige Entwicklung neuer Systeme der Informationsverarbeitung zu ermöglichen. Im dritten Bereich, der Förderung von »IT-Anwendungstechnologien« soll es zukünftig hauptsächlich darum gehen, die Fähigkeiten europäischer Unternehmen in bezug auf die Integration der Informationstechnik in Systeme für vielfältige Anwendungszwecke zu steigern und die Ergebnisse in ausgewählten praxisgerechten Einsatzfeldern zu überprüfen. Insgesamt soll dabei das Schwergewicht auf die

Förderung der IT-Anwendungstechnologien gelegt werden. Dafür sollen 34 % der Fördermittel bereitgestellt werden. Auf die beiden anderen Förderbereiche sollen jeweils 29 % der Fördermittel entfallen (Amtsblatt der EG vom 6. 5. 1988).

Das Lob, das angesichts der Freigabe von neuen Fördermitteln für die zweite ESPRIT-Runde über die bisher durchgeführten Vorhaben ausgeschüttet wurde, kann nicht darüber hinwegtäuschen, daß mit der eingeleiteten Neuausrichtung der europäischen Forschungs- und Technologiepolitik vielfältige neue und zusätzliche Probleme einhergehen. So wird die EG-Kommission einerseits vor Abgrenzungs- und Wettbewerbsprobleme zwischen den einzelnen Förderprogrammen innerhalb des laufenden Rahmenprogramms für Forschung und technologische Entwicklung gestellt. Ebenso wächst der Abstimmungsbedarf mit den jeweiligen nationalen Fördermaßnahmen sowie im Hinblick auf die EUREKA-Initiative. Schließlich muß die Neuausrichtung der europäischen Forschungs- und Technologiepolitik zwei weitere Problemstellungen im Rahmen von Fördermaßnahmen berücksichtigen: Einerseits muß sie möglichen Interessenkonflikten zwischen den betroffenen Unternehmen in Fragen der Arbeitsteilung, der Finanzierung von Forschung und Entwicklung sowie Aspekten der Konkurrenz zwischen diesen Unternehmen Rechnung tragen. Andererseits müssen die Fördermaßnahmen sich davor hüten, »die Nachahmung bereits marktfähiger Entwicklungen« zu unterstützen, denn dabei »ist die Gefahr groß, dem technologischen Fortschritt mit Eigenentwicklungen nur hinterherzulaufen und mit den geschaffenen Produktionskapazitäten dazu beizutragen, daß ein Preisverfall eintritt und sich die FuE-Ausgaben nicht bezahlt machen« (DIW 1986, S. 114).

Als schwierig erweist sich auch die Einbeziehung kleiner oder mittlerer Unternehmen (mit weniger als 500 Beschäftigten) in die Fördermaßnahmen. Zu deren begrenzter Mitwirkung hat maßgeblich die von Beginn an geplante Verteilung der ESPRIT-Fördermittel beigetragen. Die »Größenordnungen und die Dauer solcher Projekte von bis zu fünf Jahren«, so kritisierte der Vertreter einer mittelständischen Software-Firma, »sprengen doch den Rahmen von kleinen und mittleren Unternehmen. Sie werden von den sicherlich hochinnovativen Entwicklungen ausgeschlossen.« (Wirtschaftswoche, a. a. O.) Dem stehen – wie Berichte der Wirtschaftspresse darlegen – »auffällige Gruppenbildungen« unter Führung dominierender Hersteller gegenüber. Dies begründet die Vermutung, daß zahlreiche der von Großunternehmen beantragten und durchgeführten Vorhaben vielfach »auf die Zusammenarbeit und Einbeziehung von Kunden« abzielen – ein Vorwurf, der sich vor allem auf die Durchführung von Vorhaben im Bereich der computerintegrierten Fertigung richtet (ebd.). Nicht länger zu übersehen ist schließlich auch, daß zahlreiche Ergebnisse der in der ersten Förderphase durchgeführten Vorhaben deutlich hinter den Erwartungen zurückgeblieben sind. Dies zeigt eine in der Zeit von Oktober 1988 bis Mai 1989 durchgeführte gründliche Bewertung der Fördermaßnahmen. Zwar stellt der Bericht allgemein fest, daß ESPRIT »eine Stärkung der technologischen Basis Europas bewirkt (hat), und zwar sowohl in bezug auf Methoden und Einrichtungen als auch bei den wichtigsten Faktoren, den menschlichen Ressourcen« (EG-Kommission 1989, S. 6). Gleichwohl gab es Anlaß für Enttäuschungen und Kritik: So wurde vermerkt, daß der Arbeitsplan zur Durchführung von Vorhaben im Bereich Mikroelektronik »in Anbetracht der verfügbaren finanziellen Mittel offenbar zu ehrgeizig angelegt war. Die Ressourcen wurden zu dünn auf eine allzu große Themenvielfalt verstreut.« Ebenso zeigte sich, daß in der Vergangenheit auch Forschungs- und Entwicklungsvorhaben im Feld der fortgeschrittenen Informationsverarbeitung, insbesondere zur Entwicklung wissensverarbeitender Systeme (Expertensysteme) überbetont wurden – dieses Forschungsfeld wurde Opfer einer »Modeströmung«. Eine ähnliche Enttäuschung gab es im Förderbereich Bürosysteme. Hier zeigte die Überprüfung, daß die Forschungsvorhaben den Veränderungen des Marktes nicht gerecht wurden. Beispiele dafür stellen die rasche Verbreitung von Personalcomputern und lokalen Netzen (LAN) dar.

Ebensowenig gelang es, die Vorhaben im Feld Bürosysteme zu einem Prüfstein für die »in den Bereichen Mikroelektronik, Softwaretechnologie und fortgeschrittener Informationsverarbeitung erzielten Ergebnisse« zu machen. Darüber hinaus machte die Bewertung auf Grenzen der unternehmensübergreifenden Forschungs- und Entwicklungskooperation aufmerksam. Befragungen ergaben, »daß die Projekte schwerfällig und ineffizient werden, wenn die Zahl der Partner über sechs steigt. Bei ESPRIT I gab es einen erheblichen Anteil von Projekten, bei denen dieser Wert überschritten wurde. Dieser Anteil ist bei ESPRIT II noch erheblich angestiegen, was Anlaß zur Besorgnis gibt« (a. a. O., S. 43). Vor diesem Hintergrund überrascht es nicht, daß die beteiligten Unternehmen, gefragt nach dem Nutzen der geförderten Vorhaben, angaben, daß die Ergebnisse der Vorhaben zwar wesentlich zur Erweiterung von »Know-how«, jedoch nur in geringem Maße zur Entwicklung neuer bzw. zur Verbesserung traditioneller Produkte beigetragen haben.

7.2 Beispiel RACE

Die Förderung von Forschungs- und Entwicklungsarbeiten auf dem Feld der Telekommunikation im Rahmen von RACE (Research and Development in Advanced Communications Technologies), die vom Rat im Dezember 1987 beschlossen wurde, stellt neben ESPRIT ein weiteres Beispiel für den großen Industrieeinfluß auf die europäische Forschungs- und Technologiepolitik dar. Ihr liegen neben allgemeinen wachstums- und beschäftigungspolitischen Hoffnungen bedeutsame Entwicklungen im Telekommunikationssektor – und damit veränderte Rahmenbedingungen für die europäischen Telekommunikationshersteller – zugrunde. Neben der Ablösung der Elektromechanik durch die Elektronik, dem Vordringen der Digitalisierung und dem Aufbau von Glasfaser-Netzen sind sie geprägt durch wachsende Forschungs- und Entwicklungskosten (Schätzungen zufolge belaufen sich die Entwicklungskosten für digitale Fernmeldesysteme auf rund 1 Mrd. Dollar, wobei deren Finanzierung einen Umsatz von mehr als 14 Mrd. Dollar erforderlich mache) sowie einen verschärften Wettbewerb im Zusammenhang mit der Deregulierung nationaler Fernmeldebehörden. Vor diesem Hintergrund soll RACE durch die Förderung der Entwicklung eines integrierten Breitbandkommunikationsnetzes (IBC) auf der Grundlage dienstintegrierter digitaler Netze (ISDN) und der dazu erforderlichen Technologien die Telekommunikationsindustrie der Gemeinschaft fördern und die Schaffung eines gemeinschaftlichen Binnenmarktes für Einrichtungen und Dienste der integrierten Breitbandkommunikation unterstützen. Zu diesem Zweck werden im Rahmen von RACE Forschungs- und Entwicklungsvorhaben in drei Feldern mit EG-Mitteln unterstützt. Diese betreffen Strategien zur Entwicklung und Implementierung integrierter Breitbandnetze (Teil 1), die Entwicklung der erforderlichen Technologiekomponenten (integrierte Hochgeschwindigkeitsschaltkreise, integrierte Optoelektronik, Breitbandvermittlung, kommunikationsspezifische Software usw. Teil 2); sowie die Förderung von Normungsarbeiten (Teil 3). Von den für RACE vorgesehenen Fördermitteln in Höhe von rund 1,1 Mrd. DM aus dem Haushalt der EG entfallen rund 55 % auf die Entwicklung der erforderlichen Technologien und weitere 27 % auf die Förderung von Normungsarbeiten (*Michalski* 1989, S. 613 ff.). Federführend beteiligt an RACE sind – wie auch bei ESPRIT – die großen 12 der europäischen Elektronik- und Computerindustrie. Ihre Vertreter sitzen im RACE-Industrieausschuß, auf sie entfallen die höchsten Beteiligungen an Vorhaben sowie nahezu 75 % der Fördermittel. Unter den beteiligten Unternehmen weist CIT-Alcatel die höchste Zahl von Beteiligungen auf, nämlich 56. Ihm folgen Philips (27), GEC (14), Ericsson (13), Plessey (11) und Siemens mit 6 Beteiligungen. Ein anderes Bild ergibt sich, wenn die Verteilung der Zuwendungen im Rahmen von RACE betrachtet wird: Zuwendungsempfänger aus der Bundesrepublik führen vor jenen aus Großbritannien, Frankreich und Italien.

7.3 Beispiel BRITE

Das BRITE-Programm, das die Modernisierung der europäischen Fertigungsindustrie durch die Förderung von Forschungs- und Entwicklungsvorhaben auf den Feldern neuer Technologien und fortgeschrittener Werkstoffe unterstützen soll, ist auf ähnliche Weise wie RACE zustande gekommen. Auf das 1985 eingeleitete und 1989 mit einem bescheidenen Materialforschungs-Programm zusammengelegte Programm entfallen im Zeitraum von 1989 bis 1992 rund 500 Mio. ECU. Wie auch bei ESPRIT und RACE war der Ansatz von BRITE auf die Förderung und Verbesserung des »Technologie-Angebots« gerichtet: Im Zuge der Unterstützung der vorwettbewerblichen Forschungs- und Entwicklungskooperation zwischen europäischen Unternehmen und Forschungseinrichtungen sollten die Voraussetzungen für technische Innovationen in der Fertigungsindustrie verbessert werden. In der Praxis hatte dies zur Folge, daß die Initiative zur Beteiligung an diesem Programm auf seiten der Unternehmen nicht in erster Linie vom Management, sondern von den Forschungs- und Entwicklungsabteilungen der Unternehmen getragen wurde. In einer Reihe von Fällen hat dies – so wird in einer Analyse und Bewertung der Durchführung des 2. Rahmenprogramms vermerkt – dazu geführt, daß die Vorhaben weder über die erforderliche technologische noch eine notwendige ökonomische Bedeutung verfügten (*Aigrain* 1989, S. 33).

7.4 Beispiele BAP und BRIDGE

Gegenstand forschungsstrategischer Kritik war auch das ab 1985 durchgeführte (2.) Forschungs- und Ausbildungsprogramm auf dem Gebiet der Biotechnologie (BAP), dem lediglich Haushaltsmittel in Höhe von 55 Mio. ECU zugewiesen wurden. Über die Förderung von Forschungs- und Ausbildungsvorhaben in den für die Anwendungen der neuen Biotechnologie bedeutsamen Bereichen hinaus (Identifizierung und Übertragung von pflanzlichen Genen, Identifizierung von Krankheitsgenen bei Zuchttieren) umfaßte es die Bereiche der Bioinformatik und der industriellen Gentechnik. Die in seinem Rahmen durchgeführten Vorhaben erlangten jedoch nur selten den unter wissenschaftlichen Gesichtspunkten erforderlichen Umfang, noch führten sie zu neuen wissenschaftlichen Impulsen. Statt dessen führte die Bereitstellung von Fördermitteln vielfach zu Mitnahmeeffekten (a. a. O., S. 36). Ausgehend von diesen Sachverhalten erscheint es fraglich, ob die bisherigen Mängel in dem nunmehr laufenden Programm zur Förderung der »Biotechnologischen Forschung für Innovation, Entwicklung und Wachstum in Europa« (BRIDGE), das von 1990 bis 1994 unter der Bereitstellung von 100 Mio. ECU aus dem EG-Haushalt durchgeführt werden soll, überwunden werden können. Zweifel sind zumindest angebracht im Hinblick auf die beabsichtigte Förderung von Risikoanalysen in Verbindung mit der Freisetzung gentechnisch veränderter Organismen sowie in anderen Feldern. Dafür sollen rund 15 % der Programmittel bereitgestellt werden. Die hierin zum Ausdruck kommende Vernachlässigung sozialer und ökologischer Risiken und Folgen der geförderten technologischen Entwicklungen ist charakteristisch für die Neuausrichtung der Forschungs- und Technologiepolitik der EG. Ein Verweis darauf, daß innerhalb der Rahmenprogramme stets das Aktionsfeld »Lebensqualität/Umweltschutz« Berücksichtigung gefunden habe, kann darüber nicht hinwegtäuschen. Die in diesem Aktionsfeld durchgeführten Maßnahmen orientierten sich bisher in der Regel lediglich an einer nachträglichen Risikobewältigung, nicht jedoch an einer vorausschauenden Risikovermeidung! Zudem blieben ihre Mittel, gemessen an dem sozialen und ökologischen Handlungsbedarf, völlig unzureichend.

8. EUREKA: Europäische Unternehmenskooperation zwischen symbolischer Politik und nationalstaatlicher Förderung

Die an die Regierungen Japans sowie der Nato-Mitgliedsländer gerichtete »Einladung« des Pentagons, sich an den Forschungsarbeiten der strategischen Verteidigungsinitiative (SDI) zu beteiligen, verlieh der europäischen Forschungs- und Technologiepolitik einen weiteren Impuls. Sie veranlaßte die französische Regierung zum Vorschlag für den »Aufbau eines Europas der Spitzen- und Avantgarde-Technologie«. Diesem Vorschlag zufolge sollte zukünftig im Rahmen einer »European Research Coordination Agency« (EUREKA) die europäische technologische Zusammenarbeit auf den Gebieten optische Elektronik, neue Werkstoffe, Supercomputer, künstliche Intelligenz und *Lasertechnik* verstärkt werden. Auf diese Weise sollten europäische Unternehmen von einer Beteiligung an SDI abgehalten und es sollte verhindert werden, daß diese im Zuge eines einseitigen Technologietransfers ihre amerikanischen Konkurrenten stärkten. Die französische Initiative zur Verstärkung der Forschungs- und Entwicklungskooperation zwischen europäischen Unternehmen knüpft an einen früheren Vorschlag der französischen Regierung zur »schrittweisen Schaffung einer wissenschaftlichen und industriellen Zusammenarbeit« in der EG an (Memorandum 1983, S. D697). Als technologische Antwort auf SDI zielte die vorgeschlagene Initiative nicht vorrangig auf eine Ergänzung oder Erweiterung des bisherigen Rahmens der gemeinschaftlichen Forschungs- und Technologiepolitik ab. Wesentlicher erscheint vielmehr die Absicht, die bisherige Organisation der Forschungs- und Entwicklungsförderung dahingehend umzugestalten, daß den Interessen der industriellen und wissenschaftlichen Akteure absolute Priorität eingeräumt wird. In diesem Zusammenhang ist es nur konsequent, daß der Vorschlag der französischen Regierung den Unternehmen eine Rolle als »Seele« der EUREKA-Initiative zuweist. Die tragende Rolle der Unternehmen und ihrer Interessen im Rahmen der vorgeschlagenen EUREKA-Initiative hat die französische Regierung stets besonders hervorgehoben:

1. Eureka hat der Logik von Projekten, nicht der von Programmen zu folgen. Seine Dynamik erwächst aus der Entscheidung der Partner, (...) ein konkretes Projekt mit einem festgelegten Ziel zu realisieren.

2. Diese Projektlogik verfährt im Sinne einer variablen Geometrie: Jedes Projekt bestimmt, wer mit wem zusammenarbeitet (dies gilt auch für die Länder). (*Chevillot* 1985, S. 691.)

Das wesentliche Ziel von EUREKA ist es, die Zusammenarbeit europäischer Unternehmen und Forschungsinstitute auf den Feldern der Hochtechnologien zu verstärken und auf diese Weise zur Sicherung und Steigerung von Produktivität und Wettbewerbsfähigkeit der europäischen Industrie beizutragen. EUREKA-Projekte, so formulierten die europäischen Regierungschefs in einer Grundsatzerklärung, sollen zivilen Zwecken dienen und – hieran wird ein wesentlicher Unterschied zur vorwettbewerblichen Forschungs- und Entwicklungsförderung durch die EG deutlich – »auf die Märkte des privaten wie des öffentlichen Sektors ausgerichtet« werden. Ein weiterer Unterschied gegenüber der gemeinschaftlichen Forschungs- und Technologiepolitik liegt darin, daß EUREKA-Projekte »letztendlich durch Absprachen der betreffenden Partner zustande kommen«. Im Zuge eines intensiven Informationsaustausches sollen EUREKA-Vorhaben von Unternehmen und

Forschungsinstitutionen vorbereitet und »in Gruppierungen ihrer Wahl« durchgeführt werden. Nach der Prüfung der geplanten Vorhaben durch die Regierungen jener Staaten, aus denen sich Unternehmen und Forschungsinstitute zur Durchführung von Vorhaben zusammenfinden, wird die Ministerkonferenz über das beabsichtigte Vorhaben unterrichtet. Diese befindet darüber, ob dem vorgeschlagenen Vorhaben das EUREKA-Markenzeichen zugebilligt wird, und damit als EUREKA-Vorhaben durchgeführt werden kann.

Von den führenden Unternehmen der europäischen Industrie sowie von ihren Industrieverbänden wurde die französische Initiative positiv aufgenommen. Ihr europäischer Patriotismus, den sie mit ihrer Befürwortung der EUREKA-Initiative an den Tag legten, kam für Industriebeobachter keineswegs überraschend. Diese hatten schon früher – so das Ergebnis einer von führenden europäischen Wirtschaftszeitschriften in Auftrag gegebenen »Untersuchung über die Perspektiven europäischer Unternehmen im Kampf um den Weltmarkt der Informationsgesellschaft von morgen« – Kooperationsgelüste bei den früher eifersüchtig auf Eigenständigkeit bedachten europäischen Multis ausgemacht. (Vgl. Wirtschaftswoche Nr. 50 vom 7. 12. 1984, S. 52.) Der Grund für die erkennbare strategische Umorientierung der Unternehmen: Jenseits aller Forderungen zur Schaffung eines einheitlichen europäischen Binnenmarktes hatten diese »erkannt, daß auch ein europäischer Markt schon jetzt für die Dimension zu klein wäre« (ebd.). Bezweifelt wurde, ob einzelne europäische Großunternehmen überhaupt in der Lage seien, das zukünftige »Paradies der Prosperität« – die *Informationsgesellschaft* – allein zu erschließen. Aus diesen Zweifeln erwuchs die zu verzeichnende Umorientierung des unternehmerischen Handelns – diese zielte auf die Schaffung technologieorientierter strategischer Unternehmenspartnerschaften. Aus diesen »*Technologiepartnerschaften*«, so vermuten Unternehmensberater, »können neue ökonomische Effekte entstehen: Europäische Unternehmensverbünde, die aus der Vielfalt einen Innovationsimpuls erzeugen und die sich allmählich schlagkräftig strukturieren« (*Sommerlatte* 1987, S. 35).

Nachdem sich die Regierungschefs der EG-Länder nur kurze Zeit nach der Vorlage des französischen Vorschlags über die Grundzüge der EUREKA-Initiative verständigt hatten, kam es in nur kurzer Zeit zu einer Ausweitung der Teilnehmerstaaten sowie der Vorschläge zur Durchführung einer großen Zahl von EUREKA-Vorhaben. Bereits der zweiten EUREKA-Ministerkonferenz, die im November 1985 in Hannover statt-

Tabelle 7

Technologiefelder,
Zahl und Kosten der EUREKA-Vorhaben

Feld	Zahl der Vorhaben	Kosten (Mrd. DM)	Anteil an Ges.-Kosten %
Informationstechnik	50	3,14	23,4
Kommunikationstechnik	19	2,48	18,4
Fertigungstechnik	70	2,24	16,7
Umweltforschung und -technologie	32	1,26	9,4
Transport- und Verkehrstechnologie	19	1,22	9,1
Biotechnologie/Medizinforschung	54	1,13	8,4
Energieforschung und -technologie	14	1,09	8,1
Lasertechnik	13	0,56	4,1
Materialforschung	22	0,32	2,4
	293	13,44	100

Quelle: BMFT. Eigene Berechnungen (Stand: 18. 6. 1989).

fand, lagen 300 Projektvorschläge vor. Von diesen wurden jedoch nur 10 als EUREKA-Vorhaben akzeptiert. Weitere Vorhaben wurden auf den folgenden Ministerkonferenzen in Stockholm, Madrid, Kopenhagen und Wien beschlossen. Im Anschluß an die 7. EUREKA-Ministerkonferenz, die am 19. 6. 1989 in Wien stattfand, beträgt die Zahl der nunmehr laufenden EUREKA-Vorhaben 297. Deren Gesamtkosten umfassen ein Finanzvolumen von mehr als 13 Mrd. DM. Obwohl die Vorhaben den gesamten Hochtechnologie-Bereich abdecken, haben sich mittlerweile eindeutige Forschungs- und Entwicklungsschwerpunkte herausgebildet (vgl. Tab. 7). Diese liegen in den Bereichen der Informations- und Kommunikationstechnik sowie in der *Robotertechnik.* Auf Vorhaben in diesen Feldern entfallen annähernd 60 % der Gesamtkosten aller Vorhaben! Im Vergleich dazu sind die Zahlen von Vorhaben und deren Kosten in den Feldern der Lasertechnik und der Materialforschung vergleichsweise gering; gemeinsam entfallen sie nur auf 6,5 % der Gesamtkosten der EUREKA-Vorhaben. Bezogen auf den ökologischen Handlungsbedarf in Europa erweisen sich auch die Felder der Energie- und Umweltforschung sowie -technologie als unzureichend. Auf sie entfallen zusammen 17,5 % der Gesamtkosten.

An 104 der insgesamt laufenden EUREKA-Projekte sind deutsche Unternehmen und Forschungseinrichtungen beteiligt. Die Kosten dieser Vorhaben belaufen sich auf über 6,6 Mrd. DM. Rund 48 % dieser Ko-

Tabelle 8

Technologiefelder, Zahl und Kosten der EUREKA-Vorhaben mit Beteiligung deutscher Unternehmen und Forschungseinrichtungen

Feld	Zahl der Vorhaben	Kosten (Mio. DM)	Anteil an Ges.-Kosten EUREKA-Vorhaben m. deutscher Beteiligung %
Kommunikationstechnik	10	1 618,2	24,5
Informationstechnik	17	1 578,7	23,8
Umweltforschung und -technologie	11	836,1	12,6
Transport- und Verkehrstechnologie	8	790,4	11,9
Energieforschung und -technologie	6	563,7	8,5
Fertigungstechnik	20	445,1	6,7
Lasertechnik	8	341,1	5,1
Biotechnologie/Medizinforschung	13	226,7	3,5
Materialforschung	11	224,6	3,4
	104	6 624,6	100

Quelle: BMFT. Eigene Berechnungen (Stand: 18. 6. 1989).

sten entfallen auf Vorhaben in den Feldern der Informations- und Kommunikationstechnik (vgl. Tab. 8). Von ihren Schwerpunkten her entspricht die Beteiligung deutscher Unternehmen und Forschungseinrichtungen an EUREKA-Vorhaben im wesentlichen der Gesamtstruktur der Vorhaben im Rahmen der EUREKA-Initiative. Unter industriepolitischen Gesichtspunkten zielt die Beteiligung deutscher Projektnehmer insbesondere auf die Weiterentwicklung der Informations- und Kommunikationstechnik sowie auf deren Anwendung mit dem Ziel, deren Steuerungs- und Organisationspotential zu nutzen. Weitere Schwerpunkte von Vorhaben mit deutscher Beteiligung sind auf den Einsatz neuer Werkstoffe im Automobilbau sowie auf die Entwicklung eines elektronischen *Navigationssystems für Kraftfahrzeuge* gerichtet, mit dessen Hilfe der Verkehrsfluß optimiert und die Verkehrssicherheit erhöht werden sollen. An diesem Vorhaben, dessen Kosten bis 1996 auf rund 1,2 Mrd. DM geschätzt werden, sind 14 europäische Automobilhersteller – darunter BMW, Daimler-Benz (federführend), Porsche und VW – beteiligt. Weitere industriepolitisch bedeutsame Vorhaben unter Beteiligung deutscher Unternehmen und Forschungseinrichtungen stellen die anwendungsorientierte Weiterentwicklung der Lasertechnik sowie die Erschließung neuer Rationalisierungspotentiale in der Montage dar.

Insgesamt sind an den EUREKA-Vorhaben mehr als 200 Unternehmen und über 130 Forschungseinrichtungen aus der Bundesrepublik beteiligt. In zahlreichen Fällen ist ihre Mitwirkung an der Forschungs- und Entwicklungskooperation jedoch begrenzt. Dies gilt jedoch nicht für die beteiligten Unternehmen der Elektroindustrie und des Fahrzeugbaus. So sind die Siemens AG und MBB jeweils federführend an vier EUREKA-Vorhaben beteiligt, MAN und Bosch jeweils an drei. Von den 104 Vorhaben mit deutscher Beteiligung werden gegenwärtig 57 Vorhaben durch Zuwendung des BMFT gefördert. Dieser Sachverhalt macht auf zahlreiche Probleme aufmerksam, die mit der Durchführung von Vorhaben im Rahmen der EUREKA-Initiative einhergehen. So ist es bisher den 19 an EUREKA beteiligten europäischen Regierungen und der EG-Kommission bei ihren Bemühungen, durch eine kooperationsorientierte Bündelung europäischer Technologiepotentiale eine erneute Entfesselung des Prometheus im alten Europa einzuleiten, nicht gelungen, dafür zu sorgen, kostenspielige Doppel- oder gar Mehrfachentwicklungen zu verhindern oder einzuschränken. Ein Beispiel dafür stellen die Entwicklung und Markteinführung neuartiger computerisierter Buchungs- und Reservierungssysteme für den Reisesektor dar. In diesem Feld hat die Konkurrenz zwischen nationalen Fluggesellschaften dazu geführt, daß – im Rahmen von EUREKA – zwei unterschiedliche Systeme, nämlich *Amadeus* unter Federführung der Lufthansa und *Galileo* unter Federführung von British Airways, entwickelt wurden. Hieran zeigt sich, daß auch einer auf Produkte und Dienstleistungen ausgerichteten Entwicklungskooperation durch den Wettbewerb zwischen den Unternehmen Grenzen gesetzt sind. Die hohe Konzentration der laufenden EUREKA-Vorhaben auf einzelne Technologiefelder läßt darüber hinaus ein weiteres Problem erkennen: Die Projekte überschneiden sich in hohem Maße sowohl mit nationalen als auch mit den Fördermaßnahmen der EG! Für die Forschungs- und Entwicklungspraxis hat dies zur Folge, daß einzelne Unternehmen und Forschungseinrichtungen innerhalb eines Technologiefeldes bereits auf zwei oder gar drei Förderebenen aktiv sind. Ein Beispiel dafür liefert das EUREKA-Projekt 154 »Fabrik der Zukunft«, dessen Ziel – so heißt es in einer Information des EUREKA-Sekretariats – »die Entwicklung von Methoden und Verfahren zur rechnerintegrierten Produktion, zur Entwicklung und Anwendung der künstlichen Intelligenz im Produktionsprozeß und deren Erprobung in Pilotvorhaben« ist (schriftliche Informationen des

EUREKA-Sekretariats). An diesem Vorhaben, mit dessen Hilfe eine weitere Rationalisierung und Flexibilisierung der Produktion angestrebt wird, sind neben dem Fraunhofer-Institut für Produktionstechnik und Automatisierung (IPA) in Stuttgart der Werkzeugmaschinenhersteller Trumpf, die SEL, die Robert Bosch GmbH, die Daimler-Benz AG und andere Unternehmen beteiligt. Diese sind wiederum ihrerseits zugleich auch Projektnehmer im Rahmen von Förderprogrammen der Bundesregierung und der EG. In diesem Zusammenhang gilt: »EUREKA verdoppelt also, ohne etwas Neues zu schaffen.« (*Linkohr* 1986, S. 37.)

Keineswegs zutreffend ist es, wenn in der forschungs- und technologiepolitischen Diskussion behauptet wird, daß EUREKA komplementär zu den Forschungs- und Entwicklungsprogrammen der EG angelegt worden sei. Eine erste Analyse der 72 von der 4. EUREKA-Ministerkonferenz im Winter 1986 beschlossenen Projekte machte dies deutlich. Sie zeigte,

- daß es bei 9 EUREKA-Vorhaben keine sichtbaren Beziehungen zwischen diesen und der Forschungs- und Entwicklungsförderung der EG gibt;
- daß bei 22 EUREKA-Vorhaben potentielle Verbindungen zwischen diesen und laufenden forschungs- und technologiepolitischen Fördermaßnahmen der EG bestehen, da sich die betreffenden Vorhaben auf das gleiche Arbeitsfeld erstrecken, ohne daß es zu einer direkten Beziehung zwischen den jeweiligen Vorhaben kommt;
- daß 33 EUREKA-Vorhaben »in direkter Beziehung zu einer Tätigkeit der Gemeinschaft« stehen oder aus dieser heraus abgeleitet sind;
- daß 8 EUREKA-Vorhaben »eine vollständige oder teilweise Überschneidung (mit) einer laufenden oder geplanten Gemeinschaftsaktion« aufweisen (EG-Kommission 1986, S. 10 f.).

Die vielfältigen Überschneidungen zwischen den laufenden EUREKA-Vorhaben mit Maßnahmen der Forschungs- und Entwicklungsförderung durch die EG legen die Vermutung nahe, daß die an EUREKA beteiligten Regierungen entgegen den Aussagen der EUREKA-Grundsatzerklärung keineswegs gewillt sind, im Rahmen von EUREKA die Ansätze einer gemeinschaftlichen Forschungs- und Technologiepolitik fortzuführen. Den oft gebrachten Verweis auf schwerfällige und komplexe Entscheidungs- und Abwicklungsverfahren lassen Kenner der EG-Institutionen zu Recht nicht gelten: »Blockiert wird in der EG auf Ratsebene, d. h. durch die Mitgliedstaaten«, so der ehemalige belgische Wirtschaftsminister Herman, »nicht auf Kommissionsebene. Fast fünf Jahre braucht man für eine Entscheidung in Sachen ESPRIT. Welches Wunder soll eigentlich bewirken, daß die Vertreter von zehn Regierungen, die sich im EG-Ministerrat zu nichts entscheiden können, im Kreise von weiteren acht Staaten als EUREKA-Konferenz entscheidungsfreudig werden? Die Wahrheit ist, daß die großen EG-Staaten bei EUREKA auf einen stärkeren Rückfluß von Mitteln als bei der Gemeinschaft hoffen.« (*Herman* 1985, S. 7)

So gesehen stellt EUREKA in der Tat einen »Schritt in Richtung auf den notwendigen Befreiungsschlag vom kleinstaatlichen Denken« dar, allerdings in einem gänzlich anderen Sinne, als EG-Kommissar Narjes seinerzeit vermutete. Die Bemühungen der großen Industrieländer in der EG, eine grenzüberschreitende Technologiekooperation von Unternehmen außerhalb der Gemeinschaftsinstitutionen zu fördern, darf man durchaus als Versuch werten, ihre Führungspositionen zu zementieren. Frühzeitig begründet wurde eine Strategie der selektiven Zusammenarbeit von seiten des bundesdeutschen Außenministeriums. Aus seiner Sicht ist »eine technologische Gesamtperspektive für die ganze Europäische Gemeinschaft ... im Grunde zu allgemein und führt zu falschen Schlüssen. Die technologischen Kapazitäts- und Interessenlagen innerhalb Europas sind im gegenwärtigen Zeitpunkt sehr verschieden. Eine europäische Strategie in der Hochtechnologie muß diesen Gegebenheiten Rechnung tragen, soll sie nicht zu einem uneffizienten Finanztransfer-Mechanismus entarten.« (*Grewlich* 1984, S. 259) In der Struktur der laufenden EUREKA-Vorhaben hat sich die Strategie der selektiven Kooperation nachhaltig niedergeschlagen. So erstrecken sich die von den bundesdeutschen Unternehmen und Forschungseinrichtungen im Rahmen von EUREKA insgesamt 315 eingegangenen Kooperationen vorrangig auf Partner in Frankreich (46), Italien (38), Großbritannien (35) und die Niederlande (31). Vergleichbare Hinweise ergeben sich aus der Beteiligung britischer und französischer Unternehmen sowie Forschungseinrichtungen. Daran wird deutlich, daß Unternehmen und Forschungseinrichtungen aus den kleineren an EUREKA beteiligten Ländern nur eine Nebenrolle einnehmen. Vor diesem Hintergrund bietet die Feststellung eines im Auftrage des Europäischen Parlamentes erarbeiteten Berichts keine Überraschung, wenn er ausführt: »EUREKA ist nicht das geeignete europäische Technologieprogramm, das Europa braucht, um der technologischen Herausforderung gewachsen zu sein.« Maßgeblich dafür sei nicht nur, daß EUREKA »vorrangig für die vier großen Mitgliedstaaten von Interesse ist«. Nicht minder bedeutsam sei, daß sich die EUREKA-Projekte ohne ausreichende Differenzierung und ohne eine Angabe von Prioritäten auf das gesamte Technologiespektrum bezögen. Kritisch vermerkt wird darüber hinaus, daß die Initiative zur Auswahl der Projekte der Industrie sowie den beteiligten Forschungseinrichtungen überlassen bleibt. Die offizielle Zustimmung durch die beteiligten Regierungen anläßlich der jährlichen Ministerkonferenz sei deshalb »reine Formalität«. Zutreffend wurde von der EG-Kommission zugleich darauf verwiesen, daß durch EUREKA die Handlungsmöglichkeiten auf dem Feld der gemeinschaftlichen Forschungs- und Technologiepolitik beschnitten werden. Dies gilt in doppelter Hinsicht: Mit EUREKA werden erstmals in großem Umfang nationale Fördermittel zur Durchführung marktnaher, unternehmens- und länderübergreifender europäischer Forschungs- und Entwicklungsprojekte bereitgestellt. Dadurch kommt es zu einer Überschneidung und Konkurrenz von EUREKA-Vorhaben mit Vorhaben, die im Rahmen der gemeinschaftlichen Forschungs- und Technologiepolitik durchgeführt werden. Zum anderen bedeutet die Durchführung von EUREKA-Vorhaben einen Ausschluß von EG-Institutionen bei der Weiterentwicklung der europäischen Forschungs- und Technologiepolitik. Dies gilt sowohl für den Wirtschafts- und Sozialausschuß der EG, als auch für das Europaparlament.

Obwohl die EG-Kommission Mitglied der EUREKA-Initiative ist, stehen ihr wegen ihrer vertraglichen Verpflichtungen auf die Förderung von vorwettbewerblicher Forschung und Entwicklung nur begrenzte Handlungsmöglichkeiten innerhalb von EUREKA offen. In einer Mitteilung an den Rat hat die Kommission dargelegt, daß sich ihre Unterstützung der EUREKA-Initiative vorrangig auf die Verbesserung der Rahmenbedingungen für die Durchführung von EUREKA-Vorhaben erstrecken müsse. Diese solle die Förderung des Informations- und Erfahrungsaustausches zwischen den Teilnehmern von EUREKA-Projekten und anderen betroffenen Akteuren fördern sowie die Entwicklung und abgestimmte Einführung gemeinsamer Normen vorbereiten. Daran, dies wurde bisher zumeist übersehen, wird deutlich, daß von EUREKA nur begrenzte Impulse zur Förderung der europäischen Integration ausgehen. Übersehen wurden angesichts einer wachsenden »Europhorie« auch weitere Schwachstellen der EUREKA-Initiative. Diese liegen unter anderem an der großen Zahl beteiligter Kooperationspartner an einzelnen Vorhaben. In diesem Zusammenhang verweisen Erfahrungen mit der Durchführung von ESPRIT darauf, daß unternehmensübergreifende Forschungs- und Entwicklungskooperationen schwerfällig und ineffizient werden, wenn die Zahl der beteiligten Kooperationspartner über sechs hinaus steigt. Schließlich liegen auch zahlreiche Hinweise darüber vor, daß die Projektplanungen der beteiligten Industrieunternehmen auch unter wirtschaftlichen Gesichtspunkten vielfach Schwachstellen aufweisen. Dies hat unter anderem dazu geführt, daß Bemühungen um eine marktwirtschaftskonforme, private Projektfinanzierung im Zuge der Bereitstellung von Risikokapital bisher nicht realisiert werden konnten. Schließlich sind auch Zweifel an der angestrebten zivilen Orientierung der EUREKA-Vorhaben angebracht. Anlaß zu diesen Zweifeln gibt die Feststellung, daß mittlerweise unter den an EUREKA-Vorhaben beteiligten Unternehmen nahezu alle namhaften europäischen Rüstungshersteller vertreten sind. Zusammenfassend kann damit festgehalten werden, daß EUREKA in seiner gegenwärtigen Form eine höchst einseitige Antwort auf die Herausforderungen zur Gestaltung der europäischen Zukunft darstellt.

9. Perspektiven der europäischen Forschungs- und Technologiepolitik

Die Europäische Gemeinschaft hat sich mit der Verwirklichung eines einheitlichen Binnenmarktes zum 31. Dezember 1992 ein ehrgeiziges und greifbar nahes Ziel gesetzt. Die Schaffung eines einheitlichen Marktes ist zur Sicherung der Zukunft der europäischen Industriegesellschaft allerdings nicht ausreichend. Es bedarf eines Ausbaus jener politischen Handlungsmöglichkeiten und Strategien auf europäischer Ebene, die die gesellschaftliche und ökologische Verträglichkeit der weiteren wirtschaftlichen, insbesondere der industriellen Entwicklung gewährleisten. Hierzu zählt ohne Zweifel die staatliche Forschungs- und Technologiepolitik.

Dabei sind – und das hat unsere Analyse deutlich gezeigt – die bisherigen Schritte der Verlagerung forschungs- und technologiepolitischer Kompetenzen auf die EG-Ebene durch zaghafte, teils widersprüchliche Ansätze gekennzeichnet. Zwar wurden forschungs- und technologiepolitische Förderprogramme initiiert, auch ausgeweitet und letztlich sogar auf ein vertragliches Fundament gestellt; die hierin erkennbar werdende Bereitschaft, dem wirtschaftlichen Konkurrenzdruck aus den USA und Japan gemeinsam zu begegnen und eine eigenständige Industrieproduktion in technologischen Schlüsselfeldern zu behaupten, ist jedoch auf Dauer zu wenig. Eigenständige Industrieproduktion ja – aber unter welchen sozialen und ökologischen Bedingungen? Warum, für welche weiterreichenden gesellschaftlichen Ziele, für welche und für wessen Bedarfe? Mit welchem konkreten Nutzen für die Menschen, die Bürger und Arbeitnehmer? Technik darf auch auf europäischer Ebene nicht um ihrer selbst willen gefördert werden. Sie darf nicht nur am Maßstab verbesserter Unternehmensbilanzen gemessen werden. Vielmehr gilt es, sie den Bedürfnissen der Menschen und ihrer Gemeinschaft letztlich dienstbar zu machen. Europäische Forschungs- und Technologieförderung muß so gestaltet und ausgestattet werden, daß sie die Lebens- und Arbeitsbedingungen der Menschen konkret und spürbar zum Positiven verändert. Aber wie?

Drei Veränderungen, die es für die Weiterentwicklung der europäischen Forschungs- und Technologiepolitik zu berücksichtigen gilt, erscheinen uns hierfür von herausragender Bedeutung:

(1) Die Veränderung der Maßstäbe

Forschungs- und technologiepolitische Strategien, die eine lebenswerte gesellschaftliche Zukunft sichern wollen, dürfen sich nicht auf technische und wirtschaftliche Zielsetzungen beschränken. Um es an einem Beispiel zu verdeutlichen: Es kann nicht bloß um die Steigerung der *Chip-Produktion* pro Kopf der Erwerbstätigen gehen, vielmehr ist auf die Entwicklung von informationstechnischen Anwendungssituationen und -konzepten zu zielen, die bessere Lebens- und Arbeitsbedingungen durch zweckgerichteten Einsatz hochentwickelter Informationstechnologie ermöglichen. Ziele und Maßstäbe der ökologischen und sozialen Verträglichkeit als eigentliche, »finale« Ziele zukunftsgestaltender Forschungs- und Technologiepolitik müssen in den Vordergrund gerückt werden. Nur sie sagen etwas über die »Qualität« der erzielten Veränderungen aus. Und nur mit ihrer Hilfe läßt sich bewerten, ob Forschungs- und Technologiesteuerung im gesellschaftlichen Sinne erfolgreich ist.

(2) Die Veränderung der Instrumente

Um den eigentlichen Maßstäben und Zielen auch in der praktischen Forschungs- und Entwicklungsförderung die erforderliche instrumentelle Grundlage zu schaffen, sind entsprechende Maßnahmen zu ergreifen. Das heißt, Forschungsarbeiten anderer Art sind zu fördern, vor allem zur Erforschung potentieller Chancen und Risiken neuer Technologien im Hinblick auf die Individuen und ihr gesellschaftliches Zusammenleben, im Hinblick auf ihre Umweltbedingungen usw. Solche »Technikfolgeabschätzungen« dürfen allerdings nicht bloß bei Wirkungs- und Risikoforschungen stehenbleiben, vielmehr ist darauf aufbauende gestaltungsorientierte Forschung anzustreben: Wie verändern sich vermutlich die Lebens-, Arbeits- und Umweltbedingungen der Menschen jeweils bei Anwendung technisch- organisatorischer Alternativen? Welche Veränderungen wären wünschenswert, und wie könnten sie herbeigeführt werden? Durch die Ausweitung entsprechender Forschungen läßt sich das erforderliche Orientierungswissen aufbauen und verbreitern, das notwendig ist, um wirkliche forschungspolitische Wahlentscheidungen treffen zu können. Technikfolgeabschätzungen müssen deshalb zum integralen Bestandteil auch der Technologieprogramme auf europäischer Ebene werden. In dieser Hinsicht ist die bisherige FuE-Förderung der europäischen Gemeinschaft in einem wahrhaft unterentwickelten Zustand, wie unsere Untersuchung der Forschungsprogramme ESPRIT, RACE usw. deutlich belegt. Datenschutzprobleme sowie kommunikationsökologische Risiken einer hochinformatisierten Gesellschaft, deren technische Grundlagen durch diese Forschungsprogramme gefördert werden, sind bislang kein Gegenstand europäischer Forschungsförderung. Mit der EUREKA-Initiative entwickelt sich die Forschungsförderung auf der europäischen Ebene sogar weiter weg vom Idealbild einer gesellschaftlich verantwortbaren Forschungs- und Technologiesteuerung. Die Forschungs- und Entwicklungsfördermaßnahmen in EUREKA bleiben gänzlich dem begrenzten Horizont betriebswirtschaftlicher Profitkalküle verhaftet.

(3) Die Veränderung von Entscheidungsstrukturen

Die unter 1. angesprochene Veränderung von Zielen und Maßstäben staatlicher Politik berührt ohne Zweifel wirtschaftliche und soziale Interessen. Sie ist keinesweg interessenneutral. Umgekehrt liegt es auf der Hand, daß bereits die Formulierung von Zielen und die Anwendung von Maßstäben durch gesellschaftliche Interessen bestimmt und geprägt werden. Welche Interessen hierbei zum Zuge kommen, hängt vor allem von den zugrundeliegenden Entscheidungsstrukturen europäischer Forschungs- und Technologiepolitik ab. Unsere Analyse hat gezeigt, daß es vor allem die Interessen der großen europäischen Hochtechnologiekonzerne sowie die der Regierungen der technologisch führenden Länder sind, die den Ton angeben. Demgegenüber kommen zum Beispiel die spezifischen Interessen von Arbeitnehmern an besseren Arbeitsbedingungen, befriedigenderen Arbeitsinhalten oder qualifikationsfördernden Aufgabenzuschnitten ohne Zweifel zu kurz.

Auch den Interessen der Bürger an erholungs- und gesundheitsfördernden Umweltbedingungen gerade auch in den industriellen Ballungsräumen wird trotz der (bescheidenen) EG-Mittel zur Förderung der Umweltforschung nicht ausreichend Rechnung getragen. Und: Wie will die europäische Politik dem Technologiegefälle zwischen den wirtschaftlich starken und den nachhinkenden EG-Ländern entgegenwirken, wenn massive und gezielte Anstrengungen in diese Richtung unterbleiben? EUREKA stellt – und auch das hat unsere Analyse deutlich belegt – auch in dieser Hinsicht einen Schritt weg von einer Forschungs- und Technologiesteuerung dar, die bewußt die Verbesserung der Lebens- und Arbeitsbedingungen *für alle* in den Mittelpunkt ihrer Konzeption stellt. Die ungleichgewichtige Berücksichtigung gesellschaftlicher Interessen begründet ein wesentliches Demokratiedefizit der europäischen Forschungs- und Technologiepolitik, welches es in Zukunft zu beseitigen gilt: durch eine Aufwertung der Rolle des Europäischen Parlamentes als gewählte politische Interessenvertretung der Bürger in Europa und legitimiertes Kontrollorgan gegenüber den EG-Instanzen, durch die Integration der außerhalb dieser Kontrolle angesiedelten EUREKA-Initiative in die vorhandenen Programme der EG und – last but not least – durch Beteiligung der Gewerkschaften als Vertreter der Arbeitnehmer an der Formulierung, Durchführung und Kontrolle von europäischen Forschungs- und Technologieprogrammen.

Literaturhinweise:

Aigrain, P., et al., The Report of the Framework Programme Review Board, Brüssel 1989 (unveröff. Manuskript), S. 33.

Chevillot, J.-F., Die französische Technologiepolitik, in: Europa-Archiv 23/1985, S. 691.

DIW Strukturpolitik im internationalen Vergleich. Gutachten im Auftrag des Bundesministers für Wirtschaft, Berlin 1986, S. 114.

DIW, Strukturpolitische Konzeptionen für die Industrie im internationalen Vergleich, Teil I, Berlin 1986.

EG (Hrsg.), Die Politik auf dem Gebiet der Forschung und der technologischen Entwicklung, Luxemburg 1988, S. 23.

EG-Kommission, Bewertung der Durchführung und der Ergebnisse des Programms ESPRIT, Brüssel 1989 (SEK [89] 1348endg.), S. 17.

EG-Kommission, EUREKA und die europäische Technologiegemeinschaft, Brüssel 1986, (KOM [86] 664endg.), S. 10 f.

EG-Kommission, Vorschlag für eine europäische Strategie auf dem Gebiet der Wissenschaft und der Technik. Rahmenprogramm 1984–1987, Brüssel 1982 (KOM [82] 865endg.), S. 3 f.

EG-Kommission, Vorschlag für einen Beschluß des Rates zur Annahme von ESPRIT, Brüssel 1983 (Kom [83] 285endg.), S. 12.

Gemeinsame Politik im Bereich der Wissenschaft und Technologie. Mitteilung der Kommission an den Rat v. 30. 6. 1977. In: Bulletin der EG, Beilage 3/77, S. 11.

Grewlich, C. W., EG-Forschungs- und Technologiepolitik – Eine besondere Verantwortung für das wirtschaftlich-technologische »Flaggschiff«, in: Hrbec R./Wessels, W.: EG-Mitgliedschaft – Ein vitales Interesse der Bundesrepublik Deutschland, Bonn 1984, S. 259.

Herman, F., Die falsche Lösung für ein richtiges Problem, in: EG-Magazin, Nr. 9–10 v. 12. 12. 1985, S. 7.

Kommuniqué der Konferenz der Staats- und Regierungschefs in Den Haag von 2. 12. 1969. In: Presse- und Informationsamt der Bundesregierung (Hrsg.): Die Europäische Gemeinschaft, Bonn o. J., S. 74.

Linkohr, R., Europäische Struktur- und Industriepolitik. Marktanpassung über verstärkte Interventionen?, Eschborn 1986, S. 37.

Memorandum der französischen Regierung an den Rat der EG v. 12. 9. 1983 zur gemeinsamen Industrie- und Forschungspolitik, in: Europa-Archiv 24/1983, S. D697.

Michalski, H.-J., Was kommt nach ISDN? Die europäische Forschungs und Technologiepolitik in der Telekommunikation, in: WSI-Mitteilungen 10/1989, S. 613 ff.

Narjes, K.-H., Der Binnenmarkt der Europäischen Gemeinschaft. Ihre Industriepolitik und der Welthandel, in: DIW-Vierteljahreshefte zur Wirtschaftsforschung, Heft 1–2/1986, S. 14.

OECD (Hrsg.), Positive Adjustment Policies – Managing Structural Change, Paris 1983; Deutsche Übersetzung: BMWI, Positive Anpassungspolitik – Strukturanpassung durch Marktwirtschaft, Bonn 1984.

Petrella, R., Kommt eine technologische Renaissance Europas? In: Das Parlament, Nr. 33/34 v. 16./23. 8. 1986.

Schmidt, K.-D., Industriepolitik – eine Strategie zur Überwindung der Strukturkrise? In: Beihefte der Konjunkturpolitik, Heft 31, Berlin 1985.

Servan-Schreiber, J.-J., Die amerikanische Herausforderung, Reinbek 1970 (1986), S. 13.

Sommerlatte, T., EUREKA – Turmbau zu Brüssel, in: manager magazin, 1/1987, S. 35.

Neuordnung der EG-Strukturfonds

Hans Gabriel

1. Die Regionen – Brennpunkte europäischer Struktur- und Entwicklungspolitik

Für die Europäische Gemeinschaft ist Strukturpolitik schon lange kein Neuland mehr. Jeder, der den europäischen Einigungsprozeß auch nur beiläufig verfolgt, erinnert sich an den Dauerstreit um die gemeinschaftliche Agrarpolitik. Kohle- und Stahlpolitik sind seit der Gründung der Montanunion Eckpfeiler europäischer Strukturpolitik. Für die Stahlarbeiter ist Brüssel deshalb nicht erst seit gestern ein bekanntes Ziel von Demonstrationen. Wer einmal mit Projekten gegen die Jugendarbeitslosigkeit zu tun hatte, dem ist der *Europäische Sozialfonds* ein fester Begriff. In vielen Regionen der EG, nicht zuletzt in den traditionellen Industriegebieten, sind die regionalen Fördermittel der EG eine willkommene strukturpolitische Hilfe.

Trotz dieser langjährigen Erfahrungen ist die Schaffung des Binnenmarktes auch für die europäische Strukturpolitik ein wesentlicher Einschnitt und eine neuartige Herausforderung. So ist einerseits absehbar, daß sich der gesellschaftliche und wirtschaftliche Strukturwandel in Europa beschleunigen und vertiefen wird. Andererseits wird aber auch immer deutlicher, daß diese Veränderungen wechselseitig alle Lebenszusammenhänge erfassen und daß insbesondere die klassische Trennung zwischen sektoraler und regionaler Strukturpolitik fragwürdig wird. Allein die wiederholten Versuche, betriebliche und Branchenprobleme aus ihrem regionalen Zusammenhang herauszulösen, führten regelmäßig zu einseitigen, sozialen und regional unverträglichen Ergebnissen. Gerade die *regionale* Zuspitzung des Strukturwandels macht den Zusammenhang zwischen seinen verschiedenen Seiten wie in einem Brennglas sichtbar und konkret erfahrbar.

Unübersehbar sind auch die *Unterschiede* zwischen den einzelnen Regionen. Der Strukturwandel hinterläßt nicht nur Gewinner, sondern auch Verlierer. Die Gemeinschaft hat demgegenüber mit dem 1987 in Kraft getretenen Artikel 130 a des EWG-Vertrages den regionalen Ausgleich zu einer zentralen Voraussetzung für die Stärkung des wirtschaftlichen und sozialen Zusammenhalts in der EG erklärt. Die europäischen Gewerkschaften haben ihrerseits den besonderen Stellenwert dieses Zieles für die Schaffung eines europäischen Sozialraums hervorgehoben (vgl. Gestaltung, 1988, S. 39). Erst gleichwertige Lebens- und Arbeitschancen in allen Heimatregionen der Arbeitnehmer werden es ermöglichen, die ökonomische, soziale, kulturelle und politische Vielfalt Europas sozial verantwortlich zu erschließen und zu nutzen. »Kein Arbeitnehmer und keine Arbeitnehmerin darf aus wirtschaftlichen, sozialen oder Umweltgründen zur Abwanderung aus Regionen gezwungen sein, in denen sie ihren Lebensmittelpunkt gefunden haben.« (Positionen, 1990, S. 1) – dieser gewerkschaftliche Grundgedanke sollte auch in der EG seine Gültigkeit behalten.

Der Abbau regionaler Entwicklungsunterschiede ist deshalb mehr als ein enger regionalpolitischer Erfolgsmaßstab, er ist ein zentraler Prüfstein für die soziale Gestaltung des EG-weiten Strukturwandels und für den tatsächlichen Fortschritt der europäischen Integration.

2. Zunehmendes Regionalgefälle in der EG

Die EG-Kommission hat die Entwicklung der regionalen Unterschiede eingehend untersucht (vgl. Kommission, 1987). Danach ist das Regionalgefälle in der Gemeinschaft steiler geworden. Eine anfängliche Angleichung in den 60er Jahren ist in den Folgejahren durch eine erneute Auseinanderentwicklung der Mitgliedstaaten und Regionen abgelöst worden. Neben einer grundlegenden Veränderung der wirtschaftlichen Rahmenbedingungen haben vor allem die EG-Erweiterungen die regionalen Belastungen in der Gemeinschaft verschoben. Mit dem Beitritt Spaniens und Portugals verdoppelte sich das Gewicht unterdurchschnittlich entwickelter Gebiete. Einer Vergrößerung der Erwerbstätigenzahl und des Produktionsvolumens der EG um 12-13 %, sowie einer Zunahme der Einwohner um 18 % stand ein Anstieg der Arbeitslosenzahl um rund 30 % gegenüber.

Das Gefälle wird bereits zwischen den EG-Mitgliedsländern sichtbar. So schätzte die EG-Kommission für 1989 den Index des Bruttoinlandsprodukts (BIP) je Einwohner, gemessen am Gemeinschaftsdurchschnitt, in Luxemburg (125) zweieinhalbmal so hoch wie in Griechenland. Die vier ärmsten Länder der EG bleiben danach um gut 40 % unter dem Niveau der vier reichsten. Noch einschneidender sind die Unterschiede bei der Arbeitslosigkeit und die damit verbundenen beschäftigungspolitischen Herausforderungen. Bei den Arbeitslosenquoten wurde die Spanne zwischen 1,2 % in Luxemburg und 19,6 % in Spanien angegeben (vgl. Kommission 1988).

Weitaus differenzierter zeigt sich das Bild im Vergleich der Regionen. So lag der Durchschnitt der zehn stärksten europäischen Regionen beim BIP je Einwohner (1985) mehr als dreimal so hoch und bei der Arbeitslosenquote (1986) mehr als fünfeinhalbmal niedriger als derjenige der zehn schwächsten (vgl. Kommission 1987, Anhang S. 24).

Im Zuge ihrer Regionalberichterstattung hat die Kommission für 160 europäische Regionen, bezogen auf den Zeitraum 1981–1985, einen »synthetischen Index* der Intensität der Regionalprobleme« entwickelt (siehe Karte in *Übersicht 1*). Mit dieser Kennziffer läßt sich die Spannweite der Regionalprobleme zumindest annähernd erfassen. Bei einem EG-Durchschnitt von 100 liegt die Bandbreite zwischen 36,9 (größte Probleme) und 171,8 (geringste Probleme). Weit überdurchschnittliche Regionalprobleme haben alle griechischen, spanischen, irischen und portugiesischen Gebiete, während nur Dänemark und Luxemburg insgesamt über dem EG-Mittel bleiben. In den anderen Mitgliedstaaten gibt es sowohl über-, als auch unterdurchschnittlich betroffene Regionen. In der Bundesrepublik haben in diesem europäischen Vergleich nur 2 von 31 Regionen überdurchschnittliche Probleme. Das stärkste Regionalgefälle wies auf nationaler Ebene mit Abstand Italien auf, gefolgt von Großbritannien und der Bundesrepublik. Zwei *Regionstypen* sind besonders benachteiligt:

- die rückständigen Regionen am äußeren südlichen und westlichen Rand der EG sowie
- eine Reihe entwickelter, traditioneller Industrieregionen mit strukturellen Anpassungsproblemen, vor allem im Norden der Gemeinschaft.

---

* Der Index kombiniert das BIP/Einwohner, das BIP je Erwerbstätigen, eine bereinigte Arbeitslosenquote und den Bedarf an zusätzlichen Arbeitsplätzen zu einem gemeinsamen Indikator. Regionale Untersuchungsebene sind für die Bundesrepublik die Regierungsbezirke. Der Indikator kann selbstverständlich nur Hinweise auf relative Unterschiede liefern. Spezifische Problemlagen, wie in den traditionellen Montangebieten, werden nur unzureichend erfaßt (vgl. Kommission 1987, S. 53 ff.). Vgl. dazu die Kritik des Wirtschafts- und Sozialausschusses der EG (Europäische Gemeinschaften 1987).

Übersicht 1
Synthetischer Index

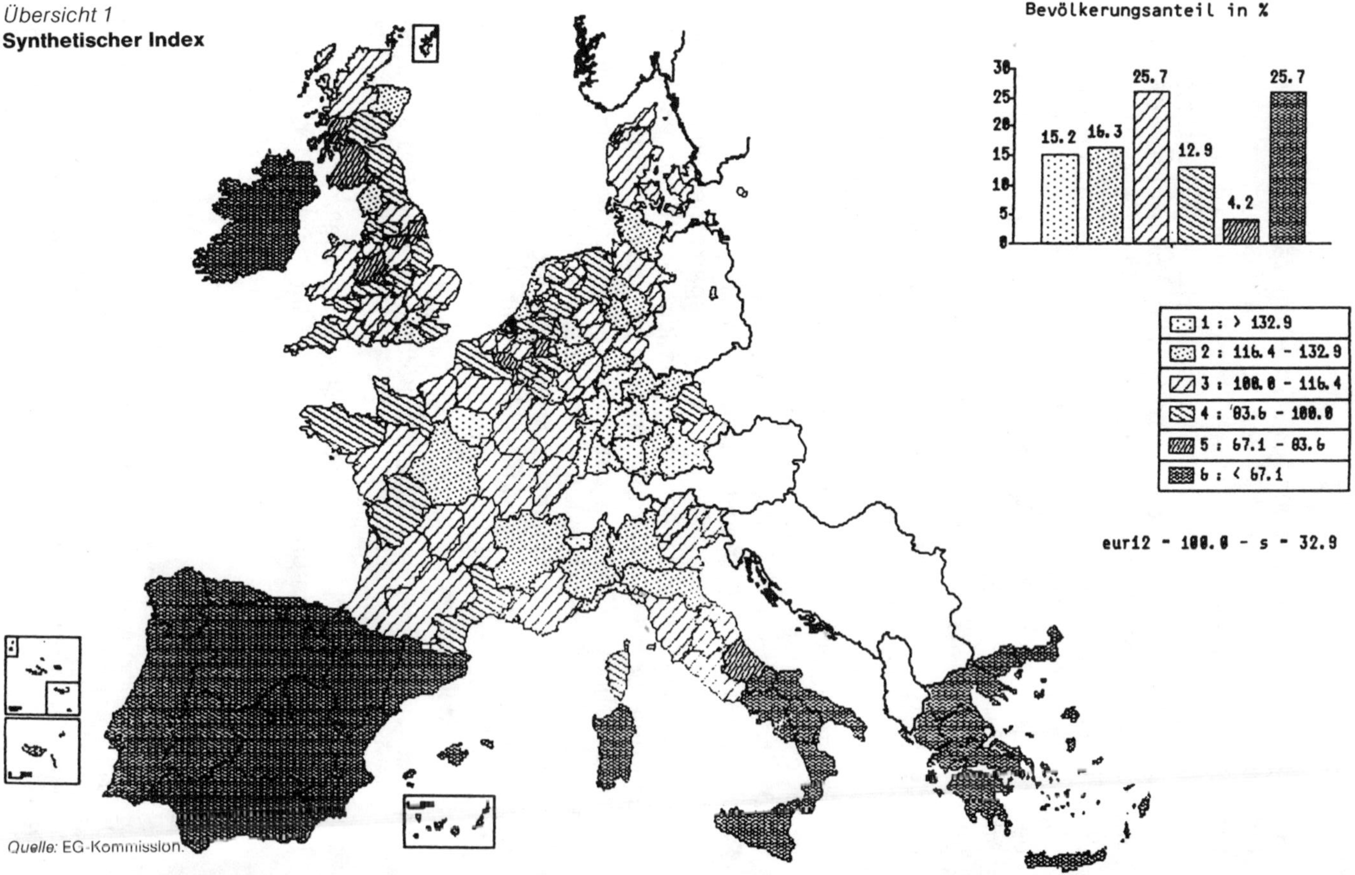

Quelle: EG-Kommission.

Die EG ist von der Verwirklichung des wirtschaftlichen und sozialen Zusammenhalts auch nach Einschätzung der Kommission »noch weit entfernt« (Kommission 1987, S. 5). Lösungen sind nur aus einem Zusammenwirken verbesserter wirtschaftspolitischer Rahmenbedingungen und einer zielgerechten und effizienten Ausgestaltung der regionalen Strukturpolitik zu erwarten. Hoffnungen richten sich deshalb sowohl auf die Verwirklichung des europäischen Binnenmarktes als auch auf die neuen Initiativen im Bereich der Strukturpolitik.

3. Binnenmarkt als regionaler Hoffnungsträger?

Regionale Einschätzungen über die Auswirkungen des Binnenmarktes sind eher dünn gesät. Der Cecchini-Bericht findet hierzu nur wenige Bemerkungen, obwohl die »gerechte soziale und regionale Streuung der Erträge des Binnenmarktes« zum »Schlüsselfaktor« eines erfolgreichen Binnenmarktes erklärt wird (*Cecchini* 1988, S. 138 f.).

Wie unsicher dieser Schlüsselfaktor ist, hat eine interdirektionale Gruppe der EG-Kommission unterstrichen. Es sei keineswegs sicher, wie sich – selbst bei der optimistischen Annahme eines allgemeinen Wachstumsgewinns – dieser Gewinn regional verteilen werde. »Man kann jetzt schon mit Fug und Recht behaupten, daß einzelne Regionen der Gemeinschaft zumindest relativ die Verlierer sein und die Gewinne ungleich verteilt werden.« (Soziale Dimension 1988, S. 46) Gefahren sieht die Untersuchungsgruppe vor allem für die bereits bisher entwicklungsschwachen Regionen und die traditionellen Industrieregionen mit schrumpfender Industrie. Es sei wahrscheinlich, daß die Binnenmarktentwicklung gerade das Regionalgefälle in den Mitgliedsländern weiter verschärfen werde. Regionale Gewinner und Verlierer würden sich demnach sowohl in den hochentwickelten als auch den schwächeren EG-Mitgliedsländern finden. Der Bericht empfiehlt deshalb den Einsatz einer gemeinschaftlichen Regionalpolitik mit dem doppelten Ziel, Überkonzentration in begünstigten Gebieten *und* Unterauslastung regionaler Ressourcen in den schwächsten Regionen zu vermeiden. Es ist durchaus realistisch, von einer neuen, funktional abgestuften Arbeitsteilung zwischen den verschiedenen europäischen Zentralregionen und einer davon abhängigen Regionalentwicklung jeweils auf der nationalen Ebene auszugehen (vgl. *Tömmel* 1989).

Zu dieser Einschätzung führt auch eine Studie, die vom ifo-Institut für das manager magazin durchgeführt wurde. Danach »werden einige

Städte und Regionen an den politisch und wirtschaftlich entscheidenden Nahtstellen eine Dynamik erleben, die an den Goldrausch vergangener Zeiten erinnert. An den peripheren Regionen wird der Europa-Boom jedoch sang- und klanglos vorbeiziehen« (manager magazin 1990, S. 204). Zwischen den starken Zentren wird mit der Beseitigung nationaler Beschränkungen ein dramatischer Standortwettbewerb erwartet. Großräumig zeichnen sich zwei Kraftfelder ab, zum einen in Mitteleuropa zwischen Südengland und der Lombardei, zum anderen an der Mittelmeerküste zwischen der Toscana und Valencia. Mit Blick auf die Öffnung Osteuropas werden zusätzliche Impulse aus Mitteleuropa über das Ruhrgebiet, aber auch zugunsten Hamburgs erwartet. Die besten Chancen werden innerhalb der »Kraftfelder« den entwicklungsfähigen Wirtschaftszentren mittlerer Größe eingeräumt, während die großen Metropolen wie Paris oder London in erhebliche Umwelt- und Verkehrsprobleme geraten könnten (vgl. Grafik S. 32).

Für die Bundesrepublik wurde bislang nur eine flächendeckende und regionalorientierte Studie durchgeführt (vgl. Empirica 1989 u. *Sinz/Steinle* 1989, S. 11 ff.). In der Untersuchung wurden die Regionen auf ihre Wettbewerbsfähigkeit und Betroffenheit durch den Binnenmarkt getestet. Zu den potentiellen Gewinnern zählen vor allem stark betroffene, aber wettbewerbsstarke Regionen, die vorwiegend im Süden der Bundesrepublik liegen. Demgegenüber werden die altindustrialisierten und ländlich-strukturschwachen Gebiete mit Anpassungsschwierigkeiten zu kämpfen haben. Allerdings wird der Grad dieser Schwierigkeiten deutlich vom Ausmaß der Wachstums- und Beschäftigungsimpulse bestimmt bleiben. Im Ergebnis ist eine Ausweitung des regionalen Gefälles zu erwarten, da ein eindeutiger Ausgleichstrend nicht erkennbar wird.

Ein gleichsam selbsttätiger Ausgleich oder auch nur die Abschwächung regionaler Ungleichgewichte in der EG und den einzelnen Partnerländern ist durch den Binnenmarkt nicht zu erwarten. Wahrscheinlicher ist eine Vertiefung der bestehenden Unterschiede, verbunden mit neuen regionalen Gewichten in der überregionalen und -nationalen Arbeitsteilung.

4. Der Weg zur Reform der EG-Strukturpolitik

Mit der Reform der Strukturfonds, die 1989 in Kraft trat, und der Verdoppelung ihrer Mittel bis 1993 hat die EG eine erste Antwort auf die neuen strukturpolitischen Herausforderungen gegeben (vgl. EG-Verordnungen 1988). Sie kommt keineswegs überraschend. Die ungünstige Regionalentwicklung und die bescheidenen regionalpolitischen Erfolge haben insbesondere die EG-Regionalpolitik schon in der Vergangenheit unter Anpassungsdruck gebracht. So handelt es sich bei der Reform im Kern um die vorläufige Zusammenfassung eines längerfristigen Umgestaltungsprozesses in der europäischen Strukturpolitik. Dieser Umgestaltungsprozeß wurde vor allem an der Entwicklung der Regionalpolitik deutlich.

5. Von der Finanzierungshilfe zur Förderung gemeinschaftlicher Regionalprogramme

Die europäische Regionalpolitik ist eine »verspätete« Politik, die erst 1975 mit der Schaffung des Europäischen Regionalfonds (EFRE) ein eigenständiges Instrument erhielt. Fördergegenstand war die Zuschußfinanzierung von produktiven und Infrastrukturinvestitionen im Rahmen national festgelegter Beihilferegelungen und damit auch Fördergebiete. So war bspw. in der Bundesrepublik die EFRE-Finanzierung bislang integrierter Bestandteil der Gemeinschaftsaufgabe zur Verbesserung der regionalen Wirtschaftsstruktur (GRW). Für die Mittelverteilung zwischen den Partnerländern wurde ein Quotensystem vereinbart.

Einen wichtigen konzeptionellen Impuls erfuhr die EFRE mit den 1979/80 probeweise eingeleiteten »spezifischen Gemeinschaftsmaßnahmen«, die »quotenfrei« eingeführt wurden. Sie waren der Versuch, statt einzelner Vorhaben und Projekte zusammenhängende regionalpolitische Programme mit einer Laufzeit von fünf Jahren zu finanzieren. Initiativ für solche Programme war die EG, ihr Zweck die regionalpolitische Begleitung anderer Gemeinschaftspolitiken, etwa bei der Umstrukturierung der Eisen- und Stahlreviere. Ein Förderschwerpunkt liegt bei der Verstärkung des wissenschaftlichen Umfeldes von Unternehmen (»Erschließung des endogenen Entwicklungspotentials«). Ein Teil der Programme wird erst 1991 abgeschlossen.

Mit der Reform des EFRE 1984 wurde die Intervention nach Programmen fester, vorrangiger Bestandteil des Fonds. Die bisherige Vorhabenfinanzierung sollte durch zwei Programmarten ergänzt und zurückgedrängt werden: Gemeinschaftsprogramme und Nationale Programme von gemeinschaftlichem Interesse (NPGI). Die Gemeinschaftsprogramme werden auf Initiative der EG aufgelegt, während die NPGI von den einzelnen Mitgliedstaaten beantragt werden müssen. Gemeinsam ist diesen Programmansätzen eine längerfristige Bündelung unterschiedlicher Einzelmaßnahmen aufgrund verbindlicher Planung, sowie die Absicht, eine bessere Koordinierung zwischen den Behörden und regionalen Akteuren im Rahmen der »Partnerschaft« herzustellen. Ziel ist darüber hinaus eine treffsichere Anpassung an regionale Problemlagen und der effizientere Einsatz der verausgabten Mittel.

Mit den Gemeinschaftsprogrammen (z. B. zur Umstrukturierung der Stahlregionen / Resider oder der Schiffbaugebiete / Renaval) nahm die EG vor allem den Gedanken der gezielten regionalpolitischen Begleitung der Gemeinschaftspolitik auf. Die NPGI bieten demgegenüber eine Unterstützung der nationalen Regionalpolitik.

Trotz der neuen Schwerpunktsetzung im EFRE weist die Verteilung der Fondsmittel auf erhebliche Umsetzungsschwierigkeiten hin. Noch 1987 lag die Vorhabenfinanzierung fünfeinhalbmal so hoch wie die Programmfinanzierung (s. *Tab.1*). Die wesentliche Barriere war die schleppende Verwirklichung der Programmförderung im Rahmen der nationalen Regionalpolitik, die u. a. in der Bundesrepublik dazu führte, daß das Instrument bis 1988 überhaupt nicht genutzt wurde und erst durch eine Intervention des DGB in Schleswig-Holstein erstmals darauf zurückgegriffen wurde (vgl. *Gabriel/Menzel* 1989, S. 584). Der Widerstand gegen eine integrierte Strukturpolitik, wie sie von den Gewerkschaften gefordert wurde, verhinderte so eine frühzeitige Verknüpfung aller struktur- und regionalwirksamen Instrumente der EG (s. *Tab. 2* und *Übersicht 2*). Neben dem EFRE sind das vor allem der arbeitsmarkt- und sozialpolitische Förderrahmen des EG-Sozialfonds (ESF) (vgl. BBJ – CONSULT, 1989 und Gewerkschaftliche Bildungspolitik 1/90) und der Europäische Ausrichtungs- und Garantiefonds für die Landwirtschaft, Abteilung Ausrichtung (EAGFL). Hinzu kommen die Fördermöglichkeiten der Europäischen Investitionsbank durch die Vergabe günstiger Kredite und Bürgschaften.

Ein erster, wegweisender Ansatz zur Verbindung aller genannten Instrumente blieben vor der Reform der Strukturfonds allein die integrierten Entwicklungsmaßnahmen (IEM) und die integrierten Mittelmeerprogramme (IMP), an denen sich der EFRE in der Form der NPGI beteiligte.

Tabelle 1

EFRE – Mittelbindungen im Jahre 1987 nach Mitgliedstaat und Art der Maßnahme
– Mill. ECU –

Mitgliedstaat	Programme			Vorhaben				Studien	Insgesamt
	Gemeinschaft	NPGI	Insgesamt	Industrie, Dienstleistungen und Handwerk	Infrastrukturen	Endogenes Entwicklungspotential	Insgesamt		
Belgien	–	13,78	13,78	1,37	7,33	1,05	9,75	–	23,53
Dänemark	–	3,08	3,08	5,17	4,18	–	9,35	0,11	12,54
BR Deutschland	–	–	–	63,02	51,30	–	114,32	–	114,32
Griechenland	12,98	94,78	107,76	1,48	192,47	–	193,95	–	301,71
Spanien	23,02	4,32	27,34	–	633,34	–	633,34	–	660,68
Frankreich	4,22	121,72	125,94	3,40	133,29	8,84	145,53	5,18	276,65
Irland	14,23	52,63	66,86	24,78	69,47	0,88	95,13	0,12	162,11
Italien	29,27	1,72	30,99	120,55	789,04	–	909,59	0,12	940,70
Luxemburg	–	0,97	0,97	–	2,32	–	2,32	–	3,29
Niederlande	–	5,27	5,27	–	15,17	0,01	15,18	–	20,45
Portugal	29,01	–	29,01	–	359,73	–	359,73	0,24	388,98
Großbritannien	3,84	126,83	130,67	43,62	451,13	1,84	496,59	0,91	628,17
EG[1]	–	–	–	–	–	–	–	0,05	0,05
Insgesamt	116,57	452,10	541,67	263,39	2 708,77	12,62	2 984,78	6,73	3 533,18

[1] Auf Veranlassung der Kommission durchgeführte, mehrere Mitgliedstaaten betreffende Studien.
Quelle: WSI-Mitteilungen 10/1989.

Tabelle 2

Strukturwirksame Haushalts- und Finanztransaktionen der EG nach Mitgliedstaaten

Mitgliedstaat	EFRE[1]				EIB[2]		EAGFL, Ausrichtung[3]		Darlehen nach Art. 56 EGKSV		Sozialfonds[4]	Anpassungsmaßnahmen nach Art. 56 EGKSV[5]
	Quote, vH		Betrag		Betrag		Betrag		Betrag		Betrag	
	Untergrenze	Obergrenze	1987	1975-87	1987	1958-87	1986	1964-86	1987	1961-87	1987	Betrag 1987
			Mill. ECU		Mill. ECU		Mill. ECU		Mill. ECU		Mill. ECU	Mill. ECU
Belgien	0,61	0,82	23,6	193,8	37,1	822,2	15,9	274,8	23,0	218,9	100,0	2,9
Dänemark	0,34	0,46	12,5	167,0	315,3	2 336,9	23,4	231,7	–	11,7	50,0	–
BR Deutschland	2,55	3,40	114,3	829,0	276,5	2 651,5	103,6	1 466,6	53,1	1 203,1	120,0	21,0
Griechenland	8,36	10,64	301,8	2 155,7	164,8	2 238,1	139,6	522,5	–	5,0	182,7	–
Spanien	17,97	23,93	660,7	1 301,6	707,4	1 666,7	86,5	86,5	32,7	32,7	453,3	–
Frankreich	7,48	9,96	276,6	2 586,6	1 006,5	7 998,4	209,1	1 878,1	51,3	423,0	386,8	10,1
Irland	3,82	4,61	162,1	1 168,8	178,6	2 916,6	79,0	681,4	–	6,5	208,9	–
Italien	21,62	28,79	940,7	6 978,2	3 112,2	24 637,9	154,2	2 425,3	33,6	443,7	650,5	–
Luxemburg	0,04	0,06	3,3	18,5	1,6	45,2	1,8	31,3	–	25,8	2,0	–
Niederlande	0,68	0,91	20,4	226,1	18,0	290,5	22,1	346,4	14,9	78,9	50,0	1,1
Portugal	10,66	14,20	388,9	769,7	389,9	1 305,2	32,8	32,8	20,0	20,0	353,4	–
Großbritannien	14,50	19,31	628,2	4 650,1	1 133,7	9 413,2	103,8	1 126,4	9,2	1 255,2	592,5	47,3
EG insgesamt	100,0	100,0	3 533,1	21 046,4[6]	7 341,6	56 322,4	971,8	9 103,8	237,8	3 824,5[7]	3 150,1	82,4

[1] Zuschußgewährungen. – [2] Finanzierungen, einschl. Neues Gemeinschaftsinstrument (446,9 Mill. ECU). Vom Betrag für 1987 4 347,2 Mill. ECU für Regionalentwicklung. – [3] Zuschußgewährungen. – [4] Verpflichtungen, davon 1 371,5 Mill. ECU für benachteiligte Gebiete. Angaben zum Teil geschätzt. – [5] Verpflichtungsermächtigungen. – [6] Einschließlich grenzübergreifende Maßnahmen (1,2 Mill. ECU). – [7] Einschließlich grenzübergreifende Maßnahmen SAAR-LOR-LUX (100 Mill. ECU).

Quelle: WSI-Mitteilungen 10/1989.

Übersicht 2

Die Strukturinstrumente der Gemeinschaft

Es handelt sich um die von der Kommission der EG und der Europäischen Investitionsbank verwalteten Finanzmechanismen, die zugunsten von Aktionen und Vorhaben in der Gemeinschaft eingesetzt werden können, wenn diese Zielen von gemeinsamem Interesse entsprechen: wirtschaftliche Entwicklung der Regionen, Arbeitsplatzförderung, Umweltschutz, Energieeinsparung und Entwicklung alternativer Energiequellen, Verkehrsinfrastruktur, Anpassung bestimmter Wirtschaftssektoren (Landwirtschaft, Fischerei, Stahl usw.)

Die Strukturinstrumente vergeben Zuschüsse und Darlehen:

– Zuschüsse

Sie werden hauptsächlich aus den drei Strukturfonds bereitgestellt:

- Der Europäische Fonds für regionale Entwicklung (EFRE) wurde 1975 mit dem Ziel geschaffen, zur Verringerung der Ungleichgewichte zwischen den Regionen der Gemeinschaft beizutragen (Mittelbindungen 1989: 4,5 Milliarden ECU).
- Der Europäische Sozialfonds (ESA) hat zur Aufgabe, die Schaffung von Beschäftigungsmöglichkeiten zu fördern (Mittelbindungen 1989: 3,5 Milliarden ECU).
- Mit dem Europäischen Ausrichtungs- und Garantiefonds für die Landwirtschaft (EAGFL), Abteilung Ausrichtung, soll die Anpassung der Agrarstrukturen im Sinne der Reform der Gemeinsamen Agrarpolitik beschleunigt und zur Entwicklung der ländlichen Gebiete beigetragen werden (Mittelbindungen 1989: 1,5 Milliarden ECU).

Außerdem werden im Rahmen folgender Strukturbereiche Zuschüsse gewährt: Fischerei, Umweltschutz, Verkehrsinfrastruktur, Energie usw.

– Darlehen

Die Gemeinschaft kann Anleihen aufnehmen und diese den Wirtschaftsakteuren zunutze machen, indem sie Gemeinschaftsdarlehen gewährt, und zwar über:

- die Europäische Investitionsbank (EIB),
- das Neue Gemeinschaftsinstrument (NGI),
- die Europäische Gemeinschaft für Kohle und Stahl (EGKS), die zum Teil zinsgünstige Darlehen vergibt,
- die Europäische Atomgemeinschaft (Euratom).

Die Darlehen werden zu marktüblichen Zinsen vergeben und stellen für die Investoren eine wichtige zusätzliche Finanzierungsquelle dar.

Das finanzielle Volumen dieser Interventionen ist durchaus beachtlich. Es betrug 1988 rund 20 Milliarden ECU, davon 7,7 Milliarden Zuschüsse aus den drei Strukturfonds. Zum Vergleich: Im Haushaltsjahr 1988 belief sich der Gesamthaushalt der Gemeinschaft auf 45 Milliarden ECU; im gleichen Jahr wurden 27 Milliarden ECU zur Stützung der Agrarmärkte aufgewendet.

6. Integration der strukturpolitischen Instrumente – die Reform der Strukturfonds

An der Entwicklung des EFRE wurde die drängende Aufgabe sichtbar, die verschiedenen Strukturpolitiken stärker zu bündeln und ihre Ressortgrenzen zu überwinden. Mit der Gesamtreform der Strukturfonds griff die EG-Kommission diese Erfahrungen unmittelbar und für alle Bereiche der europäischen Strukturpolitik auf. Ansatzpunkte waren dabei erstens die Vereinheitlichung der einzelnen Fondsregelungen auf der Grundlage einer übergreifenden Koordinierungsrichtlinie. Zweitens wird zukünftig stärker als bisher versucht, die Fördermittel als zusätzliche Anreize in zusammenhängende regionale Entwicklungskonzepte und -maßnahmen einzubringen. Die EG beansprucht damit über die traditionelle Förderung einzelner Projekte oder Personengruppen hinaus den Nachweis möglichst günstiger und abgestimmter Wechselwirkungen zwischen den einzelnen Bereichen und Vorhaben. Dementsprechend werden als Fördervoraussetzung integrierte und regionalisierte *Pläne und Programme* gefordert, die zudem gemeinschaftlich abgestimmt werden sollen.

Schnittpunkte für die Koordination der Fonds bilden *fünf übergeordnete Ziele:*

(1) die Förderung der Entwicklung und der strukturellen Anpassung der Regionen mit Entwicklungsrückstand (Aktionsziel für EFRE, ESF und EAGFL; die Bundesrepublik ist nicht betroffen);

(2) die Umstellung der Regionen, die von der rückläufigen industriellen Entwicklung schwer betroffen sind (Aktionsziel für EFRE und ESF);

(3) die Bekämpfung der Langzeitabeitslosigkeit (Aktionsziel des ESF);

(4) die Erleichterung der Eingliederung der Jugendlichen in das Erwerbsleben (Aktionsziel des ESF);

(5a) die beschleunigte Anpassung der Agrarstrukturen (Aktionsziel des EAGFL; die Bundesrepublik ist nicht betroffen);

(5b) die Förderung der Entwicklung des ländlichen Raumes (Aktionsziel von EFRE, ESF und EAGFL).

Mit diesen Zielen werden sowohl *regionale* (Ziele 1, 2 und 5b) als auch *sektorale* (Ziel 5a) und *zielgruppenspezifische Schwerpunkte* (Ziele 3 und 4) für die strukturpolitischen Interventionen gesetzt (s. *Übersichten 3* und *4* sowie *Tab. 3).*

Für die Reform und die Umsetzung der Fonds gelten fünf Grundsätze (vgl. Kommission 1989, S. 13ff.):

- *die Konzentration der Strukturpolitik auf die Regionen mit den größten Schwierigkeiten und auf die vorrangigen Interventionsbereiche.* Damit soll eine bessere Erfüllung der strukturpolitischen Ziele und ein effizienterer Einsatz der Finanzmittel erreicht werden.
- *Die Schlüsselrolle der Partnerschaft und der Dezentralisierung.* Die europäische Strukturpolitik soll ergänzend zu den nationalen, regionalen und lokalen Initiativen erfolgen. Dabei soll die Abstimmung im Dialog zwischen der Kommission und den nationalen Behörden erfolgen. Neben dieser »amtlichen« Partnerschaft legt die Kommission allerdings gleichermaßen Gewicht auf die Partnerschaft mit den verschiedenen regionalen Akteuren aus Wirtschaft und Gesellschaft, u. a. der Gewerkschaften. Die Dezentralisierung ist gerade in diesem Zusammenhang besonders gefordert. »Die Erfahrung zeigt im übrigen, wie wichtig Initiativen auf regionaler und lokaler Ebene sind, da eine zentralisierte und systematisierte Organisation von Entwicklungsmaßnahmen nicht in der Lage ist, den spezifischen lokalen Gegebenheiten voll gerecht zu werden.« (Kommission 1989, S. 13)
- *Die Übereinstimmung der strukturpolitischen Maßnahmen mit der Wirtschaftspolitik der Mitgliedsstaaten.* Die abgestimmten Förderkonzepte und Pläne sollen Informationen umfassen, anhand derer die Verknüpfung und Übereinstimmung mit der nationalen Politik beurteilt werden kann, um letztlich einen möglichst hohen Wirkungsgrad zu erzielen.
- *Bessere Verwaltung der Strukturfonds.* Der Mitteleinsatz soll durch die Kombination von Darlehen und Zuschüssen, durch Programm- statt Vorhabenplanung und durch die Gewährleistung einer echten Zusätzlichkeit der Fördermittel verbessert werden.
- *Vereinheitlichung der Interventionsformen* der verschiedenen Fonds. So finanziert der EFRE nach wie vor – neben begleitenden und bewertenden Maßnahmen und Untersuchungen – hauptsächlich Infrastruktur, produktive Investitionen und die Erschließung des endogenen Potentials. Die Förderung soll aber vorrangig im Rahmen operationeller Programme abgewickelt werden. Parallel dazu bleibt die Möglichkeit erhalten, nationale Beihilferegelungen und Einzelvorhaben mitzufinanzieren. Als weitere Interventionsform können Global-

Übersicht 3

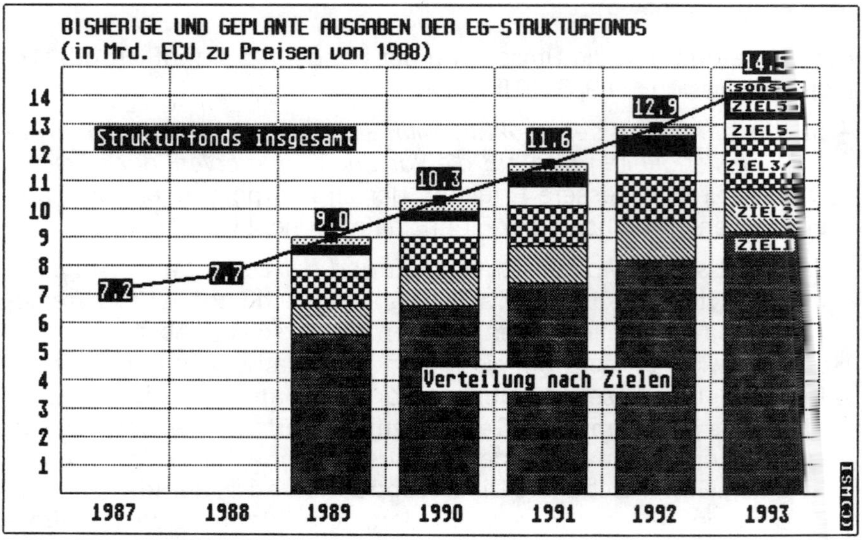

Quelle: EG-Kommission.

Übersicht 4

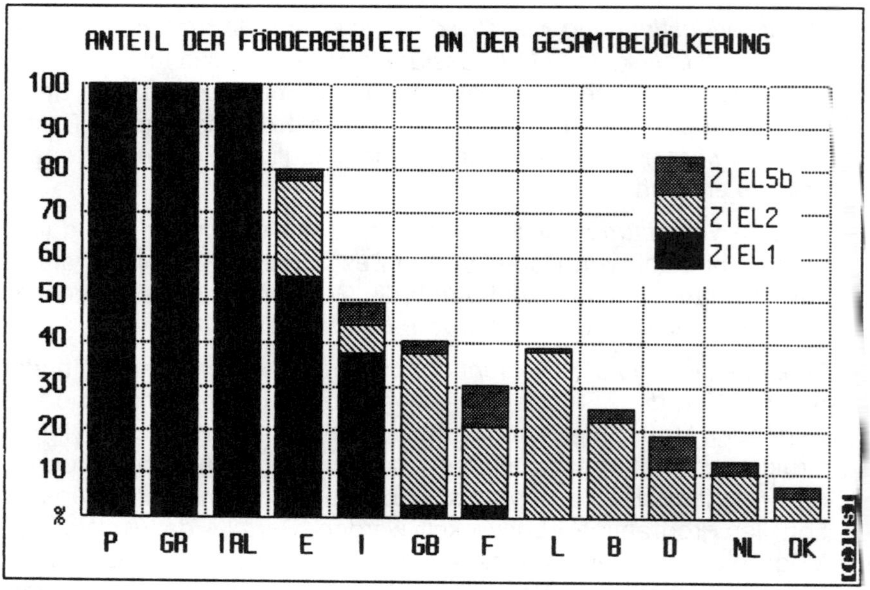

Quelle: BDI.

Tabelle 3

Aufteilung von 85 % der Verpflichtungsermächtigungen für den EFRE auf die Mitgliedstaaten

(Indikative Angaben, bezogen auf einen Zeitraum von fünf Jahren)

– Interventionen des ERFE im Rahmen von Ziel Nr. 1

Belgien	–
Dänemark	–
Bundesrepublik Deutschland	–
Griechenland	16,2
Spanien	32,6
Frankreich	2,1
Irland	5,4
Italien	24,5
Luxemburg	–
Niederlande	–
Portugal	17,5
Vereinigtes Königreich	1,7
Insgesamt	100,0

– Intervention des EFRE im Rahmen von Ziel Nr. 5b

Belgien	1,2
Dänemark	0,7
Bundesrepublik Deutschland	27,5
Griechenland	–
Spanien	7,2
Frankreich	37,2
Irland	–
Italien	16,4
Luxemburg	0,1
Niederlande	2,2
Portugal	–
Vereinigtes Königreich	7,5
Insgesamt	100,0

– Intervention des EFRE im Rahmen von Ziel Nr. 2

Belgien	4,3
Dänemark	0,4
Bundesrepublik Deutschland	8,9
Griechenland	–
Spanien	20,7
Frankreich	18,3
Irland	–
Italien	6,3
Luxemburg	0,2
Niederlande	2,6
Portugal	–
Vereinigtes Königreich	38,3
Insgesamt	100,0

Diese Aufteilung ist nur indikativ und präjudiziert damit nicht den Umfang der im Rahmen der gemeinschaftlichen Förderkonzepte tatsächlich bewilligten Mittel. Sie soll lediglich die Planung der Interventionen in den betreffenden Regionen erleichtern.

Achtung. Diese Aufschlüsselung betrifft nur den EFRE. Bei den beiden anderen Fonds gibt es keine indikative Aufteilung nach Ländern.

zuschüsse zugunsten der lokalen Entwicklung vergeben werden, deren Verwaltung von einer regionalen Entwicklungsstelle unter Beteiligung der »betroffenen sozio-ökonomischen Kreise« übernommen werden kann.

Im Rahmen der Ziele wird der Schwerpunkt zukünftig auf die *Mitfinanzierung operationeller Programme* gelegt, die über einen Zeitraum von 3 bis 5 Jahren laufen und finanziell entsprechend abgesichert werden. Der Verknüpfung der Fonds soll in den Zielregionen die Bündelung nationaler Politiken (z. B. Umwelt-, Struktur- und Arbeitsmarktpolitik) entsprechen. Dabei soll eine Finanzierung nur dann erfolgen, wenn auf der nationalen Ebene *zusätzliche Vorhaben und Mittel* bereitgestellt werden. Die bisherige Praxis der bloßen Refinanzierung nationaler Politiken, etwa im Bereich der GRW oder der Arbeitsmarktpolitik der Bundesanstalt für Arbeit soll damit unterbunden werden.

Der *Umsetzungsprozeß* der operationellen Programme erfolgt in einem vierstufigen Verfahren:

- Erstellung nationaler und regionaler Mehrjahrespläne und Vorlage bei der EG (s. *Übersicht 5*);
- Abstimmung und Erstellung eines gemeinschaftlichen Förderkonzeptes der EG mit der entsprechenden Zuweisung von Fördermitteln und Interventionsformen der einzelnen Fonds;
- Operationelle Umsetzung der gemeinschaftlichen Förderkonzepte auf der nationalen, regionalen und lokalen Ebene;
- Begleitung, Bewertung und Anpassung der Fördermaßnahmen durch die EG und das Mitgliedsland.

7. Konsequenzen für die regionale Strukturpolitik in der Bundesrepublik

Die Auswirkungen der Fondsreform auf die bundesdeutsche Regionalpolitik liegen sowohl auf finanzieller als auch auf regionaler und konzeptioneller Ebene.

So wird aufgrund der von der EG beabsichtigten Mittelkonzentration auf die schwächsten EG-Regionen das für die Bundesrepublik verfügbare Fördervolumen auch nach der Aufstockung der Fonds vermutlich zurückgehen (vgl. *Übersicht 6*). Die nordrhein-westfälische Landesregierung rechnet mit einer Absenkung von bisher 150–200 Mill. DM auf 70–120 Mill. DM. Die Zahl der Förderregionen wird von bisher 85 Ar-

Übersicht 5

Die Erstellung von Mehrjahresplänen (Phase 1)

Aufstellung der Entwicklungspläne durch die nationalen Behörden, in Partnerschaft mit den zuständigen regionalen und lokalen Stellen

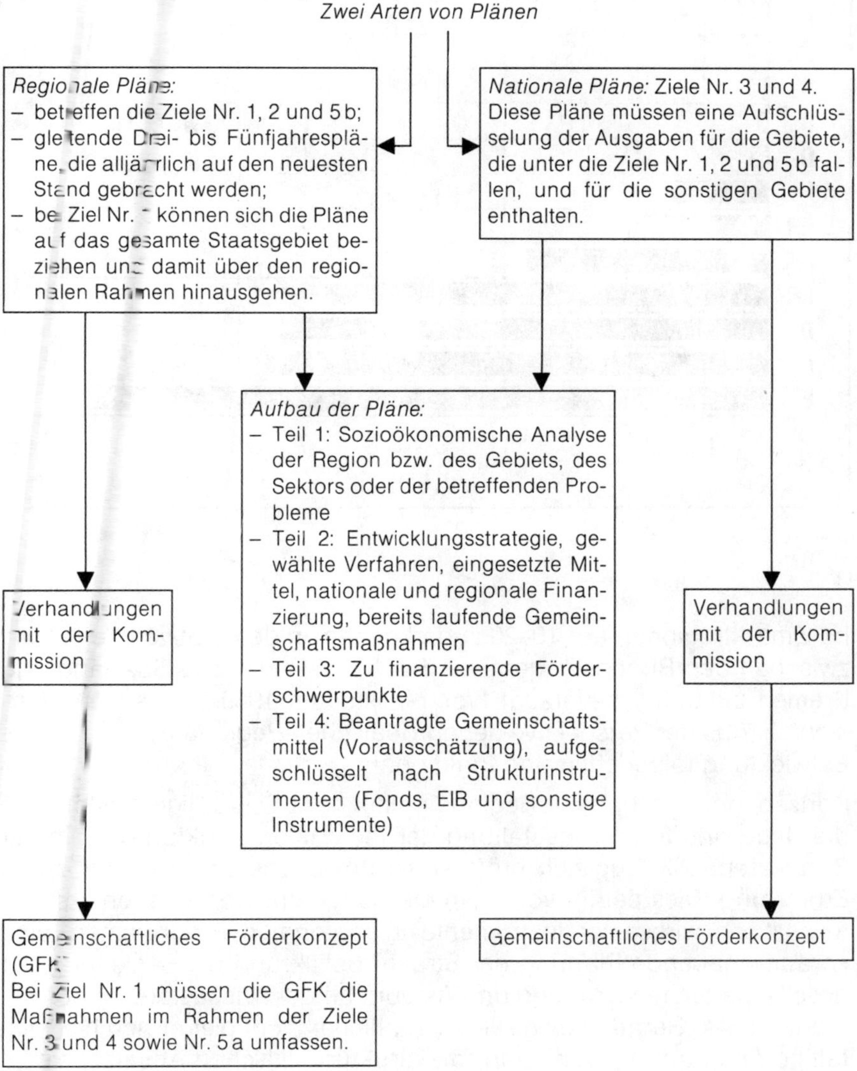

Quelle: EG-Kommission (Ziffern beziehen sich auf den in Abschnitt 6., Seite 284 aufgeführten Zielkatalog).

Übersicht 6

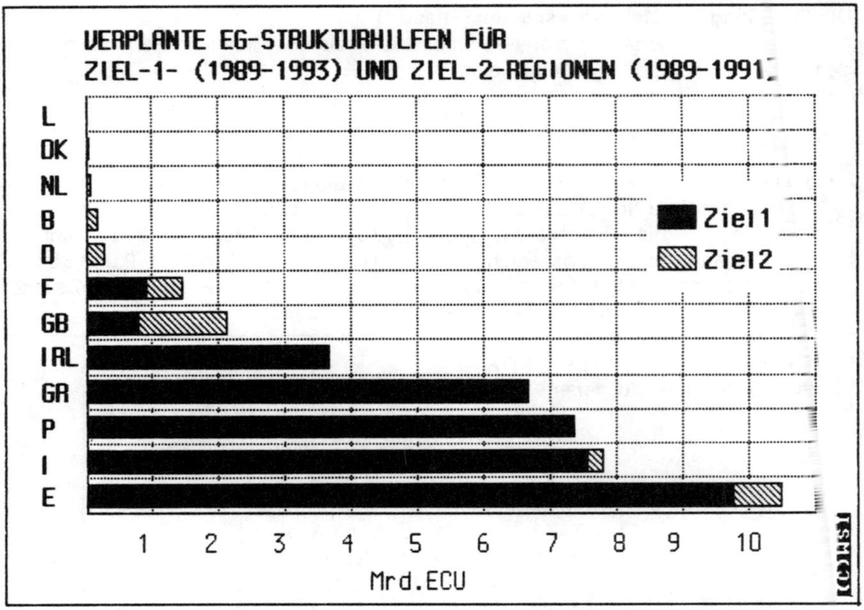

Quelle: BDI.

beitsmarktregionen auf 10–20 zurückgehen. In der relativen Verteilung zwischen den Bundesländern werden NRW, Berlin, das Saarland und Bremen zukünftig bevorzugt (vgl. Ministerium 1989, S. 9 sowie *Übersicht 7*). Aus der Perspektive der europäischen Regionalpolitik ist diese Entwicklung folgerichtig und funktional.

Konzeptionell enthält die Regionalpolitik der EG wichtige Anstöße für die Neuordnung und -gestaltung der regionalen Strukturpolitik in der Bundesrepublik. Zugleich eröffnet sie praktische Chancen für deren Erprobung. Dies betrifft vor allem die Bündelung verschiedener strukturpolitisch wirksamer Instrumente in regionalen Programmen, eine vorausschauende Planung der Strukturpolitik und die Begleitung der gesellschaftlichen Gruppen und Akteure an der Ausgestaltung der Regionalpolitik. Gerade aus gewerkschaftlicher Sicht bieten sich hier vielfältige Anknüpfungspunkte für die strukturpolitischen Ansätze, die im gewerkschaftlichen Bereicht entwickelt worden sind (vgl. *Bosch* u. a. 1988; *Gabriel/Seifert* 1988, S. 607; WSI-Mitteilungen 1989; Positionen 1990).

Übersich 7

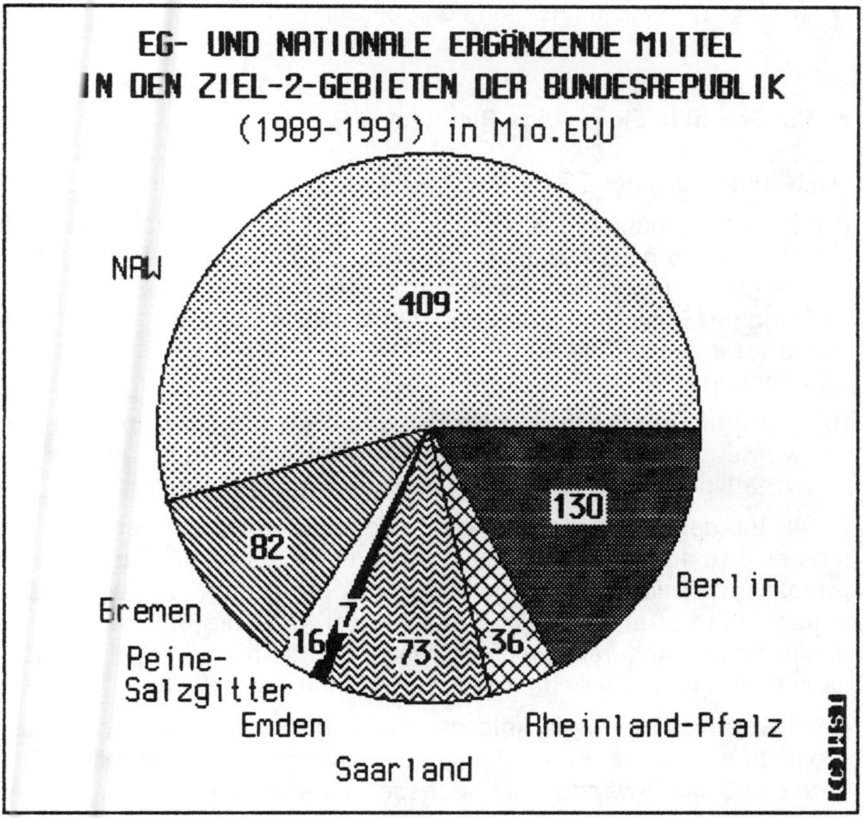

Quelle: BDI

Zu den Veränderungen, die der Binnenmarkt mit sich bringen wird, gehört somit auch die *Chance*, über die Strukturfonds in *Partnerschaft* regionale Strukturkonzepte zu verwirklichen. Nur darf ›Partnerschaft‹ kein leeres Wort bleiben und muß auch von den Gewerkschaften konzeptionell ausgefüllt werden. Ansätze zur Umorientierung und Weiterführung regionaler Konzepte, verbunden mit konkreten Maßnahmen wie beispielsweise die Innovations- und Koordinierungsstelle für die Metallindustrie an der Ruhr oder die Koordinierungsstellen für qualitatives Wachstum in Schleswig-Holstein können hier als gute Beispiele für gewerkschaftliche Initiativen dienen. Gestaltet und ausgefüllt werden muß der partnerschaftliche Ansatz über Programminitiativen des DGB selbst und zusammen mit den politisch verantwortlichen Ebenen.

8. Ein Schritt in die richtige Richtung

Die Neuordnung der EG-Strukturfonds weist in die richtige Richtung:

(a) Die Verdoppelung der Fondsmittel und ihre Konzentration auf die schwächsten EG-Länder und -Regionen sowie besonders benachteiligte Gruppen am Arbeitsmarkt entspricht der realen Entwicklung des Regionalgefälles und den schwerwiegenden sozialen Gefährdungen, die durch die anhaltende Massenarbeitslosigkeit entstanden sind.

(b) Die strukturpolitische Konzeption und die verfügbaren Instrumente wurden den veränderten Handlungsanforderungen des gesellschaftlichen Strukturwandels angepaßt.

Deutlicher denn je werden die verschiedenen Einflußfaktoren und Seiten des Strukturwandels, wie sektorale Verschiebungen, Massen- und Langzeitarbeitslosigkeit, technologische Umwälzungen, neue Qualifikationsanforderungen an die Arbeitnehmer, Umweltprobleme, soziale, politische und kulturelle Erschütterungen in ihrem wechselseitigen Zusammenhang und ihrer internationalen Einbindung deutlich.

Damit verändern sich die Anforderungen an regionale Strukturpolitik. Die technokratische ›Behandlung‹ von Symptomen und einzelnen Feldern des Strukturwandels mit hochspezialisierten Fachpolitiken reicht nicht mehr aus. Querschnittsbezogene, integrative und regionalisierte Strategien sind geboten. Dem hat die Kommission mit der Forderung nach regionalen Plänen, der Programmfinanzierung und der auf inhaltliche Ziele bezogenen Koordination der Fonds Rechnung getragen.

Integrative Strukturpolitik, die dazu beitragen soll, den Strukturwandel sozial zu gestalten, sollte sich aber nicht in der Verknüpfung von Fachpolitiken erschöpfen. Notwendig ist eine stärkere Einbeziehung der Strukturpolitik in den gesellschaftlichen Dialog und in eine breitere Öffentlichkeit. Mit dem erweiterten Gedanken der ›Partnerschaft‹ und einer Belebung des sozialen Dialogs durch Einbeziehung der gesellschaftlichen Gruppen hat die Kommission richtungsweisende Signale gesetzt. Allerdings ist die Neuordnung der Strukturfonds in dieser Hinsicht noch unzureichend. So ist bisher weder auf der überörtlichen noch auf der EG-Ebene eine ausreichende Beteiligung der gesellschaftlichen Gruppen an der strukturpolitischen Steuerung vorgesehen. Auch die unzureichenden Einflußmöglichkeiten des europäischen Parlaments auf die Gestaltung der Strukturpolitik bleiben hinter den formulierten Zielsetzungen zurück. »Die (...) notwendige politisch-demokratische Struktur ist in der Gemeinschaft – falls überhaupt – nur rudimentär vorhanden. Die eigentlichen Gefahren für die Verwirklichung des Binnenmarktplanes könnten also möglicherweise (...) in der Unterschätzung der politischen Legitimationsprobleme innerhalb der Gemeinschaft liegen.« (Ifo-Schnelldienst 1990, S. 22.)

9. Neue Anforderungen an die Länder der Gemeinschaft

Ein Abbau der Entwicklungsunterschiede zwischen den europäischen Regionen ist durch den Binnenmarkt nicht zu erwarten. Wahrscheinlicher ist eine größere Kluft zwischen Gewinnern und Verlierern. Der wirtschaftliche und soziale Zusammenhalt scheint in weite Ferne gerückt. Über die Notwendigkeit einer sozial- und regionalpolitischen Flankierung der Binnenmarktintegration besteht deshalb weitgehende Übereinstimmung. Auch wächst das Bewußtsein, »daß die Regionalpolitik für sich allein genommen nicht ausreicht, wenn sie nicht von einer Wirtschaftspolitik begleitet wird, die eine viel dynamischere allgemeine Entwicklung als bisher ermöglicht«. (Europäische Gemeinschaft 1987, S. 12.)

Die Neuordnung der Strukturfonds stellt erweiterte finanzielle Mittel und Förderinstrumente für eine aktive Regionalpolitik zur Verfügung. Allerdings sind sie zunächst nicht mehr als ein Angebot. Ob dieses Angebot genutzt werden kann, um die drohende Verschärfung regionaler Probleme abzuwenden, liegt bei den Mitgliedsländern der EG.

Auf die wirtschaftlich stärkeren Länder, wie die Bundesrepublik, kommen dabei zwei Aufgaben zu. Einerseits müssen sie eine Wirtschaftspolitik durchführen, die es, durch gezielte Stärkung der Binnennachfrage, den schwächeren Partnern – über den finanziellen Transfer hinaus – erlaubt, Spielraum für eine eigenständige und gleichberechtigte wirtschaftliche und soziale Entwicklung zu gewinnen (vgl. DGB-Bundesvorstand 1989). Teil dieser Wirtschaftspolitik muß sein, das interne Regionalgefälle in den starken EG-Ländern durch eigene, zusätzliche Struktur- und regionalpolitische Anstrengungen abzubauen. Verbleibende Gemeinschaftsbeteiligungen dürfen keinesfalls als bloße Refinanzierungsmittel für ohnehin durchgeführte Maßnahmen mißbraucht werden. Aus der Konzentration der EG-Mittel auf die schwächeren Partnerländer eine Reduzierung der nationalen Regionalpolitik in den stärkeren abzuleiten, ist ökonomisch nicht zwingend und würde über kurz oder lang einen zusätzlichen regionalpolitischen Handlungsbedarf aufbauen. »Neben und komplementär zur europäischen Regionalpolitik in der Bundesrepublik Deutschland ist eine eigenständige deutsche Regionalpolitik von Bund und Ländern notwendig, die sich dem Ausgleich regionaler Unterschiede in der Bundesrepublik bzw. innerhalb der Bundesländer zu widmen hätte. Die deutsche Regionalförderung sollte der EG-Förderung nicht zuwiderlaufen, es muß aber auch ein von seiten der EG garantierter nationaler Spielraum für eine an den deutschen regionalen Problemen ausgerichtete Politik erhalten bleiben«. (Positionen 1990, S. 5). Die hauptsächliche Rolle der Strukturfonds sollte hier im Anstoß für eine qualitative Neuorientierung und -gestaltung der nationalen Politik liegen. Beispiele, wie die ›Zukunftsinitiative Nordrhein-Westfalen‹ (ZIN) (vgl. Gesellschaft zur Information und Beratung 1989) weisen nach, daß auch unter schwierigen Rahmenbedingungen neue und erfolgversprechende Konzepte der Strukturpolitik gestaltet und erprobt werden können. Der hinhaltende Widerstand gegen eine programmgesteuerte, vorausschauende Strukturpolitik in der Vergangenheit, vor allem auf der Bundesebene, zeigt allerdings, daß mit erheblichen Umsetzungsschwierigkeiten zu rechnen ist.

Für die schwächeren EG-Länder ist aus den Strukturfonds ein realer finanzieller Zugewinn zu erwarten. Ob diese Mittel regionalpolitisch wirksam werden können, hängt davon ab, ob sie tatsächlich für eine selbsttragende Entwicklung in den rückständigen Regionen eingesetzt werden. Dies ist nicht gesichert. Angesichts bisheriger Erfahrungen muß die Tendenz überwunden werden, die Regionalpolitik in diesen Ländern der Entwicklung der strukturstärksten und international eingebundenen zentralen Regionen nach- und unterzuordnen. Untersuchungen über die bisherige Regionalpolitik und -entwicklung in den Mittelmeerländern bestätigen diese Gefahr und beobachten eine Wirtschafts- und Bevölkerungskonzentration in den Zentren, die den Rückstand der ländlichen Gebiete noch weiter beschleunigt (vgl. *Tömmel* 1989; *Clement* 1988, S. 85 ff.).

Ein Erfolg der europäischen Regionalpolitik ist unter diesen Vorzeichen durchaus mit Fragezeichen zu versehen. Ohne eine *gemeinschaftliche*, auf wirtschaftlichen und sozialen Zusammenhalt gerichtete Wirtschafts- und Strukturpolitik auf EG- *und* nationaler Ebene, wird die

Neuordnung der Strukturfonds nicht über eine technische Modernisierung hinausreichen. Dies wird nicht zuletzt auch davon abhängen, ob es den Gewerkschaften gelingt, die regionalpolitischen Anforderungen an einen Sozialraum Europa ins Bewußtsein zu rufen und die Möglichkeiten einer struktur- und regionalpolitischen Mitwirkung auszubauen und durch Kompetenz auszufüllen.

Literaturhinweise:

BBJ-Consult (Hrsg), Die Reform des Europäischen Sozialfonds. Leitfaden zur Umsetzung BBJ Consult INFO I/II-1989, Berlin 1989.

BDI (Hrsg.), EG-Strukturfonds – Leitfaden für Unternehmen, Köln/Bonn 1990.

Bosch G./Gabriel H./Seifert, H./Welsch, J., Beschäftigungspolitik in der Region, 2. Aufl., Köln 1988.

Cecchini, P. Europa '92 – Der Vorteil des Binnenmarktes, Baden-Baden 1988.

Clement, R., Zur Notwendigkeit entwicklungspolitischer Maßnahmen in der Europäischen Gemeinschaft, in: Konjunkturpolitik, 34. Jg., Heft 2, 1988.

DGB-Bundesvorstand (Hrsg.), Informationen zur Wirtschafts- und Umweltpolitik 10/1989.

Empirica (Hrsg.), Die wirtschaftlichen Auswirkungen des Binnenmarkts 1992 auf Sektoren und Regionen der Bundesrepublik Deutschland – Kurzfassung, Bonn 1989.

Europäische Gemeinschaften – Wirtschafts- und Sozialausschuß, Stellungnahme der Fachgruppe Regionale Entwicklung, Raumordnung und Städtebau zum Thema: »Dritter periodischer Bericht der Kommission über die sozioökonomische Lage und Entwicklung der Regionen der Gemeinschaft«, Brüssel 1987.

Gabriel, H./Menzel, W., Neuordnung der EG-Strukturfonds – Anstöße, Probleme und Chancen für die Regionalpolitik –, in: WSI-Mitteilungen 10/89.

Gabriel, H./Seifert, H., Lokal gestaltete Beschäftigungspolitik: Ansatzpunkte, Wirkungen und Perspektiven, in: WSI-Mitteilungen 10/88.

Gesellschaft zur Information und Beratung örtlicher Beschäftigungsinitiativen und Selbsthilfegruppen (Hrsg.), Strukturpolitische Programme NRWs – GIB INFO 8/89, Bottrop 1989.

Gestaltung des europäischen Sozialraums im Binnenmarkt, Europäisches Sozialprogramm des Europäischen Gewerkschaftsbundes, verabschiedet durch den Exekutivausschuß am 11./12. 2. 1988, in: Die Mitbestimmung 11/88.

Gewerkschaftliche Bildungspolitik 1/90, Schwerpunktheft: Europäischer Sozialfonds.

Ifo-Schnelldienst 5-6/90. 1990.

Kommission der Europäischen Gemeinschaften (Hrsg.), Dritter periodischer Bericht der Kommission über die sozio-ökonomische Lage und Entwicklung der Regionen der Gemeinschaft, Brüssel 1987.

Kommission der Europäischen Gemeinschaften (Hrsg.), Jahreswirtschaftsbericht 1988–89, Brüssel 1988.

Kommission der Europäischen Gemeinschaften (Hrsg.), Leitfaden zur Reform der Strukturfonds der Gemeinschaft, Luxemburg 1989.

manager magazin 3/90. 1990.

Ministerium für Wirtschaft, Mittelstand und Technologie des Landes Nordrhein-Westfalen (Hrsg.), Konsequenzen des EG-Binnenmarktes für die NRW-Wirtschaft (Neues im Westen 15/89), Düsseldorf 1989.

Positionen des DGB zur regionalen Struktur- und Entwicklungspolitik, in: Informationen zur Wirtschafts- und Sozialpolitik 2/1990. Vgl. Abdruck in diesem Band.

Sinz, M./Steinle, W.J., Regionale Wettbewerbsfähigkeit und europäischer Binnenmarkt, in: Raumforschung und Raumordnung 1/89.

Die Soziale Dimension des Binnenmarktes – Zwischenbericht der interdirektionalen Gruppe, in: Soziales Europa, Sondernummer 1988.

Tömmel, I., Europäischer Binnenmarkt und mediterrane Peripherie, in: Prokla 75, 1989.

Verordnungen, Grundlage der Reform sind die folgenden EG-Verordnungen: VO (EWG) Nr. 2052/88, in: Amtsblatt der EG Nr. L 185 vom 15. 7. 88 – VO (EWG) Nr. 4253/88; VO (EWG) Nr. 4254/88; VO (EWG) Nr. 4255/88; VO (EWG) 4256/88, in: Amtsblatt der EG Nr. L 374 vom 31. 12. 1988.

WSI-Mitteilungen, Schwerpunktheft »Neue Ansätze der Strukturpolitik« 6/1989.

Positionen des DGB zur regionalen Struktur- und Entwicklungspolitik

1. Arbeits-, Lebens- und Umweltbedingungen in den Regionen der Bundesrepublik Deutschland

Trotz relativ hohen Wachstums und steigender Beschäftigung (bei unerträglich hoher Arbeitslosigkeit) nehmen die regionalen Unterschiede in den Arbeits-, Lebens- und Umweltbedingungen zu. Die Chancen von Arbeitnehmern und Arbeitnehmerinnen, ein überdurchschnittliches Einkommen zu erzielen, konzentrieren sich immer mehr auf wenige moderne Industrie- und Dienstleistungszentren, deren Entwicklung an Umweltgrenzen stößt (*Verkehrsbelastung*) und in denen sich soziale Brennpunkte bilden (*Wohnungsnot, Kaufkraftverluste*).

Regional unvorhersehbare Bevölkerungszuwächse beanspruchen in hohem Maße die soziale Infrastruktur und die sozialen Dienste. Das Risiko, arbeitslos zu werden oder unter die Armutsschwelle abzusinken, ist in den nördlichen Regionen erheblich größer als in den meisten Regionen im Süden der Bundesrepublik Deutschland. Traditionelle Industriestandorte kämpfen zugleich gegen hohe Arbeitslosenzahlen und große Umweltprobleme, während in entlegenen ländlichen Regionen nach wie vor Arbeitsplätze für qualifizierte Kräfte fehlen und das Lohnniveau nicht den Durchschnitt erreicht. In wirtschaftlich bevorzugten ländlichen Gebieten am Rande von Ballungszentren wird immer mehr Boden für Siedlungen verbraucht, der Anteil umweltbelastender Produktionen nimmt zu, und die Bevölkerung muß immer größere Lärm- und Schadstoffbelastungen durch den Verkehr hinnehmen.

Die Öffnung der Grenze zur DDR (und ggf. zur ČSFR) wird spürbare Auswirkungen auf die räumliche Struktur (Siedlungen, Arbeitsplätze, Infrastrukturbedarf) der Bundesrepublik Deutschland haben. Durch die Vollendung des Europäischen Binnenmarktes könnten sich die Unterschiede zwischen den Regionen innerhalb der Bundesrepublik und in Europa weiter vergrößern. Eine Beeinträchtigung des »wirtschaftlichen und sozialen Zusammenhaltes in Europa«, der ein wichtiges Ziel der Europäischen Gemeinschaft ist, kann nicht ausgeschlossen werden. Insgesamt ist festzustellen, daß die im Grundgesetz und im Raumordnungsgesetz niedergelegte programmatische Selbstverpflichtung von Bund und Ländern, für regional gleichwertige Lebensbedingungen zu sorgen, unerfüllt ist.

2. Ziele einer Regionalpolitik im Interesse der Arbeitnehmer und Arbeitnehmerinnen

Die Arbeitnehmer und Arbeitnehmerinnen haben Anspruch auf gleichwertige Arbeits-, Lebens- und Umweltbedingungen in allen Regionen. Kein Arbeitnehmer und keine Arbeitnehmerin darf aus wirtschaftlichen, sozialen oder Umweltgründen zur Abwanderung aus Regionen gezwungen sein, in denen sie ihren Lebensmittelpunkt gefunden haben.

In allen Regionen sollten insbesondere folgende Grundelemente für ein menschenwürdiges und qualitätsvolles Leben und sinnvolles Arbeiten erfüllt sein:

- Vollbeschäftigung, gleicher Lohn für gleiche und gleichwertige Arbeit und berufliche Chancengleichheit;
- Versorgung mit preiswertem und bedarfsgerechtem Wohnraum, mit öffentlichen Dienstleistungen und Infrastruktur auf hohem Niveau Schutz vor Armut;
- Wiederherstellung und Erhaltung einer lebenswerten Umwelt und Vermeidung ökologischer Risiken.

Die Schaffung, Bewahrung und weitere Entwicklung regional gleichwertiger Arbeits-, Lebens- und Umweltbedingungen muß zu einer gemeinsamen Aufgabe aller raumwirksamen Politikbereiche werden. Qualitatives Wachstum und Vollbeschäftigung müssen in allen Regionen auf der Basis einer an den gleichen Zielen ausgerichteten gesamtwirtschaftlichen Politik durch eine umfassende regionale Struktur- und Entwicklungspolitik verwirklicht werden.

3. Prinzipien der regionalen Struktur- und Entwicklungspolitik

(a) Integrierter Ansatz der regionalen Struktur- und Entwicklungspolitik

Für eine auf qualitatives Wachstum ausgerichtete regionale Struktur- und Entwicklungspolitik im Interesse der Arbeitnehmer und Arbeitnehmerinnen ist eine Neuorientierung und engere Koordinierung aller regional wirksamen Politikbereiche erforderlich.

Unter Beachtung der Vorgaben einer bundesweit abgestimmten Raumordnungspolitik und unter Einordnung unternehmensbezogener Regionalpolitik müssen vor allem die Arbeitsmarkt-, die Städte- und Wohnungsbau-, die Bildungs-, Forschungs- und Technologie-, die Verkehrs- und Telekommunikations- und die Agrarpolitik auf das Ziel regionaler Gleichwertigkeit der Arbeits-, Lebens- und Umweltbedingungen verpflichtet werden.

Ansatzpunkte wären u. a.:

- die Qualifizierung der Arbeitnehmer und Arbeitnehmerinnen im Gleichschritt mit der Schaffung entsprechender Arbeitsplätze voranzutreiben,
- Fortbildungs- und Umschulungsmaßnahmen in Regionen mit hoher Arbeitslosigkeit zu konzentrieren und sie vorbeugend in strukturschwachen Regionen für Arbeitnehmer und Arbeitnehmerinnen vorzusehen, deren Arbeitsplatz gefährdet erscheint,
- durch Städte- und Wohnungsbau- sowie Dorferneuerungspolitik für eine sozialen Bedürfnissen gerecht werdende Siedlungsstruktur zu sorgen,
- der Ausbau der öffentlichen Einrichtungen zur Aus- und Weiterbildung,
- die Aufrechterhaltung der räumlich relativ ausgewogenen Verteilung der Hochschulen und ihre Ergänzung durch regional nützliche Forschungseinrichtungen, die sich vorrangig Problemen von Arbeitnehmern und Arbeitnehmerinnen widmen sollten,
- der flächendeckende Ausbau von Telekommunikationseinrichtungen in Verantwortung der öffentlichen Hand,
- die Optimierung der agrarischen Flächennutzung unter ökologischen Gesichtspunkten bei Mindestabsicherung des Einkommens evtl. negativ betroffener Beschäftigter in der Landwirtschaft,
- die Förderung regionaler Innovationsaktivitäten im Rahmen von For-

schungsprogrammen des Bundes und der Länder und die öffentliche Förderung einer flächendeckenden Technologieberatung für Arbeitnehmer und Arbeitnehmerinnen,

- Ausbau und Erhalt einer flächendeckenden Versorgung der Bundesrepublik Deutschland mit öffentlichem Personennahverkehr, Anbindung auch relativ abgelegener Regionen an ein europäisches Verkehrsnetz.

(b) *Finanzielle Ausstattung der regionalen Struktur- und Entwicklungspolitik*

Bund und Länder müssen die finanzpolitischen Voraussetzungen für eine umfassende regionale Struktur- und Entwicklungspolitik schaffen und ihre Aufgaben auch an regionalen Erfordernissen ausrichten.

Dazu ist es notwendig:

- daß der Bund seine finanziellen Pflichten zum Ausgleich unterschiedlicher Wirtschaftskraft (Artikel 104 a, 4 GG) und zur Verbesserung der Lebensverhältnisse im Bundesgebiet (Artikel 91 a GG) erfüllt und daß der Bund die Finanzierung deutschlandpolitisch begünstigter regionaler Entwicklungsmaßnahmen leistet,
- die Finanzkraft strukturschwacher Länder und Stadtstaaten auf Dauer wiederherzustellen,
- die kommunale Finanzautonomie zu erhalten und zu stärken, und zwar am besten über eine Gewerbesteuer neuer Art mit einer starken ertragsunabhängigen Komponente in der Bemessungsgrundlage,
- die Gemeinden von Sozialhilfeausgaben für Arbeitslose und Pflegebedürftige zu entlasten,
- die Mittel aus dem Strukturhilfegesetz vorrangig für gemeindliche Infrastrukturprojekte zur Verfügung zu stellen,
- eine regional einseitige Konzentration der öffentlichen Aufträge des Bundes zu vermeiden, die regionale Verteilung von Behördenstandorten zu verbessern und Infrastrukturinvestitionen verstärkt am regionalen Bedarf auszurichten,
- Mittel der Europäischen Gemeinschaft für regional wirksame Maßnahmen in der Bundesrepublik Deutschland den Ländern und Gemeinden vollständig zusätzlich, d. h. ohne »Verrechnung« mit sonst auszugebenden Mitteln, zu überlassen.

(c) Durchführung der regionalen Struktur- und Entwicklungspolitik

Die Durchführung der regionalen Struktur- und Entwicklungspolitik sollte in den Regionen von den politischen Instanzen selbst verantwortet werden. Ausgangspunkt und Basis sollten integrierte regionale Programme sein, die in den Regionen unter Beteiligung der Gewerkschaften erarbeitet und umgesetzt werden. Die Programme müssen auf Länderebene unter Beachtung EG- und bundesweit geltender Vorgaben koordiniert werden.

Die Umsetzung der Programme könnte politisch legitimierten regionalen Entwicklungsgesellschaften unter eindeutiger öffentlicher Führung übertragen werden. Auch andere institutionelle Lösungen sind denkbar, z. B. ständige Regionalkonferenzen und regionale Entwicklungsbeiräte mit Initiativ- und Kontrollrechten.

Die an regionalen Zielen orientierte Kooperation von Bund, Ländern und Gemeinden untereinander, mit der Europäischen Gemeinschaft und den gesellschaftlichen Gruppen muß intensiviert werden. Den Gewerkschaften sollte auf allen diesen Ebenen ein Informations-, Anhörungs- und Mitwirkungsrecht eingeräumt werden.

Die vorhandenen Ansätze für regionale Strukturberichterstattungen sind zu einem System ständiger, alle Regionen einbeziehende Strukturbeobachtung und -prognose auszubauen. Die sektorale Strukturberichterstattung des Bundes sollte regionalisiert werden. Die regionalen Arbeits-, Lebens- und Umweltbedingungen (Tatbestände, Strukturen und Entwicklungen) sind ggf. in Form eines Indikatorensystems darzustellen.

Die regionale Struktur- und Entwicklungspolitik könnte mit der Aufgabe, regionale Auswirkungen sektoraler Krisen durch Förderung neuer Arbeitsplätze in nicht betroffenen Branchen wirtschaftlich und sozial abzufedern, überfordert werden. Deshalb müssen auch regional strukturbestimmende private wie öffentliche Unternehmen, in denen Arbeitsplätze wegfallen, Ersatzarbeitsplätze schaffen und insbesondere die Ausbildung von Jugendlichen sichern. Für diese Aufgaben sind ggf. staatliche Hilfen zu geben.

Betriebspolitische Initiativen, z. B. Beschäftigungspläne, Beschäftigungsgesellschaften und sektorale Entwicklungsgesellschaften sollten mit regionalpolitischen Aktivitäten verschränkt werden. Die Schaffung produktiver Arbeit muß Vorrang erhalten vor einer sozialen Flankierung des Arbeitsplatzabbaus. Die Forderung, strukturschwache Regionen durch niedrige Tariflöhne für unternehmerische Aktivitäten attraktiv zu machen, ist regionalpolitisch unsinnig und für die Gewerkschaften inakzeptabel. Niedrige Löhne schwächen die Kaufkraft strukturschwacher Regionen und erzwingen Wanderungen qualifizierter Arbeitnehmer(innen), die unverzichtbare Träger regionaler Entwicklung sind. Die Einführung sog. »freier Unternehmerzonen«, in denen die gewerkschaftlichen und sozialen Rechte der Arbeitnehmer ganz oder teilweise aufgehoben werden, lehnt der DGB mit aller Entschiedenheit ab.

4. Europäische Regionalpolitik in der Bundesrepublik Deutschland

Der DGB begrüßt die im ergänzten EWG-Vertrag niedergelegte Selbstverpflichtung der EG und ihrer Mitgliedsländer, den wirtschaftlichen und sozialen Zusammenhalt der Europäischen Gemeinschaft durch EG-Maßnahmen und durch die eigene Politik zu stärken. Der gewählte Ansatz, die Durchführung der gemeinsamen Politiken und die Errichtung des Binnenmarktes so zu gestalten, daß der Abstand zwischen den Regionen und der Rückstand der am stärksten benachteiligten Gebiete verringert wird, ist grundsätzlich richtig.

Die integrierten Interventionsmöglichkeiten der reformierten Strukturfonds (Regionalfonds, Sozialfonds, Agrarfonds) sollten in der Bundesrepublik Deutschland vor allem für die traditionellen Industriegebiete voll ausgeschöpft werden. Die Mittel sind insgesamt zu erhöhen, und der echte zusätzliche Einsatz der Mittel ist zu gewährleisten. Die Gewerkschaften sollten bei der Konzipierung, Durchführung und Kontrolle der Strukturfonds-Interventionen sowohl auf EG-Ebene als auch auf nationaler und regionaler Ebene mitwirken können.

Neben und komplementär zur europäischen Regionalpolitik in der Bundesrepublik Deutschland ist eine eigenständige deutsche Regionalpolitik von Bund und Ländern notwendig, die sich dem Ausgleich regionaler Unterschiede in der Bundesrepublik bzw. innerhalb der Bundesländer zu widmen hätte. Die deutsche Regionalförderung sollte der EG-Förderung nicht zuwiderlaufen, es muß aber ein von seiten der EG garantierter nationaler Spielraum für eine an den deutschen regionalen Problemen ausgerichtete Politik erhalten bleiben.

5. Reform der Gemeinschaftsaufgabe »Verbesserung der regionalen Wirtschaftsstruktur» (GRW)/Umstellung der »Zonenrandförderung«

Eine vollständig reformierte Gemeinschaftsaufgabe für die Verbesserung der regionalen Wirtschaftsstruktur (GRW), die dem grundgesetzlichen Auftrag voll gerecht wird, sollte das Kernstück der eigenständigen deutschen Regionalpolitik bilden.

Die Förderung muß auf ein kleineres Gebiet aus strukturschwachen und strukturgefährdeten Regionen mit hoher bzw. absehbar erheblich steigender Arbeitslosigkeit konzentriert werden. In der Gemeinschaftsaufgabe sollten keine Regionen verbleiben, die diese Bedingungen nicht erfüllen. Eine Förderung, die den Regionen zusätzliche ökologische Risiken aufbürdet, Gesundheit und Leben der Bevölkerung gefährdet und den Schutz der Natur in Frage stellt, muß unterbleiben. Effizienz und Effektivität der Gemeinschaftsaufgabe sind in regelmäßigen Abständen zu überprüfen und einer parlamentarischen Kontrolle zu unterziehen.

Die Förderung von Unternehmensinvestitionen ist streng an die Schaffung oder den Erhalt qualitativ möglichst hochwertiger, sozialversicherungspflichtiger Arbeitsplätze, die gemäß tarifvertraglichen Regelungen besetzt werden, zu knüpfen. Die Möglichkeit einer besonderen Förderung von Frauenarbeitsplätzen sollte ausgebaut werden. Die Gewerkschaften sind in das Verfahren der Unternehmensförderung und die Kontrolle der Ergebnisse einzuschalten.

Bei der Förderung von wirtschaftlicher Infrastruktur sind beschäftigungssteigernde und umweltentlastende Maßnahmen zu bevorzugen. Zur wirtschaftsnahen Infrastruktur sollten auch Investitionen gezählt werden, die vorrangig Arbeitnehmern und Arbeitnehmerinnen zugute kommen (z. B. Ausbau des öffentlichen Berufsverkehrs, auch für Fernpendler, Stätten der Aus- und Weiterbildung). Eine enge Koordination zwischen den Infrastrukturmaßnahmen der GRW und des Strukturhilfegesetzes ist vorzusehen.

Die Finanzmittel für die Gemeinschaftsaufgabe und für die ergänzende Förderung durch Kredite der Kreditanstalt für Wiederaufbau müssen deutlich erhöht werden. Der Wegfall der Investitionszulage muß voll kompensiert werden. Für die besondere Förderung in traditionellen Industriestandorten sind zusätzliche Mittel vorzusehen.

Die bisherige »Zonenrandförderung« sollte umgestellt werden. Vorhandende und ggf. zusätzlich verfügbare (z. B. durch Auslaufen von Steuervergünstigungen) oder zusätzlich bereitgestellte Mittel sollten zur Förderung öffentlicher Investitionen (*Infrastruktur, Umweltschutz) und der Beschäftigung im Grenzland eingesetzt werden. Ein neues Grenzlandförderungsgesetz sollte alsbald verabschiedet werden.*

6. Ausbau des Gesetzes zum Ausgleich unterschiedlicher Wirtschaftskraft in den Ländern (Strukturhilfegesetz)

Die breite Infrastrukturförderung, wie durch das Strukturhilfegesetz vorgesehen, sollte zu einem wichtigen Instrument regionaler Entwicklungs- und Strukturpolitik ausgestaltet werden. Kurzfristig muß die Abstimmung des Einsatzes der Strukturhilfemittel mit der Infrastrukturförderung im Rahmen der Gemeinschaftsaufgabe für die Verbesserung der regionalen Wirtschaftsstruktur entscheidend verbessert werden.

Die Strukturhilfe-Fördermaßnahmen sind an regionale Bedarfskriterien zu binden, und sie sollten in allen förderbedürftigen Regionen der Bundesrepublik in Anspruch genommen werden können. Innerhalb von (neuabgegrenzten) Fördergebieten der GRW sollte die Förderung immer möglich sein.

Schwerpunktmäßig sollten Investitionen in die wirtschaftliche und soziale Infrastruktur der Gemeinden gefördert werden. Die Verbindung mit beschäftigungswirksamen betrieblichen Umstrukturierungen ist anzustreben. Eine deutliche Entlastung der Umwelt sollte möglichst gleichzeitig erreicht werden.

An der Auswahl zu fördernder Vorhaben sollten die Gewerkschaften mitwirken. Die Vorhaben sollten in mittelfristig angelegte regionale Entwicklungsprogramme integriert sein, über die ein regionaler Konsens hergestellt werden sollte.

Das Mittelvolumen entspricht nicht dem Bedarf und sollte deshalb erhöht werden. Die Mittel sollten insgesamt zu einer Steigerung des öffentlichen Investitionsvolumens über die sonst erreichbare Zuwachsrate hinausführen.

7. Kommunale Beschäftigungs- und Wirtschaftsförderung

Kommunale Selbstverwaltung (Art. 28,2 GG) berechtigt und verpflichtet die Gemeinden zur Beschäftigungs- und Wirtschaftsförderung in gesamtwirtschaftlicher Verantwortung. Sie muß als wesentlicher Bestandteil gemeindlicher Entwicklungspolitik im Rahmen regionaler Programme in enger Zusammenarbeit mit den Gewerkschaften und anderen gesellschaftlichen Gruppen konzipiert und durchgeführt werden. Ihre Effektivität sollte durch Kooperation der Kommunen untereinander verbessert werden.

Sparsame und zweckentsprechende Verwendung öffentlicher Mittel ist mit einem ungehemmten interkommunalen Konkurrenzverhalten nicht vereinbar.

Die kommunale Finanz- und Haushaltspolitik muß helfen, lokale Arbeitslosigkeit zu verringern und die Beschäftigung langfristig zu stabilisieren.

Die Gewerkschaften unterstützen die Kommunen bei ihren Anstrengungen, sich finanzielle Handlungsspielräume durch eigenständige Steuerquellen zu erhalten. Die Gemeinden sollten von Sozialhilfeausgaben für Arbeitslose und Pflegebedürftige entlastet werden. Solche Gemeinden, die ihre finanzielle Leistungsfähigkeit zugunsten von Unternehmen durch Abbau von Personal in der Verwaltung wiedergewinnen wollen, müssen mit dem entschiedenen Widerstand der Gewerkschaften rechnen.

Die Kommunen dürfen sich nicht einseitig auf die Schaffung optimaler Ansiedlungs- und Entwicklungsbedingungen für Unternehmen konzentrieren. Sie müssen gleichzeitig für gute Wohnbedingungen, qualitativ hochstehende Verkehrsbedingungen, breitgefächerte Bildungsmöglichkeiten und ein entsprechendes kulturelles Angebot sorgen. Soziale Dienste müssen in umfassender Weise bereitgestellt werden.

Die Kommunen sind verantwortlich dafür, daß die Umweltbelastungen durch Unternehmen abgebaut bzw. so gering wie möglich gehalten werden. Die Wiederherstellung bereits genutzter Flächen muß Priorität vor der Inanspruchnahme neuer Flächen haben. Die von Unternehmen ausgehende Verkehrsbelastung muß bei jeder Ansiedlung eines neuen Unternehmens oder Umsiedlung der vorhandenen Unternehmen als möglichst negativer Faktor beachtet werden. Die gefahrlose Entsorgung der Unternehmen muß gesichert sein.

Der Einsatz kommunaler Förderinstrumente für Unternehmen sollte an

Beschäftigungs- bzw. Qualifizierungsauflagen gebunden werden. Beschäftigungs- und Wirtschaftsförderung müssen von den Kommunen unter einheitlicher öffentlicher Verantwortung zueinander komplementär betrieben werden. Die Kommunen sollten die regionalen Beratungsangebote für Unternehmen und Beschäftigte bündeln und transparent machen. Bei Bedarf sollten sie eigenständige Beratung in nicht abgedeckten Feldern, z. B. im Energie- und Umweltbereich, anbieten.

Die Kommunen müssen sich verstärkt mit der Entwicklung des lokalen Arbeitsmarktes befassen und ihn im Rahmen ihrer Möglichkeiten beeinflussen. Lokale Beschäftigungsinitiativen sollten ein besonderes Anliegen der Kommunen sein. Eine engere Kooperation mit den Arbeitsämtern und ihren Selbstverwaltungsorganen ist unbedingt erforderlich. Die Kommunen sollten zusammen mit den Arbeitsämtern und den Gewerkschaften lokale Konzepte für die optimale Nutzung der Instrumente des Arbeitsförderungsgesetzes entwickeln.

Mit Hilfe regionaler Weiterbildungspläne sollte die öffentliche Förderung der Weiterbildung auf eine längerfristige Grundlage gestellt werden und insbesondere am zukünftigen Bedarf orientiert werden.

Bei öffentlichen Aufträgen, die in Zukunft teilweise EG-weit ausgeschrieben werden müssen, sollten nur solche Anbieter berücksichtigt werden, die die deutschen tariflichen Vereinbarungen anwenden und sich uneingeschränkt den Sozialgesetzen der Bundesrepublik Deutschland unterwerfen.

Kommunale Unternehmen und Betriebe sollten in ihrer Personal-, Ausbildungs- und Investitionspolitik vorbildlich sein. Sie tragen eine besondere Verantwortung für die Einhaltung von Umweltauflagen, und sie sollten ökologische Unternehmenskonzepte frühzeitig erproben.

Die Sparkassen sollten eine wichtige Rolle in der lokalen Beschäftigungs- und Wirtschaftsförderung mit bankmäßigen Mitteln übernehmen. Eine enge Kooperation und klare Aufgabenteilung mit übergeordneten Banken ist notwendig. Die Sparkassen sollten auch relativ risikoreiche oder unkonventionelle Vorhaben finanzieren, die zu einer Verbesserung der Beschäftigungsstruktur beitragen können. Sie müssen im lokalen Bankenwettbewerb sowohl zugunsten kleiner und mittlerer Unternehmen als auch zugunsten der Verbraucher korrigierend tätig werden.

Europäische Beschäftigungspolitik. Eine Bewertung des bisherigen Integrationsprozesses und Anforderungen an eine EG-Beschäftigungsunion

Rudolf Hickel

1. Arbeitslosigkeit in der EG

Der durch den Rat der EG im Dezember 1989 verabschiedete Jahreswirtschaftsbericht 1989–1990 über die Wirtschaftslage in der Gemeinschaft und zur Festlegung der wirtschaftspolitischen Leitlinien der Gemeinschaft für 1990 geht davon aus, daß der Anteil der registrierten Arbeitslosen an der zivilen Erwerbsbevölkerung 1990 im Durchschnitt der EG bei 8 ¾ % liegen wird (vgl. *Tabelle 1*). Gegenüber den Jahren 1986 bis 1988, für die im Durchschnitt die Arbeitslosenquote bei 10,4 % lag, wird damit ein leichter Rückgang erwartet. Im Vergleich zu den USA mit 5 ¼ % und Japan mit 2 ½ % stellt die EG trotz vieler Integrationserfolge im monetären und wirtschaftlichen Bereich sowie auf dem Feld der Antiinflationsbekämpfung eine »Arbeitslosen-Gemeinschaft« dar.

Die mangelnde Integrationswirkung im Sinne einer Angleichung der wirtschaftlichen Entwicklung der einzelnen Mitgliedsländer zeigt sich auf den Arbeitsmärkten. Ein Vergleich der Arbeitslosenquoten in den einzelnen Mitgliedsländern offenbart zugleich deren große Spannbreite. Mitgliedsländern mit einer Arbeitslosenquote von über 10 bis 16 % – Italien, Spanien und Irland – stehen Länder mit einer unter dem EG-Durchschnitt liegenden Arbeitslosenquote gegenüber. Die bisher ausgebliebene Integrationskraft der EG beim Abbau der Arbeitslosigkeit sowie deren starken Gefälles ist letztlich ein Resultat einer äußerst ungleichen Entwicklung der gesamtwirtschaftlichen Produktion in den Mitgliedsländern.

Diese beschäftigungspolitischen Defizite im bisherigen Prozeß des wirtschaftlichen Zusammenwachsens der Mitgliedsländer in der EG überraschen nicht. Denn der beschäftigungspolitische Gehalt der verschiedenen Maßnahmen zur EG-Vergemeinschaftung ist gering. Im Zielkatalog der monetären und wirtschaftlichen Integration kommt der

Tabelle 1

Zahl der Arbeitslosen in Prozent der zivilen Erwerbsbevölkerung

	1986	1987	1988	1989 (*)	1990 (*)
B	11,9	11,5	10,4	$9^1/_4$	$8^3/_4$
DK	5,8	5,8	6,4	$7^1/_2$	$7^1/_2$
D	6,5	6,4	6,4	$5^1/_2$	$5^1/_4$
GR	8,2	8,0	8,5	$8^1/_2$	$8^1/_2$
E	21,2	20,5	19,6	$17^1/_2$	$16^1/_2$
F	10,4	10,5	10,2	$9^1/_2$	9
IRL	18,3	18,0	17,8	$16^3/_4$	$16^1/_4$
I	10,6	10,1	10,6	$10^1/_2$	$10^1/_2$
L	2,7	2,7	2,2	$1^3/_4$	$1^3/_4$
NL	10,3	10,2	10,3	10	$9^1/_2$
P	8,3	6,8	5,6	$5^1/_4$	$5^1/_4$
UK	11,5	10,6	8,7	$6^3/_4$	$6^1/_2$
EG	10,8	10,4	10,0	9	$8^3/_4$
USA	6,9	6,1	5,4	5	$5^1/_4$
JAP	2,8	2,8	2,5	$2^1/_2$	$2^1/_2$

* Schätzung.
Quelle: Jahreswirtschaftsbericht der EG; in: Amtsblatt der EG (30. 12. 1989) Nr. L 399/1.

Verwirklichung einer aktiven Beschäftigungspolitik *kein* eigenständiger Stellenwert zu. Unter beschäftigungsspezifischen Kriterien läßt sich die Politik der EG-Integration folgendermaßen bewerten: Im Vordergrund stand und steht bisher vor allem der Abbau der Inflation durch eine Harmonisierung der Geldpolitiken mit einem grundsätzlich eher restriktiven Kurs. Denn durch die Vergemeinschaftung der Wechselkurspolitik im Europäischen Währungssystem (EWS) hat sich der Druck zur Angleichung der Geldpolitiken erhöht. Die EG entwickelte sich somit unter der Dominanz der D-Mark in den letzten Jahren zu einer »Antiinflationsgemeinschaft«. Zum Teil geriet diese Politik in offenen Konflikt zu den Anforderungen an eine Beschäftigungspolitik. Schließlich wurde die 1974 durch den Rat verabschiedete »Konvergenz«-Entscheidung, die die Mitgliedsländer zur Abstimmung ihrer Wirtschaftspolitiken aufforderte, nicht zu einem wirksamen Instrument der koordinierten Beschäftigungspolitik genutzt. Aber auch mit dem durch die Unterzeichnung der Einheitlichen Europäischen Akte (EEA) im Februar 1986 festgelegten Binnenmarktprogramm, das auf die Öffnung aller Märkte im EG-Raum zielt, verbindet sich keine aktive Beschäftigungspolitik. Vielmehr reduzieren sich die beschäftigungsspezifischen Erwartungen auf indirekte, wachstumsinduzierte Effekte dieser Binnenmarktstrategie.

Lediglich im Bereich des EG-Gemeinschaftshaushalts sind die strukturpolitischen Instrumente mit den neuen »Finanzierungsbeschlüssen« vom Februar 1988 gestärkt worden. Damit versucht die EG – wenn auch in völlig unzureichendem Ausmaß – der sich über die Realisierung des Binnenmarktprogramms vertiefenden regionalen Auseinanderentwicklung entgegenzuwirken.

Um die Anforderungen an eine Vergemeinschaftung auch der Beschäftigungspolitik innerhalb einer Wirtschafts- und Währungsunion sichtbar zu machen, müssen die bisherigen ansatzweisen Maßnahmen der wirtschafts-, finanz- und geldpolitischen Harmonisierung dargestellt werden. Darauf aufbauend sind die bisherigen Pläne zur schrittweisen Umsetzung einer Wirtschafts- und Währungsunion auf ihren jeweiligen beschäftigungspolitischen Gehalt zu überprüfen. Schließlich sind diese Informationen bei der Entwicklung einer Skizze für eine wirtschafts- und währungsintegrierte *Beschäftigungsunion* notwendigerweise weiterzuentwickeln.

2. Beschäftigungspolitische Defizite der bisherigen EG-Integration

2.1 Europäisches Währungssystem: Vorrang geldpolitischer Harmonisierung

Bei der Bewertung des bisherigen Grades der Integration im monetären und wirtschaftlichen Bereich müssen prinzipiell zwei Ebenen unterschieden werden: Auf der einen Seite gibt es Gemeinschaftspolitiken, die in der Souveränität der EG-Organe liegen. In diesen Bereichen haben die einzelnen Mitgliedsländer keine eigenständige Handlungskompetenz mehr. Ein typisches Beispiel dafür ist der Gemeinschaftshaushalt der EG, der über eigene Einnahmequellen verfügt und deren Verausgabung nach den vertraglich festgelegten Regeln vorgenommen wird. Auf der anderen Seite gibt es im wirtschaftlichen und monetären Bereich Politiken, über die zwar in nationalstaatlicher Souveränität entschieden, jedoch eine EG-weite Abstimmung (Harmonisierung) angestrebt wird. Auffällig ist, daß die Angleichung der Geldpolitiken der Mitgliedsländer am weitesten vorangeschritten ist. Eine Ausnahme bildet hier, wie noch zu zeigen sein wird, Großbritannien. Spiegelbildlich zu dieser seit den letzten Jahren recht stabilen Abstimmung der Geldpolitiken zeigt sich, daß in dem wichtigen Bereich der Beschäftigungspolitiken nicht einmal ein Ansatz zur Abstimmung zwischen den einzelnen Mitgliedsländern in Richtung einer Gemeinschaftspolitik zu erkennen ist. Bei der Weiterentwicklung der EG zu einer wirtschafts- und währungsintegrierten Beschäftigungsunion muß die derzeitige Asymmetrie zwischen einer hochentwickelten geldpolitischen Abstimmung einerseits und einer praktisch nicht vorhandenen Vergemeinschaftung der Beschäftigungspolitik gezielt überwunden werden.

Der entscheidende Grund für diesen Integrationsvorlauf im Bereich der Geldpolitiken liegt in der Praxis des Europäischen Währungssystems (EWS) begründet. Das EWS wurde nach vorangegangenen, mehrfach gescheiterten Versuchen, einen Wechselkursverbund herzustellen, endgültig Anfang 1979 gestartet und unter Nutzung der gemachten Erfahrungen technisch-institutionell immer wieder verbessert (zuletzt mit den Beschlüssen von Basel und Nyborg 1987. Es ist hier nicht der Ort, auf die Grundlagen, Funktionsweise und Wirkungen dieses Europäischen Währungssystems einzugehen (vgl. Kleinheyer, 1987). Vielmehr ist zu zeigen, wie durch die nunmehr elfjährige, insgesamt recht erfolgreiche Praxis des EWS die Abstimmung der Geldpolitik mit dem Ziel der Geldwertstabilisierung den Integrationsprozeß beherrscht. Es ist nun höchste Zeit, daß die Vergemeinschaftung der Beschäftigungspolitik nachzieht.

Die Grundidee des EWS ist einfach. Solange jedes Mitgliedsland der EG (noch) über eine eigene Währung verfügt, bilden sich gegenüber den Währungen der anderen Mitgliedsländer Devisen- bzw. Wechselkurse, die je nach Nachfrage- und Angebotssituation schwanken können. Die innergemeinschaftlichen Wirtschaftsbeziehungen werden durch schwankende Wechselkurse jedoch stark belastet. Mit der Gründung des EWS wurde daher das Ziel verfolgt, eine Zone relativ stabiler Wechselkurse zu schaffen. Der Vorteil liegt darin, daß für die Unternehmen die Währungspreise (Wechselkurse) kalkulierbar werden, die Kursrisiken sich also reduzieren lassen. Hinderliche Informations- und Transaktionskosten werden durch die gemeinschaftliche Politik der Wechselkursstabilisierung gesenkt.

Im Zentrum des EWS steht daher die gemeinschaftliche Festlegung von bilateralen Leitkursen zwischen den beteiligten Währungen. Die betroffenen Notenbanken sorgen dafür, daß diese bilateralen Leitkurse auch verwirklicht werden. Wegen der absehbaren Instabilitäten sieht das EWS eine erste Flexibililitätsreserve vor. Der Wechselkurs einer Währung darf prinzipiell in einer Bandbreite von 2,25 % schwanken. Dann erst müssen die beteiligten Notenbanken Stützungskäufe bzw. -verkäufe (Interventionen) vornehmen.

Dazu ein *Beispiel*:

Sinkt der Wechselkurs des Französischen Francs (FF) gegenüber der DM um mindestens 2,25 % unter den gemeinschaftlich fixierten bilateralen Leitkurs (unterer Interventionspunkt), dann muß die Französische Notenbank in Absprache mit der Deutschen Bundesbank intervenieren. Bei einer derartigen Abwertung des FF bzw. Aufwertung der DM bietet die Französiche Nationalbank DM-Devisen an und fragt FF-Beträge nach, um einer weiteren Abwertungsentwicklung entgegenzuwirken. Dabei versuchen die Notenbanken, schon vor Erreichen des oberen/unteren Interventionspunktes in die Wechselkursentwicklung zielorientiert einzugreifen. Die DM-Devisen für diese Stützungsaktion stellt der zum EWS gehörende »Europäische Fonds für Währungspolitische Zusammenarbeit« (EFWZ) zur Verfügung.

Die durch einstimmigen Beschluß der Mitgliedsländer im EWS festgelegten bilateralen Wechselkurse gelten für die mittlerweile wichtige Europäische Rechnungseinheit ECU (European Currency Unit) als Basis. Die ECU stellt einen Korb dar, der die festen Beträge der beteiligten Währungen enthält. Die bilateralen Leitkurse einer Währung (etwa der DM) gegenüber den anderen Mitgliedswährungen werden mit den jeweiligen festen Beträgen der beteiligten Währungen multipliziert und zum ECU-Leitkurs dieser Währung (DM) zusammengefaßt. Dabei sind die festen Beträge so definiert, daß das Verhältnis des festen Beitrags einer Währung im Korb zu deren ECU-Leitkurs eine Gewichtung zum Ausdruck bringt. Dieses Gewicht trägt der relativen ökonomischen Stärke dieses Währungslandes Rechnung.

Dazu ein *Beispiel*:

Seit Anfang 1990 geht die DM mit 62,42 Pfennigen in den ECU-Korb ein. Auf der Basis der seit der Abwertung der Italienischen Lira zum 8. 1. 1990 geltenden bilateralen Leitkurse im EWS ergibt sich derzeit ein ECU-Leitkurs der DM von 1 ECU = 2,0446 DM. Aus dem Verhältnis des festen DM-Betrages im Korb zu diesem Leitkurs resultiert das DM-Gewicht von 30,5 %. Dieses Gewicht bringt die relative ökonomische Stärke der D-Mark-Wirtschaft zum Ausdruck. *Tabelle 2* zeigt die vier Phasen der Neufestsetzung der ECU-Leitkurse sowie der Veränderung der festen Beträge und der Korbgewichte seit dem Start des EWS 1979.

Damit wird deutlich, daß das EWS mit der ECU über eine zweite Flexibilitätsreserve verfügt. Seit dem Start des EWS sind einige bilaterale Leitkurse in jeweils zwölf gemeinschaftlich beschlossenen Etappen (Realignments) neu fixiert worden.

Tabelle 2

Die Europäische Währungseinheit (ECU = European Currency Unit)
– Feste Beiträge und Gewichte im ECU-Korb seit 1989 –
– Stand: 8. 1. 1990 –

Währung Zeitpunkt/Phase	Deutsche Mark	Französ. Franc	Holländischer Gulden	Italienische Lira	Belg. u. Luxemburg. Francs	Dänische Krone	Irisches Pfund	Pfund Sterling[1]	Griechische Drachme[1]	Span. Peseta[2]	Portug. Escudo[1]
Phase 1: 13. 3. 1979 bis 17. 9. 1984											
1) Fester Betrag im ECU-Korb	0,828	1,15	0,286	109	3,80	0,217	0,00759	0,08 84	–	–	–
2) Gewicht im ECU-Korb in vH (auf Basis der ECU-Leitkurse vom 13. 3. 1979)	33,0	19,8	10,5	9,5	9,6	3,1	1,2	13,3	–	–	–
3) ECU-Leitkurs am 13. 3. 1979 (1 ECU = . . . Währungseinheiten)	2,510 64	5,798 31	2,720 77	1 148,15	39,45 82	7,08592	0,6622 683	0,6632 47	–	–	–
Phase 2: 17. 9. 1984 bis 21. 9. 1989											
1) Fester Betrag im ECU-Korb	0,719	1,31	0,256	140,0	3,85	0,219	0,00871	0,0878	1,15	–	–
2) Gewicht im ECU-Korb in vH (auf Basis der ECU-Leitkurse vom 12. 1. 1987)	34,9	19,0	11,0	9,4	9,1	2,8	1,1	11,9	0,8	–	–
3) ECU-Leitkurs am 12. 1. 1987 in vH	2,058 53	6,904 03	2,31943	1 483,58	42,45 82	7,85212	0,7684 11	0,7396 15	150,792	–	–

Phase 3:											
ab 21. 9. 1989											
1) Gewicht im ECU-Korb in vH (am 19. 6. 1989 angekündigt)	30,1	19,0	9,4	10,15	7,9	2,45	1,1	13,0	0,8	5,3	0,8
2) Fester Betrag im ECU-Korb[3]	0,6242	1,332	0,2198	151,8	3,431	0,1976	0,008552	0,08784	1,110	0,005	1,393
3) Die ECU-Leitkurse bleiben nach dem 20. 9. 1989 unverändert (v. 12. 1. 1987). Neu festgesetzt: 1 ECU = 133,804 Pesetas											
Phase 4:											
ab 8. 1. 1990											
Abwertung der Ital. Lira[4]											
1) Fester Betrag unverändert	–	–	–	–	–	–	–	–	–	–	–
2) Gewicht im ECU-Korb in vH	30,5	19,4	9,5	9,9	8,1	2,5	1,1	12,0	0,8	5,2	0,8
3) Neue ECU-Leitkurse[5]	2,0446	6,8566	2,30358	1 529,70	42,167	7,79845	0,763159	0,728615	187,934	132,889	177,743

[1] Nimmt am Wechselkursverbund nicht teil.
[2] Spanien nimmt seit dem 19. 6. 1989 am Wechselkursverbund teil mit einer Schwankungsmarge von ± 6 %.
[3] Berechnet auf der Basis der Wechselkurse am 20. 9. 1989.
[4] Gegenüber DM um 3,7 %; gegenüber ECU-Leitkurs um 3,01 %; die bisher geltende Schwankungsmarge von ± 6 % für die Ital. Lira wird auf ± 2,25 % reduziert.
[5] Die bilateralen Leitkurse und damit das Verhältnis der ECU-Leitkurse der übrigen Währungen bleiben unverändert.
Quelle: Eigene Berechnungen.

Realignments sind dann erforderlich, wenn andauernd Interventionen zur Einhaltung der Schwankungsmarge vorgenommen werden müssen. Um dies zu vermeiden, werden die betroffenen Wechselkurse neu festgesetzt.

Es ist hier nicht der Platz, eine umfassende Bilanzierung der Ziele und Folgen des EWS vorzunehmen. Zur Abschätzung der weiteren Integrationsschritte sind folgende Hinweise jedoch erforderlich:

– Während Italien seit Anfang 1990 auf die bis dahin eingeräumte Sonder-Schwankungsmarge von +/– 6 % verzichtet, nehmen England, Griechenland und Portugal am Wechselkursmechanismus des EWS überhaupt nicht teil. Der Wechselkurs des englischen Pfundes gegenüber den anderen Mitgliedsländern wird bei der Berechnung der ECU lediglich fiktiv einbezogen. Denn England weigert sich, die bilateralen Wechselkurse des englischen Pfundes zu den Partnerwährungen per einstimmigem Gemeinschaftsbeschluß fixieren zu lassen. Deshalb konzentrieren sich die aktuellen Bemühungen um die Stärkung des Wechselkursverbunds auf eine Aufnahme Englands.

– Trotz der beiden Flexibilitätsreserven – Schwankungsmarge und Möglichkeit der Neufestsetzung der bilateralen Wechselkurse – zeigt ein Vergleich mit anderen Währungsbereichen (US-$ und Yen-Raum) sowie mit vorangegangenen Perioden, daß das Ziel der Schaffung einer stabilen Währungszone einigermaßen erreicht worden ist (vgl. *Harbrecht/Schmid*, 1988; *Hickel*, 1989; *Gros*, 1987). Damit konnten die Informations- und Transaktionskosten des grenzübergreifenden Wirtschaftens gegenüber einem Regime frei schwankender Wechselkurse deutlich gesenkt werden. Spannungen im EWS zeigen sich jedoch erneut in letzter Zeit. Länder wie Frankreich, Spanien und Portugal, deren Währungen wegen der Leistungsbilanzdefizite abwertungsverdächtig sind, versuchen durch vergleichsweise höhere Zinsen Kapitalimporte anzulocken, um so ihren nominalen Währungspreis in der Nähe der bilateralen Leitkurse zu halten. Daraus folgt ein allgemeiner Zwang zur Zinserhöhung innerhalb der EG mit entsprechend belastenden Wirkungen auf die fremdfinanzierten volkswirtschaftlichen Ausgaben. Hiermit wird deutlich, daß eine Abstimmung der Zinspolitik erforderlich ist, um dieses Instrument zum Unterlaufen des Wechselkursmechanismus im EWS vor allem aus beschäftigungspolitischen Gründen nicht mehr einsetzen zu können.

– Die Frage, inwieweit das Wechselkurssystem des EWS auch zu einer globalen Annäherung der Politik und damit der gesamtwirtschaftlichen Entwicklungen der Mitgliedsländer geführt hat, kann hier nur kursorisch beantwortet werden. Zum einen zeigt sich, daß die Leistungsbilanzungleichgewichte eher zugenommen haben. So hat sich der Anteil des Leistungsbilanzüberschusses am Bruttosozialprodukt der Bundesrepublik gegenüber den anderen EWS-Ländern von 1,4 % im Durchschnitt der Jahre 1974–78 auf 4 % ausgeweitet. Damit wird deutlich, daß bei einem System relativ fixer Wechselkurse wachstums- und strukturpolitische Instrumente eingesetzt werden müssen, um derartige Leistungsbilanzüberschüsse abzubauen. Schließlich hat sich trotz mehrfacher DM-Aufwertungen, die die Exportchancen mindern müßten, eine Ausweitung der bundesdeutschen Exportlastigkeit im EG-Raum ergeben. Hier zeigt sich weiterhin, daß nicht die Wechselkurse, sondern andere Faktoren (Produktqualität, Lieferpünktlichkeit etwa) für die Exportstärke bestimmend sind. Zum anderen läßt sich für die Indikatoren Wirtschaftswachstum, Arbeitsplätze und öffentliche Haushaltsdefizite eine Konvergenzwirkung des EWS kaum feststellen. Diese Beobachtung überrascht auch nicht, denn ein Zwang zur Koordinierung bzw. Vergemeinschaftung der darauf bezogenen Politiken kann vom Wechselkursmechanismus des EWS allein nicht bewirkt werden.

– Auffällig für die Phase des EWS ist jedoch einerseits der Rückgang der Inflationsrate im Durchschnitt aller Mitgliedsländer und andererseits die Rückbildung des Inflationsgefälles. Während über die EG hinaus in anderen Wirtschaftsräumen ein Abbau vorangegangener hoher Inflationsraten seit Ende der 70er Jahre zu beobachten ist, dominiert mittlerweile auch durch die Wirkungen des EWS-Wechselkursmechanismus ein ziemlich gleichgerichteter Einsatz von (restriktiver) Geldpolitik zur Inflationsbekämpfung. Auf den früheren Vorwurf der DM-Stärke infolge restriktiver Geldpolitik im EWS folgt mittlerweile die Versicherung etwa Frankreichs und Italiens, der geldpolitischen Inflationsbekämpfung nach bundesdeutschem Muster absolute Priorität einzuräumen. Dies vor allem deshalb, weil durch eine höhere Inflationsrate in den Partnerländern gegenüber der Bundesrepublik eine reale Abwertung der D-Mark (hier wird die Inflationsdifferenz beim Wechselkurs berücksichtigt) zu Exporterlösen der bundesdeutschen Wirtschaft – bei nominal unveränderten Wechselkursen – führt.

Die Tendenz vieler EG-Mitgliedsländer, vorrangig eine *Antiinflations-Gemeinschaft* bilden zu wollen, ist unübersehbar. Im tagtäglichen Abstimmungsprozeß zwischen den Notenbanken über die Feinsteuerung der Wechselkurse, aber auch bei der Zusammenarbeit zur Verhinderung von gemeinschaftlich zu beschließenden Währungsabwertungen konzentriert sich der Einigungsprozeß auf die antiinflationäre Geldpolitik. Dabei werden die wachstums- und beschäftigungsbelastenden Folgen dieser Politik kaum sichtbar gemacht. Eine ausgleichende Koordinierung anderer gesamtwirtschaftlicher Politikinstrumente findet nicht statt. Ja, es fehlt etwa für eine Harmonisierung in Richtung einer aktiven Beschäftigungspolitik ein dem EWS vergleichbarer Rahmen.

Wie aus den Diskussionen des »Währungsausschusses« der EG deutlich wird, besteht durchaus die Gefahr, daß bei der Weiterentwicklung der EG die »Monetaristen« an Einfluß gewinnen. Aus dieser Sicht hat sich die weitere Integration lediglich auf die Optimierung der EG-weit harmonisierten Geldpolitik zu konzentrieren. So soll etwa dafür Sorge getragen werden, daß per Gemeinschaftsbeschluß die öffentliche Kreditaufnahme zur Finanzierung der Mitgliedsländer-Haushalte über eine Regelbindung begrenzt wird. Eine solche verpflichtende Bindung könnte festlegen, daß in jedem EG-Land der Anteil der staatlichen Neuverschuldung einen Prozentsatz des Sozialprodukts nicht übersteigen darf. Der konjunkturpolitische Einsatz der öffentlichen Kreditfinanzierung wäre somit einem einzelnen Land im Alleingang untersagt. Diese über die monetäre Integration hinausgehende Vergemeinschaftung konzentriert sich somit auf die Ausrichtung aller anderen Politikbereiche an den geldpolitischen Zielen. Diese einseitige Optimierung der geldpolitischen Wirkungen kann jedoch in krassen Widerspruch zu Wachstums- und Beschäftigungszielen geraten. Deshalb ist es von zentraler Bedeutung, im weiteren Integrationsprozeß institutionell und instrumentell einen Gemeinschaftsrahmen zu schaffen, der eine inflationsfreie Politik der Überwindung der Arbeitslosigkeit zuläßt.

2.2 Gemeinschaftshaushalt, koordinierte Finanzpolitik und Regionalausgleich

Die EG verfügt über einen Gemeinschaftshaushalt, der 1989 mit einem Ausgabenvolumen (Verpflichtungen) von ca. 46 Mrd. ECU (etwa 92 Mrd. DM) lediglich ca. 1 % des EG-Sozialprodukts ausmacht. Dem EG-Haushalt kommt somit im Zusammenspiel der volkswirtschaftlichen Kreisläufe keine bedeutende Rolle zu. Schon allein wegen dieses global verhältnismäßig niedrigen Ausgabenvolumens, aber auch wegen der spezifischen Einnahmegestaltung ergeben sich kaum Ansatzpunkte für eine niveauorientierte beschäftigungspolitische Instrumentalisierung dieses Gemeinschaftshaushalts.

Charakteristisch für den Gemeinschaftshaushalt ist die Tatsache, daß zu seiner Finanzierung keine Kredite aufgenommen werden dürfen. Das im Rahmen nationalstaatlicher Investitionspolitik und konjunkturorientierter Beschäftigungspolitik nutzbare Instrument der öffentlichen Kreditaufnahme steht dem EG-Haushalt nicht zur Verfügung. Lediglich die Europäische Investitionsbank (EIB) hat das Recht, auf dem Kapitalmarkt Kredite aufzunehmen, um daraus jedoch ausschließlich programmbezogene Darlehen zu finanzieren.

Die im Februar 1988 verabschiedeten neuen Finanzierungsbeschlüsse, mit denen die vorangegangene und lähmende Dauerfinanzkrise der EG überwunden werden sollte, sehen für die EG-Gemeinschaft *eigene Einnahmen* vor, die von den Nationalstaaten an die EG weitergeleitet werden müssen. Dabei sind die globalen Ausgabenzuwächse seit 1988 gegenüber den Einnahmequellen plafondiert (nach oben begrenzt) worden. Nach einer Übergangszeit (1988 bis 1991) können ab 1992 insgesamt 1,2 % des EG-Bruttosozialprodukts für die Gesamtausgaben im Gemeinschaftshaushalt beansprucht werden. Die einzelnen Eigeneinnahmequellen zur Ausgabenfinanzierung der EG sind: Agrarmarktabschöpfungen (Einfuhrabgaben beim Agrarimport zum Ausgleich zwischen Weltmarktpreisen und EG-Agrarmarktordnungspreisen), Produktionsabgaben auf Zucker, Zölle (wegen der Gemeinschaftspräferenz gegenüber Drittländern), 1,4 % Mehrwertsteuer-Eigenmittel (berechnet auf Basis einer speziellen Bemessungsgrundlage, die maximal 55 % der mehrwertsteuerpflichtigen Inlandsnachfrage umfaßt), Eigenmittel auf der Grundlage des BSP-Anteils eines Landes an der EG (zur Finanzierung der Differenz zwischen dem Ausgabenfonds und den anderen Einnahmen). Die Einnahmequellen des Gemeinschaftshaushalts lassen sich somit für eine konjunkturelle und mittelfristige Beschäftigungspolitik nicht instrumentalisieren. Da der Gemeinschaftshaushalt auch künftig, relativ zum EG-Sozialprodukt klein bleiben wird, ist es um so dringlicher, die öffentlichen Haushalte der EG-Mitgliedsländer unter beschäftigungspolitischen Zielen zu koordinieren (Konvergenz der öffentlichen Haushaltspolitiken).

Während also vom Niveau der Ausgaben und Einnahmen her der Gemeinschaftshaushalt für eine aktive Beschäftigungspolitik nicht genutzt werden kann, ergeben sich über die Gestaltung der Ausgabenseite zumindest ansatzweise Möglichkeiten einer regionalen Beschäftigungszielen dienenden Strukturpolitik (vgl. hierzu den Beitrag von *Gabriel* in diesem Band).

Mit den neuen Finanzierungsbeschlüssen des Rats vom Februar 1988 und gestützt auf die Vorgaben in der Einheitlichen Europäischen Akte wurden vor allem strukturpolitische Akzente gesetzt. Im Vordergrund steht seither die Zurückdrängung der Agrarausgaben, um haushaltspolitischen Gestaltungsspielraum zu gewinnen. Mitte 1988 hat die »Entscheidung betreffend die Haushaltsdisziplin« festgelegt, daß die Ausweitung der Ausgaben für den Europäischen Ausrichtungs- und Garantiefonds (EAGFL) 74 % des EG-Bruttosozialproduktzuwachses nicht mehr übersteigen darf. Schon in den letzten Jahren konnte der Anteil dieser Ausgaben zur Finanzierung der Agrarmarktordnung an den Gesamtausgaben des Gemeinschaftshaushalts auf 1989 immerhin noch 57,6 % (gemessen an den Zahlungsverpflichtungen) zurückgeführt werden. Zweck dieser Reduzierung der Ausgabenzuwächse für die Aufrechterhaltung der Agrarmarktordnung ist der Spielraumgewinn für finanzielle Aktivitäten im Rahmen einer programmorientierten Strukturpolitik. Derzeit fließen insgesamt jährlich ca. 21 Mrd. ECU (etwa 42 Mrd. DM) in Form von Zuschüssen und Darlehen in die gezielte Regionalpolitik. Im Kontext der neuen Finanzierungsbeschlüsse vom Februar 1988 wurde auch die Verdoppelung der Verpflichtungsermächtigungen für alle Strukturfonds von ca. 7,8 Mrd. ECU (17 v. H. aller Ausgaben) in 1988 auf 14 Mrd. ECU (25,5 v. H. aller Ausgaben) für 1992 – in Preisen von 1988 – vereinbart.

Die finanzielle Stärkung des Europäischen Regionalfonds (EFRE), Sozialfonds (ESF), des landwirtschaftlichen Ausrichtungsfonds sowie der EIB (Europäischen Investitionsbank) und der EGKS (Europäische Gemeinschaft Kohle und Stahl) sind weiterhin mit qualitativ-organisatorischen Verbesserungen folgender Art verbunden worden: Konzentration auf fünf vorrangige Ziele (etwa Förderung unterentwickelter Regionen, Bekämpfung der Langzeitarbeitslosigkeit, Erleichterung der Eingliederung von Arbeitslosen); enge Kooperation zwischen EG und Mitgliedsländern; Übergang von der Projekt- zur Programmplanung; Herstellung der Kohärenz, d. h. vor allem Übereinstimmung mit den bisher eigenständigen Wirtschaftspolitiken einzelner Mitgliedstaaten; effizientere Verwaltung der Strukturfonds; Vereinfachung und Flexibilität bei der Programmrealisierung (vgl. Kommission 1989).

Diese in die richtige Richtung weisende Reform der Gemeinschafts-Strukturpolitik basiert auf dem mit der EFA in den EWG-Vertrag eingefügten Art. 130 d. Damit macht das Vertragswerk der EG deutlich, daß der durch die Verwirklichung der Binnenmarktstrategie verstärkten Notwendigkeit einer flankierenden Regionalpolitik Rechnung getragen werden muß. Über den EG-Gemeinschaftshaushalt muß deshalb ein Ressourcentransfer von prosperierenden Regionen in die unterentwikkelten Gebiete dieses Wirtschaftsraums gelenkt werden. Freilich, im Verhältnis zum gesamten EG-Sozialprodukt und seiner äußerst ungleichen Verteilung auf die einzelnen Mitgliedsländer bzw. die grenzübergreifenden Problemregionen fällt bisher der strukturpolitische Spielraum viel zu gering aus. Deshalb wird es im Zuge der voranschreitenden wirtschaftlichen und monetären Integration darauf ankommen, die nationalstaatlichen Strukturpolitiken stärker auf Gemeinschaftsebene zu koordinieren und monetär besser auszustatten.

Immerhin sieht die revidierte Finanzvorausschau, die im März 1990 von den Finanzministern beraten wurde, eine erneute Aufstockung strukturpolitischer Mittel infolge der zu erwartenden Wirkungen des Binnenmarktes um 1 Mrd. ECU (Ausgaben für Umweltschutz, Transportwesen und Energieversorgung) vor. Vor allem durch die Zahlungen der EG im Rahmen der Osthilfe mit ca. 2,2 Mrd. ECU bis 1992 sowie wegen der Aufstockung der Mittel für Lateinamerika droht der EG jedoch eine neue grundlegende Auseinandersetzung über ihr Finanzierungssystem. Auch eine mögliche Integration der *DDR* in die EG, die nach einer heutigen Hochrechnung wegen der dann in diesen Raum fließenden EG-Ausgaben sowie der zu leistenden EG-Einnahmen aus diesem Wirtschaftsraum den Gemeinschaftshaushalt netto mit ca. 4 Mrd. ECU belasten würde, erhöht den Druck, nach 1992 das Finanzierungssystem des Gemeinschaftshaushalts neu zu regeln.

Über diese zweckgebundenen Ausgleichssysteme der Regionalpolitik, durch die finanzielle Ressourcen aus entwicklungsstarken in entwicklungsschwache Regionen gelenkt werden, hinaus muß auf Dauer ein System des Finanzausgleichs (zweckungebundener Ausgleichssysteme) ergänzend geschaffen werden. Vergleichbar den Prinzipien der föderalen Finanzverfassung der Bundesrepublik gilt es zur Schaffung der finanziellen Voraussetzungen für »einheitliche Lebensverhältnisse« die EG Finanzströme entsprechend umzulenken. Bei diesen Umverteilungssystemen der EG als Solidargemeinschaft müssen die Verteilungswirkungen des bisherigen Gemeinschaftshaushalts auf die Mitgliedstaaten berücksichtigt werden. Um eine regionalorientierte Entwicklungs- und Beschäftigungspolitik sichern zu können, müssen künftig objektive Kriterien des Wohlstandsausgleichs die Ressourcenumverteilung in der Gemeinschaft bestimmen.

2.3 *Binnenmarktstrategie: Ergänzung durch ein ökologieorientiertes Beschäftigungsprogramm und Arbeitszeitverkürzung*

Auf der Basis des EG-Weißbuchs von 1985 und der Anfang 1986 durch den Rat unterzeichneten *Einheitlichen Europäischen Akte* ist eine neue Etappe im Bereich der wirtschaftlichen Integration eingeleitet worden. Das Projekt »Vollendung des Binnenmarktes«, das trotz der politischen Willensbekundung bis zum Beginn 1993 nicht verwirklicht sein kann, zielt auf eine Angleichung der Marktbedingungen, um die bisher unterschiedlichsten nationalstaatlichen Grenzziehungen auf den Güter-, Dienstleistungs-, Arbeits- und Finanzmärkten abzubauen. Die Angleichung, die die vollkommene Mobilität auf allen Märkten im Wirtschaftsraum der EG herstellen soll, läßt sich über unterschiedliche Konzepte erreichen. Durchsetzen wird sich der folgende Integrationstyp: EG-weit werden Mindestnormen etwa für Produkte im Sinne der Umweltqualität festgelegt. Soweit ein Land über die Mindeststandards hinausgeht und höhere Normen durchsetzt, darf es jedoch die Importe auf Basis des Mindeststandards aus anderen Ländern nicht behindern (Hersteller-Prinzip). Zu erwarten ist jedoch, daß sich auf Dauer per Deregulierungskonkurrenz ein ziemlich einheitliches Normniveau in der Nähe der Mindestregulierung durchsetzen wird.

Von grundlegender Bedeutung für die Richtung und das Ausmaß einer EG-weiten Beschäftigungspolitik ist die Beantwortung der Frage nach den Beschäftigungswirkungen dieser Binnenmarktstrategie. Aus eher neoklassischer Sicht wird zweierlei behauptet: Zum einen setze die Strategie der Vollendung des Binnenmarkts genügend Wachstums- und damit Beschäftigungsimpulse frei, so daß auf eine eigenständige Beschäftigungspolitik in relevantem Ausmaß verzichtet werden könne. Zum anderen sorge jedoch die Marktdynamik auch dafür, daß sich die Wohlstandsgewinne gleichermaßen auf die Regionen verteilten, ja sogar unter bestimmten Bedingungen bisher unterentwickelte Regionen mehr profitierten.

Auf der Basis eines ökonometrischen Modells berechnete die Forschergruppe um *Cecchini*, daß nach einem Anpassungsprozeß von sechs Jahren netto ca. 1,8 Mio. neue Arbeitsplätze infolge eines integrationsbedingten Zuwachses des EG-Bruttosozialprodukts um 4,5 % entstehen werden (vgl. Cecchini-Bericht 1988). Dabei wird in den ersten beiden Jahren netto die Zahl der Arbeitsplätze (Abbau von Personal bei der Grenzkontrolle, Rationalisierung usw.) erst einmal zurückgehen. Hierbei ist darauf hinzuweisen, daß die Schätzung dieser Wachstums- und Beschäftigungseffekte recht zweifelhafte Anpassungsmechanismen unterstellt. Angenommen wird beispielsweise eine Weitergabe der Kostensenkungen infolge des Abbaus bisheriger materieller und technischer Schranken über Preissenkungen. Ob diese Weitergabe erfolgt, hängt jedoch von den Marktverhältnissen und bei Gewinnausweitung vom Gewinnverwendungsverhalten der bevorteilten Unternehmen ab (vgl. Arbeitsgruppe Memorandum '89). Selbst unter diesen spekulativen Annahmen zur Kosten-Preissenkung fallen jedoch am Ende einer sechsjährigen Anpassungszeit die Beschäftigungseffekte mit netto 1,8 Mio. Arbeitsplätzen schwach aus. Dies ist wohl auch einer der Gründe dafür, daß die Forschungsgruppe die Wirkungen einer Binnemarktschaffung auch unter Berücksichtigung flankierender wirtschaftspolitischer Maßnahmen geschätzt hat: Wenn die aus dem Zuwachs des BSP folgenden Steuergewinne bei den öffentlichen Haushalten zur Finanzierung einer nachfragestärkenden Politik (zur einen Hälfte für öffentliche Investitionen und zur anderen für Steuersenkungen) genutzt werden, dann lassen sich insgesamt immerhin netto 5,7 Mio. Arbeitsplätze sichern. Beschäftigungspolitisch interessant ist also nur die Doppelstrategie *Binnenmarkt plus Keynes* – also einschließlich einer EG-weiten öffentlichen Nachfragepolitik. Der Cecchini-Bericht macht damit selbst deutlich, daß die Schaffung eines einheitlichen Wirtschaftsraums EG von einer über alle öffentlichen Haushalte der EG-Mitgliedsländer *koordinierten* und *multilateral überwachten Wachstums- und Beschäftigungspolitik* begleitet werden muß, wenn ein deutlicher Rückgang der Arbeitslosigkeit angestrebt wird.

Da die Binnenmarktstrategie jedoch zwei Fehlentwicklungen, die der Cecchini-Bericht nicht nennt, auslöst, muß die öffentliche Beschäftigungspolitik auch in eine *Umwelt- und Regionalstrategie* eingebettet werden:

Zum einen hat der »Task Force-Bericht über die Umwelt und den Binnenmarkt« gezeigt, daß ohne eine umweltpolitisch kontrollierte Mobilisierung der Wachstumspotentiale die ökologischen Kosten immens steigen werden (vgl. dazu den Beitrag von *Hey* in diesem Band). Voraussichtlich wird allein ein Wachstum der Emissionen von SO_2 und NO_x bis zum Jahre 2010 um jeweils 8–9 % bzw. 12–14 % verursacht werden (vgl. Task Force 1990). Deshalb muß die Binnenmarktstrategie von einer aktiven Umweltpolitik begleitet werden. Neben den unterschiedlichen umweltpolitischen Instrumenten (Abgaben, Ge- und Verbote, Fördermaßnahmen, neues Haftungsrecht) hat die öffentliche Beschäftigungspolitik zugleich einem ökologischen Umbaukonzept zu dienen.

Im Rahmen eines solchen Konzepts ließen sich z. B. regionalorientiert ökologische Infrastrukturinvestitionen realisieren.

Zum anderen wird der Binnenmarkt das regionale Gefälle eher verschärfen als abbauen. Deshalb muß noch stärker als bisher die Regionalpolitik als Gemeinschaftsaufgabe konzipiert und eingesetzt werden.

Neben einer beschäftigungspolitischen Flankierung der Binnenmarktstrategie durch die Koordinierung der Wirtschaftspolitiken, die zugleich dem Abbau des regionalen Entwicklungsgefälles zu dienen hat, ist es jedoch wichtig, die Dimension der *Arbeitszeitverkürzung* für alle Mitgliedsländer in die beschäftigungspolitische Strategiebildung einzubringen. Selbst mit einer noch so optimalen qualitativen Wachstumsstrategie, die vor allem unter ökologischen Kriterien den Umbau der Wirtschaft voranzutreiben hat, wird sich auch nach einer Phase der Anpassung ein Vollbeschäftigungszustand nicht realisieren lassen. Derzeit drängt sich der Eindruck auf, daß die durch die Binnenmarktstrategie geweckten Wachstumshoffnungen auch dazu genutzt werden, die Notwendigkeit einer konsequenten Politik der Arbeitszeitverkürzung zu verdecken. Immerhin hat die Generaldirektion II (Wirtschaft und Finanzen) der Kommission der EG an *Taddei* einen Forschungsauftrag vergeben, mit dem die Auswirkungen der Arbeitszeitverkürzung auf die wirtschaftliche und soziale Lage der Gemeinschaft im Kontext der Herstellung des Binnenmarkts untersucht werden sollten (Taddei 1989).

In dieser Untersuchung wird eine Variante der »Umgestaltung und Verkürzung der Arbeitszeit« angestrebt, die letztlich auf der Ausweitung der Nutzungszeit der Maschinen beruht. Durch die mit der Verlängerung der Nutzungszeit gesteigerte Produktivität ließe sich diesem Modell zufolge auch der Lohnausgleich finanzieren. Die Form dieser Arbeitszeitverkürzung wird dann als eine wirksame Begleitmaßnahme der Verwirklichung des Binnenmarktes in die Untersuchung einbezogen. Die Verkürzung der Arbeitszeit auf der Grundlage verlängerter Betriebszeiten der Maschinen bedeutet, daß vor allem das Wochenende zur Regelarbeitszeit genutzt werden soll. Damit kommt es zu einer Zerstückelung von Lebenzusammenhängen, die sozial nicht akzeptiert werden kann und makroökonomisch auch nicht geboten ist. Deshalb ist dieses »Euro-Modell« der Arbeitszeitverkürzung abzulehnen.

Die Untersuchung von *Taddei* für die EG-Kommission zeigt immerhin, daß durch eine gemeinschaftsweite Koordinierung der Arbeitszeitsverkürzung die Beschäftigungseffekte des Binnenmarktprogramms prinzipiell deutlich ausgeweitet werden können. Bei der Modellrechnung wird das Schichtmodell von BMW in Regensburg als EG-repräsentativ unterstellt. *Tabelle 3* zeigt die Ergebnisse der unterschiedlichen Szenarien auf der Grundlage der Analyse der makroökonomischen Wirkungen des Binnenmarktes durch die Cecchini-Forschergruppe. Die Beschäftigungswirkungen der Verwirklichung des Binnenmarktes sind dann am größten, wenn einerseits wirtschaftspolitische Begleitmaßnahmen durchgesetzt werden und andererseits eine arbeitszeitpolitische Begleitung erfolgt. Dabei wird davon ausgegangen, daß die Steuermehreinnahmen durch Wachstumsimpulse infolge der Arbeitszeitverkürzung zur Senkung der Sozialversicherungspflichtbeiträge der Arbeitgeber und damit zur Durchführung der Arbeitszeitumgestaltung genutzt werden. Die Zahl der nach diesem Szenarium (3) geschaffenen Arbeitsplätze läge 1995 bei ca. 5 Mio. (wobei nur jedes zwanzigste Industrieunternehmen die Arbeitszeit verkürzt).

Wenn auch dieses Modell der Arbeitszeitverkürzung über die Ausweitung der Betriebszeit der Maschinen sowie unter Berücksichtigung von Transfers an die Unternehmen zur Finanzierung der Maßnahmen nicht

Tabelle 3

Die Umgestaltung und Verkürzung der Arbeitszeit als Begleitmaßnahme zur Realisierung des Binnenmarktes

– Auswirkungen auf die Beschäftigung in der Gemeinschaft in Tausend –

Auswirkungen d. Binnenmarktes auf die Beschäftigung (EG in ihrer Gesamtheit)	1989	1990	1991	1992	1993	1994	1995
Ohne Begleitmaßnahmen							
Szenario 1	−70	−80	−100	−65	320	700	1 040
Mit Begleitmaßnahmen							
Szenario 2	110	355	690	1 150	2 015	2 780	3 470
Szenario 2b	0	110	245	470	1 065	1 615	2 110
Szenario 3	110	380	990	1 430	2 760	3 935	4 825

Szenario 1: Absolute Auswirkungen des Binnenmarktes ohne Begleitmaßnahmen (Zeitplan des Weißbuches, gemäß Hypothesen der *Tab. 6*).

Szenario 2: Auswirkungen des Binnenmarktes im Falle einer Begleitung durch die Umgestaltung und Verkürzung der Arbeitszeit (jedes zwanzigste Industrieunternehmen innerhalb einer fünfjährigen Zeitspanne in allen Ländern der Gemeinschaft).

Szenario 2b: Auswirkungen des Binnenmarktes im Falle einer Begleitung durch die Umgestaltung und Verkürzung der Arbeitszeit (jeder fünfundvierzigste Industriebetrieb innerhalb einer fünfjährigen Zeitspanne in allen Ländern der Gemeinschaft).

Szenario 3: Auswirkungen des Binnenmarktes im Falle einer Begleitung einerseits durch die Umgestaltung und Verkürzung der Arbeitszeit (Szenario 2) und andererseits durch Maßnahmen zur Stützung der Nachfrage.

Quelle: D. Taddei, Forschungsbericht zu »Die Arbeitszeit und ihre Auswirkungen auf die wirtschaftliche und soziale Lage«, Manuskript, Brüssel 1989, S. 59.

akzeptiert werden kann, so zeigt sich immerhin: Um nachhaltige Beschäftigungseffekte zu erzielen, muß die Binnenmarktstrategie durch eine regionalorientierte Wirtschaftspolitik sowie durch eine EG-weite Politik der Arbeitszeitverkürzung flankiert werden.

3. Skizze einer wirtschafts- und währungsintegrierten Beschäftigungsunion

3.1 Delors-Plan zur Wirtschafts- und Währungsunion: Beschäftigungspolitische Weiterentwicklung erforderlich

Die Schaffung des Binnenmarktes verfolgt das Ziel einer effizienteren Ressourcenallokation im »grenzenlosen« Wirtschaftsraum der EG. Diese neue Etappe in der wirtschaftlichen Integration löst jedoch eine Dynamik aus, die ein Voranschreiten in Richtung einer Wirtschafts- und Währungsunion unvermeidbar werden läßt. Diese Entwicklungsthese läßt sich jeweils an einem Beleg aus dem Bereich der monetären und wirtschaftlichen Integration verdeutlichen: Die *Padoa-Schioppa*-Gruppe hat mit ihrem Gutachten zu einer »Entwicklungsstrategie für das Wirtschaftssystem der Europäischen Gemeinschaft« frühzeitig darauf hingewiesen, daß mit der endgültigen Liberalisierung der Kapitalmärkte, die als ein entscheidender Schritt bei der Verwirklichung des Binnenmarktes zum 1. Juli 1990 in Kraft getreten ist, die Kapitalmobilität zunehmen wird (*Padoa-Schioppa* 1988). Wenn gleichzeitig das System zur Stabilisierung der Wechselkurse ausgebaut werden soll, ändern sich die Rahmenbedingungen der bisher nationalstaatlichen Währungspolitiken fundamental. Der Raum für eine nationalstaatlich unabhängige Währungspolitik schwindet; die Notwendigkeit einer Gemeinschafts-Währungspolitik nimmt spiegelbildlich damit zu. Dafür müssen dann aber auch auf EG-Ebene die währungspolitischen Instanzen geschaffen werden. Aber auch im wirtschaftlichen Bereich zeigt ein Beispiel die Notwendigkeit der Vergemeinschaftung der Wirtschaftspolitik infolge der Verwirklichung des Binnenmarkts: Im Zuge der Liberalisierung der Märkte werden sich die regionalen Ungleichgewichte verschärfen. Neue relevante Finanzplätze werden aber nicht in den Randregionen entstehen; vielmehr werden die bestehenden großen Finanzplätze noch an Bedeutung gewinnen. Der *Padoa-Schioppa*-Gruppe ist zuzustimmen, wenn sie wohl auch gegenüber der regionalpolitischen Naivität des *Cecchini*-Berichts festhält: »Wie die Wirtschaftsgeschichte und Wirtschaftstheorie lehrt, ist es äußerst zweifelhaft, ob sich in einem

Umfeld zunehmender Öffnung der Märkte Ideen von einer ›unsichtbaren‹ Hand ohne weiteres auf die regionalpolitische Realität extrapolieren lassen«. Deshalb ist es erforderlich, eine Gemeinschaftspolitik zur Aussteuerung sich ansonsten verstärkender regionaler Ungleichgewichte zu verwirklichen. Vor allem durch die Liberalisierung der Märkte wird somit die Notwendigkeit einer schrittweisen Weiterentwicklung der EG in Richtung einer Wirtschafts- , Währungs- und Beschäftigungsunion deutlich.

Im Frühjahr 1989 hat eine Arbeitsgruppe unter dem Kommissionsvorsitzenden *Jacques Delors* einen durch den Rat auf seiner Tagung in Hannover Juni 1988 in Auftrag gegebenen »Bericht zur Wirtschafts- und Währungsunion in der Europäischen Gemeinschaft« vorgelegt (*Delors* 1989). Dieser Bericht enthält eine Charakterisierung der Hauptmerkmale der Wirtschafts- und Währungsunion (WWU) im Endzustand sowie deren stufenweise Verwirklichung im wirtschaftlichen und monetären Bereich. Mittlerweile ist deutlich geworden, daß diesem Plan zu einer WWU für die EG politikbestimmende Kraft zukommt. So hat der Europäische Rat beschlossen, auf einer Folgetagung im Dezember 1990 die schrittweise Verwirklichung der zweiten und dritten Stufe in die WWU und die damit erforderlich werdenden Veränderungen des EWG-Vertrags (einschließlich der Einheitlichen Europäischen Akte) auf der Basis des *Delors*-Berichts zu überprüfen und festzulegen.

Für diesen Diskussionsprozeß müssen unbedingt Vorschläge entwikkelt und eingebracht werden, die die Frage zu beantworten haben, wie über die Wirtschafts- und Währungsunion hinaus institutionelle und instrumentelle Voraussetzungen für eine Beschäftigungs- bzw. Sozialgemeinschaft geschaffen werden können. Dafür gibt es aktuell zwei Gründe: Zum einen offeriert die Delors-Arbeitsgruppe zwar einen insgesamt brauchbaren Vorschlag für eine WWU. Die institutionelle und instrumentelle Sicherung einer Beschäftigungsunion wird jedoch unterbelichtet. Zum anderen zeigt sich im aktuellen Diskussionsprozeß zur Vorbereitung der entscheidenden Ratssitzung im Dezember 1990 eine Dominanz monetaristischer Positionen. Diesen kommt es im Zuge der Verwirklichung des Binnenmarkts vorrangig darauf an, die Geld- und Währungspolitik unter dem Ziel der Geldwertstabilisierung umfassend zu optimieren. Damit soll vor allem die Haushaltspolitik der Mitgliedsländer per Vergemeinschaftung auf die geldpolitischen Ziele ausgerichtet werden. Abgesehen von der bisherigen Regionalpolitik im Rahmen des Gemeinschaftshaushalts wird auf eine künftige Koordinierung der allgemeinen Wirtschafts- und Beschäftigungspolitik verzichtet. Freigesetzten Marktkräften durch die Vollendung des Binnenmarktes stünde dann nach monetaristischem Muster lediglich die koordinierte geldpolitische Regulierung gegenüber.

Verglichen mit diesen Vorschlägen bietet die von der Delors-Gruppe entwickelte WWU einen brauchbaren Ausgangspunkt für die Verankerung beschäftigungspolitischer Belange. Beim Delors-Konzept sind drei Prinzipien hervorzuheben:

(1) Das Prinzip der *Parallelität* soll die gleichzeitige Entwicklung der monetären und wirtschaftlichen Integration sichern.

(2) Über das Prinzip *Subsidiarität* ist das Verhältnis von Gemeinschaftspolitik und nationalstaatlich eigenständiger Politik zu regeln. Soweit wie möglich sollen zuerst die nationalstaatlichen Lösungspotentiale genutzt werden.

(3) Ohne zeitliche Spezifizierung der zweiten und dritten Stufe steht darüber hinaus das Prinzip der stufenweisen, evolutionären Verwirklichung der WWU im Vordergrund. Dieses Verfahrensprinzip wendet sich gegen mechanistische Integrationsvorstellungen, läßt auch noch Korrekturen in der Ausgestaltung der WWU zu.

Die Hauptmerkmale der Währungsunion nach dem *Delors*-Bericht sind: uneingeschränkte und nicht rückgängig machbare Konvertibilität der Währungen; vollständige Liberalisierung des Kapitalverkehrs sowie der Banken- und Finanzmärkte, unwiderrufliche Fixierung der Wechselkursparitäten. Im Endzustand gibt es praktisch eine einheitliche EG-Währung, die aus dem bisherigen ECU im Sinne einer endgültigen Korbfixierung entwickelt werden kann. Dann wird aber eine gemeinsame Geldpolitik erforderlich. Der *Delors*-Bericht entwickelt dazu das Modell eines *Europäischen Zentralbanksystems* (EZBS). Diesem käme die Funktion zu, die geldpolitischen Grundlagen für die Mitgliedsländer und die Handhabung der Wechselkurspolitik der Gemeinschaft gegenüber Drittländern festzulegen. Ob dieses EZBS eher nach dem Deutschen Bundesbankmodell oder aber nach dem stärker dezentralen Federal-Reserve-System der USA in der Aufteilung der Kompetenzen gegenüber den Nationalbanken zugeschnitten werden soll, ist eine Frage, die hier nicht weiterverfolgt wird. In jedem Fall muß ein Direktorium sowie ein Zentralbankrat auf Gemeinschaftsebene die monetären Grundentscheidungen treffen und deren Durchführung in den Mitgliedsstaaten kontrollieren. Entscheidend ist, daß der Zielkatalog, der bisher ausschließlich auf die Geldwertstabilisierung nach dem Muster der Deutschen Bundesbank zugeschnitten ist, für beschäftigungspolitische Ziele geöffnet wird. Die EZBS muß mit ihren geldpolitischen Instrumenten dafür Sorge tragen, daß in allen EG-Ländern monetär auch eine inflationsfreie Beschäftigungspolitik unterstützt wird.

Die Hauptmerkmale einer Wirtschaftsunion sind: einheitlicher Markt mit freiem Personen-, Güter-, Dienstleistungs- und Kapitalverkehr; aktive Wettbewerbspolitik; gemeinsame Politiken zur Struktur- und Regionalanpassung Koordinierung makroökonomischer Politiken (einschließlich der Haushaltspolitik). Entscheidend für die Notwendigkeit dieser wirtschaftspolitischen Integration im weiteren Sinne ist die Tatsache, daß in der WWU die Wechselkurse als ohnehin problematischer Anpassungsmechanismus nicht mehr zur Verfügung stehen. Haben bis zum endgültigen Inkrafttreten der WWU immer noch Wechselkursveränderungen bei einem ökonomischen Entwicklungsgefälle zwischen den Mitgliedern wie ein Puffer wirken können, so müssen dann in der WWU koordinierte Politiken darauf ausgerichtet werden, wirtschaftliche Ungleichgewichte abzufangen bzw. abzubauen. Im Delors-Plan wird wegen des auch im Endstadium der WWU vergleichsweise kleinen Gemeinschaftshaushalts die Notwendigkeit eines koordinierten Einsatzes aller öffentlicher Haushalte für den Abbau des Wachstums- und Beschäftigungsgefälles betont. Problematisch ist in diesem Zusammenhang der Vorschlag, für die Haushaltsdefizite in den Mitgliedsstaaten Obergrenzen vorzusehen. Es ist zwar richtig, für alle beteiligten Staaten den Zugang zu Zentralbankkrediten zu unterbinden. Beschäftigungspolitisch könnte es jedoch durchaus sinnvoll sein, in einer konzertierten Aktion auch öffentliche Kredite zur Finanzierung eines EG-Beschäftigungsprogramms konjunkturpolitisch zu mobilisieren. Diese Option muß in einer Wirtschafts-, Währungs- und Beschäftigungsunion offengehalten werden.

Der Vorschlag einer schrittweisen und zugleich parallelen Entwicklung der WWU steht im Zentrum des Delors-Plans. *Tabelle 4* faßt die Einzelmaßnahmen im Bereich der Wirtschafts- und Währungspolitik für die drei Phasen zusammen. Vor einer allzu schematischen Interpretation dieser Einzeletappen ist jedoch zu warnen. So ist noch zu klären, ob nicht etwa die zweite und dritte Stufe wegen zu starker inhaltlicher Überlappungen zusammengefaßt werden sollten. Schließlich schlummern in dem stufenweisen Prozeß auch Möglichkeiten des Rückschlags. Die Risiken der Nichtverwirklichung der WWU sind groß. Letztlich ist eine gezielte Übertragung bisher nationalstaatlicher Souveränität an die EG, die politisch freilich durch den Willen der Mitgliedsländer getragen wird, unvermeidbar. Dieser Souveränitätstransfer sollte je-

Tabelle 4

Die drei Phasen zum Aufbau der Wirtschafts- und Währungsunion

Delors-Bericht[1]

Maßnahmen im Bereich der Wirtschaftspolitik	Maßnahmen im Bereich der Währungspolitik
Phase 1: Stärkere Abstimmung der nationalen Wirtschafts- und Währungspolitiken innerhalb des bestehenden institutionellen Rahmens	
• Vollendung des Binnenmarktes • Verstärkung der gemeinschaftlichen Wettbewerbspolitik • Verringerung bestehender Disparitäten durch Haushaltskonsolidierung in den betreffenden Ländern sowie eine wirksamere Struktur- und Regionalpolitik (Reform der Strukturfonds und Verdoppelung der verfügbaren Mittel) • Revision der Konvergenzentscheidung von 1974 zur Verbesserung der wirtschaftlichen Koordinierung: – Schaffung eines Systems der multilateralen Überwachung auf der Basis von Indikatoren – Koordinierung der Haushaltspolitik durch unverbindliche Richtlinien • Empfehlung des Rates der Wirtschafts- und Finanzminister (Ecofin) zur Koordinierung der Wirtschaftspolitik	• Vollständige Liberalisierung des grenzüberschreitenden Handels mit Finanzdienstleistungen sowie des Kapitalverkehrs innerhalb der Europäischen Gemeinschaft • Intensivierung der Kooperation und Koordinierung • Größere Autonomie der nationalen Notenbanken soll in Erwägung gezogen werden • Teilnahme aller EG-Währungen am Wechselkursmechanismus des EWS zu gleichen Bedingungen • Vermeidung von Paritätsänderungen im EWS durch Rückgriff auf andere Anpassungsmechanismen • Beseitigung aller Hindernisse für die private Verwendung der ECU • Größere Kompetenz für den Ausschuß der Zentralbankpräsidenten durch Änderung der Ratsentschließung von 1964: Formulierung von Empfehlungen zur Geld- und Wechselkurspolitik; Konsultationen vor nationalen geldpolitischen Entscheidungen, zum Beispiel bei der Festlegung von Geld- und Kreditmengenzielen. • Möglicherweise: Errichtung eines Europäischen Reservefonds zur Kontrolle der Wechselkursentwicklung im EWS sowie zur stärkeren Abstimmung der nationalen Geldpolitiken

Maßnahmen im Bereich der Wirtschaftspolitik	Maßnahmen im Bereich der Währungspolitik
Phase 2: Einrichtung grundlegender Gemeinschaftsorgane für die Wirtschafts- und Währungsunion; schrittweise Übertragung von Aufgaben und Kompetenzen auf diese Institutionen	
• Überprüfung und Ergänzung der in Phase 1 durchgeführten Maßnahmen in den Bereichen: Binnenmarkt, gemeinschaftliche Wettbewerbspolitik, Struktur- und Regionalpolitik • Erhöhung der Mittel für Strukturpolitik sowie für Forschungs- und Infrastrukturinvestitionen Intensivierung der in Phase 1 begonnenen Koordination makroökonomischer Politiken: 1. Mittelfristige Rahmenplanung für wirtschaftliche Schlüsselziele 2. Ausarbeitung von Verfahren zur Überwachung und Korrektur der wirtschaftlichen Entwicklung 3. Festlegung von unverbindlichen Regeln über Umfang und Finanzierung staatlicher Budgetdefizite 4. Einheitliches Auftreten bei internationalen Organisationen • Entscheidungsfindung durch Mehrheitsvotum bei bestimmten Fragen • Verstärkung der Aktivitäten bestehender Gemeinschaftsorgane (Europäisches Parlament, Ministerrat, Währungsausschuß und Kommission)	• Einrichtung des Europäischen Zentralbankensystems (EZBS); Übernahme der Funktionen des Europäischen Fonds für währungspolitische Zusammenarbeit, des Ausschusses der Zentralbankpräsidenten und der in Phase 1 geschaffenen Institutionen • Intensivierung der Koordination der Geldpolitiken durch Leitlinien des Rates des Europäischen Zentralbankensystems • Schrittweiser Übergang von Entscheidungsbefugnissen von den nationalen Instanzen auf den Rat des EZBS; Zusammenlegung eines Teils der nationalen Währungsreserven für Devisenmarktinterventionen entsprechend den Leitlinien des EZBS-Rats; Wahrnehmung von Regulierungsfunktionen im Bereich der Bankenaufsicht durch das EZBS, um die für eine gemeinsame Geldpolitik erforderliche Mindestharmonisierung des geldpolitischen Instrumentariums zu erreichen. • Verengung der Bandbreiten im EWS; Leitkursanpassungen sollen als Anpassungsmechanismus nur noch in Ausnahmefällen verwendet werden.

Maßnahmen im Bereich der Wirtschaftspolitik	Maßnahmen im Bereich der Währungspolitik
Phase 3: Vollständige Übertragung nationaler Kompetenzen im wirtschaftspolitischen und währungspolitischen Bereich auf die Gemeinschaftsorgane	
• Weiterer Ausbau der gemeinschaftlichen Struktur- und Regionalpolitik bei noch bestehenden Disparitäten • Gemeinschaftliche Wettbewerbspolitik • Einführung bindender Regeln und Verfahren im makroökonomischen und haushaltspolitischen Bereich; Übertragung der Entscheidungsbefugnisse auf den Ministerrat • In Zusammenarbeit mit dem Europäischen Parlament entscheidet der Ministerrat: 1. über erforderliche Vorgaben für die Planung der nationalen öffentlichen Haushalte 2. über Änderungen der Finanzausstattung der Gemeinschaft zur Aufstockung von Strukturhilfen an Mitgliedstaaten 3. über die Bindung der Strukturhilfen an Auflagen, die intensive Anpassungsbemühungen bei betreffenden Ländern gewährleisten sollen • Repräsentation der EG-Staaten in internationalen Wirtschaftsorganisationen durch Organe der Gemeinschaft	• Unwiderrufliche Fixierung der Wechselkurse im EWS • Einheitliche Geld- und Währungspolitik durch das Europäische Zentralbankensystem • Zusammenlegung der nationalen Währungsreserven beim Europäischen Zentralbankensystem; Devisenmarktinterventionen in alleiniger Verantwortung des EZBS-Rates • Abschließend: Übergang zu einer einheitlichen Gemeinschaftswährung

[1] Bericht zur Wirtschafts- und Währungsunion in der Europäischen Gemeinschaft, vorgelegt vom Ausschuß zur Prüfung der Wirtschafts- und Währungsunion am 17. April 1989.
Quelle: Deutsche Bundesbank.

doch deshalb leichterfallen, weil gerade im währungspolitischen Bereich die Abhängigkeiten der Nationalstaaten heute äußerst hoch sind und zum Teil nur noch formale (Schein-)Souveränitäten bestehen. Auf EG-Ebene wäre für die Wirtschafts- und Währungspolitik auf jeden Fall ein Gewinn an Handlungssouveränität zu erwarten. Dabei zeigt die Tatsache, daß England noch immer nicht dem EWS beigetreten ist, somit also noch nicht einmal ein wichtiger Punkt im Katalog der monetären Maßnahmen der ersten Stufe zur WWU verwirklicht ist, welche konkreten Schwierigkeiten sich hier ergeben. Aber auch die massiven Probleme bei der Harmonisierung der Mehrwertsteuer, die eine Voraussetzung für den Binnenmarkt darstellt, offenbaren das Blockierungspotential. Die Gefahr einer »monetaristischen« Reduzierung des künftigen Integrationsprozesses auf die geldpolitische Koordinierung, der per Gemeinschaftspolitik alle anderen Politikbereiche untergeordnet werden, ist nicht von der Hand zu weisen. Dann aber wären die Chancen, eine wirtschafts- und währungsintegrierte EG-Beschäftigungsunion aufzubauen, völlig zunichte gemacht. Von einer Konstellation *Binnenmarkt plus Monetarismus* würden große Risiken der Regional- und Beschäftigungsentwicklung drohen.

3.2 *Ansatzpunkte einer Euro-Beschäftigungspolitik*

Bereits in der heutigen Struktur der EG zeigen sich erste, jedoch zu wenig genutzte Ansatzpunkte einer gemeinschaftlich koordinierten Beschäftigungspolitik. In der 1979 durch eine Arbeitsgruppe des EGB unter dem Vorsitz von *Clas-Erik-Odhner* vorgelegten Studie mit dem Titel »Über Keynes hinaus – Gestaltung der Wirtschaftspolitik durch Alternativen« sind einige grundsätzliche Überlegungen und Instrumente für eine Euro-Beschäftigungspolitik entwickelt worden (vgl. Europäisches Gewerkschaftsinstitut 1979). Diese Studie zeigt, daß die Entwicklung und Verwirklichung einer demokratisch-partizipatorischen Wirtschaft gegen eine konzentrierte und international verflochtene Unternehmenswirtschaft (Mesoökonomie) die Basis einer »Keynes plus«-Strategie bildet. Während jedoch generell die Instrumente einer aktiven Beschäftigungspolitik auf der Grundlage einer an qualitativen Kriterien ausgerichteten Wachstumspolitik entwickelt werden, bleiben die institutionellen Anforderungen an eine beschäftigungssichernde Wirtschafts- und Währungsunion ausgeblendet. Mit der Vorlage des Delors-Plans sowie wegen der sich anschließenden Integrationsbemühungen der EG-Organe muß heute gezeigt werden, mit welchen Instrumenten und Institutionen die Beschäftigungspolitik bei Berücksichtigung regionaler Interessen vergemeinschaftet werden kann, die vier Ebenen also aufeinander abgestimmt werden: EG einerseits und die nationalstaatliche Struktur (in der Bundesrepublik: Bund, Länder und Gemeinden) andererseits.

Wegen der mittlerweile intensiv entwickelten Überlegungen ist es ratsam, die Sicherung einer EG-Beschäftigungsunion im Rahmen des Delors-Plans für eine WWU stärker zu verankern. Denn das sehen die Kritiker am Delors-Plan richtig: Im Mittelpunkt steht die Forderung nach einer gemeinschaftlichen gesamtwirtschaftlichen Steuerung, die dem Muster der Keynesschen Interventionslehre bei regionaler Strukturdifferenzierung entspricht. Folgende Anforderungen lassen sich zur Verwirklichung einer Euro-Beschäftigungspolitik innerhalb der WWU festhalten:

- Auf der Ebene der Gemeinschaftspolitiken muß der Zielkatalog neben der Geldwertstabilität gleichrangig die Vollbeschäftigung sowie das ökologische Wirtschaften umfassen. Obwohl der *Delors*-Bericht vom Prinzip her auf eine Verknüpfung monetärer und wirtschaftlicher Integration ausgerichtet ist, bleibt die (über)mächtige Institution des Europäischen Zentralbanksystems samt der beteiligten Notenbanken ausschließlich auf das Ziel der Geldwertstabilität verpflichtet. Hier reicht es auch nicht aus, den § 13 (Zusammenarbeit mit der Bundesregierung) des Deutschen Bundesbankgesetzes auf das EZBS zu übertragen und damit festzuhalten, daß diese die allgemeine EG-Politik im Rahmen des Geldwertstabilitätsziels zu unterstützen habe. Die sich daraus ergebenden Konflikte, die immer wieder zu Lasten der Beschäftigungspolitik ausgegangen sind, liegen auf der Hand. Bei dem vom EZBS zu erstellenden geldpolitischen Konzept muß die Beschäftigungslage berücksichtigt werden.
- Zur Wahrung beschäftigungspolitischer Interessen ist ein gemeinschaftlich koordinierter, EG-weiter *Arbeitsmarktbericht*, der auch Vorschläge zur Überwindung der Arbeitslosigkeit enthält, vorzulegen. Darüber hinaus ist eine handlungsorientierende gemeinsame Beurteilung der kurz und mittelfristigen wirtschaftlichen Entwicklung der Gemeinschaft periodisch vorzunehmen. Dabei ist die beabsichtigte Makro- und Strukturpolitik der EG in diesen Bericht einzubetten.
- Die makroökonomischen Politiken, vor allem die Haushaltspolitiken in den Mitgliedsländern, sind wegen des geringen Volumens des Gemeinschaftshaushalts unter den Zielen einer *ökologieverträglichen Beschäftigungspolitik* zu koordinieren. In diesem Zusammenhang ist

es Aufgabe der EG, für alle nationalen Staatshaushalte die entsprechenden Grundlagen des finanzpolitischen Kurses abzustimmen. Es wird noch eines langen Weges bedürfen, bis schließlich gemeinschaftlich etwa eine konjunkturell abgestimmte Ausgaben- und Einnahmenpolitik für die Mitgliedsländer durchsetzbar sein wird. Im Sinne der Keynesschen Interventionskonzeption ließe sich aber erst dann das haushaltspolitische Steuerungspotential der EG beschäftigungspolitisch nutzen. Wegen des geographisch großen Binnenmarkts sowie der starken innergemeinschaftlichen Verflechtung wäre die beschäftigungspolitische Effizienz derartiger Maßnahmen hoch einzuschätzen.

- Wie bei der ökologischen Kritik des *Cecchini*-Berichts deutlich wurde, muß auf der Gemeinschaftsebene auch ein Konzept des *ökologischen Umbaus* der EG-Wirtschaften entwickelt und umgesetzt werden. Damit lassen sich dann auch Anhaltspunkte für beschäftigungspolitische Initiativen – etwa in den Bereichen ökologischer Infrastruktur (Verkehr, Energie, Luft, Wasser, Böden) – gewinnen.
- Angesichts der sich mit der Schaffung des Binnenmarktes vertiefenden regionalen Ungleichgewichte besteht wachstums- und beschäftigungspolitisch eine wichtige Aufgabe der EG in der Sicherstellung eines umfassenden Ressourcentransfers in unterentwickelte Regionen. Hierzu ist die bisherige Politik der *Strukturfonds* im Gemeinschaftshaushalt auszubauen. Auf diese Weise lassen sich Verteilungsanforderungen sowie die Ressourcenallokation miteinander verbinden. Dabei ist der bereits praktizierte Übergang zur Programmplanung in enger Abstimmung mit den betroffenen Regionen beizubehalten. Die Partizipation der regionalen Entscheidungsträger bildet ein wichtiges politisches Gewicht gegen die mit der Vergemeinschaftung drohende Zentralisierung. Die Vergemeinschaftung der Politiken bei Beteiligung der Regionen bietet die Chance, Zentralisierungsgefahren zu begegnen. Darüber hinaus muß die Mittelkoordinierung auf allen Ebenen der Mitgliedsstaaten und Gemeinschaft intensiviert werden. Die regionalpolitisch gezielte Umverteilung von Ressourcen aus entwicklungsstarken in entwicklungsschwache Regionen ist jedoch vom Mittelvolumen her noch erheblich auszuweiten. Hier stellen sich hohe Anforderungen an die EG als ökonomische Solidargemeinschaft. Schließlich ist auch dafür Sorge zu tragen, daß der private Kapitaltransfer aus den Metropolen in die Randgebiete verstärkt wird.
- In Ergänzung zu diesem regionalorientierten zweckgebundenen

Ausgleichssystems müssen auf Dauer auch zweckfreie *Ausgleichsmechanismen* aufgebaut werden. Gemeint ist hier der Einsatz eines mit dem bundesrepublikanischen Modell vergleichbaren föderalen Finanzsystems. Diese Notwendigkeit wird im Vorschlag zu einer WWU der Delors-Gruppe nicht gesehen. Richtig ist, daß erst nach einer stärker homogenen Entwicklung in den Mitgliedsländern dieses Instrumentarium sinnvoll einsetzbar ist. Auf Dauer wird es jedoch in einer WWU darauf ankommen, für die EG eine durchschnittliche Finanzkraft und damit ein öffentliches Leistungsprofil zu definieren, das dann durch Zahlungen von Ländern, die darüber liegen, an Länder, die darunter liegen, das Zentrum des Ausgleichs bildet. Hierüber gewinnen die mit unterdurchschnittlicher Finanzkraft ausgestatteten Länder Spielraum für eine öffentliche Daseins- und Zukunftsvorsorge, die auch beschäftigungsrelevant ist. Sowohl die zweckgebundenen als auch die nicht zweckgebundenen Ausgleichssysteme machen deutlich: Inwieweit sich die EG zu einem ökonomischen, sozialen und ökologischen Wirtschafts- und Lebensraum entwickelt, entscheidet sich über den politischen Willen, das bisher starke Entwicklungsgefälle schrittweise abzubauen. Von der Bundesrepublik als stärkster ökonomischer Kraft in der EG – wie die Handelsbilanzüberschüsse und die D-Mark-Stabilität zeigen – wird im Rahmen dieser Vergemeinschaftung die Bereitschaft zum intensiven Ressourcentransfer in die unterentwickelten Regionen erwartet.

- Wie in der EGB-Studie »Über Keynes hinaus« von 1979 begründet und auch im Bericht der Delors-Gruppe betont wird, muß die Politik der Gemeinschaft zur Verbesserung der Ressourcenallokation von einer *aktiven Wettbewerbspolitik* flankiert werden. Denn mit der Vollendung des Binnenmarkts durch die Angleichung bisher nationalstaatlich unterschiedlicher Regulierungen nimmt die ökonomische Konzentration vor allem durch »grenzübergreifende« Unternehmensfusionen unkontrolliert zu, wenn nicht eine aktive Wettbewerbspolitik betrieben wird. Auf derartige Konzentrationswirkungen der Binnenmarktstrategie weist auch die *Ceccini*-Studie für relevante Branchen hin. Die soeben verabschiedete EG-Richtlinie zur Regelung von *Unternehmensfusionen* reicht nicht aus, um den Marktzugang EG-weit offenzuhalten und die Wettbewerbseffizienz sicherzustellen.

- Um die konkrete Umsetzung der abgestimmten Gemeinschaftspolitiken zur Verwirklichung der Wirtschafts-, Währungs- und Beschäftigungsunion in den Mitgliedsländern zu gewährleisten, muß auf EG-Ebene eine multilaterale Kontrolle bzw. Überwachung institutionell vorgesehen werden. Verbindliche Sanktionsmechanismen gegen Mitgliedsländer, die die vereinbarte Politik der Gemeinschaft nicht realisieren, sind vorzusehen. Nur so läßt sich die Handlungssouveränität der Gemeinschaft verwirklichen.

- Wenn erst zum Abschluß auf eine EG-weite Politik der Arbeitszeitverkürzung hingewiesen wird, dann deshalb, weil jenseits der gemeinschaftlich zu regelnden Arbeitszeitgesetze durch die EG-Organe und Mitgliedsländer hier die *Tarifpolitik* angesprochen wird. Für diese ist die Tarifautonomie in allen Mitgliedsländern zu sichern. Es ist jedoch deutlich zu machen, daß innerhalb dieser Tarifautonomie, unterstützt durch die vergemeinschafteten Wirtschafts-, Finanz- und Geldpolitiken, eine Politik der Arbeitszeitverkürzung durchzusetzen ist. Denn makroökonomische Untersuchungen zeigen, daß durch eine koordinierte Politik der Arbeitszeitverkürzung ein aktiver Beitrag zur Verwirklichung der Beschäftigungsunion geleistet werden kann.

Das hier entworfene Konzept einer währungs- und wirtschaftsintegrierten Beschäftigungsunion zeigt die institutionellen und instrumentellen Ebenen, die in unmittelbarer Zukunft in die Auseinandersetzung um die Gestaltung der WWU eingebracht werden müssen.

Literaturhinweise:

Arbeitsgruppe Alternative Wirtschaftspolitik, Memorandum '89, Köln 1989.

Delors, J., Committee for the Study of economic and monetary Union (Vorsitz J. Delors), Report on economic and monetary Union in the European Community, Luxemburg 1989.

Deutsche Bundesbank, Wechselkursentwicklung im Europäischen Währungssystem – Erfahrungen nach zehn Jahren, in: Monatsberichte der Deutschen Bundesbank 11/1989.

Europäisches Gewerkschaftsinstitut (EGI), Über Keynes hinaus – Gestaltung der Wirtschaftspolitik durch Alternativen, Brüssel 1979.

Gros, D., On the Volatility of Exchange Rates – A Test of Monetary and Portfolio Balance Models of Exchange Rate Determination, Brüssel 1987.

Harbrecht, W./Schmidt, J., Die Beziehungen zwischen Wechselkursstabilisierung und wirtschaftlicher Konvergenz, in: Issing, O. (Hrsg.), Wechselkursstabilisierung, EWS und Weltwährungssystem, Hamburg 1988.

Hickel, R., Bemerkungen zum Cecchini-Bericht, in: IG Metall (Bezirk Hannover), Dokumentation zur Europa-Konferenz am 6. Juni 1989, Hannover 1990.

Hickel, R., Zwischenbilanz zum Europäischen Währungssystem (EWS), in: WSI-Mitteilungen 10/1989.

Kleinheyer, N., Die Weiterentwicklung des Europäischen Währungssystems, Berlin 1987.

Kommission der Europäischen Gemeinschaften, Leitfaden zur Reform der Strukturfonds der Gemeinschaft, Luxemburg 1989.

Ministerrat der EG, Jahreswirtschaftsbericht 1989–1990, in: Amtsblatt der Europäischen Gemeinschaft, 30. 12. 1989, Nr. L 399.

Padoa-Schioppa, T., Effizienz, Stabilität und Verteilungsgerechtigkeit – Eine Entwicklungsstrategie für das Wirtschaftssystem der Europäischen Gemeinschaft, Wiesbaden 1988.

Taddei, D., Die Arbeitszeit und ihre Auswirkungen auf die wirtschaftliche und soziale Lage der Gemeinschaft (deutsche Kurzfassung des der Generaldirektion II der EG-Kommission vorgelegten Berichtes), Manuskript, Brüssel 1989.

Task-Force-Bericht, Umwelt und Binnenmarkt (Vorsitz G. Schneider), erstellt im Auftrag der EG-Kommission, Brüssel.

Teil 4

Osteuropa und EG

RGW und EG – Perspektiven der künftigen Beziehungen aus ungarischer Sicht

Miklós Losoncz

Ein Gespenst geht im Europa der 80er und 90er Jahre um: das Gespenst des einheitlichen europäischen Binnenmarktes. Von der Vollendung des Programms 1992 erwarten die Länder der Europäischen Gemeinschaften die Freisetzung zusätzlicher Wachstumskräfte und dadurch auch Wohlfahrtseffekte. Die Schaffung eines einheitlichen gemeinschaftlichen Binnenmarktes beeinflußt in großem Maße den außenpolitischen und außenwirtschaftlichen Manövrierspielraum der Drittländer, insbesondere der Mitgliedstaaten der beiden anderen europäischen Integrationsgruppierungen, nämlich der Europäischen Freihandelszone (EFTA) – Finnland, Island, Norwegen, Österreich, Schweden und die Schweiz – und des Rates für Gegenseitige Wirtschaftshilfe (Bulgarien, die Deutsche Demokratische Republik, Polen, Rumänien, die UdSSR, die Tschechoslowakei und Ungarn. Darüber hinaus gehören dem RGW noch Kuba, die Mongolei und Vietnam an. In diesem Beitrag werden die 7 europäischen RGW-Länder angesprochen).

Im folgenden geht es um die wichtigsten Determinanten, Triebkräfte, die Möglichkeiten und Grenzen der Beziehungen der RGW-Länder zu den Europäischen Gemeinschaften im Hinblick auf das Programm 1992 aus der Sicht eines ungarischen Volkswirtes.

1. Die Herausforderung von innen und außen: Die Lagebeurteilung der RGW-Staaten

Wie die meisten Drittländer haben die osteuropäischen RGW-Staaten noch kein zuverlässiges Bild von dem Gespenst des europäischen Binnenmarktes. Jedoch ist den wirtschaftspolitischen Entscheidungsträgern klar, daß die Bedingungen der wirtschaftlichen Entwicklung der osteuropäischen Länder von der Umgestaltung des europäischen

Wirtschaftsraums grundlegend betroffen werden. Die Wirtschaftspolitik der osteuropäischen RGW-Länder geht davon aus, daß die in der Einheitlichen Europäischen Akte vorgesehenen Zielsetzungen bis zum Jahr 1992 im Prinzip verwirklicht werden. Es könnte zwar zu Reibungsverlusten kommen, da der Prozeß der europäischen Integration zu Widersprüchen und Konflikten zwischen den einzelnen Mitgliedstaaten der EG führen kann. Es ist auch nicht auszuschließen, daß Kontroversen hinsichtlich der Dynamik der Deregulierung, der organisatorischen, regionalen und sektoralen Neugestaltung bestimmter Aktivitäten und der Verteilung der Finanzierungskosten unter den Teilnehmerländern auftreten, die die Verwirklichung der Zielsetzungen zeitlich verschieben und die ursprünglich kalkulierten Dynamisierungseffekte etwas verringern. Trotzdem stimmen die meisten osteuropäischen wirtschaftspolitischen Lagebeurteilungen darüber überein, daß die Herausforderungen der asiatischen Schwellenländer, die Abschwächung des Atlantik-zentrierten Systems der internationalen Beziehungen, die Verlagerung der wirtschaftlichen Interessen der Vereinigten Staaten von Europa in den pazifischen Raum und die Notwendigkeit der Bewältigung der »Eurosklerose« der 70er Jahre politische und wirtschaftliche Triebkräfte zur europäischen Integration freisetzen werden.

Die meisten osteuropäischen wirtschaftspolitischen Lagebeurteilungen betrachten das Programm 1992 als eine ernst zu nehmende Realität. Sie bezweifeln nicht, daß die auf regionaler Ebene vorgenommenen Deregulierungsmaßnahmen, die Harmonisierung nationaler technischer Normen, Finanz-, Bildungs-, Umweltschutzsysteme und einiger Bereiche der Wirtschaftspolitik die wirtschaftlichen Rahmenbedingungen für ca. 40 % des gesamten Bruttosozialprodukts der Europäischen Gemeinschaften vorteilhaft modifizieren werden und zur Beschleunigung des Wirtschaftswachstums, der strukturellen Modernisierung und der technisch-technologischen Entwicklung beitragen werden.

Die Herausforderung des europäischen Binnenmarktes darf nicht unabhängig von der Geschichte der Beziehungen zwischen den Europäischen Gemeinschaften und dem Rat für Gegenseitige Wirtschaftshilfe behandelt werden. Die Geschichte der Beziehungen kann in drei Phasen eingeteilt werden.

- Die *erste* Phase dauerte von 1949 (das ist das Gründungsjahr des RGW) bis 1971. Diese Zeitperiode kann von seiten des RGW als »feindselige Nichtbeachtung« bezeichnet werden, da das Verhalten der RGW-Länder gegenüber der westeuropäischen Einigung von Ablehnung geprägt war (*May*, 1989).

- Die *zweite* Phase umfaßte die Zeitperiode zwischen den Jahren 1972 und 1984. In dieser Zeitspanne haben die RGW-Länder die Realität der EG anerkannt.
- Der Machtantritt Gorbatschows im Jahre 1985 und die Intensivierung der Reformbestrebungen in einigen osteuropäischen RGW-Ländern haben die *dritte* Phase eingeleitet. Nach zweijährigen Verhandlungen ist die gegenseitige diplomatische Anerkennung zwischen den Europäischen Gemeinschaften und dem Rat für Gegenseitige Wirtschaftshilfe zustande gekommen.

2. Binnenmarkt '92: Teil des Problems oder die Lösung der Wirtschaftskrise Osteuropas?

Die Herausforderung des europäischen Binnenmarktes kann als ein wesentlicher Teil der »Schockeffekte« betrachtet werden, die die osteuropäischen RGW-Staaten in den 80er Jahren haben hinnehmen müssen. In der ungarischen ökonomischen Fachliteratur beschrieb *Kádár*, Direktor des Institutes für Wirtschaftsplanung (Budapest), in mehreren Publikationen die wichtigsten Merkmale der Krisenerscheinungen. Nach seiner Kategorisierung hat die Krise der osteuropäischen RGW-Länder fünf Dimensionen, die gleichzeitig die Erfordernisse des Wandels in sich bergen.

Die erste Dimension bezieht sich auf die Wirtschaft und umfaßt vier Bereiche der Krisenerscheinungen.

- *Erstens* hat sich die Dynamik des Wirtschaftswachstums wegen der Erschöpfung der traditionellen Wachstumsreserven in der zweiten Hälfte der 80er Jahre in großem Maße verlangsamt; in den letzten Jahren hat das Bruttosozialprodukt in einigen RGW-Ländern stagniert oder sogar abgenommen. Es ist also eine empirische Tatsache, daß die Leistung der osteuropäischen RGW-Länder hinsichtlich der Dynamik des Bruttosozialprodukts im internationalen Vergleich sehr ungünstig gewesen ist.
- *Zweitens* gibt es im Wirtschaftsbereich eine strukturelle Krise, die darauf zurückzuführen ist, daß die in der Nachkriegszeit gebildeten Strukturen veraltet sind. Der Anteil der material- bzw. energieintensiven Wirtschaftszweige (Bergbau, Eisen- und Stahlindustrie, Schwerchemie usw.), sowohl am Bruttosozialprodukt als auch an der Industrieproduktion, ist im internationalen Vergleich hoch, der

Anteil der Hoch- bzw. mittleren Technologien dagegen gering. Die Nachfrage für Produkte der material- bzw. energieintensiven Wirtschaftszweige stagniert oder nimmt sehr langsam zu. Die internationale Preisdynamik ist u. a. wegen des zunehmenden weltweiten Überangebotes und des starken Wettbewerbs der billigen Schwellenländer sehr ungünstig im Vergleich zu den Hochtechnologien oder anderen Bereichen der verarbeitenden Industrie. Die gegenwärtige *Wirtschaftsstruktur* ist die wesentlichste Ursache der Wachstumskrise. Wegen des niedrigen Rentabilitätsniveaus ermöglicht sie die Entstehung zusätzlicher Gewinne bzw. Einkommen nicht.

- *Drittens* resultierte aus der strukturellen Veralterung eine Krise der Leistungsbilanz, die in der Westverschuldung der osteuropäischen RGW-Länder ihren Ausdruck findet.

- *Viertens* ist die Krise des binnenwirtschaftlichen Gleichgewichts noch zu erwähnen, die sich in hohen Inflationsraten und Haushaltsdefiziten zeigt.

Die zweite Dimension der Krisenerscheinungen stellt die Modellkrise dar. Es ist in der zweiten Hälfte der 80er Jahre in zunehmendem Maße klargeworden, daß das zentralisierte Planungssystem, das nach dem Zweiten Weltkrieg eingeführt wurde, nicht funktioniert. Das Modell der zentralisierten Wirtschaftsplanung beruht auf dem Übergewicht des Staatseigentums. Der Privatinitiative, den Marktmechanismen, kamen in diesem Modell keine bedeutende Rolle zu; sie wurden durch administrative Steuerungstechniken der politischen Macht ersetzt. Dieses Modell verhinderte die erfolgreiche Anpassung der osteuropäischen RGW-Länder an die Herausforderungen des weltwirtschaftlichen Strukturwandels, die Umstellung auf einen technologieintensiven Wachstumspfad. Der Modellwandel zielt auf die effektive Allokation der Ressourcen, die Freisetzung gesellschaftlicher, unternehmerischer Energien durch Liberalisierung und Ausbreitung der Marktmechanismen ab.

Die dritte Dimension ist die politische. Das Einparteiensystem brach in den letzten Monaten des Jahres 1989 in den osteuropäischen RGW-Ländern und in seiner klassischen Form schließlich auch in der Sowjetunion zusammen. Obwohl die Auflösung der Staatspartei den Abbau des Parteistaates noch nicht mit sich brachte (dazu ist mehr Zeit erforderlich), geht der politische Wandel eindeutig in Richtung Pluralisierung.

Die vierte Dimension ist eine zivilisatorische Krise, die sich in der Verschlechterung der Indikatoren der demographischen und gesellschaftlichen Entwicklung manifestiert. Die osteuropäischen RGW-Länder sind negative Weltrekordler in bezug auf Alkoholkonsum, Ehescheidung, Anzahl von Selbstmordfällen usw., die ihrerseits auf die Disfunktionen der Gesellschaften hinweisen. Die Intensität dieser Krisenerscheinungen und die Kombination der vier Dimensionen sind in den einzelnen RGW-Ländern durchaus unterschiedlich ausgeprägt.

Es ist nicht leicht zu entscheiden, ob die Krise der Außenwirtschaftsbeziehungen *die fünfte Dimension* des Wandels bildet oder dem Bereich der ersten Dimension (s. o.) zuzuordnen ist. Jedenfalls kann kaum bezweifelt werden, daß die nach dem Zweiten Weltkrieg neu organisierte Struktur des Außenhandels bzw. der internationalen Zusammenarbeit im Rahmen des RGW in eine Krise geraten ist. In der Nachkriegszeit wurden das wirtschaftspolitische Zielsystem, das institutionelle System der Wirtschaft, die Kaderpolitik und die allgemeinen Rahmenbedingungen der wirtschaftlichen Entwicklung in den kleinen osteuropäischen RGW-Ländern von jener geographischen Orientierung und Struktur des internationalen Warenaustausches geprägt, wie sie sich nach dem Zweiten Weltkrieg herausgeschält hatte. Dieses System der Zusammenarbeit konnte aber weder in den multilateralen Beziehungen der RGW-Integration noch in den bilateralen Kontakten zwischen den einzelnen Mitgliedstaaten des RGW die weltwirtschaftlichen Herausforderungen der 70er und 80er Jahre beantworten. Die Sowjetunion konnte mit ihren finanziellen, technologischen und wirtschaftsorganisatorischen Ressourcen nicht zur Modernisierung der RGW-Region beitragen.

Diese Probleme charakterisieren auch die Außenwirtschaftsbeziehungen der kleinen osteuropäischen RGW-Länder. Die Erschöpfung der früheren Reserven und Triebkräfte der Zusammenarbeit, die »östliche Herausforderung« und der damit zusammenhängende Zwang zur Reorientierung der Außenbeziehungen kommen im Bereich des Außenhandels am stärksten zum Ausdruck. Der Anteil der RGW-Länder am ungarischen Außenhandel hat zum Beispiel von 71 % im Jahre 1960 auf 45 % in 1988 abgenommen und wird nach verschiedenen Schätzungen ca. 40 % im Jahre 1990 ausmachen. Die Funktionsstörungen des Modells, die Vernachlässigung der weltwirtschaftlichen Anpassung, die strukturelle Veralterung und die Schwäche der internationalen Wettbewerbsfähigkeit der RGW-Länder spiegeln sich auch in den Ost-West-Beziehungen wider. So ging der Anteil der osteuropäischen RGW-Länder an den Ausfuhren der EG zwischen 1985 und 1988 von 4,7 % auf 2,3 %, an den Einfuhren von 4,0 % auf 2,7 % zurück

(*Tab. 1*). Die gegenwärtigen massiven Schwierigkeiten einer Politik der gleichzeitigen Verwirklichung der wirtschaftlichen und politischen Modernisierung, des Wechsels von Wirtschaftsmodell und Wachstumstyp (weg von den Altindustrien, hin zu neuen Techniken und Produkten), die Zwänge zur Verbesserung der Wirtschaftsleistung und zur geographischen Reorientierung der Außenbeziehungen verflechten sich in den osteuropäischen RGW-Ländern mit der Herausforderung des einheitlichen europäischen Binnenmarktes.

Tabelle 1

Der Anteil der osteuropäischen RGW-Länder am Außenhandel der EG
(in %)

Jahr	Export	Import
1980	3,59	3,71
1985	4,77	3,92
1986	2,51	3,16
1987	2,33	2,95
1988	2,31	2,72

Quelle: OECD-Statistiken zum Außenhandel, Serie A.

Was *den Einfluß der Vollendung des einheitlichen Binnenmarktes auf Osteuropa* betrifft, geht die Wirtschaftspolitik der kleinen osteuropäischen RGW-Länder davon aus, daß die Dynamisierung des Wirtschaftswachstums, die Beschleunigung der strukturellen Modernisierung Westeuropas, die »Heilung der Eurosklerose«, die Deregulierungsmaßnahmen sowie die Standardisierung der technischen Normensysteme und die Harmonisierung bestimmter Bereiche der Wirtschaft positive Impulse für die Ost-West-Zusammenarbeit geben. Die Unternehmen der osteuropäischen Länder, deren internationale Wettbewerbsfähigkeit traditionell schwach ist, können sich den Erfordernissen eines *einheitlichen* Großmarktes leichter anpassen als den einzelnen nationalen Märkten von zwölf Migliedstaaten mit je unterschiedlichen Bedingungen.

Auf der anderen Seite ist die Wirtschaftspolitik der osteuropäischen Länder noch nicht in der Lage, die »Schockeffekte« der Vollendung des europäischen Binnenmarktes quantifizieren zu können, die aus der Stärkung des Wettbewerbs, den handelsumlenkenden Effekten zugunsten von EG-Anbietern usw. folgen werden. Die Gefahr eines Schockeffekts ist nicht hypothetischer Natur. Darauf weisen statistische Angaben zu den Ost-West-Beziehungen hin. Empirische Erfahrungen belegen, daß die Süderweiterung der Europäischen Gemeinschaften die Steigerungsmöglichkeiten der Industriewarenexporte der RGW-Länder beeinträchtigt haben. Der Report der Wirtschaftskommission für Europa der Vereinten Nationen von 1988/89 stellte fest, daß sich die Bezugsquellen der Industriewarenexporte der EG schon in der Zeitspanne von 1980 bis 1989 von Osteuropa in die südeuropäischen Länder verlagerten (Economic Survey for Europe, 1989). Die osteuropäischen Länder können auch von der zukünftigen Verschiebung der Schwerpunkte der Wachstumsdynamik innerhalb der Europäischen Gemeinschaften nachteilig betroffen werden. Die außenwirtschaftlichen Bedingungen der Modernisierung der osteuropäischen RGW-Länder werden sich weiterhin verschlechtern, wenn sich das Wachstum der EG anstatt auf dem Donau-Alpen-Adria-Pfad auf der Hamburg-Sevilla-Achse abspielt.

Eine spezifische Dimension der Herausforderung des Binnenmarktes könnten die westeuropäischen Bestrebungen im Bereich der Politik und der Verteidigung darstellen, falls sie die Verbesserung der Beziehungen zu Drittländern erschweren und sie eine neue Trennungslinie zwischen den nach Jalta ohnehin getrennten europäischen Ländern zögen.

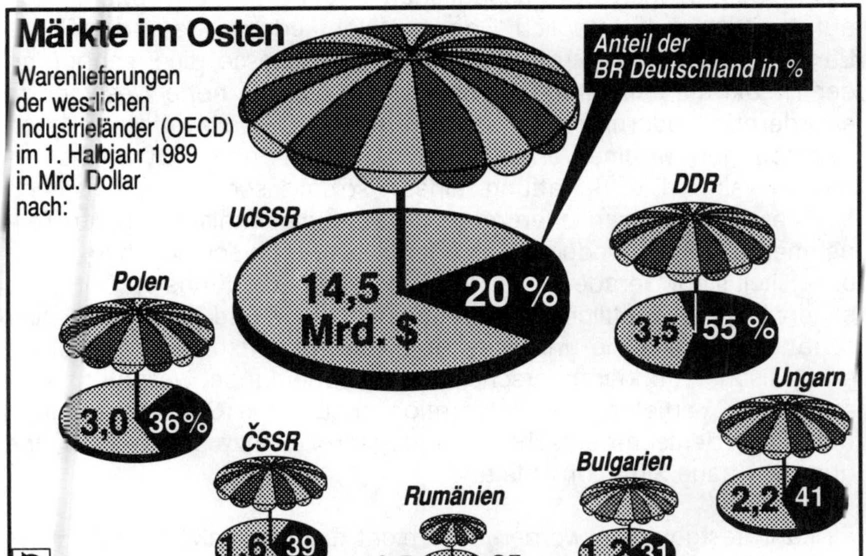

3. Antwortmöglichkeiten der osteuropäischen Länder: Szenarien für die 90er Jahre

Anders als in den 60er und 70er Jahren ignorieren die osteuropäischen Länder heute die von West-Europa ausgehenden Herausforderungen nicht. (Dieser Abschnitt stützt sich auf den Beitrag von Dr. Béla *Kádár*: Az 1992-es kihivás: válaszok a kelet-nyugati együttmüködésben és Magyarszágon [Die Herausforderungen vom Jahre 1992: Antworten in der Ost-West-Zusammenarbeit und Ungarn]. Manuskript auf ungarisch, Budapest 1989.) Doch es eröffnen sich unterschiedliche Möglichkeiten, darauf zu antworten. Die gegenwärtig absehbaren Reaktionsvarianten sollen hier anhand von drei Szenarien charakterisiert werden.

Das erste Szenario setzt auf die Verbesserung und Verstärkung der Zusammenarbeit innerhalb des RGW. Eine Gruppe von Ländern, politischen Kräften und Volkswirten gibt nämlich der Fortsetzung der osteuropäischen regionalen Kooperation Vorrang und will auf das EG-Programm 1992 mit der Vertiefung der Zusammenarbeit der Mitgliedstaaten des RGW, mit der raschen Reform der Integrationsmechanismen reagieren. Diese Kreise halten die Bewahrung der noch existierenden Wirtschafts- und Machtstrukturen und die Minimierung der für die Macht gefährlichen gesellschaftlichen und politischen Spannungen auf diese Weise für möglich. Dagegen steht jedoch: Die in den RGW-Ländern entstehenden realwirtschaftlichen Prozesse, die Erschöpfung der Triebkräfte der RGW-Zusammenarbeit und die hohe Westimporte erfordernde Modernisierung lassen vermuten, daß die wirtschaftlichen Bedingungen für eine Vertiefung der Kooperation im RGW nicht vorhanden sind. Die Schaffung eines »sozialistischen gemeinsamen Marktes« ist auszuschließen, wenn die Marktmechanismen in den Teilnehmerstaaten entweder fehlen oder in sehr unterschiedlichem Maße entwickelt sind. Gerade infolge Veränderungen der jüngsten Zeit ist zu sehen: Die wirtschaftlichen Steuerungstechniken und auch das gesellschaftliche, politische und wirtschaftliche Zukunftsbild der einzelnen europäischen Länder unterscheiden sich voneinander wesentlich. Das setzt einer Vertiefung der Integration zusätzliche Grenzen – zumal durch den deutsch-deutschen Einigungsprozeß inzwischen auch eine qualitativ neue Situation entstand.

Es kann festgehalten werden, daß nicht nur die realwirtschaftlichen, sondern auch die politischen und wirtschaftspolitischen Vorbedingungen und Interessen der einzelnen osteuropäischen Staaten zu unterschiedlich sind. Die Verwirklichung der mancherorts aufgewärmten Idee einer osteuropäischen Wagenburg ist aussichtslos.

Das zweite Szenario ist nur eine Variante der ersten Konzeption. Es geht um eine Antwort auf die westeuropäische Herausforderung auf der Ebene der RGW-Integration bzw. um eine aus der Zusammenarbeit der beiden regionalen Integrationsorgane herauswachsende gesamteuropäische Kooperation. Diese Konzeptionen sind ebenfalls unrealistisch. Die RGW-Zusammenarbeit befindet sich derzeit im Umbruch. Die gegebene Zerrüttung dieser Zusammenarbeit gibt keinen Anlaß zur Hoffnung, daß eine gemeinsame Strategie erarbeitet, geschweige denn verwirklicht werden könnte.

Die Wirtschaftsstruktur, die wirtschaftspolitischen Steuerungstechniken, die Rolle der Marktmechanismen sowie die Intensität der West- bzw. der EG-Orientierung der einzelnen RGW-Länder zeigen große Unterschiede. Ungarn hat schon vor langer Zeit das stalinistische Modell sowjetischen Typs aufgegeben und eine »Marktwirtschaft ungarischer Art« ins Leben gerufen, die sich in großem Maße auf die Berücksichtigung nationaler Eigenschaften stützt. Wahrscheinlich kommt es zu einer ähnlichen Entwicklung auch in Polen, und mit gewisser Verspätung auch in anderen osteuropäischen Ländern. Zwischen den RGW-Staaten und der EG gibt es schon heute sehr unterschiedliche Beziehungen. Es ist davon auszugehen, daß sich im Zuge der Entwicklung des EG-Binnenmarktes die einzelnen RGW-Länder in sehr selektiver Weise und nach Maßgabe ihrer jeweiligen nationalen Eigentümlichkeiten an die neuen Bedingungen anpassen werden.

Die auf Institutionenebene zwischen RGW und EG angesiedelte Zusammenarbeit wird sich in Zukunft mit großer Wahrscheinlichkeit auf Bereiche wie Wirtschaftsprognosen, Statistik, Normen und Standards, Umweltschutz sowie Verkehrswesen, eventuell auch auf Energie und Landwirtschaft beschränken. In anderen Bereichen wird die Verhandlungskompetenz wie vorher bei den Regierungen der einzelnen RGW-Staaten bleiben. Die einzelnen Regierungen werden mit der EG als Einheit über die Anpassung der Mitgliedstaaten verhandeln bzw. die wirtschaftspolitischen Anpassungsentscheidungen treffen.

Eine koordinierte Strategie auf RGW-Ebene wird auch dadurch erschwert, daß die einzelnen RGW-Länder in unterschiedlichem Maße und in voneinander abweichenden Bereichen an der Kooperation mit der EG interessiert sind. Es ist kein Zufall, daß Ungarn eine Vorreiterrolle in den Beziehungen der RGW-Staaten zur Europäischen Gemeinschaft spielt. Der Anteil der EG am ungarischen Außenhandel weist den höchsten Wert, verglichen mit den Zahlen der anderen RGW-Staaten, aus (*Tab. 2*). Dieser Wert ist doppelt so hoch wie der entsprechende Durchschnittswert des RGW. Das signalisiert einerseits die überdurchschnittliche Abhängigkeit der ungarischen Wirtschaft von der EG, andererseits den engen Zusammenhang zwischen den ungarischen Reformen und der »Europäisierung« der Wirtschaft.

Tabelle 2

Der Anteil der EG am Außenhandel der einzelnen RGW-Staaten
(%)

Land	Export					Import				
	1970	1980	1985	1986	1987	1970	1980	1985	1986	1987
Bulgarien	7,4	7,4	6,7	5,4	5,5	7,1	10,9	11,5	12,1	11,9
Ungarn	16,7	19,5	16,0	17,5	20,0	17,0	22,2	21,8	21,6	24,6
DDR	9,5	13,1	15,7	13,7	13,4	9,2	13,6	17,0	15,8	15,9
Polen	9,3	21,3	16,5	14,2	14,5	9,4	19,0	15,7	14,3	13,7
Sowjetunion	3,9	20,6	23,1	14,7	15,6	6,3	12,6	13,3	12,7	12,5
Tschechoslowakei	8,0	13,0	10,8	11,5	11,4	7,3	12,9	12,3	14,1	14,9

Quelle: Jahrbücher der Außenhandelsstatistik.

Abgesehen von dem speziellen Status der DDR in der EG infolge der innerdeutschen Beziehungen sind Ungarn, Polen und die ČSFR, die vorwiegend Industriewaren in die EG exportieren, an handelspolitischen Konzessionen – besonders in den sogenannten sensitiven Bereichen wie Eisen und Stahl sowie Textilien und Bekleidung – am meisten interessiert. Auf der anderen Seite hängt die Dynamik der EG-Exporte der Sowjetunion nicht von der handelspolitischen Regelung der Industrieprodukte, sondern von den Weltmarktpreisbewegungen der Rohstoffe und Energieträger ab. Die Sowjetunion ist ferner an der Regelung der Fischereirechte und -bedingungen interessiert.

In dem dritten Szenario handelt es sich um Anpassungstechniken der RGW-Länder. Die liberalen Kreise, die sich für die Beschleunigung des osteuropäischen Erneuerungsprozesses einsetzen, vertreten eigenartige Positionen hinsichtlich der EG-Politik. Die liberale Konzeption nimmt die Tatsache nicht zur Kenntnis, daß die osteuropäischen Länder tiefgreifende Unterschiede hinsichtlich der historischen wirtschaftlichen Entwicklung und dem Grad ihrer Ablösung vom stalinistischen Modell aufweisen. Sie halten alle osteuropäischen Länder für nichtreformierbare Wirtschaftsmodelle sowjetischen Typs. Nach dieser Konzeption können weder die Stärkung der Exportorientierung noch die Förderung der ausländischen Direktinvestitionen, Joint ventures und strukturelle Reformen positive Ergebnisse bringen. Die Zusammenarbeit mit der EG könne erst nach der Verwirklichung des umfassenden Systemwechsels, der Deregulierung und Liberalisierung begonnen werden.

Dagegen ist einzuwenden, daß die Anpassung an den einheitlichen Binnenmarkt nicht bis zum Ausbau der Marktmechanismen, bis zur Heilung aller systemspezifischen Probleme hinausgeschoben werden darf. Es gibt eine Lücke zwischen dem »erstrebenswerten« und dem »möglichen« Zustand in den osteuropäischen Ländern. Die Übergangszeit ist länger, und sie wird sich von Land zu Land unterscheiden.

Zusammenfassend kann somit einerseits festgestellt werden, daß die Kooperationsstrategie zwischen EG und *einzelnen* RGW-Ländern möglichst schnell verwirklicht werden muß. Auf der anderen Seite wird die jeweilige Anpassung der osteuropäischen Länder an den einheitlichen Binnenmarkt in der Übergangszeit nicht nur von der Frage abhängen, inwiefern Marktmechanismen existieren bzw. entwickelt werden. Vielmehr wird der Erfolg der im nationalen Rahmen formulierten Außenwirtschaftsstrategie der osteuropäischen Länder gegenüber der EG in großem Maße von dem zugestandenen europäischen Spielraum abhängen. Dies ist näher zu erläutern.

4 Der europäische Spielraum: alternative Szenarien

Bei der Gestaltung der Strategie der Zusammenarbeit mit der EG müssen die kleinen osteuropäischen RGW-Staaten mit der Haltung der Sowjetunion und der Europäischen Gemeinschaften rechnen. Die Ereignisse der letzten Monate weisen auf einen Wandel in der sowjetischen Europa-Politik hin. Die neue sowjetische Europapolitik scheint die Annäherung der kleinen osteuropäischen Länder an die EG mehr zu tolerieren als je zuvor. Die neue sowjetische Strategie der Abschwächung der militärischen Konfrontation zwischen den Vereinigten Staaten und der Sowjetunion, die Möglichkeit des Abzugs ausländischer Truppen aus Europa – all diese Faktoren schaffen sehr günstige politische Rahmenbedingungen für die Entwicklung der Beziehungen der kleinen osteuropäischen Länder zur EG.

Eine vorsichtige Strategie muß aber mit dem zyklischen Charakter der Politik rechnen und darf eine vorübergehende konservative Wende in der Sowjetunion nicht ausschließen. Die Gefahr einer solchen Wende kann durch die rasche Institutionalisierung der Beziehungen verringert werden, da eine engere Verflechtung – durch internationale Abkommen gesichert – bestimmte Garantien der Irreversibilität schaffen könnte.

Den osteuropäischen RGW-Ländern müssen deshalb Orientierungspunkte gegeben werden, die in eindeutiger Weise Auskunft geben, in welchem Umfang, in welcher Form und unter welchen Bedingungen die EG bereit ist, die wirtschaftlichen Beziehungen mit den osteuropäischen RGW-Staaten mittel- und langfristig zu entwickeln. Die vielversprechende politische Rhetorik der EG hat die Befürchtungen vor einer »Festung Europa« in den osteuropäischen Ländern noch nicht zerschlagen. Solche Bedenken würden sich rasch auflösen, wenn die Europäische Gemeinschaft eine aktive Rolle bei der Förderung der Reformen spielen würde und alles unternähme, um politische und ökonomische Krisensituationen in Europa zu vermeiden. Die verantwortliche Förderung des friedlichen politischen und wirtschaftlichen Wandels in Osteuropa durch die EG ist insofern auch ein westeuropäisches Interesse. Zum Instrumentarium der Förderung gehören die Aufwertung Osteuropas in der Länderhierarchie der Außenbeziehungen der EG, die Verbesserung der Marktzutrittsbedingungen der osteuropäischen RGW-Länder, die Stimulierung des Technologie- und Kapitalzuflusses nach Osteuropa, die strukturelle Kooperation, die über ds Verkehrswesen und den Umweltschutz hinausgeht, die Öffnung der Türen zu internationalen Organisationen, in denen auch westeuropäische Mitgliedstaaten vertreten sind (OECD, Europarat, Europaparlament usw.).

Es ist eine andere Frage, ob die westeuropäischen Interessen Osteuropas auch tatsächlich zur Geltung gebracht werden. Offensichtlich gibt es verschiedene strategische Konzeptionen hinsichtlich der Gestaltung der Beziehungen zu Osteuropa. Die *erste Konzeption* scheint so beschaffen zu sein, daß die EG die Reformen in Osteuropa zwar begrüßt, zugleich aber Vorrang auf den inneren Zusammenhalt der Gemeinschaft legt. Die Aufgabe der Re-Integration Osteuropas wird auf später verschoben. In diesem Fall besteht die Gefahr, daß der einheitliche europäische Binnenmarkt eher protektionistisch ausgerichtet wird, sich der Schwerpunkt der Außenwirtschaftsstrategie der EG auf die EFTA-Länder verlagert und wenig Spielraum für Osteuropa bleibt.

Wenn das strategische Ziel der Re-Integration als nicht oder erst in einer nicht absehbaren Zukunft verwirklichbar angesehen werden sollte, dann müssen die osteuropäischen Länder die Prioritäten ihrer Außenwirtschaftsstrategie modifizieren. In diesem Falle wird sich der strategische Schwerpunkt der osteuropäischen Reformländer als zweitbeste Lösung auf die regionale Zusammenarbeit in *Mitteleuropa* verschieben.

Die detaillierte Analyse des Begriffs »Mitteleuropa« und der damit zusammenhängenden Konzeptionen würde den Rahmen dieses Beitrages sprengen. Es sollen nur die wichtigsten Aspekte angesprochen werden. Klar ist, daß sich dieses Mitteleuropa-Konzept nicht ausschließlich auf einige kleinere osteuropäische Länder (z. B. Ungarn, ČSFR, Polen) beziehen wird. Ein Mini-RGW machte keinen Sinn. Österreich wäre mit einzubeziehen, EFTA-Länder wären also mit betroffen.

Vom Entwicklungsniveau und vom bereits funktionierenden Marktmechanismus her gesehen könnte Jugoslawien an dieser subregionalen Kooperation teilhaben. Wenn unter Mitteleuropa die Region von der Ostsee bis zur Adria verstanden wird, müßte sich auch die Bundesrepublik Deutschland an der Reorganisierung der betroffenen osteuropäischen Länder beteiligen. Dies ist aber auch unabhängig davon, welcher Weg der Kooperation gewählt wird, erforderlich.

Die *zweite EG-Konzeption* setzt sich für die stärkere Förderung des Reformprozesses in den osteuropäischen Ländern ein. Eine interessante Form der Anknüpfung Osteuropas an die EG wurde im Institut für Weltwirtschaft an der Universität Kiel erarbeitet (*Kostrzewa/Schmieding*, Kiel 1989). Diese Konzeption geht davon aus, daß die osteuropäischen Reformstaaten aus politischen Gründen der EG nicht direkt beitreten können. Sie können aber der Gefahr einer »Festung EG« entgehen und statt dessen an den Vorteilen des Binnenmarktes teilhaben, wenn sie sich der völlig unpolitischen EFTA anschließen. Diese Option ist aber nur für den Fall sinnvoll, wenn die bestehenden EG-EFTA-Freihandelsabkommen auf den Kapital- und Dienstleistungsverkehr ausgeweitet, die nationalen Normen und Regulierungen gegenseitig anerkannt werden, das Ursprungslandprinzip innerhalb der EG und zwischen EG und EFTA angewendet wird und die EG diese Abkommen automatisch gegenüber allen Neumitgliedern der EFTA zur Geltung bringen läßt. Die osteuropäischen EFTA-Kandidaten müssen natürlich bestimmten Bedingungen hinsichtlich der Vollmitgliedschaft nachkommen. Die Verwirklichung dieser Vorschläge braucht den Konsens der betroffenen Länder und kann nur als langfristige Perspektive gesehen werden.

Anfang Februar 1990 hat der Ministerrat der EG den osteuropäischen

Ländern (ohne DDR und Sowjetunion) den Abschluß von Assoziierungsabkommen angeboten. Diese Abkommen zielen auf keine Vollmitgliedschaft ab, sie schließen sie aber auch nicht aus. Jetzt ist die Frage noch nicht zu beantworten, ob diese vorgesehenen Assoziierungsabkommen den Beginn einer in sich stimmigen EG-Strategie gegenüber den kleinen osteuropäischen Reformländern signalisieren oder als ein taktischer Schritt betrachtet werden müssen. Auf jeden Fall ist aber klar, daß die konsequente Durchführung politischer und wirtschaftlicher Reformen in Osteuropa die Vorbedingungen solcher Abkommen sind.

Literaturhinweise:

Economic survey for Europe, N.Y. 1989, S. 64 – 82.

Kádár, B., Az 1992-es Kihivás: válaszok a kelet-nyugati együttmüködésben és Magyarorzágon (Die Herausforderung vom Jahre 1992: Antworten in der Ost-West-Zusammenarbeit und Ungarn), Manuskript auf ungarisch, Budapest 1989.

May, B., Normalisierung der Beziehungen zwischen der EG und dem RGW. Aus Politik und Zeitgeschichte. Beilage zur Wochenzeitung »Das Parlament«, Nr. 3/1989, S. 44–54.

Anhang

Herausgeber: Gewerkschaft Handel, Banken und Versicherungen, Hauptvorstand, Abt. Betriebs- und Unternehmenspolitik, Düsseldorf

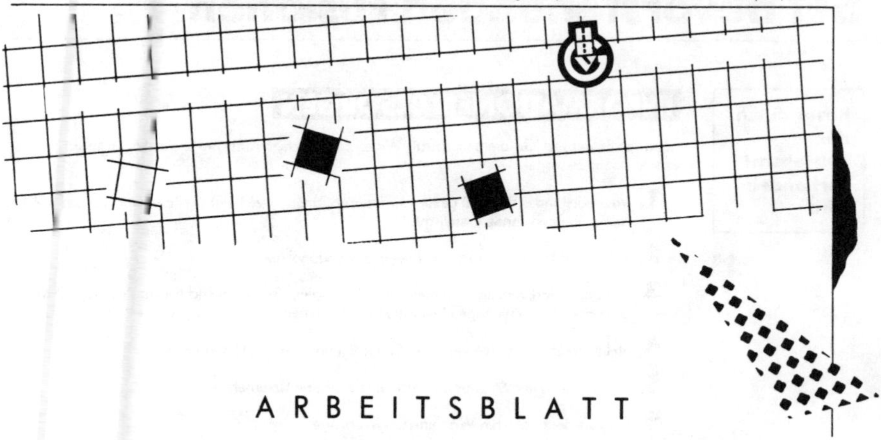

ARBEITSBLATT

FUSIONEN*

für Betriebsräte
Wirtschaftsausschüsse
ArbeitnehmervertreterInnen
in Aufsichtsräten

1.
Fusionen werden geplant, in der Regel vom Vorstand

2.
Durch eine Fusion wollen die Unternehmen
die Produktivität erhöhen und damit Kosten einsparen

3.
Die Interessenvertretung der ArbeitnehmerInnen muß versuchen,
frühzeitig auf das Fusionsvorhaben Einfluß zu nehmen,
um mögliche Nachteile für die ArbeitnehmerInnen abzuwehren

---

*Fusion = Verschmelzung = Unternehmenszusammenschluß

Checkliste für Betriebsräte bei bevorstehenden Fusionen

Bevor durch den Betriebsrat verhandelt wird

INFORMATIONEN BESORGEN

Über den Betriebsrat (Gesamtbetriebsrat), Wirtschaftsausschuß, Aufsichtsrat die nötigen Informationen vom Vorstand besorgen.

1. Vom Vorstand in Betracht gezogene Fusionspartner – welche ist die übertragende und welche ist die übernehmende Gesellschaft
2. Wirtschaftslichkeits-, Organisations- und Marktanalysen
3. Geltende Tarifverträge, Betriebsvereinbarungen, Besoldungsrichtlinien, freiwillige soziale Leistungen bei den übrigen beteiligten Unternehmen
4. Stellenbesetzung in den einzelnen Bereichen der anderen Unternehmen
5. Organisation und Struktur der anderen beteiligten Unternehmen
6. Entwurf der geplanten Verschmelzungsverträge
7. Stand weiterer Vorüberlegungen und Planungen
8. Nach der Fusion vorgesehene Führungs- und Organisationsstruktur sowie den vorgesehenen Geschäftsverteilungsplan
9. Personalbedarf und Stellenbeschreibungen in den einzelnen Bereichen der Unternehmen nach der Fusion sowie Organisationsplan
10. Sonstige Planungen für die Zeit nach der Verschmelzung und Auswirkungen auf die ArbeitnehmerInnen in bezug auf Arbeitsplätze, Einkommen, Arbeitsbedingungen, Arbeitsbelastungen, Arbeitsintensität, Arbeitszeiten, betriebliche Sozialleistungen
11. Gutachten des Verschmelzungsprüfers/Prüfungsverbandes
12. Schlußbilanz des übertragenden Unternehmens sowie alle weiteren Unterlagen, mit denen der Vorstand die Hauptversammlung/Generalversammlung/Gesellschafterversammlung zu informieren beabsichtigt

Rechtliche Möglichkeiten ausschöpfen

Falls der Vorstand die Informationen nicht liefert, müßte der Informationsanspruch

* vom Betriebsrat im arbeitsgerichtlichen Beschlußverfahren
* vom Wirtschaftsausschuß (Betriebsrat, Gesamtbetriebsrat) vor der Einigungsstelle nach § 109 BetrVG
* von den ArbeitnehmervertreterInnen im Aufsichtsrat vor dem Zivilgericht

geltend gemacht werden.

Um den Schutzbedarf festzustellen

Bestandsaufnahme über Einkommen, sozialen Besitzstand, Qualifikation, soziale Lage aller ArbeitnehmerInnen sowie über die geltenden Tarifverträge, Betriebsvereinbarungen, betriebliche Übungen und freiwillige soziale Leistungen.

Sowohl in der übertragenden wie in der übernehmenden Gesellschaft

KEINE FUSION OHNE INTERESSENAUSGLEICH UND SOZIALPLAN

Absicherung von Arbeitsplätzen, Einkommen und sozialem Besitzstand über Interessenausgleich und Sozialplan soweit möglich vor Vollzug der Fusion. Gegebenenfalls Teilregelung vor Vollzug und Teilregelung nach Vollzug der Fusion.

Ganz wichtig

1. Anwendung des § 613 a BGB löst längst nicht alle Probleme

Auch wenn der Vorstand einen Betriebsübergang nach § 613 a BGB zusichert, sind damit Nachteile für die ArbeitnehmerInnen keineswegs ausgeschlossen.

Interessenausgleichsverhandlungen möglichst vor Sozialplanverhandlungen führen

2. Mögliche Regelungspunkte im Interessenausgleich

* Genaue Beschreibung der vorgesehenen Maßnahme
* Organisatorische Abwicklung der Fusion
* Künftige Organisationsstruktur
* Künftiger Geschäftsverteilungsplan
* Personalplanung für die nächste Zeit (z.B. die nächsten 3 Jahre) nach Vollzug der Fusion
* Genauer Zeitplan für die Abwicklung der im Zusammenhang mit der Fusion geplanten Maßnahmen
* Konfliktregelung

Sozialplan kann notfalls auch in der Einigungsstelle durchgesetzt werden

3. Mögliche Regelungspunkte eines Sozialplans

* Abfindungszahlungen bei unvermeidbaren Kündigungen
* Abfindungszahlungen bzw. Ausgleichszahlungen für unvermeidbare Verdienstminderungen innerhalb der nächsten 5 Jahre
* Besitzstandsgarantien (z.B. bezogen auf Arbeitgeberdarlehen, betriebliche Altersversorgung, soweit noch keine Anwartschaft erreicht, Fahrtkostenzuschüsse, Härtefonds, Jubiläumszuwendungen, Mietbeihilfen, Werkswohnungen, Vermögensbildung)
* Auswahlrichtlinien, die sicherstellen, daß Entlassungen vermieden werden
* Qualifizierungsmaßnahmen, um sicherzustellen, daß Entlassungen vermieden werden
* Beförderung vom Wohnort zur Arbeitsstätte
* Freizeitgewährung
* Wegezeitvergütungen
* Fortführung der Ausbildungsverhältnisse
* Unterstützung bei der Arbeitsplatzsuche sowie Übernahme von Bewerbungskosten
* Wiedereinstellungsklausel
* Zumutbarkeitsregelung im Fall von unvermeidbaren Versetzungen
* Erteilung von (Zwischen-)Zeugnissen usw.
* Konfliktregelung

Geltende Betriebsvereinbarungen sichern

MIT DER FUSION IST LÄNGST NICHT ALLES VERLOREN

* Wenn ein Betrieb nach der Fusion erhalten bleibt, bleiben die geltenden Betriebsvereinbarungen bestehen.

* Wenn ein Betrieb in einen anderen Betrieb eingegliedert wird und beide künftig einen Betrieb mit einem Betriebsrat bilden, gelten die Betriebsvereinbarungen des eingegliederten Betriebs nicht weiter. Die Betriebsvereinbarungen des übernehmenden Betriebs bleiben gültig. Für die einzelnen ArbeitnehmerInnen des eingegliederten Betriebs gewährleistet § 613 a BGB für die Dauer eines Jahres dadurch Schutz, daß die mit der Fusion weggefallenen Betriebsvereinbarungen Bestandteil des Arbeitsvertrages werden, sofern nicht im übernehmenden Betrieb Betriebsvereinbarungen zu den gleichen Sachverhalten abgeschlossen wurden. Der Betriebsrat des übernehmenden Betriebs bzw. der eventuell neu zu wählende Betriebsrat wird versuchen müssen, weggefallene Regelungen des eingegliederten Betriebs neu auszuhandeln.

Immer wenn ein Gesamtbetriebsrat besteht

* Noch vor Vollzug der Fusion gegebenenfalls Übernahme geltender Gesamtbetriebsvereinbarungen als Betriebsvereinbarungen

* Vorbereitung des Neuabschlusses von Gesamtbetriebsvereinbarungen, deren Gültigkeit mit Vollzug der Fusion unter Umständen enden kann (z. B. Gesamtbetriebsvereinbarungen über Personaldatenverarbeitung).

ArbeitnehmerInnen und Gewerkschaft einbeziehen

* Laufende Information und Einbeziehung der ArbeitnehmerInnen in die Verhandlungen des Betriebsrats.

* Nutzung gewerkschaftlicher Aktionsmöglichkeiten über Betriebsgruppen, Vertrauensleute usw.

Erklärung wichtiger Fachbegriffe (Glossar)*

Allfinanz

Bezeichnung für die neue Tendenz im Finanzsektor, eine Vielzahl von Geschäftsbereichen (traditionelles Einlage-, Kredit- und Börsengeschäft, aber auch Immobilien, Versicherungen, Leasing, Unternehmensberatung etc.) unter dem gemeinsamen Dach *eines* Unternehmens abzuwickeln.

Amortisation

Rückfluß der Investitionsbeträge unter dem Gesichtspunkt der Finanzierung und Wirtschaftlichkeit. Amortisationsdauer: Zeit, in der das durch eine Investition gebundene Kapital wieder verfügbar ist.

Cecchini-Bericht

Untersuchung über die wirtschaftlichen Vorteile des Binnenmarktes (1988); im Auftrag gegeben von der europäischen Kommission und geleitet von Paolo Cecchini. Sagt voraus, daß das Binnenmarktprogramm positive gesamtwirtschaftliche Wachstumseffekte haben wird.

deficit spending

Bewußte Politik der öffentlichen Verschuldung, um in der Phase des konjunkturellen Rückschlags zur Stabilisierung der gesamtwirtschaftlichen Nachfrage beizutragen. Ein wirtschafts- und konjunkturpolitisches Instrument, das auf der Theorie von Keynes fußt. Als Konzept auch im bundesdeutschen Stabilitäts- und Wachstumsgesetz enthalten.

* Zusammengestellt von Rudolf Welzmüller; Literaturhinweise: GABLER Banklexikon; GABLER Wirtschaftslexikon.

Delors-Bericht

Benannt nach dem Präsidenten der EG-Kommission, Jacques Delors. Er empfiehlt, die europäische Wirtschafts- und Währungsunion (WWU) in einem dreistufigen Prozeß zu errichten. Die erste Stufe trat am 1. Juli 1990 in Kraft und betraf die vollständige Liberalisierung des Kapitalmarktes sowie die Vereinheitlichung der Bandbreiten für Wechselkursschwankungen des Europäischen Währungssystems (nun 2,25 Prozent). Am Ende sollen die nationalen Währungen durch die einheitliche EG-Währung ersetzt werden.

Diversifikation

Unternehmenspolitik der gezielten Ausweitung des Fertigungs- oder Absatzprogramms durch Aufnahme neuer Produkte oder Dienstleistungen, auch um unabhängiger gegenüber Marktschwankungen bei einem schmalen Produktionsprogramm zu werden oder → Synergie-Effekte nutzen zu können.

Dumping

(wörtlich: unterbieten, verschleudern)
Mittel der Markteroberung durch eine Preissetzung, die unterhalb der Gestehungs- plus Transportkosten liegt.

economics of scale (auch: Skalenerträge)

Bezeichnung für die Kostenvorteile der Massenproduktion bzw. hoher Losgrößen.

Externes Wachstum

Expansion eines Unternehmens durch Aufkauf von anderen Unternehmen.

Factoring

Die Eintreibung der aus dem laufenden Geschäft entstehenden Forderungen an die Kunden wird vom Unternehmen vertraglich auf eine Bank übertragen. Dem Unternehmen wird auf Basis dieses Vertrages Kredit- bzw. Liquiditätsrahmen gewährt.

Franchising

Der Franchise-Geber verkauft an den Franchise-Nehmer das Recht, erprobte und ausgereifte Konzepte des Betriebsablaufs, der Vermarktung und des Vertriebs zu übernehmen oder zu nutzen. Beispiel: Ein Einzelhandelsgeschäft übernimmt von der Gestaltung der Außenfassade über die Ladeneinrichtung, Lagerhaltung bis hin zur Warenpräsentation alles von einem anderen Betrieb, bleibt aber Eigentümer. Meist geht es um markenähnliche, standardisierte Waren bzw. Dienstleistungen. Dieses Instrument wird auch bei der derzeitigen Umgestaltung der DDR- und Osteuropa-Wirtschaft vielfältig genutzt.

Global sourcing

Weltweite Beschaffung von Produktteilen, vor allem zur Nutzung von Kostendifferenzen (z. B. Niedriglohnländer). Folgen für das Unternehmen: u. U. Senkung der Fertigungstiefe und damit des Beschäftigungsvolumens (→ Outsourcing).

Industriepolitik

Im Unterschied zum → deficit spending, das im großen und ganzen konjunkturpolitisch motiviert ist und sich auf die gesamtwirtschaftliche Nachfrage richtet, steht bei der Industriepolitik die gezielte Beeinflussung einzelner Industriezweige im Mittelpunkt. Das Instrumentarium reicht von gezielter Subventionierung, steuerlichen Anreizen, Förderung von Forschung und Entwicklung, öffentlicher Beschaffungspolitik etc. bis hin zur Verstaatlichung der Schlüsselindustrien/-unternehmen.

Internes Wachstum

Ausweitung der Produktion und sonstigen Unternehmensaktivitäten durch investive Wiederverwendung der erwirtschafteten Überschüsse.

Joint Venture (engl. = Gemeinschaftsunternehmen)

Besondere Form der Kooperation bzw. Beteiligung an einem gemeinsam geleiteten Unternehmen.

junk bonds (engl.)

Festverzinsliche Anleihen von Schuldnern, deren Qualität als minderwertig gilt. Sie bieten meist eine höhere Rendite. In den letzten Jahren sind junk bonds als Finanzierungsinstrument zur Übernahme, bei welchen kleinere Unternehmen wesentlich größere Unternehmen aufkauften, vor allem in den USA immer beliebter geworden.

just-in-time

Produktion auf Abruf. Hersteller verlagern gewisse Teilfertigungen und damit auch Kosten (der Lagerhaltung etc.) auf Vorlieferanten.

Least-Cost-Planning

Ein in den USA entwickeltes Instrument der Kostenkalkulation und -planung, das zur Energieeinsparung dient. Mittlerweile haben 25 US-Bundesstaaten gesetzliche Vorschriften, die die Energieversorgungsunternehmen verpflichten, ihre Investitionen mit Hilfe dieses Instrumentariums zu planen. Grundgedanke ist, daß alle Alternativen der Bereitstellung von Energieleistungen (also: Atom, Kohle, Gas, Öl, Wasser, Wind, Blockheizkraftwerke etc. und Energiesparen als Energiequelle) kostenmäßig verglichen werden, wobei gesamtwirtschaftliche und ökologische Kosten eingerechnet werden. Ein Energieversorgungsunternehmen darf seine Preise dann nur auf Basis der niedrigsten Kostenvariante kalkulieren.

Leasing

Vermietung oder auch Verpachtung von Investitions- und Konsumgütern (z. B. Auto, Fernseher) gegen Gebühr.

Leveraged Buyout

Übernahme (Aufkauf) eines Unternehmens durch die Aufnahme von Schulden (vgl. junk bonds).

local content

Bezeichnet den jeweiligen lokalen Produktionsanteil, also jenen Teil des Gesamtwertes des Endproduktes, der an einem bestimmten (nationalen) Ort der Wertschöpfung zugesetzt wurde. Wird als wirtschafts- und handelspolitisches Instrument genutzt, um reine Montagestandorte zu verhindern.

Management Buyout

Bezeichnung für die Übernahme einer Firma durch die eigene Geschäftsführung. Häufige Praxis in USA und Großbritannien.

Mergers and Acquisitions

Wörtlich: Fusionen und Unternehmensaufkäufe. Gemeint ist die gewerbsmäßige Vermittlung von Unternehmenszusammenschlüssen und

Unternehmensverkäufen durch Banken und freie Vermittlungsfirmen. In den vergangenen Jahren insbesondere in den USA von Bedeutung.

Meso-Ökonomie

Eine in der Volkswirtschaftslehre mittlerweile übliche Bezeichnung für die »mittlere« Ebene zwischen Makroökonomie (Gesamtwirtschaft) und Mikroökonomie (einzelnes Unternehmen, einzelner Konsument). Es handelt sich dabei um die Branchenebene, einschließlich der transnationalen Unternehmen.

Modular-Sourcing (oder: System-sourcing)

Zulieferer stellen montage- und damit lohnkostenintensive Bauelemente, wie z. B. komplette Armaturenbretter, Sitzgarnituren, Federbeine und Schiebedächer her, so daß im Montagevorgang des Endproduktherstellers weniger, dafür aber komplexere Teile zusammengefügt werden.

Nicht-tarifäre Handelshemmnisse

Im Unterschied zu den tarifären Auflagen – wie Zölle und Außenhandelsabgaben – handelt es sich hier um Handelserschwernisse, die aus Verwaltungsvorschriften, Setzung von nationalen Normen und Standards, bürokratischen Bearbeitungswegen etc. bestehen.

Outsourcing

Verringerung der Fertigungstiefe, d. h. Abbau und Auslagerung von Fertigungsstufen auf Vorlieferanten. Insbesondere in der Automobilbranche geläufig.

Single Sourcing

Reduzierung der Zahl der Zulieferer, eventuell bis auf einen (d. h. hoher Anteil der eigenen Produktion von Fertigteilen und damit höhere Fertigungstiefe).

Sourcing

Bezieht sich auf die unternehmenspolitischen Strategien der Beschaffung von Vorprodukten und Teilen.
→ vgl. diverse Formen des »sourcing«.

Swap (engl. = Tausch)

Im internationalen Bankgeschäft gebräuchliche Bezeichnung für Devisen- und Kreditgeschäfte, die zum Zwecke der Zinssicherung, aber auch zur Nutzung von Zinsdifferenzen und zur Spekulation erfolgen. Beispiel: Eine Bank legt aus Gründen der Zinsdifferenz DM in Dollar an, und zwar für eine Laufzeit von drei Monaten. Um bei der Einlösung der in drei Monaten rückfließenden Dollar keine Verluste wegen mittlerweile geänderter Devisenkurse zu machen, verkauft sie die in drei Monaten fällig werdenden Dollar heute schon per Termin.

Sweat shops (sweated labour)

Klein- und Hinterhofbetriebe, die ohne Berücksichtigung sozialer und tariflicher Standards (Lohn, Arbeitszeiten etc.) produzieren. Häufig im Bekleidungsgewerbe anzutreffen. Meist von mächtigen Abnehmerfirmen abhängig, von denen sie als billiger Kapazitäts- und Modepuffer genutzt werden.

Synergie(effekte)

Zusammenwirken verschiedener Kräfte zur Erbringung einer einheitlichen Leistung. Man spricht auch von Synergieeffekten und meint damit Einspar- und Produktivitätseffekte, die aus dem Zusammenführen bisher getrennter Bereiche und Aktivitäten entstehen, vor allem im Zusammenhang mit Unternehmenszusammenschlüssen und Kooperationen.

Tertiärsektor/-beschäftigung

Beschäftigung im Bereich der öffentlichen und privaten Dienstleistungen. Im Unterschied zum Primärsektor (Land-/Forstwirtschaft, Fischerei) und Sekundärsektor (industrielle Produktion).

Ursprungslandprinzip

Waren und Dienstleistungen, die die Standards und Vorschriften des Herstellerlandes erfüllen, müssen im Falle des Exports auch von den anderen EG-Ländern so behandelt werden, als erfüllten sie die dort gültigen Normen. Dies wirft eine Reihe von sozial- und umweltpolitischen Problemen auf, da niedrigere Standards sich über den Markt durchsetzen könnten (Erfordernis von Mindeststandards bzw. Koordinierung der Politik).

Zu den Autoren

Dziobek, Claudia, Dr. rer. pol., seit 1986 wissenschaftliche Mitarbeiterin für die GRÜNEN-Bundestagsfraktion. Früher an der FU Berlin. Arbeitsbereiche sind Banken und internationales Finanzwesen.

Gabriel, Hans, Dipl.-Ing., wissenschaftlicher Referent am WSI, zuständig insbesondere für regionale und sektorale Strukturpolitik.

Hey, Christian, Dipl.-Verwaltungswissenschaftler, Mitarbeiter des Instituts für regionale Studien in Europa (EUREF), Freiburg.

Hickel, Rudolf, Prof. Dr. rer. pol., Universität Bremen, zahlreiche Veröffentlichungen zur Wirtschaftstheorie und Wirtschaftspolitik, Mitarbeiter der Arbeitsgruppe Alternative Wirtschaftspolitik.

Junne, Gerd, Prof. Dr., Universität Amsterdam. Zahlreiche Veröffentlichungen zum Bereich Internationalisierung der Wirtschaftsbeziehungen, neue Technologien.

Losoncz, Miklós, Dr., Ökonom am Institut für Planwirtschaft, Budapest.

Müller, Hans-Erich, Dr. rer. pol., Referatsleiter bei der Hans-Böckler-Stiftung, Düsseldorf. Veröffentlichungen zu Fragen der Konzentration.

Schneider, Roland, Dipl.-Ing./Dipl.-Politologe, Abt. Technologie und HdA des DGB, Düsseldorf. Zahlreiche Veröffentlichungen zu neuen Techniken und Forschung und Entwicklung.

Volkmann, Gerd, Dipl.-Kfm., wissenschaftlicher Referent am WSI Düsseldorf. Zahlreiche Veröffentlichungen zu betriebswirtschaftlichen Fragen.

Welsch, Johann, Dr. rer. pol., Dipl.-Volkswirt, Referatsleiter in der Abt. Technologie und HdA des DGB, Düsseldorf. Vorher am WSI des DGB, zuständig für Fragen der Strukturpolitik. Zahlreiche Veröffentlichungen zu strukturpolitischen Themen, insbesondere Technik, Forschung und Entwicklung.

Welzmüller, Rudolf, Dr. rer. pol., Dipl.-Volkswirt, Abt. Wirtschaft der IG Metall, Frankfurt. Vorher am WSI des DGB, Düsseldorf, zuständig insbesondere für Fragen der Verteilungspolitik. Zahlreiche Veröffentlichungen zu wirtschafts- und verteilungspolitischen Themen.

Wilke, Peter, Dr. phil., Dipl.-Volkswirt, wissenschaftlicher Mitarbeiter am Institut für politische Wissenschaft, Universität Hamburg. Zahlreiche Veröffentlichungen zum Problembereich Medien und Politik.